ZUCKER IM TANK (HG.)
GLITZER IM KOHLESTAUB

© Assoziation A, Berlin / Hamburg, 2022

Assoziation A, Gneisenaustraße 2a, 10961 Berlin
www.assoziation-a.de
berlin@assoziation-a.de, hamburg@assoziation-a.de
Gestaltung: Andreas Homann
Satz und Layout: Elemer
Druck: CPI

ISBN 978-3-86241-487-1

Bildnachweis:
Coverfoto: Pay Numrich
Kapitelfotos: S. 17 Pay Numrich; S. 85 Chris Grodotzki; S. 163, 247, 281, 325, 385 Tim Wagner
Wir bitten diejenigen Fotograf*innen, deren Namen wir nicht ermitteln konnten,
sich bei uns zu melden.

Zucker im Tank (Hg.)

Glitzer im Kohlestaub

Vom Kampf um Klimagerechtigkeit und Autonomie

ASSOZIATION A

Inhalt

Einleitung   **9**
Wer wir sind, was dieses Buch eigentlich soll   10
Umweltkämpfe weltweit   14

1. Wurzeln der Klimagerechtigkeitsbewegung   **17**
Aus Geschichte(n) lernen   18
Zur Geschichte der Klima- und Umwelt(un)gerechtigkeits-
bewegung aus rassismuskritischer Perspektive   19
Jukss statt Böller: Die Jugendumweltkongresse   28
Das Erfolgsrezept der Anti-AKW-Bewegung   31
Die Umweltbewegung in der DDR   38
Wir können gewinnen: Mainzer Kohlekraftwerk verhindert   47

2. In Bewegung kommen   **51**
Enttäuschung und Inspiration   52
Von England an die Elbe – Wie die Klimacamps
nach Deutschland kamen   62
Campen am Abgrund – Die ersten Klimacamps im Rheinland   69
Klimapolitik von unten in langfristig arbeitenden Gruppen   74
EXKURS »Wollen wir mal kurz die Handys weglegen?«   83

3. Von den Anfängen zur größeren Bewegung   **85**
Wir platzen aus allen Nähten –
2015, das Jahr in dem es größer wurde   86

Ende Gelände – In der Masse ungehorsam sein   91
Wann wird die Masse kritisch? –
Eine Unterhaltung über Ende Gelände   99
EXKURS Direkte Aktion und ziviler Ungehorsam   107
Was ist »Phase«? – Phasenblockade reibt Hambachbahn auf   111
Lieber Knast als Schuhe – Absurde Eskalation im Gerichtssaal   114
EXKURS Was machen Aktionen mit uns?   119
Kohle unten lassen, statt Protest unterlassen   122
Wimmelbilder für den Widerstand: Bildungsarbeit in Bewegung   124
Kämpfe zusammen_führen –
Das Connecting-Movements-Camp   128
Mit tausend Betten Klima retten – Die COP23 in Bonn   133
Kohlekraftwerke herunterfahren – We shut down!   137
EXKURS Die Spinnen, die Bullen, die Schweine   142
Den Spieß umdrehen – Der Weisweiler-Prozess   146
»Warum machen wir es nicht einfach kaputt?«   150
»Kommt Zeit, kommt Rat, kommt Farbanschlag!«   154

4. Waldbesetzungen in Deutschland   163
Kelsterbach, Hambi, Danni – Ein Zusammentreffen
mehrerer Generationen   164
Von den Hüttendörfern in die Baumwipfel –
Besetzungen gegen den Ausbau des Frankfurter Flughafens   184
»Klimaschutz von unten«– Die Tunnelblockade
während der ersten Hambi-Räumung   189
EXKURS Zu leben, ein Versuch nach mehreren Anläufen
Klassismus auf einer Waldbesetzung   197
Wie »Mike« einen neuen Namen fand – Geschichte
einer Personalienverweigerung   203
Und täglich grüßt der »Dirk« – Räumungen im Hambi   209
Erinnern bedeutet kämpfen –
Tod in der Klimagerechtigkeitsbewegung   217
Befriedungsversuche an Runden Tischen   223
Reißen wir die Mauern ein – Aktivist*innen im Knast   228
Schaukeln gegen die Rodung – Eine neue
Blockadetechnik entsteht   236

5. Leben am Grubenrand   **247**
Lakoma: Der fast vergessene Kampf um ein Dorf in der Lausitz   248
EXKURS Aktivismus, Anarchie und Alltag   252
Der Kampf um die Garzweiler-Dörfer   257
Pödelwitz: Ein Dorf zum Bleiben   263
EXKURS Psychische Gesundheit und politischer »Aktivismus«   266
Lützerath: Utopien am Abgrund   271

6. Einen Platz in der Bewegung finden   **281**
Aus dem Funken wurde Feuer – Der Aufschwung der
Klimabewegung in Deutschland   282
Ein Herz für Hannelore – Die Geschichte der Kohlekommission   287
EXKURS Aktivismus mit Rollstuhl – Barrieren überwinden
auf Camps und in Köpfen   295
Anarchistische Perspektiven auf Fridays for Future   300
EXKURS Rassismus in der Klimabewegung   310
Extinction Rebellion – Das Enfant terrible der Klimabewegung   314
EXKURS Nun sag, wie hast du's mit der Gewalt?   317

7. Kohle ist nicht alles im Leben   **325**
»Lass mal was gegen … machen!«   326
Das Verhältnis der Klimabewegung zur Tierindustrie   327
Food for People, not Crops for Profit   332
EXKURS Bullen in der Bude – Polizeigewalt,
Traumata und solidarischer Umgang   337
Kohloniale Importe – Von einer Kampagne gegen Steinkohle   345
Datteln vom Netz pflücken – Der Kampf um Datteln IV   349
EXKURS Mit der Presse sprechen   353
Nächste Ausfahrt Verkehrswende – Abseilen über der Autobahn   357
Pappschild statt Ticket – Kostenlos Bahn fahren   363
Widerstand gegen die weißen Riesen –
Kreuzfahrtschiffe (k)entern!   366
Die coolsten Vögel bleiben am Boden –
Der Flugindustrie die Flügel stutzen   373
Covid, Klima, Kapitalismus – Die Katastrophe im Zeitraffer?   375
Aufstand mit Abstand – Ein Bewegungsmoment
in Zeiten des Stillstands   381

8. Ausblicke – Lichtblicke 385

False Solutions – Welche Klimascheinlösungen
verhindern den echten Wandel? 386
Reise für das Leben, Kampf für Autonomie – Gedanken
zum Besuch der Zapatistas in Berlin 392
Commons, Bewegungen, Brüche – Elemente
einer revolutionären Transformation 398
Glitzer am Horizont, Kohlestaub unter den Füßen 402
Glossar 406

»Unser Bewusstsein wird erschüttert werden, wenn wir über die Selbstzerstörung nachdenken, die auf der kapitalistischen, rassistischen und patriarchalen Plünderung beruht.«

Berta Cáceres*

*Berta Isabel Cáceres Flores war Mitbegründerin des 1993 ins Leben gerufenen Consejo Cívico de Organizaciones Populares e Indígenas de Honduras. Sie war Menschenrechts- und Umweltaktivistin. Berta Cáceres wurde am 3. März 2016 von mehreren Bewaffneten ermordet.

Einleitung

Wer wir sind, was dieses Buch eigentlich soll und an wen es sich richtet

Liebe*r Leser*in,

schön, dass du dieses Buch aufgeschlagen hast! Es handelt von Widerstand, von einem Ausschnitt des Kampfes um Klimagerechtigkeit. In diesem Kampf geht es immer auch um Selbstermächtigung: Es geht um Menschen, die sich gemeinsam den Maschinen der Zerstörung in den Weg stellen, die der Herrschaft der Hoffnungslosigkeit ihre widerständige Solidarität entgegensetzen. Es geht, in aller Bescheidenheit, darum, wie das Leben besser sein könnte.

Dieses Buch beschreibt und diskutiert einen Teil der Widerstandsgeschichte, die im breiten Medienstrom ansonsten kaum nacherzählt werden würde: Geschichten von Direkten Aktionen, von Zivilem Ungehorsam, von Bildungsarbeit, Kampagnenplanung, Antirepressions-, Reproduktions-, Öffentlichkeitsarbeit und vielem mehr. Somit bieten sie einen Überblick über die antikapitalistische Klimagerechtigkeitsbewegung in Deutschland seit dem Jahr 2008, als das Klimathema im deutschsprachigen Raum in den Fokus linker Bewegungen zu rücken begann, sowie über einige Aspekte ihrer Vorgeschichte. Dieser Überblick ist sehr subjektiv. Bestimmte Themen wie zum Beispiel Waldbesetzungen sind stark im Buch vertreten, auch sind Aktionen im Norden und Westen Deutschlands verhältnismäßig überrepräsentiert.

Neben dem »Geschichte(n)-schreiben« ist »Reflexion« ein zweiter wichtiger Strang: Viele Texte drehen sich um strategische Fragen: »Was spricht für diese oder jene Aktionsform?«; »Welches sind die Aktionsfelder der kommenden Jahre?« oder »Wie erreichen wir das gute Leben für alle?«.

Deswegen wird die mehr oder weniger chronologische Reihenfolge von Bewegungsereignissen immer wieder von verschiedenen Exkursen unterbrochen. Darin teilen die Autor*innen ihre Gedanken zu verschiedensten Themen bezüglich ihres Aktivismus.

Fast alle Texte wurden von Aktivist*innen geschrieben, die selbst an den beschriebenen Ereignissen beteiligt waren. Bei den wenigen Ausnahmen findest du eine Erklärung dazu. Die Autor*innen bleiben jedoch anonym, in den Interviews werden die Erzählenden mit Abkürzungen oder Pseudonymen benannt.

Uns war es wichtig, Texte von unterschiedlichen Blickwinkeln aus der Bewegung aufzunehmen und nicht überwiegend »Bewegungspromis« das Wort zu geben. Zudem wollten wir möglichst vielen Autor*innen, die wegen verschiedener Diskriminierungsformen gesellschaftlich wenig gehört werden, Raum für ihre Erfahrungen und Analysen bieten. Ersteres ist uns ganz gut gelungen, letzteres in Ansätzen, aber lange nicht ausreichend.

Wir, die Herausgeber*innen, sind eine aktivistische Gruppe, deren Hauptziel es ist, Menschen zu direkten Aktionen gegen den fossilen Kapitalismus zu ermutigen und zu befähigen. Dazu bieten wir Workshops und Beratungen an, rufen zu Aktionstagen auf und haben alle sehr viel mehr Erfahrung im Blockieren von Kohlezügen, Kreuzfahrtschiffen oder Rodungsmaschinen, als damit Bücher zu schreiben. Wir sind ein bunter Haufen mehrfach privilegierter Personen, die zum Teil von Diskriminierungen betroffen sind. Fast alle von uns sind *weiß** und haben einen akademischen Hintergrund. Nicht alle hatten die Kapazitäten beim Buchprojekt von Anfang bis Ende dabei zu sein. Queere, cis*-weibliche und neurodiverse* Personen waren dabei zahlenmäßig unterrepräsentiert, brachten aber das Buch konzeptuell und inhaltlich maßgeblich mit voran.

Seit Klimaaktivismus in den Medien überhaupt zum Thema geworden ist, wird der Eindruck vermittelt, es handele sich um eine neue Bewegung *weißer* Jugendlicher aus den Mittelschichten des Globalen Nordens*. Dieses Bild ist so fatal wie falsch. Unzählige Menschen der MAPA* (Most Affected People and Areas) protestieren seit vielen Jahrzehnten in teilweise riesigen Bewegungen gegen Umweltzerstörungen, Verdrängung und die Vernichtung ihrer Lebensgrundlagen. Deswegen zieht sich durch dieses Buch eine Zeitleiste, die den weltweiten Kämpfen von direkt Betroffenen gewidmet ist. Dort findet ihr Ereignisse aus allen möglichen Teilen der Welt.

Das Buch richtet sich an alle, die sich nicht damit abfinden wollen, dass die ökologische Katastrophe immer weiter befeuert wird, und die der Ausbeutung von Mensch und Natur etwas entgegensetzen wollen. Wir hoffen, dass du daraus neue Motivation ziehen kannst, um selbst aktiv zu werden oder zu bleiben.

Aber auch wenn dir das Buch in die Hände gefallen ist, weil deine Kinder oder Enkel*innen einen Wald besetzen oder du es geschenkt bekommen hast: Wir hoffen dass die Texte interessant und verständlich sind, auch wenn du dich (noch) nicht als Teil der Klimagerechtigkeitsbewegung siehst. Uns war es wichtig, dass die Texte für möglichst viele verständlich sind und du keinen akademischen Hintergrund haben musst, um in die Geschichte der Bewegung einzutauchen. An einigen Stellen werden dennoch szenetypische Wörter verwendet. Diese sind beim jeweils ersten Auftreten im Text mit einem Sternchen* am Wortende gekennzeichnet. Sie werden im Glossar am Ende des Buches erklärt.

Es ist nicht zwingend notwendig, die vielen Seiten von vorne nach hinten durchzulesen, schlage gerne einfach irgendeinen Text auf und schmökere mehr oder weniger wild darin herum, je nachdem, was dich am meisten interessiert. Wir haben aber eine Bitte: Lies nicht nur die abenteuerlichen Aktionsberichte, sondern auch die kritischen Reflexionen, vor allem auch die über Diskriminierungserfahrungen innerhalb der Bewegung!

In diesem Buch wirst du vielleicht über ein paar Schreibweisen stolpern, die ungewohnt für dich sind. Menschen bezeichnen sich als Aktivist*innen, Aktivist:innen oder auch Aktivistis und benutzen z.B. »es« oder »mike« als Pronomen. Das kommt daher, dass einige sich nicht als Frau oder Mann identifizieren und es daher ablehnen, sich als »sie« oder »er« zu bezeichnen. Wir sind der festen Überzeugung, dass jede Person sich selbst am besten bezeichnen kann. Uns war es wichtig, dass diese Geschlechtervielfalt auch sprachlich sichtbar wird und in den Schreibweisen nicht ausschließlich männliche und weibliche Personen benannt werden – die jeweilige Umsetzung haben wir den Autor*innen überlassen. Wir freuen uns darüber, wenn neue Formulierungen ausprobiert und verwendet werden und unsere Sprache mehr und mehr Lebensrealitäten abbilden kann. Diesen Prozess des Aufbrechens von bestehenden Normen und des Entwickelns einer inklusiveren und vielfältigeren Sprache unterstützen wir sehr.

Einigen Texten geht ein Hinweis zum Inhalt (»content note«) voraus. Themen aus dem Text, die belastend sein können, werden darin genannt. Du kannst dadurch selbst entscheiden, ob du dich gerade mit bestimmten Inhalten auseinandersetzen möchtest. Was als belastend empfunden wird, kann sehr individuell sein. Es ist daher kaum möglich, alle schwierigen Themen zu benennen. Wir haben für folgende, häufig auftretende Themenbereiche content notes vor die Texte oder jeweilige Abschnitte gesetzt: Polizei, Gerichtsprozesse, Knast, Diskriminierungserfahrungen und (sexualisiert) übergriffiges Verhalten. In einigen Texten geht es hauptsächlich um die benannten Themen, in anderen werden diese nur am Rande erwähnt. Auch das wird in der content note benannt.

Es war ein Haufen Arbeit, aber wir haben viel dabei gelernt. Mit dem Ergebnis das du in der Hand hältst, hoffen wir dich für den Kampf um Klimagerechtigkeit und Autonomie begeistern zu können. Insofern ist das Buch vielleicht der größte und aufregendste Workshop, den wir je durchgeführt haben.

Dieses Buch wäre nicht ohne die vielen Menschen möglich gewesen, die Artikel geschrieben haben, als Interviewpartner*innen beteiligt waren, Korrektur gelesen, Feedback gegeben und Fotos beigesteuert haben. Für uns Herausgeber*innen war es ein spannender, manchmal anstrengender, aber vor allem erfahrungsreicher, kollektiver Prozess. Wir danken dem Verlag Assoziation A für das Vertrauen und die Unterstützung, und vor allem all denen, die gerade irgendwo gegen Unterdrückung, Zerstörung und Scheinlösungen kämpfen!

Mit Liebe und Wut,
Zucker im Tank

Umweltkämpfe weltweit

Die Zeitleiste, die sich am unteren Seitenrand durch das Buch zieht, steht für sich. Sie ist also nicht in direktem Zusammenhang mit den Artikeln darüber zu sehen. Dargestellt werden antikoloniale Kämpfe um Lebensweisen, um Umweltgerechtigkeit und für das Recht auf freie Entfaltung und Selbstbestimmung.

Wer die Zeitleiste im Blick behält, wird schnell bemerken, dass die meisten der in diesem Buch besprochenen Aktionsformen nichts wirklich Neues sind. Schon lange wehren sich betroffene Menschen überall auf der Welt mit Blockaden, Sabotageakten, Demonstrationen und anderen Aktionen gegen Diskriminierung und Ungerechtigkeit. Oft kämpfen sie dabei gegen riesige, häufig transnationale Unternehmen, die ihre Lebensgrundlagen zerstören. Die Realität, in denen viele dieser Menschen Widerstand leisten, ist nicht mit der *weißer* Aktivist*innen in Europa zu vergleichen. Und viel zu oft kommt es zu schweren Menschenrechtsverbrechen bis hin zur Ermordung von Aktivist*innen.

Unsere Auswahl ist weder in ihrem Umfang noch in der Auflistung der verschiedenen Aktionsformen im Entferntesten vollständig. Der Fokus liegt dabei auf direkten Aktionen, entspricht also dem des Buches. Damit wollen wir aber andere Kämpfe, die hier ungenannt bleiben (z.B. juristische Auseinandersetzungen), nicht weniger wertschätzen.

Bei der Recherche wurde uns bewusst, dass es wohl kaum eine Gold- oder Edelsteinmine gibt, zu der keine Geschichte von Verbrechen gegen Menschen und die Umwelt geschrieben werden müsste. Dasselbe gilt im Zusammenhang des Uran-, Kohle- und Lithiumabbaus, der intensiven

1526 überwältigten etwa 100 versklavte Afrikaner*innen in einer Siedlung im heutigen South Carolina ihre spanischen Unterdrücker*innen. Sie fanden eine neue Heimat und Schutz bei Indigenen in der Umgebung. Ihre Rebellion gilt als die erste ihrer Art auf dem nordamerikanischen Festland.

Landwirtschaft, dem Bau von Flughäfen oder dem Betrieb von Ölraffinerien usw.

Uns ist auch aufgefallen, dass oftmals Frauen die Protestbewegungen anführen und zentrale Rollen im Prozess der Organisierung einnehmen. Dies schlägt sich jedoch leider auch in den Repressionsmaßnahmen* gegen sie nieder: Frauen im Widerstand werden besonders oft ermordet oder sind von Gewaltakten betroffen. Hier treffen Frauenhass, Rassismus und Repression zusammen.

Die Artikel in diesem Buch beschreiben Geschichten aus der deutschen Klimagerechtigkeitsbewegung. Die Zeitleiste soll dagegen die Protestbewegungen der Menschen in den Regionen hervorheben, die am meisten von der ökologischen Katastrophe betroffen sind. Damit möchten wir auf jeder Seite des Buches daran erinnern, dass die Protagonist*innen im Kampf um Klimagerechtigkeit nicht wir, die Aktivist*innen im Globalen Norden sind, sondern die Menschen, die sich wehren, weil ihre Lebensgrundlagen jetzt und heute in Gefahr sind.

In der Zeitleiste häufen sich Aktionen aus der jüngeren Vergangenheit. Das bedeutet nicht unbedingt, dass die Widerständigkeit der Betroffenen seit Beginn der 2000er Jahre im gleichen Maße zugenommen hätte, sondern zeigt vor allem, dass sich die ökologische Krise weltweit massiv zugespitzt hat. Zudem werden immer mehr widerständige Ereignisse dokumentiert und im Internet bekannt gemacht.

Zur Erstellung der Zeitleiste haben wir Aktivist*innen aus verschiedenen Teilen der Welt gebeten, uns Ereignisse zu nennen, die ihnen wichtig sind. Der größere Teil der Auswahl stammt aber aus der Internetrecherche. Zu vielen der aufgeführten Ereignisse findet ihr ausführliche englischsprachige Artikel auf ejatlas.org oder auf deepgreenresistance.org.

1545 begann die koloniale Ausbeutung der Silbervorkommen in Potosí, Bolivien. Der Cerro Rico (Reicher Berg) wurde zur tödlichsten Mine aller Zeiten. Millionen versklavter Menschen starben im giftigen Staub des Bergwerks, das zwei Jahrhunderte lang 80 % des Silbers der Welt lieferte.

Wurzeln der Klimagerechtig-keitsbewegung

Baumhaus in progress, BN: Pay Numrich

Aus Geschichte(n) lernen

Das erste Kapitel kann als eine Art Wurzelnetz verstanden werden, dem die Texte in die Tiefe wie in die Breite folgen. Dabei ist es unmöglich, allen Verzweigungen nachzuspüren – zu groß und weitläufig ist das Netz. Aber es verdeutlicht, dass das, was wir heute Klimagerechtigkeitsbewegung nennen, aus den Kämpfen der Polit-Generationen vor uns erwachsen ist, und es gar nicht so einfach ist, zu bestimmen, wann, wo und mit wem Bewegungen ihren Anfang genommen haben. Uns war es dabei wichtig, insbesondere die Kämpfe zu beleuchten, die sonst nicht ausreichend gewürdigt werden. Deswegen startet das Kapitel mit einer anti-rassistischen Perspektive auf die Klima(un)gerechtigkeitsbewegung. Ebenso behandelt werden die Umweltbewegung in der DDR, die Jugendumweltkongresse und die Anti-AKW-Bewegung. Und um direkt die Antwort auf die Frage »Bringt dieser ganze Aktivismus etwas?« vorwegzunehmen, folgt zum Abschluss die Geschichte zahlreicher Kohlekraftwerke, die verhindert werden konnten, bevor die Klimagerechtigkeitsbewegung überhaupt so richtig an Fahrt aufgenommen hatte.

In den peruanischen Anden entstand ca. **1564** die Taki-Unquy-Bewegung. Diese entwickelte sich von einer Rebellion gegen die Zwangschristianisierungen der spanischen Kolonisatoren zu einer politischen Revolte mit einem Gesellschaftskonzept, das den andinen Traditionen entsprach. Sie wurde ca. 1572 brutal niedergeschlagen.

Zur Geschichte der Klima- und Umwelt(un)gerechtigkeitsbewegung aus rassismuskritischer Perspektive

Content Note:
rassistische,
sexistische
und koloniale
Strukturen werden
beschrieben

Weltweit löst der Klimawandel zahlreiche Krisen aus oder verstärkt bestehende Konflikte, die aufs engste mit Rassismus und kolonialen Kontinuitäten* zusammenhängen.

Während die Klimabewegung in Deutschland vor allem Druck auf politische Entscheidungsträger:innen ausübt, damit diese internationale Klimaabkommen einhalten und einen schnelleren Kohleausstieg vorantreiben, bleiben andere Themenkomplexe oftmals unberührt. Hierzu zählen das Sterben unzähliger Menschen im Mittelmeer und an den europäischen Außengrenzen infolge einer inhumanen Asyl- und Migrationspolitik, das europaweite Wiedererstarken rechter Parteien, oder auch rechtsterroristische Anschläge wie zuletzt in Hanau und Halle.

Klimawandel, Kolonialismus* und Rassismus werden in den sozialen Bewegungen noch zu selten im Zusammenhang betrachtet. Dabei ist das enge Verhältnis dieser Phänomene in der Covid-19-Pandemie deutlich erkennbar. Einerseits ist die Pandemie die Folge der fortschreitenden Ausbeutung und Zerstörung von Ökosystemen. Andererseits zeigen sich auf gesellschaftlicher und politischer Ebene rassistische Kontinuitäten im Umgang mit der Pandemie. Etwa in Form eines massiven Nord-Süd-Gefälles in der weltweiten Impfstoffverteilung, da der Schutz von Patentrechten großer Pharmakonzerne über die Gesundheit von Menschen gestellt wird, oder in Gestalt einer deutlich höheren Sterblichkeitsrate von BIPoC*.[1] Die Covid-19-Pandemie steht im Kontext der Klimakrise und macht strukturelle Ungleichheiten deutlich erkennbar und verschärft diese weiter.

Um **1600** gründeten in Alagoas (Brasilien) Schwarze Menschen, die aus der Versklavung fliehen konnten, die unabhängige Republik Kalmares. Sie konnten sich fast 100 Jahre lang gegen militärische Angriffe der Kolonialherren verteidigen. Die autarken

Zwar betrifft der Klimawandel alle Menschen, jedoch nicht auf gleiche Weise.

Die Klimakrise intersektional ...

Wie sehr Betroffenheitslagen in der Klimakrise mit bestehenden Diskriminierungsverhältnissen zusammenwirken, zeigt eine intersektionale* Betrachtung. Die Klimakrise muss als Bedrohungsmultiplikator verstanden werden, der sich auf diejenigen Menschen besonders stark auswirkt, die ohnehin von gesellschaftlicher Diskriminierung betroffen sind und über weniger soziale und wirtschaftliche Rechte verfügen.

Klassenbezogene Positionierungen haben beispielsweise einen Einfluss darauf, ob und auf welche Weise Menschen sich vor Naturkatastrophen schützen oder an Klimawandelfolgen anpassen können. Wo werden Hochwasserschutzanlagen gebaut? Wer verfügt über ein Auto, um bei drohender Gefahr schnell fliehen zu können? Wer kann sich energiesparende Elektrogeräte leisten oder sogar eine Solaranlage auf dem Eigenheim?

Auch sexistische Strukturen und die geschlechtsspezifische Aufteilung und Abwertung von Care-Arbeit sorgen dafür, dass Frauen stärker von der Klimakrise betroffen sind als Männer. Sie sind nicht nur häufiger in der Landwirtschaft tätig, wo sich der Klimawandel ohnehin stark auswirkt, sondern auch oft für die Wasser- und Energieversorgung der Familie zuständig. Wenn Haushalte dann auch noch auf holzbasierte Heizmaterialien angewiesen sind oder der Zugang zu sauberem Wasser erschwert ist, bedrohen die Zunahme von Dürren, Überschwemmungen oder die großflächige Abholzung und Zerstörung von Wäldern die tägliche Arbeit und das Leben von Frauen unmittelbar und existenziell.

Als beispielsweise 2005 in den USA der Hurrikan Katrina wütete, waren es vor allem Schwarze* Frauen an der Schnittstelle von Race*, Class und Gender, die überdurchschnittlich häufig von den Folgen betroffen waren. Sei es unmittelbar physisch oder auch auf lange Sicht, wie etwa durch anschließende Wohnungslosigkeit oder den Verlust des Arbeitsplatzes. Dies zeigt beispielhaft, wie sich die gesellschaftliche Positionierung auf die Betroffenheit in der Klimakrise auswirken kann.[2]

... und dekolonial betrachten

Dieses Missverhältnis führt zur Frage nach der Ursache des Klimawandels und damit zur kolonialen Dimension der Klimakrise. Noch immer besteht eine weitgehende Unkenntnis oder verkürzte Sichtweise darauf,

---

Quilombos waren Inseln landwirtschaftlicher Vielfalt im monokulturellen kolonialen Plantagenstaat.

was Rassismus eigentlich bedeutet und wie tiefgreifend dieser das globale Weltsystem strukturiert. Rassismus ist mehr als ein individuelles und beabsichtigtes Vorurteil gegenüber bestimmten Menschengruppen. Auch muss dieser nicht in einer direkten Verbindungslinie zu Rechtsextremismus oder Nazismus stehen.

Vielmehr handelt es sich um ein strukturelles System der Unterdrückung, das vor über 500 Jahren etabliert wurde, um den europäischen Kolonialismus und Imperialismus zu legitimieren. Als Grundpfeiler kapitalistischer Gesellschaftsstrukturen dient es der Aufrechterhaltung spezifischer Ausbeutungs- und Produktionsverhältnisse, um den Zugang zu natürlichen Ressourcen und Arbeitskräften im Globalen Süden abzusichern. Bis heute bestehen koloniale Kontinuitäten, die diese globale Vormachtstellung *weißer* Menschen gegenüber rassifizierten* Gruppen erhalten.

Im öffentlichen Diskurs* und in der Klimabewegung dominiert die Beschreibung des Klimawandels als Zeitalter des Anthropozän, wonach der Mensch zum wichtigsten Einflussfaktor der biologischen, geologischen und atmosphärischen Prozesse der Erde geworden sei. Danach stelle der Beginn des anthropogenen Klimawandels die Industrialisierung dar, in deren Folge es zum massiven Ausstoß von Emissionen gekommen ist. Geprägt wurde der Begriff von dem Naturwissenschaftler Paul J. Crutzen, der auch ein Befürworter des Geoengineering ist und daran glaubt, mit großangelegten technischen Verfahren das Erdklima so manipulieren zu können, dass die Folgen des Klimawandels abgemildert werden.

Diese Sichtweise stellt nicht nur eine verkürzte und eurozentristische Perspektive dar, sondern suggeriert fälschlicherweise auch die gleichwertige Beteiligung aller am »menschengemachten« Klimawandel, und ignoriert die in diese Prozesse eingeschriebenen Ungleichheiten und Gewaltverhältnisse, die den Klimawandel überhaupt erst hervorgebracht haben.

Viel eher lässt sich das gegenwärtige erdgeschichtliche Zeitalter nach der Politikwissenschaftlerin Françoise Vergès als Racial Capitalocene (rassistisches Kapitalozän) beschreiben.[3] Denn nicht die Industrialisierung stellt den Ausgangspunkt des Klimawandels dar, wie es das Anthropozän-Narrativ* beschreibt, sondern der Kolonialismus des ausgehenden 16. Jahrhunderts. Der transatlantische Versklavungshandel markiert dabei den Beginn einer globalen europäischen Eroberungsstrategie und Startpunkt kapitalistischer Akkumulation, in deren Verlauf es zu einer grundlegenden Transformation globaler Handels- und Macht-

---

1616 vertrieben die Tepehuán im heutigen Mexiko sämtliche Missionare und spanischen Siedler*innen von ihrem Gebiet. Bei ihren koordinierten Angriffen zerstörten sie Silberminen und deren Maschinen und brannten die Kirchen nieder. Trotz ihrer

beziehungen sowie zu beispiellosen Landschaftstransformationen für wirtschaftliche Verwertungsinteressen gekommen ist. Die europäische Industrialisierung wäre ohne diese koloniale Ausbeutung weiter Teile der Erde, deren Folgen bis in die unmittelbare Gegenwart hineinwirken, gar nicht erst möglich gewesen. Die gewaltvolle Aneignung von Mensch und Natur im Kolonialismus steht dabei auch in einem Sinnzusammenhang mit den Ideen der westlichen Moderne. In der Aufklärung haben Denker wie Immanuel Kant eine wissenschaftlich-technische Vorstellung der Beherrschbarkeit von Natur entwickelt und zeitgleich rassistische Theorien der Überlegenheit *weißer* Menschen konzipiert, wobei die Ideen von Fortschritt, Entwicklung und Naturbeherrschung eng verknüpft wurden und das westliche Naturverständnis bis heute prägen.

Obwohl der Globale Norden mehr als zwei Drittel der historischen Treibhausgasemissionen zu verantworten hat,[4] sind die Länder des Globalen Südens zwei bis drei Mal verletzlicher gegenüber den Klimawandelfolgen. Es sind vor allem die Länder, Gemeinschaften und Menschen am stärksten von der Klimakrise betroffen, die in der Vergangenheit kolonialisiert wurden und weiterhin strukturellen Rassismus erfahren. Diese Tatsache kann in der Betrachtung der Klimakrise nicht einfach ausgeklammert oder als Randnotiz behandelt werden, sondern muss den zentralen Bezugspunkt im Verständnis der Klimakrise bilden.

Vom Kampf gegen Umwelt(un)gerechtigkeit …
In einer überwiegend Schwarzen und von Armut geprägten Gemeinde in Afton (North Carolina, USA) protestierten in den 1980er-Jahren die Bewohner:innen gegen eine geplante Giftmülldeponie. In dem über drei Jahre andauernden Widerstand kam es bei der längsten Protestaktion von mehr als sechs Wochen zur Verhaftung von mehr als 500 Demonstrierenden.[5] Der Protest stellte nicht nur eine der größten Aktionen zivilen Ungehorsams im Süden der USA seit der Bürger:innenrechtsbewegung dar, sondern gilt allgemein auch als Auftakt der Umwelt(un)gerechtigkeitsbewegung.

Doch bereits zuvor kam es zur Verbindung sozialer und ökologischer Fragestellungen durch BIPoC, die gegen umweltbezogene Ungerechtigkeiten kämpften. Nachdem 1967 der elfjährige Victor George auf einer Mülldeponie in einem Wasserbecken in der Nähe seiner Schule ertrank, löste dies insbesondere den Protest afroamerikanischer Studierender aus, da solche Mülldeponien sich vorwiegend in Schwarzen Wohngegenden befanden.[6]

Erfolge schlossen sich die benachbarten Indigenen nicht an, sodass der Aufstand ab 1618 zum Erliegen kam.

Black Community (USA) nimmt 1982 FFF-Motto vorweg, Afton (South-Carolina), BN: Jerome Friar

Ebenfalls in den 1960er-Jahren organisierten die Gewerkschafter:innen und Bürgerrechtler:innen Dolores Huerta und Cesar Chavez vor allem lateinamerikanische Landarbeiter:innen, um für höhere Löhne und einen besseren Arbeitsschutz zu kämpfen, da viele von ihnen am Einsatz gesundheitsschädlicher Pestizide erkrankten. Die von Huerta und Chavez im Zusammenhang des Delano Traubenstreiks mitgegründete Gewerkschaft United Farm Workers blickt außerdem auf eine Geschichte der solidarischen Zusammenarbeit mit der Black Panther Party zurück. Hierzu zählt auch ein gemeinsamer Boykottaufruf von 1969 gegen eine Lebensmittelkette, die weiterhin die unter ausbeuterischen und umweltschädlichen Bedingungen produzierten kalifornischen Trauben verkauft hatte.[7]

Die 1987 unter der Federführung des Bürgerrechtlers Benjamin Chavis in den USA durchgeführte Studie »Toxic Wastes and Race«, war eine

---

Ab den **1650er** Jahren griff die muslimische Bevölkerung Mindanaos und anderer philippinischer Inseln immer wieder die Stützpunkte der spanischen Besatzer*innen an und verhinderte mit einem Guerillakrieg zwei Jahrhunderte lang, dass die Kolonialmacht das riesige Land mit seinen Tausenden von Inseln unter ihre Kontrolle bekam.

wesentliche Grundlage für den späteren Begriff des Umweltrassismus und bestätigte den bisherigen Protest von BIPoC. Die Untersuchung zeigte, dass für BIPoC eine fünfmal höhere Wahrscheinlichkeit besteht, in der Nähe von gesundheitsschädlichen Gift- und Sondermülldeponien zu leben, als für *weiße* Menschen.[8]

Noch immer kommt Race eine entscheidende Bedeutung in der Verteilung von Umweltbelastungen zu. In sogenannten Opferzonen (sacrifice zones) kulminiert dabei häufig all das, was in die Klimakrise geführt hat: systemischer Rassismus, Umweltzerstörung und Landnahme durch zunehmend deregulierte Großkonzerne und handlungsunwillige Regierungen. Die Umweltzerstörung und -belastung ist in solchen Gebieten besonders hoch und wird oft durch Industrien oder das Militär verursacht. Außerdem befinden sich diese Opferzonen häufig an Orten, an denen Menschen ohnehin erschwerte Lebensbedingungen haben und weniger in der Lage sind, sich gegen solche umweltzerstörenden Machenschaften zu wehren. Ein Beispiel hierfür ist das Nigerdelta, wo bereits seit den 1950er-Jahren unter menschenrechtswidrigen Bedingungen Öl gefördert wird, und die lokale Bevölkerung und Umweltaktivist:innen bereits seit Jahrzehnten das Vorgehen der Ölkonzerne anprangern.

In Europa ist Umweltrassismus noch kaum ein Thema. Erst 2021 wurde in Großbritannien durch eine Klage gerichtlich festgestellt, dass der Tod der neunjährigen Schwarzen Ella Adoo-Kissi-Debrah auf die hohe Luftverschmutzung in ihrem Wohnviertel zurückzuführen ist.

Eine Studie von 2020 zeigt beispielsweise, dass Rom:nja und Sinti:zee in einigen europäischen Staaten besonders häufig von Umweltrassismus betroffen sind.[9] Aber auch in Deutschland verweisen Statistiken darauf, dass BIPoC mehr Luft-, Lärm- oder Hitzebelastungen ausgesetzt sind, wie es in einer erst 2021 erschienenen Kurzstudie zu Umweltrassismus in Deutschland zusammengetragen wurde.[10]

... zur Klima(un)gerechtigkeitsbewegung

Aus dem Kampf der Umwelt(un)gerechtigkeitsbewegung entwickelte sich im Zusammenhang der internationalen Klimaverhandlungen seit den 1990er-Jahren die Klima(un)gerechtigkeitsbewegung. Bereits 1991 fand der »First National People of Color Environmental Leadership Summit« statt, ein Kongress der die Perspektiven von BIPoC im Globalen Norden und des Südens zusammengebrachte.[11]

Doch trotz anfänglicher Hoffnungen auf echte Veränderungen, setzte sich in den internationalen Klimaverhandlungen schnell ein instituti-

---

Mit dem Aufstand von **1680** gelang es den Pueblo-Indigenen (im Bund mit Apachen) die spanische Herrschaft in New Mexico für zwölf Jahre zu stürzen. Fast alle Pueblos beteiligten sich an der sorgfältig vorbereiteten Revolte. Am 21. August des Jahres mussten die Spanier*innen fliehen, rund 400 wurden getötet, darunter 21 Priester.

oneller Rahmen durch, der vor allem den Emissionsrechtehandel beinhaltete. Während Teile der NGOs* des Globalen Nordens dies akzeptier-
ten, und so auch zu einer gewissen Stabilisierung des marktbasierten
Handlungsrahmens beitrugen, waren es vor allem Akteur:innen aus
dem Globalen Süden und den sogenannten entwicklungspolitischen
Zusammenhängen, die die Ausblendung sozialer Gerechtigkeitsas-
pekte entschieden ablehnten. Auch aus dieser Abgrenzung heraus
entstand die Klima(un)gerechtigkeitsbewegung.[12] Im Fokus der Kritik
steht die Diskrepanz zwischen Verursachung und Betroffenheit in der
Klimakrise, in der die höhere Verwundbarkeit von BIPoC nur vor dem
Hintergrund des komplexen Systems (neo-)kolonialer Ausbeutungsverhältnisse zu verstehen ist.[13] Der marktbasierte Handlungsrahmen
bietet in dieser Hinsicht keine wirkliche Alternative zur zerstörerischen
kapitalistischen Marktlogik. Viel mehr führen Instrumente wie der CDM
(Clean Development Mechanism), das Biodiversitäts-Offsetting oder das
REDD+ (Reducing Emissions from Deforestation and Degradation) dazu,
dass sich Unternehmen von ihrer Verantwortung für Emissionsausstoß
und Naturzerstörung »freikaufen« können, und Praktiken wie etwa das
Land Grabbing, getarnt als Umweltschutz, im Globalen Süden fortgeführt werden.[14]

Klima(un)gerechtigeitsbewegung in Deutschland

Auch in Deutschland existiert die Forderung nach Klimagerechtigkeit.
Häufig handelt es sich dabei jedoch um eine Aneignung des Begriffs,
ohne dass die beschriebene Klima(un)gerechtigkeitsperspektive einge-
nommen wird. In der *weiß* dominierten Klimabewegung bewegen sich
die Forderungen und Argumentationen noch allzu oft innerhalb des
eurozentrischen Rahmens, der die globale Dimension sozialer Ungleichheiten höchstens am Rande thematisiert. Dabei gestaltet sich der Kampf
gerade für Aktivist:innen im Globalen Süden lebensgefährlich. Der nige-
rianische Bürgerrechtler und Schriftsteller Ken Saro-Wiwa gründete
1989 die Organisation »Bewegung für das Überleben des Ogoni-Volkes«,
kämpfte gegen die Umweltverschmutzung durch die Erdölförderung
großer Konzerne und wurde dafür ermordet.

Die honduranische Menschenrechts- und Umweltaktivistin Berta
Cáceres, die sich insbesondere für die Rechte der indigenen* Lenca ein-
setzte, wurde 2016 im Auftrag eines Energieunternehmens in ihrem
eigenen Haus ebenfalls ermordet. Der »Global Witness«-Report zählt
allein für 2020 insgesamt 227 Mordfälle an Umweltaktivist:innen, die

---

1712 wurde in England die erste Dampfmaschine entwickelt. Sie schuf in der Folge
einen riesigen Bedarf an Kohle. Eine wesentliche weitere Voraussetzung der Industrialisierung Europas war u.a. jedoch auch der Raub der südamerikanischen Bodenschätze,
vor allem Gold und Silber.

sich gegen die fortschreitende Ausbeutung und Aneignung natürlicher Ressourcen stellten. Weltweit stehen dabei indigene Gemeinschaften an vorderster Stelle und werden durch Klimakrise, rücksichtslose Unternehmen und korrupte Regierungen gleichzeitig existenziell bedroht.

Obwohl BIPoC schon immer Umwelt- und Klima(un)gerechtigkeitskämpfe angeführt haben und auch in Deutschland zunehmend dekoloniale Perspektiven eingefordert werden, wird das in der Klimabewegung bisher kaum berücksichtigt. Beim globalen Klimastreik 2019 in Berlin machte Abena Kennedy-Asante darauf aufmerksam, dass es beim Klimawandel nicht nur um Zukunftsfragen geht, sondern die Situation im Globalen Süden bereits jetzt verheerend ist, und vergangenes Unrecht ebenso berücksichtigt werden muss.

Das Black Earth Kollektiv Berlin setzt sich für eine machtkritische Perspektive auf die Klimakrise ein und fordert ein dekoloniales und intersektionales Klimanarrativ. Projekte wie KlimaDelSol von glokal e. V. schaffen mehr Sichtbarkeit für BIPoC-Aktivist:innen in der Klimabewegung, deren Arbeit eng mit den Bewegungen und Diskursen von Ländern des Globalen Südens verknüpft ist und von denen die *weiße* Klimabewegung noch einiges lernen kann. Für Gruppen wie Bloque Latinoamericano gehört die Verteidigung der Natur als Grundlage des Lebens seit jeher zum Selbstverständnis und verbindet so ökologische und soziale Fragestellungen.

Der in Deutschland im Exil lebende Umwelt- und Menschenrechtsaktivist Peter Donatus macht bereits seit Jahrzehnten auf die katastrophalen Umstände der Erdölförderung in Nigeria aufmerksam. Das 2021 initiierte Bündnis Ökozid-Gesetz versucht nun solche großflächigen Zerstörungen von Ökosystemen als internationales Völkerrechtsverbrechen einstufen zu lassen, um weltweit gegen solche Großkonzerne vorgehen zu können. Aber auch innerhalb bestehender Strukturen sind BIPoC aktiv und fordern die Auseinandersetzung mit Rassismus und Kolonialismus ein oder halten BIPoC-Konferenzen ab, um Raum für Austausch und Netzwerke untereinander zu ermöglichen und eine breitere gesellschaftliche Auseinandersetzung mit den Themen anzustoßen.

Die Zerstörung der Natur und die Ausbeutung von Menschen gehen schon immer miteinander einher. Für eine Umwelt- und Klima(un)gerechtigkeitsperspektive müssen daher klimapolitische und antirassistische Forderungen miteinander verbunden werden und insgesamt diejenigen Menschen und Lebensperspektiven besonders in den Blick genommen werden, die gegenwärtig am meisten bedroht sind. Denn

---

Am **9. September 1739** begann der »Stono-Aufstand«. Etwa 20 afrikanischstämmige Sklaven befreiten sich, versorgten sich mit Waffen und töteten mehrere *weiße* Aufseher. Andere schlossen sich an, und die Rebell*innen marschierten mit wehenden Fahnen, Trommeln und dem Ruf »Freiheit!« in Richtung Florida.

eine Zukunft, die auch klimagerecht ist, kann nur gelingen, wenn alle Menschen mitgedacht werden.

Quellenangaben

1. Worland, Justin (2020a): America's Long Overdue Awakening to Systemic Racism, [online], https://time.com/5851855/systemic-racism-america/ [23.01.22]; Worland, Justin (2020b): Why the Larger Climate Movement Is Finally Embracing the Fight Against Environmental Racism, [online], URL: https://time.com/5864704/environmental-racism-climate-change/ [22.01.22].

2. Butterbaugh, Laura (2005): Why did Hurricane Katrina Hit Women so Hard?. In: Off our Backs, Vol. 35 No. 9/10, S. 17–19.; Henrici, Jane / Childers, Chandra / Shaw, Elyse (2015): Get to the Bricks. The Experience of Black Women from New Orleans Publich Housing after Hurricane Kathrina, Institute for Women's Policy Research, [online], URL: https://iwpr.org/wp-content/uploads/2020/08/D506_GetToThe-Bricks.pdf [03.01.22]

3. Vergès, Françoise: Racial Capitalocene. Is the Anthropocene racial?. In: Gaye Theresa, Johnson / Alex, Lublin: Future of Black Radicalism. London: Verso 2017, S.72–83.

4. Ritchie, Hanna (2019): Who has contributed most to global CO2-Emissions? [online], URL: https://ourworldindata.org/contributed-most-global-co2 [04.04.2022]

5. Office of Legacy Management: Environmental Justice History, [online], URL: https://www.energy.gov/lm/services/environmental-justice/environmental-justice-history [04.04.2022]

6. Braimah, Ayodale (2017): Houston (TSU) Riot (1967), [online], URL: https://www.blackpast.org/african-american-history/houston-tsu-riot-1967/ [18.12.21].

7. Araiza, Lauren: »In Common Struggle against a Common Oppression«: The United Farm Workers and the Black Panther Party, 1968-1973. In: The Journal of African American History, Vol. 94, No. 2. Spring 2009, S. 200-223.

8. United Church of Christ (UCCRJ): Toxic Wastes and Race in the United States – A National Report on the Racial and Socio-Economic Characteristics of Communities with Hazardous Waste Sites. o.O 1987.

9. Hey, Lisa / Ituen, Imeh (2020): Kurzstudie Der Elefant im Raum. Umweltrassismus in Deutschland. Studien, Leerstellen und ihre Relevanz für Umwelt- und Klimagerechtigkeit, Heinrich-Böll-Stiftung, [online], URL: https://www.boell.de/de/2021/11/26/der-elefant-im-raum-umweltrassismus-deutschland [14.01.22].

10. European Environmental Bureau (EEB): Pushed to the Wastelands. Environmental Racism, Against Roma Communities in Central and Eastern Europe. Brüssel 2020.

11. Agyeman, Julian: Sustainable Communities and the Challenge of Environemntal Justice. New York: NYU Press 2005.

12. Sealey-Huggins, Leon: The Climate Crisis is a Racist Crisis. In: Johnson, Azeezat / Remi, Joseph-Salisbury / Beth, Kamunge (Hg.): The Fire Now: Anti-Racist Scholarship in Times of Explicit Racial Violence. London: Zed Books 2018, S. 99–117.

13. First National People of Color Environmental Leadership Summit (1991): Principles of Environmental Justice / Environmental Justice Principles, [online], URL: www.ejnet.org/ej/ [16.10.21].

14. Wallbott, Linda / Florian-Rivero, Elena M.: Forests, rights and development in Costa Rica: a Political Ecology perspective on indigenous peoples' engagement in REDD+. In: Conflict, Security & Development, Vol. 18 Nr.6. o.O. 2018. S. 433–461.

1791 befreiten sich versklavte Schwarze Menschen auf den Plantagen von Haiti und begannen eine Revolution. Sie besiegten in der Folge zunächst die französischen, dann auch spanische und englische Truppen. Sie gründeten die Haitianische Republik, die allen Afro-Karibier*innen und Indigenen eine sichere Zuflucht bot.

Jukss statt Böller
Die Jugendumweltkongresse

Es gibt sie nicht: Die eine Antwort auf die Frage, woraus und wie die heutige Klimabewegung entstanden ist. Doch einige Dinge tauchen immer wieder auf, wenn wir mit Aktivist*innen reden, die schon länger dabei sind. Eines davon ist der Jukss, dem wir daher an dieser Stelle einen Text widmen, obwohl es ihn schon lange nicht mehr gibt. Diese Auswahl ist willkürlich – wir hätten ebenso über das AufTakt-Festival und Fahrrad-Demos oder über die Anti-Autobahnhüttendörfer der 90-er Jahre als Vorgeschichte der heutigen Proteste schreiben können, aber auch die wiederum hatten ihre Vorläufer und so bleibt es subjektiv und unvollständig.

»Was machst du Silvester?«, war eine Frage, die sich über Jahre für mich nicht stellte, weil vollkommen klar war, dass wir Silvester zum Jukss fahren würden, dem Jugendumweltkongress.

Als ich dort war, waren wir mehrere hundert Teilnehmende, vor meiner Zeit waren es manchmal sogar deutlich über Tausend. Der Jukss war das seinerzeit fraglos größte regelmäßige Treffen der Jugendumwelt- bewegung. Veranstaltungsort des in der Regel zehntägigen Kongresses waren meist Schulen, die uns in der Zeit zwischen Weihnachten und Silvester ganz allein gehörten. Ich lernte dort eine Welt kennen, von deren Existenz ich vorher nichts geahnt hatte: Essen containern, Debat- ten vegan vs. freegan/containert, spontane Aktionen in den Städten, Workshops zu Nazis in der Umweltbewegung, zu Ticket-freiem-Fahren, Gentechnik, Anarchismus und offenen Beziehungen. Und nebenher hat- ten wir 'ne Menge Spaß beim Bullen-ärgern. Dazu kam eine Großver- anstaltung mit dem Ansatz konsequenter Hierarchiefreiheit. Ein Kon-

---

1825 begann in Indonesien der Java-Volksaufstand gegen die niederländischen Kolonialherren. Die Rebell*innen wandten Guerillataktiken an. Im Herbst 1825 und im Sommer 1826 besiegten sie die Kolonialisten in Semarang und Kechebon. Ende

gress, geprägt durch den ehrlichen Anspruch auf Selbstorganisierung, auch wenn die Realität dem oft hinterherhinkte. Über die Jahre wurden diverse Modelle der Entscheidungsfindung ausprobiert, verworfen, weiterentwickelt. Der noch heute erhältliche HierarchNie-Reader vermittelt einen groben Eindruck der entwickelten Vielfalt. Niemals wieder habe ich so viel Experimentierfreude mit Diskussions- und Entscheidungsfindungsmodellen in Großgruppen erlebt.

Himmelhoch türmen sich Tassen und Teller, wir rufen zum Plenum: »Wir spülen schon schneller« und »Alles hat ein Ende, nur das Plenum nicht – und das ist auch erforderlich«. »Ohne Arbeit keinen Lohn, ohne Plenum keine Revolution«, wurde gesungen. Ob Letzteres ernst gemeint war oder polemisch? Vermutlich beides. Immerhin waren die teils riesigen Plena stets auch Orte skurriler Momente, wie etwa ellenlanger Debatten darum, ob der Plenarraum zur rechten oder zur linken Tür verlassen werden solle und ob irgendwer einen verlorenen Jonglierball gesehen hätte.

Überall Plakate, Flyer, Infowände. Diverse Versuche, Debatten, Beschlüsse und Protokolle, Vorschläge und lost & found-Listen zugänglich zu machen, prangten an den Wänden und Fluren. In Turnhallen oder der Aula wurden Transparente gemalt und Verkleidungen fürs Straßentheater gebastelt. Auf einem Treppenabsatz, sodass keine Möglichkeit bestand sie nicht zu treffen, hingen ein paar Projektwerkstättler*innen* rum und taten, was Projektwerkstättler*innen eben tun: unbequem sein. Anfangs nervten sie mich. Da ahnte ich noch nicht, dass ich auch mal eine werden würde: Eine Projektwerkstättlerin, die die Harmoniesucht in der Bewegung analysiert und gegen sie polemisiert. Irgendwo in einem Raum im Flur kochte ein Sani Milchreis. Auch das war auf eine ganz eigene Art ein »subversiver« Akt, denn er kochte ihn mit Kuhmilch.

Ursprünglich war der Jukss als gemeinsames bundesweites Treffen von Aktiven der Jugendumweltverbände Naturschutzjugend (NaJu) und BUND Jugend (BuJu) sowie der Anfang der 1990er Jahre noch zahlreichen Projektwerkstätten gegründet worden. Zunächst mit klarer ökologischer Ausrichtung verschob sich der Fokus durch die erklärte Programmoffenheit zu einem allgemeinen Politkongress. Die Umweltverbände stiegen aus, und auch die staatliche Förderung brach weg, doch der Kongress arbeitete eigenständig weiter. Über Jahre wurde die Organisation des jeweiligen Folgekongresses auf dem Kongress im Vorjahr angestoßen und dafür ein Team zusammengestellt. Erst als sich nach dem Jukss 2010

1827 breitete sich der Aufstand auf die Residenzstadt Rembang aus, wurde dort jedoch niedergeschlagen.

in Elmshorn kein neues Orgateam für einen Folgejukss fand, schlief das Format letztlich ein.

Teile dessen, was den Jukss für mich persönlich ausgemacht hat, finden sich heute fraglos auf anderen Camps, Besetzungen und Kongressen. Aber der Jukss hatte eben doch seinen ganz eigenen Charme und manchmal fehlt er mir. Weniger streng als ein klassischer verregelter Kongress einer NGO, weniger aktionsfixiert als eine (bedrohte) Besetzung, räumlich meist barriereärmer als Camps und Besetzungen und dadurch Begegnungsort zwischen den Anti-Autobahn-Hüttendorfbewohner*innen der 90er Jahre, einer selbstbewussten Jugendumweltbewegung, Antispezizist*innen und Anarchist*innen, projektgründenden Familien, Jongleur*innen, Liedermacher*innen und Hippies, Umweltverbandsaktiven und Anarchist*innen.

Leseempfehlungen

Die beim Jukss entwickelten hierarchie-kritischen Entscheidungsmethoden sind auch heute noch einen Blick wert. Den Reader HierarchNIE! Entscheidungsfindung von unten & Dominanzabbau in Gruppen kann man online lesen oder über aktionsversand.siehe.website bestellen.

Vom Jukss und zahlreichen anderen Kämpfen der Umweltbewegung wird im Comic »Radieschen und Revolutionen« von Hanna Poddig und Christopher Leo berichtet.

1839 übernahmen Gefangene aus Sierra Leone auf dem Sklavenschiff »Amistad« die Kontrolle und töteten den Kapitän und weitere Besatzungsmitglieder. Im atlantischen Sklavenhandel kam es schätzungsweise auf jeder zehnten Passage zu irgendeiner Art von Rebellion. Oft spielten die gefangenen Frauen dabei eine Schlüsselrolle.

Das Erfolgsrezept der Anti-AKW-Bewegung

Vielfältig, international, unberechenbar

Content
Note:
Polizeigewalt
und Erwähnung
vom Tod eines
Aktivisten

Die Anfänge: Wyhl 1975–1977
Am 18. Februar 1975 besetzen badische und elsässische Bäuer*innen, Winzer*innen und Rheinfischer*innen die Baustelle des geplanten Kernkraftwerks in Wyhl. Die Elsässer*innen unter ihnen können auf eine lange Tradition von Land- und Fabrikbesetzungen in Frankreich zurückblicken. Ein Großaufgebot der Polizei räumt nach drei Tagen den Platz, doch wenig später kommen 30.000 Menschen aus der gesamten Region zwischen Basel, Freiburg und Straßburg zum Bauplatz, reißen den Zaun nieder und besetzen das Gelände. Die Polizei kann der Menschenmenge nicht Herr werden und zieht ab. Doch die Landesregierung geht mit Strafverfahren und horrenden Schadensersatzklagen gegen einzelne Besetzer*innen vor. Unter der Bedingung, dass Strafverfahren und Schadenersatzforderung fallengelassen und neue unabhängige Gutachten erstellt werden, räumen die Besetzer*innen schließlich den Platz freiwillig. Zwei Jahre nach der Besetzung verhängt das Verwaltungsgericht Freiburg schließlich einen Baustopp, der das endgültige Aus des AKWs am Oberrhein bedeuten soll.

Der Bauplatz muss wieder zur Wiese werden –
Von Brokdorf über Grohnde nach Malville 1976/77
Die erfolgreichen Besetzungen im Dreyecksland (Elsass, Baden, Schweiz) ermutigen in den folgenden Monaten und Jahren Hunderttausende gegen die Atompolitik zu protestieren. Nach den Plänen der Bundesregierung sollen insgesamt 50 AKWs, eine Wiederaufbereitungsanlage, Zwischen- und Endlager sowie Urananreicherung- und Brennele-

---

1842 besiegten afghanische Kämpfer*innen die britischen Truppen und vertrieben die Weltmacht aus ihrem Land. Auch zwei weitere britische Versuche, die widerständige Bevölkerung in dem gebirgigen Land zu kolonisieren, scheiterten genauso wie die zahlreichen Angriffe anderer Großmächte in den Jahrhunderten zuvor.

mentefabriken entstehen. Die Atomenergie soll demnach 40 % des Strombedarfs der Bundesrepublik decken. »Elektrizität ist Macht«, so fasst Hermann Josef Abs, Vorstandschef der Deutschen Bank, auf der RWE-Hauptversammlung 1977 die Motive für das Investment in Großkraftwerke zusammen. Während in Frankreich die Atomenergie bis heute der wichtigste Energieträger ist, stoßen die Pläne zum Aufbau einer Atomindustrie in Deutschland aufgrund des vielfältigen, breiten und dauerhaften Widerstands der Anti-AKW-Bewegung an ihre Grenzen. Die wichtigsten Schauplätze des Widerstands sind Wyhl, Brokdorf, Grohnde, Malville (Frankreich), Kalkar, Gorleben, Wackersdorf, sowie die Atommülltransporte, vor allem nach Gorleben.

Die militanten* Zaunkämpfe an den AKW-Baustellen Brokdorf und Grohnde 1976/77 werden zur Zäsur. Obwohl nach dem erfolgreichen Kampf in Wyhl überall in der BRD Anti-AKW-Gruppen wie Pilze aus dem Boden schießen, sie sich von Aktion zu Aktion immer besser koordinieren und vorbereiten, Zehntausende Menschen ihren Aufrufen zu Platzbesetzungen folgen und an die Unterelbe und die Weser strömen, gelingt es nicht mehr, den Erfolg von Wyhl zu wiederholen, und die Bauplätze wieder zu Wiesen zu machen. Zwar kommen viele gut ausgerüstet mit Gasmasken, Helmen, Seilen und Wurfankern, doch Großaufgebote von Polizei und Bundesgrenzschutz verhindern mit Reiterstaffeln, Wasserwerfern und Räumpanzern die Besetzungen der Baustellen und treiben die Menschenmengen an den jeweiligen Standorten auseinander. Es gibt zahlreiche schwer verletzte Demonstrant*innen und Hunderte Festnahmen. Es folgt eine bis dahin beispiellose Kriminalisierungswelle, einige AKW-Gegner*innen werden zu langjährigen Freiheitsstrafen verurteilt. Während in der Bewegung nun über Organisationsfragen sowie die künftige Strategie und Taktik gerungen wird, gerät die Atompolitik aufgrund des zunehmenden außerparlamentarischen Drucks politisch und juristisch erstmals in die Defensive, und innerhalb eines Monats verfügen Gerichte vorläufige Baustopps in Brokdorf, Grohnde und Wyhl. Trotz vieler Differenzen und offener Fragen darüber, wie es weitergehen soll, kommen Ende Juli 1977 über 80.000 Menschen – vor allem aus Frankreich, Deutschland, Italien, der Schweiz und Österreich – zu einer internationalen Manifestation gegen den geplanten Schnellen Brüter (einer besonders gefährlichen Bauweise von AKWs) in Malville, in der Nähe von Grenoble. Es gibt eine stundenlange Straßenschlacht mit der CRS, der militärischen Sondereinheit des Pariser Innenministeriums. Sie setzt Gummigeschosse, Tränengas- und Offensivgranaten ein, etliche

---

In weiten Teilen Indiens kam es **1857** zum Sepoy-Aufstand gegen die wirtschaftliche, politische und kulturelle Unterdrückung der Kolonie durch die britische Ostindien-Kompanie. Der Aufstand wurde nach mehreren Monaten militärisch niedergeschlagen. Er gilt vielen als Indiens »erster Unabhängigkeitskrieg«.

Demonstrant*innen werden schwer verletzt, der Lehrer Vital Michalon stirbt, nachdem er von einer Offensivgranate getroffen wird.

Legal – Illegal – scheißegal: Bauplatzbesetzungen, Großdemonstrationen, Blockaden und Sabotage

In Teilen der Anti-AKW-Bewegung wird nun angesichts der Übermacht der Staatsgewalt bei den Kämpfen am Bauzaun über Kleingruppenaktionen und Sabotage diskutiert. Dazu beigetragen haben die Erfahrungen in Brokdorf, Grohnde, Malville und Kalkar, sowie Aktionen der Revolutionären Zellen (RZ) gegen Betreiberfirmen und Hersteller von nuklearen Komponenten für die Atomindustrie. Die RZ verüben u.a. Anschläge auf den MAN-Konzern sowie Klein, Schänzlin & Becker wegen der nuklearen Zusammenarbeit mit dem Apartheid-Regime in Südafrika, den Wachdienst Nord, der bei norddeutschen AKW eingesetzt wird, und rufen dazu auf, den Widerstand gegen die gesamte Atomindustrie auszuweiten und sich nicht nur auf die Standorte von Atomanlagen zu konzentrieren. Trotz der vorläufigen Baustopps hält die Regierung an ihren Atomplänen fest, den nuklearen »Brennstoffkreislauf« zu schließen und forciert die Pläne für eine Wiederaufbereitungsanlage für Kernbrennstäbe (WAA) und für ein Endlager.

Als im März 1979 die ersten Bohrfahrzeuge in Gorleben auftauchen, um das Gelände zu erkunden, unter dem ein Endlager entstehen soll, blockieren aufgebrachte Bäuer*innen mit Traktoren den Konvoi. Zehn Tage später kommen über 5.000 Menschen zu einer Kundgebung der Bürgerinitiativen (BI) nach Lüchow – und kurz darauf über 100.000 in die niedersächsische Landeshauptstadt Hannover. Der niedersächsische Ministerpräsident Albrecht muss schließlich feststellen, dass der Bau einer WAA im Wendland »politisch nicht durchsetzbar« ist.

Der damalige bayerische Ministerpräsident und frühere Atomminister der Bundesregierung, Franz-Josef Strauß, bringt daraufhin Bayern als neuen Standort für die WAA ins Gespräch. Die Pläne für das Endlager in Gorleben werden dagegen weiter forciert, und so beginnen noch im selben Jahr die ersten Erkundungen des Salzstocks in Gorleben. Als im Herbst 1979 die ersten Tiefbohrungen beginnen, reagiert die Bewegung zunächst ziemlich hilflos mit einigen kurzfristigen Platz- und Baumbesetzungen. Außerdem verüben militante Atomkraftgegner*innen die ersten Sabotageaktionen auf Bohrstellen der Betreibergesellschaft. Nach monatelangen Vorbereitungen wird am 3. Mai 1980 der Bauplatz um die Bohrstelle 1.004 schließlich von über 5.000 Menschen besetzt.

Am **23. Oktober 1896** beendete Italien den gescheiterten Versuch, Abessinien, das heutige Äthiopien, zu kolonisieren. Äthiopien hatte in den 1.000 Jahren zuvor bereits zahlreiche Angriffe abgewehrt, einschließlich denen der britischen Kolonialtruppen und blieb das einzige afrikanische Land, das nie kolonisiert wurde.

Nach 33 Tagen wird der Traum von einer »Freien Republik Wendland« schließlich von der Polizei gewaltsam beendet. In den folgenden Jahren ziehen zahlreiche AKW-Gegner*innen ins Wendland, um alternative Strukturen aufzubauen, wozu u.a. Biohöfe und Versammlungs- und Bildungsstätten gehören, und im Laufe der nächsten Jahre kommt es zu einem kreativen Zusammenspiel zwischen der BI, der Bäuerlichen Notgemeinschaft und allen anderen Kräften der Bewegung.

Tschernobyl und das Ende der WAA-Pläne

Autonome Gruppen spielen in den 1980er Jahren in gleich zwei ökologischen Protestbewegungen eine wichtige Rolle: in der Bewegung gegen die Startbahn West am Frankfurter Flughafen (1980–84) und bei den Kämpfen gegen die WAA im bayerischen Wackersdorf.

Als der kleine Ort in der Oberpfalz als Standort bekannt wird, protestieren im Februar 1985 über 40.000 Menschen gegen das Vorhaben. Im August wird der Bauplatz im Taxöldener Forst erstmals besetzt. Es folgen wöchentliche Sonntagsspaziergänge – Bau von Barrikaden im Wald, Sabotage am Zaun inbegriffen – sowie Großdemonstrationen am Bauplatz und in der bayerischen Landeshauptstadt, bei denen es wiederholt zu Konfrontationen mit der Polizei kommt. Am 26. April 1986 kommt es in Tschernobyl in der Ukraine zum Supergau.

Die Anti-AKW-Bewegung reagiert auf den Atomunfall schneller als alle staatlichen Stellen, die wie gewohnt abwiegeln, und mobilisiert für Pfingsten 1986 nach Wackersdorf. Dort folgen über drei Tage hinweg die härtesten Konfrontationen, die die Bonner Republik je gesehen hat. Militante Gruppen weiten den Widerstand in den folgenden Monaten aus und sabotieren das Stromnetz der Energieerzeuger. Über 150 Strommasten werden im Lauf der nächsten Jahre in der ganzen Republik zu Fall gebracht. Den Anstoß dafür gibt »Hau weg den Scheiß«, eine militante Gruppe, die als erste einen 280.000 Volt-Mast in die Luft sprengt.

Im April 1989 legt die Bundesregierung die Pläne für eine nukleare Wiederaufbereitung in der BRD schließlich ad acta. »Ohne die Autonomen hätten wir die WAA nicht verhindert«, gibt der SPD-Landrat und WAA-Gegner Hans Schuirer später offen zu.

Die Castor-Transporte und Anknüpfungspunkte der Klimabewegung

Zwischen 1995 und 2011 werden die Atommülltransporte nach Gorleben, Ahaus und an andere Standorte zum Hauptinterventionspunkt der Bewegung. Mit Massenprotesten, technischen Blockaden und militan-

---

Im **Juli 1905** widersetzten sich Angehörige der Matumbi im heutigen Tansania ihren deutschen Kolonisator*innen und griffen die Stadt Samanga an. Dies war der Beginn des Maji-Maji-Aufstandes, in dem zahlreiche indigene Gruppen gemeinsam zwei Jahre lang den deutschen Kolonialapparat bekämpften.

Proteste gegen die geplante Wiederaufbereitsanlage Wackersdorf 1986,
BN: Fotograf*in unbekannt

ten Aktionsformen gelingt es, die Transporte immer langwieriger und
teurer zu machen und gesellschaftlich immer mehr zu delegitimieren.
Zehntausende kommen immer wieder ins Wendland.

Die Bewegung ist nun eine politische Größe, ihr Erfolg beruht auf
der Vielfalt der Widerstandsformen, ihrer Mobilisierungsfähigkeit und
dem langen Atem der Aktivist*innen. Über die Jahre setzt sich die Überzeugung durch, dass die Bewegung am erfolgreichsten ist, wenn alle
Aktionsformen – von der Sitzblockade bis zum Brandanschlag – solidarisch nebeneinander stattfinden können. Auch wenn die gegenseitige
Akzeptanz in langjährigen Diskussionen immer wieder neu hergestellt
werden muss. Die Klimabewegung wird sich dies später zum Vorbild
nehmen und von Anfang an versuchen, einen ähnlich breiten Konsens
zu etablieren.

Im Wendland kommt erstmals auch die Fingertaktik* zum Einsatz,
die es auch großen Gruppen ermöglicht, der Polizei auszuweichen, um

Von **1910 bis 1919** kämpften die historischen Zapatistas in den Südstaaten Mexikos
als Freiwilligenarmee für ihre Landrechte als Kleinbäuer*innen und Indigene. Außerdem forderten sie die Dezentralisierung der Macht, die politische Demokratie und

Massenblockaden auf der Schiene und den Straßen durchzuführen. Technische Blockaden von Kleingruppen entwickeln sich und werden immer ausgefeilter: Kletteraktivist*innen hängen in Seiltraversen* über den Straßen, die Bäuer*innen schaffen es immer wieder mit ihren Traktoren auf die Transportstrecke, und es kommt zu immer aufwändigeren Ankettaktionen: an Betonfässern und Pyramiden*, präparierten Autos und Betonklötzen unter den Schienen, die oft jahrelang unentdeckt aushärten können, bis sie zum Einsatz kommen. Manche dieser Aktionen halten den Transport über 24 Stunden hinweg auf oder zwingen ihn zu großen Umwegen. Dabei entsteht ein Repertoire aus Techniken, aus dem sich die Klimabewegung bedienen und das sie vom Expert*innenwissen zu einer Handlungsoption für viele machen wird.

Die Stärke der Anti-AKW-Bewegung war ihre Vielfalt und Unberechenbarkeit. Die inhaltliche Kritik an der Nichtbeherrschbarkeit der nuklearen Großtechnologie, die vertuschten Störfälle, die langfristigen Schäden für Mensch und Natur und die enge Verzahnung des Staates mit den Energiekonzernen war anschlussfähig für enorm viele Menschen. Einige Gruppen beschäftigten sich vor allem mit Strahlenmessungen und mit gesundheitlichen Auswirkungen der Atomkraft, andere vertraten aber auch eine klassenkämpferische Perspektive oder diskutieren die Arbeitsbedingungen im Uranabbau und die dahinter stehenden kolonialistischen* Verhältnisse. Wieder andere veröffentlichten Anleitungen für Volxstrom-Anschlüsse, also für das Überbrücken von Stromzählern. Ähnlich wie auch die Klimabewegung nur in Teilen und auch erst nach und nach anfängt, weitere Themen zu diskutieren, und sich mit indigenen Kämpfen und transnationalen Bewegungen wie Black Lives Matter auseinanderzusetzen.

Die Antiatombewegung ist jedoch auch heute noch mehr als nur ein Vorläufer der Klimagerechtigkeitsbewegung. In Deutschland sollen zwar die letzten drei AKW Ende 2022 abgeschaltet werden, aber Deutschland produziert weiterhin ein Drittel des angereicherten Urans auf dem Weltmarkt und Brennelemente für den europäischen Markt. Und immer wieder, so auch in letzter Zeit, wird massiv versucht, Atomenergie als Scheinlösung für die Klimakrise zurück auf die Tagesordnung zu setzen. Passend dazu klassifizierte die EU Anfang 2022 Strom aus Atom und Erdgas als »nachhaltig« für Investor*innen. Spätestens angesichts dieser Entwicklungen sollte die Klimabewegung die Gefahr durch Atomenergie nicht als vergangenes Kapitel der Umwelt-und Energiekämpfe betrachten, sondern sich ihr konsequent entgegenstellen.

die Umverteilung des Reichtums. Ihr Kampf um Landrechte gestaltete das moderne Mexiko mit.

Leseempfehlungen

Gladitz, Nina (Hg.): Lieber heute aktiv als morgen radioaktiv. Berlin: Wagenbach Verlag 1976.

Bürgerinitiative Umweltschutz Unterelbe (Hg.): Brokdorf: Der Bauplatz muss wieder zur Wiese werden. Hamburg: Verlag Association 1977.

Redaktionskollektiv Autonomie (Hg.): AKW – Widerstand – Atomstaat, Autonomie: Materialien gegen die Fabrikgesellschaft Neue Folge 4/5. Tübingen: IVA Verlag 1980.

Tolmein, Oliver / zum Winkel, Detlef: nix geRAFft – Zehn Jahre Deutscher Herbst und der Konservatismus der Linken. Hamburg: Konkret Literatur Verlag 1987.

Tresantis (Hg.): Die Anti-AKW-Bewegung – Die Anti-Atom-Bewegung Geschichte und Perspektiven. Berlin / Hamburg: Assoziation A 2015.

Am **12. November 1928** begannen Arbeiter*innen der United Fruit Company (später Chiquita) in Kolumbien einen Streik gegen die menschenunwürdigen Arbeitsbedingungen. Das Unternehmen weigerte sich zu verhandeln und die kolumbianische

»Umweltrecht = Menschenrecht!«
Die Umweltbewegung in der DDR

Im planwirtschaftlichen System der DDR waren Ausbeutung und Zerstörung der Umwelt allgegenwärtige Lebensrealitäten. Gleichzeitig starteten Aktivist*innen in der DDR und ihrem »real existierender Sozialismus« eine bunte Vielzahl widerständiger Protestbewegungen. Trotz Unterdrückung in der »Behördendiktatur«, Überwachung und staatlich organisiertem Psychoterror im »Bruderstaat« wurden so verschiedenste Formen von Aufstand und Gegenwehr praktiziert.

Die Idee einer befreiten, solidarischen, egalitären Gesellschaft diente der DDR offiziell als Leitbild. Doch statt Gleichberechtigung und dem guten Leben für alle, zeichnete sich die Realität mit rassistischer und sexistischer Diskriminierung oft genug durch das genaue Gegenteil aus. Ebenso prangerten Oppositionsgruppen die »staatssozialistische Kommandowirtschaft« an und beklagten, dass »die Standards nur noch durch den Ausverkauf des Landes gehalten [werden konnten, also durch] Billiglohnarbeit für kapitalistische Firmen (...) oder Giftmüllimport (...) aus ganz Westeuropa«.

Wie andere Politikbereiche war auch die Umweltpolitik geprägt durch eine »Mischung aus Geheimhaltung, Verleugnung, Ignoranz und Unterdrückung«.

Einordnend möchte ich festhalten, dass ich zwar in der DDR geboren wurde, von den politischen Widerstandskämpfen um mich herum aber erst erfuhr, als das Regime schon lange Geschichte war.

Die DDR-Alltagsrealitäten und die Proteste dagegen, sowie die Erfahrungen meines Umfeldes darin, haben mein Aufwachsen dennoch geprägt.

Regierung beendete den Streik mit einem Massaker des Militärs, das ungefähr 2.000 Menschenleben forderte.

Orte der Zerstörung – Orte des Protests

Mit der verbissenen Industrialisierung und dem »Primat der Wirtschaft vor dem Umweltschutz« waren Umweltverschmutzung und -zerstörung in der DDR praktisch allgegenwärtig. Denn trotz einer progressiven Umweltgesetzgebung – ein Naturschutzgesetz wurde 1954 eingeführt, der Umweltschutz wurde 1968 in die Verfassung aufgenommen – blieb diese mangels konsequenter Umsetzung und adäquater Kontrolle ein völlig zahnloser Papiertiger.

Eine Ursache für die ökologische Krise lag bereits in der Form der Energieversorgung. Sie beruhte zum größten Teil auf der Braunkohle mit dem Rückgriff auf große Vorkommen im Leipziger und im Lausitzer Revier. Der Abbau führte – wie auch heute noch – in den betroffenen Gebieten zur desaströsen Zerstörung der Umwelt, zu abgebaggerten Dörfern, sinkenden Grundwasserspiegeln und zurückbleibenden Mondlandschaften.

Hochgiftig und extrem schädlich war auch die Kohleverbrennung selbst, deren schwefelhaltige Abgase ungefiltert ausgestoßen wurden. Dies sorgte einerseits dafür, dass nicht nur die unmittelbare Umgebung der Anlagen beständig mit einer schwarzen Ruß- und Staubschicht bedeckt war und die Menschen im Umfeld der Kraftwerke unter chronischen Erkrankungen litten. Gleichsam führten die toxischen Abgase zu saurem Regen und damit dem augenfälligen Waldsterben, das viele Gebiete der DDR, insbesondere im Erzgebirge und den umliegenden Regionen, kennzeichnete.

Mit ihrer massiven Luft- und Wasserverschmutzung stellte nicht zuletzt die Braunkohleverschwelungsanlage Espenhain bei Leipzig eine besonders herausragende Dreckschleuder dar. Die chronischen Krankheiten, welche die Kontaminationen in der lokalen Bevölkerung hervorriefen, wurden allerdings auch hier billigend in Kauf genommen und konsequent vertuscht.

Eine verheerende Belastung von Boden, Luft und Wasser verursachten auch die zahllosen Bergbau- und Industriebetriebe, da die hochgradig schädlichen Abgase und Abwässer unbehandelt in die Umgebungsluft abgegeben und in die Flüsse geleitet wurden. Verseuchte Böden, Luftschadstoffe und gesundheitsgefährdende Stäube sowie biologisch tote Gewässer waren die Folge. Ein gravierendes Beispiel stellte der Uranabbau in der Sächsischen Schweiz und im West-Erzgebirge dar, welcher die umliegenden Flüsse durch Halden- und Bergbau-Abwässer radioaktiv verseuchte.

Ab dem **23. November 1929** rebellierten bis zu 25.000 Marktfrauen in den Städten Nigerias gegen die Besteuerung ihrer Arbeit durch die britische Kolonialmacht. Die Frauen blockierten Straßen und befreiten Gefangene, sangen feministische Lieder, attackierten europäische Geschäfte und Banken und brannten Gerichtsgebäude nieder.

Nicht weniger katastrophal waren die toxischen Schäume auf den mit Chemikalien belasteten Flüssen im Umfeld der chemischen Industrie von Leuna, Bitterfeld und Halle, oder die durch die Fluorchemie in der Sächsischen Schweiz verursachte Fluorose bei den Lebewesen in der Umgebung, um nur einige Beispiele zu nennen.

Eine immense Luftbelastung, überdüngte Böden und mit Nitrat verseuchtes Grundwasser wurden allerdings genauso durch die industrialisierte Landwirtschaft und die Massentierhaltung der Landwirtschaftlichen Produktionsgenossenschaften (LPG) verursacht.

Offizielle Informationen über das Ausmaß der verheerenden Umweltzerstörung hätten die Wirtschaftspolitik der Sozialistischen Einheitspartei Deutschland (SED) allerdings zu stark infrage gestellt und womöglich die Machterhaltung der SED-Führung gefährdet. Umweltdaten wurden daher nicht kommuniziert – und der Zustand der Natur stattdessen ab 1982 zur Geheimsache erklärt.

Wichtiger Treffpunkt der Umweltbewegung in der DDR 1990,
BN: creative commons

Subkultur – Akteure und Gegenakteure

Die Belastungen und Schädigungen der Umwelt stellten in den 1970er-Jahren den Auslöser für die Entstehung der Umweltbewegung dar. Da die lokale Bevölkerung vor allem in den Industriezentren von den Belastungen ständig und in extremem Ausmaß betroffen war, etablierten sich dort auch die ersten Umweltgruppen. Direkt an den Orten der Umweltfrevel reagierten sie damit auf die Gleichgültigkeit der DDR-Regierung.

1933 begann in der Region am westsibirischen Fluss Kasym in der Sowjetunion der Aufstand der indigenen Chanten gegen die Zwangskollektivierungen und die Versuche, ihre traditionelle Lebensweise, Sprache und Riten zu verbieten. Die Rote

Bei allen öffentlichen, kommunalen oder universitären Kontexten konnte davon ausgegangen werden, dass diese durch offizielle und inoffizielle Mitarbeitende der Staatssicherheit (Stasi) infiltriert waren. Die einzigen Organisationen, denen unabhängigeres Handeln in einem gewissen institutionalisierten Rahmen zugebilligt wurde, waren kirchliche Einrichtungen.

Daher organisierten sich ab den 1980er-Jahren verschiedenste Jugend-, Umwelt-, Friedens- und Menschenrechtsgruppen unter dem Dach evangelischer Kirchengemeinden mit der Unterstützung engagierter Pfarrer*innen, welche sich den Forderungen der Oppositionsbewegungen verbunden fühlten. Die Gruppen konnten häufig nicht nur Räume der Gemeinden nutzen, sondern auch deren Vervielfältigungsmaschinen, mit denen Plakaten und Zeitungen gedruckt wurden.

Thematisch beschäftigten sich diese verschiedensten »Ökologiegruppen«, »Friedenskreise«, »Initiativ-« und »Umweltarbeitsgruppen« mit dem Zustand und der fortschreitenden Zerstörung der Umwelt sowie der Kritik an der Atomenergie. Genauso prangerten sie aber auch Missstände in der Verkehrsplanung oder der Wohnungspolitik und den zunehmenden Rassismus in der DDR an. Gleichzeitig kritisierten sie ebenso globale Menschenrechtsverbrechen und politische Fehlentwicklungen – wie den Einmarsch der Sowjetunion in Afghanistan. Ein Rahmen, den die Gruppen teilweise nutzen konnten, um diese kritischen Diskurse* mit einer breiteren Öffentlichkeit zu führen und bestehende Übel offener zu skandalisieren, waren die Gottesdienste der jeweiligen Gemeinden. Oft genug blieben diese Gruppen aber trotz des kirchlichen Kontextes weniger religiösen Idealen als vielmehr ihrem kritischen Engagement und Aktivismus verschrieben.

Offiziell wurden zwar keine unabhängigen Gruppen zugelassen – das hielt diese aber nicht davon ab, sich zu gründen. So entstand 1986 auch die Umwelt-Bibliothek (UB) in der Berliner Zionskirche. Sie lehnte sich an ähnliche osteuropäische oppositionelle Bibliotheken an und führte gleichzeitig zur Gründung weiterer Umweltbibliotheksgruppen in der gesamten DDR. Dabei war die UB nicht nur ein Hort kritischer, fachlicher und wissenschaftlicher Literatur – genauso, wie von ihr im Eigenverlag publiziert und vervielfältigt wurde, war sie auch ein Ort für Veranstaltungen. Sich selbst bezeichneten die Aktiven in der UB als »antistalinistisch, aber auch antikapitalistisch und antifaschistisch«, ihr Handeln richtete sich »gegen die Zerstörung der Umwelt im Allgemeinen und gegen Atomkraft im Besonderen«, »gegen jede Form von Militär und

---

Armee beendete den Aufstand nach etwa einem Jahr blutig und die Verbote wurden erst 50 Jahre später gelockert.

Krieg« und »gegen die Herrschaft der SED, aber auch gegen die Auslieferung der DDR an die BRD«.

Nicht nur für die Gegenöffentlichkeit und wechselseitige Information, sondern auch für die Vernetzung der Oppositionsgruppen (und darüber hinaus) waren in Eigenverlagen erschienene Zeitschriften essentielle Werkzeuge innerhalb der oppositionellen Strukturen. Selbstredend wurde über die oppositionellen Gruppen und deren Aktionen berichtet, aber auch über deren Konflikte mit dem Regime und der Kirche. Durch den Bezug auf die Umweltthematiken übten die Gruppen in ihren Veröffentlichungen auch Kritik am politisch-ökonomischen System des diktatorischen Staates insgesamt.

Neben Heften wie dem Grenzfall oder dem Antifa-Infoblatt-Ostberlin waren die von der UB herausgegebenen Umweltblätter sicher eine der wichtigsten damaligen Publikationen. Als prägende Perspektiven beschrieben deren Autor*innen die »stark präsente Strömung anarchistisch-basisdemokratischer Provenienz«, die auf »Herrschaftsfreiheit und alternative Lebensformen in sozialer Selbstorganisation« fokussierte, sowie das »antizentralistische, jeder parteiförmigen Organisationsform auch in oppositionellen Strömungen abgeneigte Selbstverständnis«.

Ende 1987 führten Durchsuchungen und Verhaftungen in der UB durch die Stasi zu Protestkundgebungen, solidarischen Widerstandsaktionen, Mahnwachen für die Freilassung der Festgenommenen und gegen die zunehmende Repression* von Aktivist*innen – ebenso wie zu einem größer werdenden Kreis an Sympathisant*innen.

1988 entwickelte sich aus der UB das Netzwerk Arche, welches sich stärker der Kommunikation und Koordination verschrieb. Etwa zur gleichen Zeit gründete sich auch die Grüne Liga, welche bis heute Gruppen der Umweltbewegung miteinander vernetzt.

Während sich viele Aktivist*innen des Arche-Netzwerks 1989 an der Gründung der »Grünen Partei« der DDR beteiligten, blieb die UB bis zu ihrer Selbstauflösung 1998 parteiunabhängig.

Insgesamt wurden zivilgesellschaftliche Gegenbewegungen im diktatorischen System der DDR als Bedrohung gesehen, welche das vom Regime entwickelte sozialistische Ideal infrage stellten.

Kritik genauso wie Forderungen nach unabhängiger Meinungsbildung, selbstbestimmter gesellschaftlicher Partizipation oder Informationsaustausch wurde daher mit verschiedensten Formen von Repression begegnet.

Am **12. August 1946** streikten mehr als 60.000 Bergarbeiter*innen in Witwatersrand, Südafrika. Die Polizei tötete neun Menschen und verletzte über 1.200. Der Streik gilt als bedeutender Moment in der Geschichte Südafrikas, der die Apartheid als Mittel zur Aufrechterhaltung frühkapitalistischer Produktionsweisen aufzeigte.

**Aktion und Repression – Möglichkeiten
und Unmöglichkeiten von Widerstand**

Eigene Erzählungen entwickeln, um die politische Ohnmacht zu überwinden – ohne Presse- und Informationsfreiheit war wohl eine der wichtigsten Aufgaben der Aktivist*innen in der DDR, um gegen den repressiven Staat vorgehen zu können.

Da ohne vertrauenswürdige Daten staatlich unabhängige Informationen über den Zustand der Umwelt unmöglich gemacht wurden, führten die Aktivist*innen kurzum selbst Messungen durch – ein Akt, der bereits als widerständiges Handeln kriminalisiert wurde. Zum gängigen Repertoire öffentlicher (Umwelt-)Proteste gehörten in der DDR-Oppositionsbewegung zwar auch Infostände und Mahnwachen, Fahrraddemos oder Baumpflanzaktionen, da kritische Demonstrationen allerdings verboten waren, wurden alternativ auch sogenannte »Wallfahrten« veranstaltet, »Pilgerwege« initiiert, Gedenkumzüge und Schweigemärsche abgehalten oder offizielle Demonstrationen umfunktioniert, indem sie als Plattformen für kritische Plakate und Transparente genutzt wurden.

Mit Spendenaktionen wie »Eine Mark für Espenhain«, bei denen die Spende mit der Unterschrift bestätigt wurde, konnte das Verbot von Unterschriftensammlungen kreativ umgangen werden.

Immer wieder fanden aber auch spektakulärere Aktionen statt: Um auf die allgegenwärtige Luftverschmutzung und das Waldsterben aufmerksam zu machen, wurden an toten Berliner Straßenbäumen Holzkreuze mit Protestslogans aufgestellt oder wie in Potsdam, Weihnachtsbäume vor Kirchen durch abgestorbene Erzgebirgsfichten ersetzt.

Doch trotz zunehmender Proteste blieb sowohl das Ausmaß der Umweltzerstörung »Verschlusssache« als auch das DDR-Regime komplett untätig darin, die Umweltverbrechen zu beheben. Deshalb richteten sich Widerstand und öffentliche Aktionen der Aktivist*innen nicht mehr nur gegen das Zugrunde-Richten der Natur, sondern verstärkt auch gegen die Politik der Lügen und der Unterdrückungen – eine Entwicklung, durch die sich die Umweltgruppen noch stärker politisierten.

Obwohl die Repressionsorgane beständig versuchten, die Netzwerke zu überwachen und zu kriminalisieren, existierte ein reger Austausch zwischen verschiedenen Gruppen in der DDR sowie mit Aktivist*innen in Polen und Ungarn, dem Baltikum und der damaligen Tschechoslowakei (dort beispielsweise mit der Charta 77 und Vaclav Havel). Gleichzeitig ermöglichten es Beziehungen zu BRD-Journalist*innen, eine kritische internationale Öffentlichkeit herzustellen.

Am **29. September 1957** ereignete sich in der sibirischen Nuklearfabrik Majak in der Sowjetunion die kaum bekannte Kyschtym-Katastrophe. In der Anlage wurde Plutonium für Atomwaffen produziert. Bei einer Explosion von Plutoniumtanks wurde

Fahrraddemo gegen zunehmende Luftverschmutzung in Städten, 1982,
BN: Stasi Observation

Dabei ließen sich viele der engagierten Kämpfer*innen nicht von
den Repressionsmaßnahmen mit ihren oft menschenverachtenden
Ausprägungen gegen die oppositionellen Bewegungen abschrecken.
Diese Maßnahmen umfassten nicht nur das Abhören von Telefonen
oder ständiges Überwachen und Verfolgen der Aktivist*innen, sondern
auch Wohnungsdurchsuchungen, Verhöre und Inhaftierungen. Auch
Informant*innen, die Gruppen infiltrierten oder Anwerbeversuche als
Inoffizielle Mitarbeiter (IM) zur Bespitzelung, waren gängige Repressionsmittel. Doch auch massiver psychischer Stress durch Diffamierun-
gen von Unterstützer*innen, das Unter-Druck-Setzen von Freund*innen
und Familienangehörigen oder dem Initiieren beruflichen Misserfolgs
und sozialen Misskredits dienten als Strategien der »Zersetzung«, wie
die Behörden diese Form von Repression nannten.

Neben der direkten Gewalt durch Stasi und die sogenannte Volkspo-
lizei herrschte gleichzeitig die strukturelle Gewalt auf institutioneller
Ebene. So wurden Aktivist*innen nicht zu den gewünschten Studiengän-

---

mindestens so viel Radioaktivität freigesetzt wie bei den Unfällen in den AKWs von
Tschernobyl und Fukushima.

gen zugelassen, Abschlussarbeiten nicht anerkannt oder Reisefreiheiten noch stärker eingeschränkt.

Welt im Wandel – Auswirkungen und historische Einordnung

Mit dem steigenden Druck durch das DDR-Regime distanzierte sich die evangelische Kirche Ende der 1980er Jahre nach und nach von den Aktivist*innen. Gleichzeitig registrierten die Gruppen, dass sie einen Gegendruck auf das System aufbauten und auf diese Weise große Teile der Gesellschaft zu politisieren und zu mobilisieren vermochten. Diese Position der »Gegenmacht« nutzten sie auch zum Entlarven der Lügen des Regimes, beispielsweise durch umfangreiches eigenes Beobachten von Wahlen. Zunehmend schufen die Vernetzungen und der gemeinsame Protest Möglichkeiten, um sich gegen das diktatorische Regime aufzulehnen. Gleichzeitig verschoben sich dadurch zusehends die von der Regierung vorgesehenen Einschränkungen. Mit diesen grundlegend veränderten Protestbedingungen feierten die oppositionellen Basisgruppen Ende der 1980er Jahre deutliche politische Erfolge, sodass sie Aktionen durchführen konnten, die ein paar Jahre zuvor noch undenkbar gewesen wären und zu jahrelanger Inhaftierung geführt hätten.

Die Umweltbewegung mit ihren Protesten zählte u.a. zu den treibenden Kräften, aus denen sich die denkwürdigen Montagsdemonstrationen in Leipzig und in der gesamten DDR entwickelten, mit denen für Meinungs- und Pressefreiheit gekämpft wurde – und die das Regime schließlich mit zu Fall brachten.

Doch während das System strauchelte, zeigte sich auch der Gegensatz zwischen zwei radikal für den Wandel eintretenden Strömungen: Die Ausreisewilligen kämpften für die Grenzöffnung Richtung Westen, viele Aktivist*innen der oppositionellen Basisgruppen verfolgten diese Entwicklung dagegen kritisch. Ihrer Meinung nach bestanden doch »genügend Gründe zu bleiben, um ein erträgliches Land in ein besseres umzugestalten«, durch eine »Umkehr [einen] echten, freiheitlichen Sozialismus« anzusteuern – und sich mit aller Kraft dafür einzusetzen.

Retrospektive: Was bleibt?

Als sich die Aktivist*innen nach dem Fall der Mauer 1989 verstärkt in Parteien und politischen Gruppierungen engagierten, nahm die Bedeutung der Kirche als einflussreichem Ort der Bewegung ab.

In der wilden, oft unreglementierten Umbruchszeit nach der »Revolution«, blieben viele Gruppen noch für einige Zeit bestehen: Sie versuch-

Seit **1960** ist der Aralsee, ehemals viertgrößter See der Welt, dabei zu verschwinden. Die Flüsse, die den zwischen Kasachstan und Usbekistan gelegenen See speisten, wurden zur Bewässerung der Baumwollproduktion genutzt. Die Folgen sind katastrophal.

ten, am »Zentralen Runden Tisch«, zusammen mit vielen anderen ein neues System aufzubauen oder setzten sich in der Übergangsregierung erfolgreich für die Errichtung großer Naturschutzgebiete ein.

Ob beim anschließenden Zerfall der Bewegungen andere wirtschaftliche und soziale Prioritäten in den Vordergrund rückten oder ob mit dem Zusammenbruch des Regimes die Systemkritik im Dokumentieren der Umweltverbrechen an Relevanz verlor, ist nur schwer zu sagen. Manche Aktivist*innen zogen sich vermutlich auch bei der »Ankunft im Alltag«, im Zwiespalt aus verlogener, »bürokratisch-dirigistischer« Planwirtschaft und überbordendem Konsumismus im neuen kapitalistischen System ins Private zurück.

Für einige der damaligen Engagierten führten gar zwei bis drei Jahrzehnte im neuen System dazu, Geschichtsverklärung und einen Opfermythos zu reproduzieren, der für rechtspopulistische, nationalistische, rassistische und allgemein diskriminierende Diskurse allzu leicht empfänglich und anschlussfähig ist.

Und trotzdem waren es ebenso Kämpfer*innen aus der DDR-Umweltbewegung, die sich auch in den darauf folgenden Jahren aktiv in der Umwelt- und Bildungsarbeit betätigten und für die Entsorgung der DDR-Altlasten oder gegen Braunkohleabbau einstanden.

Leseempfehlungen und Quellenangaben

»Umweltblätter« aus der Berliner »Umwelt-Bibliothek«: https://umwelt-bibliothek. de/

Käfer, Anne: Umweltschutz als Opposition von Kirchen und Gruppen in der späten DDR. Bonn: Bundeszentrale für politische Bildung 2017. Dieser Text ist unter der Creative Commons Lizenz veröffentlicht – by-nc-nd/3.0/de/, https://www.bpb.de/ geschichte/zeitgeschichte/deutschlandarchiv/260210/umweltschutz-als-opposition-von-kirchen-und-gruppen-in-der-spaeten-ddr

Langsdorf, Susanne / Hofmann, Elena: Die Umweltbewegung in der DDR und die Umweltpolitikberatung in den neuen Bundesländern, [online], URL: https:// geschichte-umweltpolitikberatung.org/sites/default/files/OralHistory_DDR_final. pdf#overlay-context=info/schlaglichter-und-meilensteine

Wensierski, Peter: Die unheimliche Leichtigkeit der Revolution – Wie eine Gruppe junger Leipziger die Rebellion in der DDR wagte. Bonn: Bundeszentrale für politische Bildung 2017.

Zeitzeug*innen-Berichte damaliger Aktivist*innen: https://www.jugendopposition. de/

[Alle Quellen durchgesehen am 05.02.22]

Der See ist praktisch verschwunden und die umliegenden Böden sind durch den massiven Pestizideinsatz vergiftet.

Wir können gewinnen
Mainzer Kohlekraftwerk verhindert

Ab 2006 wurden in Deutschland etliche neue Kohlekraftwerke geplant. Um den Weg für die fossile Industrie freizuräumen, wurden die Genehmigungsverfahren bei vielen dieser Bauvorhaben im Schnelldurchgang abgewickelt. Ohne großes Aufsehen sollten Tatsachen geschaffen werden. In vielen Städten formierte sich daraufhin lokaler Protest, der maßgeblich von eher bürgerlichen Gruppen getragen wurde. In den Folgejahren gelang es, insgesamt 22 der Neubauprojekte zu verhindern. So in Hürth, Berlin, Bremen, Kiel, Arneburg, Herne, Großkrotzenburg (Kraftwerk Staudinger), Ensdorf, Mainz, Krefeld, Quierschied, Köln, Germersheim, Jänschwalde, Bielefeld, Dörpen, Emden, Lubmin – um nur einige zu nennen. An all diesen Orten verschwanden Baupläne für Kohlekraftwerke oder einzelne Kraftwerksblöcke in den Schubladen, und Lokalpolitiker*innen mussten sich eingestehen, dass der Wind sich gedreht hatte.

In vielen Fällen gelang es, die Projekte durch lokale Kampagnen zu stoppen und die Entscheidungsbefugten zum Einlenken zu zwingen. Eine weitere wichtige Rolle spielte der Druck auf die potenziellen Großabnehmer*innen des Kohlestroms. Etliche Kraftwerkspläne mussten auch aus mangelnder Wirtschaftlichkeit eingestellt werden, weil potenzielle Strom-Käufer*innen (Unternehmen und Stromanbieter) einen Imageverlust fürchteten und einen Rückzieher machten.

Eine Stadt, in der sich eine beachtliche Protestdynamik gegen einen Kohlekraftwerksneubau entwickelte, war Mainz. Wobei der Zusammenschluss »Kohlefreies Mainz« (KoMa) eine führende Rolle in der Organisation des Protests einnahm. Den Initiator*innen der Initiative

1962 gründeten lateinamerikanische und philippinische Landarbeiter*innen in Kalifornien die National Farm Workers Association, um sich und ihre Familien vor Kinderarbeit, sexualisierten Angriffen und Pestizidvergiftungen zu schützen. Die

war bewusst, dass der Bau neuer Kohlekraftwerke die fossile Energieproduktion zementieren und verheerende Auswirkungen auf das Klima haben würde. Doch für die lokale Mobilisierung war darüber hinaus die Betroffenheit der Stadtbevölkerung ein ausschlaggebender Faktor. Die Aussicht, dass ein neues Kohlekraftwerk die Kur- und Bäder-Stadt Wiesbaden (Mainz und Wiesbaden sind nur durch den Rhein voneinander getrennt) mit einem Cocktail aus Stickoxiden und Feinstaub überziehen könnte, erhitzte die Gemüter. Durchschlagenden Erfolg hatte deshalb auch eine Initiative, die sich aus kritischen Ärzt*innen zusammensetzte. Und deren Warnung vor gesundheitlichen Auswirkungen wie der Zunahme von Asthma, Bronchitis und vielen anderen Krankheiten durch den Kohleschmutz entfachte die gewünschte Wirkung. Tausende protestierten gegen das Kohlekraftwerk, das in einem Industriegebiet am Stadtrand entstehen sollte.

Die Mainzer SPD nahm sich aus der Verantwortung, indem sie behauptete, die Entscheidung über den Bau eines Kohlekraftwerks falle nicht in ihren Kompetenzbereich, sondern obliege allein den Stadtwerken. Der damalige SPD-Oberbürgermeister Jens Beutel ließ sich nicht von seinem strikten Kohlekurs abbringen und erwies sich als äußerst beratungsresistent. Auch als die Wähler*innen der SPD bei den Kommunalwahlen eine klare Absage erteilten, bekannte er sich weiterhin zum Großprojekt. Inzwischen war das Kohlekraftwerk zum Politikum Nr. 1 in Mainz geworden.

Bereits damals gab es Interventionen radikal-linker Gruppen. Wenn auch das Klimathema in linken Gruppen in Deutschland noch nicht so relevant war und die Klimagerechtigkeitsbewegung noch ihre ersten zaghaften Schritte machte. So wurden vor Wahlkampfständen der SPD Kohlesäcke ausgekippt, es fanden regelmäßige Spontandemonstrationen statt und 2008 wurde das Baugelände, auf dem die Bauvorbereitungen bereits in vollem Gange waren, symbolisch besetzt. Wo zuvor Bagger rollten, um vollendete Tatsachen zu schaffen, wurde für einen Tag ein zehn Meter hohes Windrad errichtet. Doch etliche Anklagen wegen Hausfriedensbruch blieben aus.

Im Januar 2009 nahm die KMW (Kraftwerke Mainz-Wiesbaden) die letzte behördliche Hürde, um ihr Bauvorhaben Realität werden zu lassen. Die Struktur- und Genehmigungsbehörde (SGD) Süd konnte keine Gründe ausmachen, die gegen einen Bau sprachen: Der Ausstoß von jährlich ca. 4,6 Millionen Tonnen CO_2, die Auswirkungen auf umliegende Naturschutzgebiete, die nicht absehbaren Folgen für die Fischwande-

Assoziation erkämpfte höhere Löhne sowie Kranken- und Rentenversicherungen für Zehntausende Landarbeiter*innen und deren Familien.

rung im Rhein und die Gefährdung der Gesundheit der lokalen Bevölkerungen waren nicht ausschlaggebend.

Die Entscheidung hatte eine Intensivierung des Protests zur Folge und bescherte den Anti-Kohle-Gruppen einen neuen Mobilisierungsschub, der sein Ziel letztendlich nicht verfehlen sollte.

Genauso klammheimlich wie die Durchsetzung des Kraftwerks über die Bühne hätte gehen sollen, gestaltete sich dann auch dessen Ende. Im September 2009, einen Tag nach der Bundestagswahl, als die Öffentlichkeit von diesem Ereignis vereinnahmt war, gestand die KMW in einer Pressemitteilung die zeitliche Aussetzung des Projekts ein. Die Gründe hierfür sah sie nicht in der gekippten öffentlichen Meinung und dem vielseitigen Protest, sondern in einer Finanzierungslücke, die aufgrund der Finanzkrise entstanden sei. Von der »Aussetzung des Projekts« war nicht die Rede, weil eine Chance auf eine Wiederaufnahme bestand, sondern um die Niederlage nicht eingestehen zu müssen. Durch vorschnelle Vertragsabschlüsse, die das Projekt zementieren sollten, waren bis dahin zwischen 100 und 150 Millionen Euro verpulvert worden, einiges davon hatte Siemens eingestrichen, das 2007 mit dem Bau beauftragt worden war.

Bei den beteiligten Gruppen, Bündnissen und Initiativen knallten die Sektkorken und die »Klimacampgruppe Mainz/Wiesbaden« (heute »KlimaAktion Mainz«) rief dazu auf, »schnell wieder eine Kohle ins Protestfeuer zu legen«. Dass das Protestfeuer in den folgenden Jahren weiter angeheizt wurde, davon zeugt dieses Buch.

Das Volk der Shuar gründete **1964** in Ecuador die Föderation der Zentren der Shuar und Achuar. Die Föderation war Vorbild für indigene Organisationen in anderen Ländern. Obwohl sie oft zum Ziel staatlicher Repressionen wurde, besteht sie fort und

In Bewegung kommen

Enttäuschung und Inspiration
Der Klimagipfel 2009 in Kopenhagen

Die Proteste zum Klimagipfel COP15* in Kopenhagen gelten vielen als Startschuss der internationalen Klimagerechtigkeitsbewegung. Zum Auftakt der Protesttage zog eine Großdemonstration mit ca. 100.000 Teilnehmer*innen durch die Stadt. Viel Zulauf hatte dabei der antikapitalistische »System change not climate change«-Block, der die Politik der COP grundsätzlich infrage stellte, anstatt an diese zu appellieren.

Our climate, not your business!
Aber Moment mal, gegen die COP (Conference of the Parties) demonstrieren? Ist die COP nicht der Ort an dem die Vertreter*innen aller Nationen der Welt zusammenkommen, um unermüdlich an Lösungen für die Klimakrise zu arbeiten und zu versuchen, uns aus diesem Schlamassel wieder herauszuholen? Eine durch und durch demokratische Veranstaltung also, und sicherlich ein Akteur, mit dem wir als Klimabewegung den Schulterschluss suchen sollten?

Nein, die COP ist vor allem ein Ort, an dem sich sehr viele Menschen versammeln, die ein Interesse daran haben, den Status quo aufrechtzuerhalten. Es soll an dieser Stelle nicht pauschal behauptet werden, dass die dortigen Vertreter*innen einen homogenen Block bilden würden. Immer wieder kam es in der Vergangenheit von Regierungsvertreter*innen einiger ehemals kolonialisierten Länder zu Versuchen, an den Machtverhältnissen zu rütteln, und auch kritische NGOs intervenieren teilweise mit dem Ziel, die verfehlten Entwicklungen in eine andere Richtung zu lenken. Einerseits mag es bis zu einem bestimmten Punkt richtig sein, dass durch die Beteiligung der Zivilgesellschaft

die Shuar kämpfen heute u.a. gegen die Ölförderung im ecuadorianischen Teil des Amazonas-Beckens.

Schlimmeres verhindert werden kann, allerdings kommt ihr auch die Rolle zu, den getroffenen Entscheidungen eine größere Legitimität zu verschaffen.[1] Durch die Beteiligung kritischer Akteur*innen entsteht in der Öffentlichkeit eben genau das Bild, das von der COP nach außen getragen werden soll:»Wir sind hier, um in einem demokratischen Prozess den Klimawandel zu bremsen und letztendlich aufzuhalten«.

Als antikapitalistische Linke haben wir jede Menge an dieser Erzählung auszusetzen. Bei den Verhandlungen der COP ist eine wirtschaftsgläubige Deutung der Verhältnisse tonangebend. Wie sollte es auch anders sein? Schließlich treffen hier Vertreter*innen der globalen Elite aufeinander. Zu erkennen, dass ein Zusammenhang zwischen der kapitalistischen Wirtschaftsweise und dem Voranschreiten der Klimakrise besteht, scheint erst mal nicht sonderlich schwer zu sein. Diese Erkenntnis würde allerdings zur Schlussfolgerung haben, dass eine tiefgreifende Veränderung des globalen Handels und der kapitalistischen Wirtschaftsweise anstünde und also die globalen Machtverhältnisse grundsätzlich aufgebrochen werden müssten. Nun sind aber die meisten Vertreter*innen auf der COP selbst eng mit diesen Strukturen verwoben und profitieren von ihnen. Eine tiefgreifende Veränderung wird von ihnen nicht gewünscht, weshalb die fossilen Industrien und multinationale Konzerne aus ihrer Sicht nicht Teil des Problems sind, sondern wichtige Verhandlungspartner*innen. Diejenigen, mit denen es sich zusammenzusetzen gilt, wenn das Klimaproblem gelöst werden soll.

Aber selbst wenn die Delegationen, die sich auf der COP treffen, den Willen zur Veränderungen mitbrächten, würden sie die strukturellen Gegebenheiten schnell auf den ihnen zugedachten Platz verweisen. Eine grundlegende Veränderung des Wirtschaftsmodells greift die Macht des Kapitals an und wird deshalb niemals von der COP ausgehen.

Genügend Gründe also, um sich gegen die COP zu wenden. Schauen wir uns also lieber an, was abseits des Konferenzzentrums auf den Straßen Kopenhagens los war.

Die Klimakrise ist kein Öko-Thema, sondern eine Verbindungslinie
An vielen Stellen gelang es uns, thematische Verbindungslinien sichtbar zu machen. Während es in Deutschland zu diesem Zeitpunkt oftmals noch gang und gäbe war, dass Linksradikale in Anbetracht des Klimathemas die Nase rümpften, wurden in Kopenhagen die Schnittmengen zu anderen Kämpfen herausgearbeitet. So zielte z.b. der No-Border-Aktionstag auf die Verbindung zwischen Migration und Klimaveränderung

1968 wurde in Minneapolis, USA das American Indian Movement (AIM) gegründet. Inspiriert von den Kämpfen der Bürger*innenrechtsbewegung und den Black Panthers, organisierten sich Indigene gegen Polizeigewalt, Rassismus und Armut.

ab. Während Millionen von Menschen aufgrund des Klimawandels fliehen müssen, errichten die Hauptverursacher*innen im Globalen Norden* ein tödliches Grenzregime zur Abwehr der Geflüchteten. Die Teilnehmer*innen der No-Border-Demo hatten aus den Erfahrungen der Großdemo am Vortag gelernt. Dort war es der Polizei gelungen, einen Teil der Demo zu isolieren und einzukesseln.* Doch diesmal wurde der Zugriff der Bullen durch eine enge Kettenbildung verhindert. Im Getümmel gelang es, sich eine riesige Weltkugel anzueignen, die eine Tonne CO_2 symbolisieren sollte, und diesen die ganze Demo über mitzuführen. Ebenso kraftvoll war die Via-Campesina-Demonstration zum Thema Landwirtschaft. Hier, aber auch an vielen anderen Stellen, wurden die Positionen der »Handel-Macht-Klima«-Karawane laut. Über 40 Vertreter*innen aus sozialen Bewegungen des Globalen Südens* waren vom WTO-Treffen in Genf nach Kopenhagen weitergereist. Unterwegs hatten sie mobilisiert, an verschiedenen Orten Aktionen durchgeführt und auf die Zusammenhängen zwischen liberalisiertem Welthandel und Klimakrise hingewiesen.

The revolution will not be motorized
Auch Genoss*innen aus dem Kontext des englischen Klimacamps waren nach Kopenhagen gekommen und hatten ein neuartiges Projekt, das Laboratory of Insurrectionary Imagination (Labor der aufständischen Phantasie) in petto.

So wurden sie von zwei Museen eingeladen, eine Ausstellung zum Protest rund um die Klimaverhandlung zu entwerfen, und bekamen dafür finanzielle Mittel bereitgestellt. Beide Museen zogen sich allerdings verunsichert zurück, als klar wurde, dass die angefertigten Fahrrad-Skulpturen in Form einer widerständigen Performance, Teil einer Blockade sein sollten. Einer der Initiator*innen beschreibt das Telefonat mit einer Kuratorin des Museums, nachdem ihr offenbart worden war, dass die Fahrradskulpturen nicht nur im Museum stehen sollten, sondern auch für Aktionen vorgesehen waren. Nach einer längeren Pause fragte sie schließlich:»You are really going to do this?«.

Doch ein autonomes Zentrum, die Candy-Fabrik, gewährte dem Kollektiv bereitwillig Unterschlupf. Eine Woche lang gaben sich dort Bastler*innen, Künstler*innen und Aktivist*innen die Klinke in die Hand und bauten die Fahrradskulpturen zusammen. Sie bauten die Objekte als Teil des Bike Blocs, der zusammen mit anderen Demo-Fingern auf das Gelände der UN-Klimakonferenz vordringen wollte.

Am **25. August 1970** sprengten Dutzende Bäuer*innen in Island einen Staudamm im Fluss Laxá. Die Bewohner*innen der Region starteten mit der Aktion den Widerstand gegen den Bau eines weitaus größeren Staudamms, der die Ökosysteme des

Handel-Macht-Klima-Karawane 2009, Fotograf*in unbekannt

In der Tradition der Kommunikationsguerilla wurde außerdem das Gerücht in die Welt gesetzt, das Kollektiv arbeite an einer spektakulären Fahrrad-Maschine, genannt »the machine«. Die Medien griffen die Geschichte auf und trugen ihren Teil zur Popularität von »the machine« bei. Nicht nur in den Köpfen von Medienvertreter*innen entstand das Bild von so etwas wie einem »Belagerungsturm«, angetrieben von mehreren Fahrrädern, mit dem der Zaun zum Bella Centre, dem Ort der Konferenz, überwunden werden sollte. Der kollektive Mythos, der rund um »the machine« geschaffen wurde, erfüllte die Funktion, die Proteste medial ins Gespräch zu bringen.[2]

Auch die Cops sahen sich genötigt, den Wahrheitsgehalt dieser Erzählung zu überprüfen. Der Materialbestand des Bike Blocs wurde dabei durch eine Razzia stark in Mitleidenschaft gezogen. Bedauerlicherweise blieben nur ein paar wenige Fahrrad-Plattformen übrig. Dabei handelte

---

Laxá und des Sees Mývatn sowie umliegende landwirtschaftlichen Flächen zerstört hätte. Dank des Widerstands vor Ort wurde er nie gebaut.

es sich um zwei Tall-bikes, die oben mit einer Plattform verbunden waren. Darauf konnte nicht nur ein Sound-System transportiert werden, sondern sie bot auch die Möglichkeit, Hindernisse wie beispielsweise Zäune zu erklimmen. Zum Einsatz kamen sie schließlich bei der Massenaktion »Reclaim Power«.

Reclaim Power but Never trust a COP

Bei einem der Vorbereitungstreffen für den Klimagipfel kam es zum Bruch des linksradikalen Bündnisses. Daraufhin entwickelten einige Aktivist*innen die Aktionsform »Reclaim Power«. Sie wollten mit einer großangelegten Aktion zivilen Ungehorsams das Kongresszentrum Bella Centre blockieren. Es sollte aber nicht nur blockiert werden, sondern ebenfalls eine »peoples assembly« vor Ort abgehalten werden. Eine andere Gruppe, die zuvor noch am Bündnis beteiligt war, hatte ebenfalls Pläne. So mobilisierte nach dem Bruch des Bündnisses auch der Zusammenschluss »Never trust a COP« nach Kopenhagen, dessen Aktionsrahmen direkte Konfrontationen mit der Polizei enthielt, bzw. nicht explizit ausschloss. Nach einigem Ringen einigten sich die Gruppierungen letztendlich darauf, die Stadt in Bezirke aufzuteilen, damit unterschiedliche Aktionsformen sich nicht gegenseitig in die Quere kommen konnten. Vergleichbares passierte zuvor schon beim Streckenkonzept im Wendland.

Dieses sah vor, dass die Zugstrecke, die der Castor zurücklegen sollte, nach potenziellen Aktionsformen unterteilt wurde. Autonome Sabotageakte sollten Sitzblockaden oder andere Formen des Widerstands nicht ausschließen und vice versa. Der Aushandlungsprozess bei den Castortransporten, der zu diesem Ergebnis führte, war mit Sicherheit nicht ohne (teilweise auch heftige) Auseinandersetzungen und Anfeindungen abgelaufen, er stellte letztendlich aber einen Kompromiss dar, mit dem sich die involvierten Gruppierungen abfinden konnten oder mussten. In Kopenhagen organisierte Never trust a COP die Aktion »Hit the production«, deren Ziel es war, den Kopenhagener Hafen lahmzulegen und den ungerechten, globalen Freihandel anzugehen.

Außerdem hatte die Gruppe dazu aufgerufen, parallel zur Großdemonstration die Innenstadt zu besuchen und dort einen Riot anzuzetteln. Das Vorhaben entwickelte aber keine nennenswerte Schlagkraft und stand damit in eklatantem Widerspruch zu einem martialischen »Riot-Porn-Mobi-Video«, mit dem nach Kopenhagen mobilisiert worden war. Die einzige Sachbeschädigung wurde lediglich aus dem »Sys-

---

1971 besetzten einige hungernde Mapuche-Familien die Farm Tres Hijuelas in Cautín in Chile. Dies war der Auftakt zu zahlreichen lokalen Aufständen und Wiederinbesitznahmen von geraubtem Land durch Indigene. Eine Technik in der dünn

tem-Change-not-Clima-Change«-Block auf der Großdemo gegen ein Börsengebäude begangen. Ähnlich erfolglos blieb die »Hit-the-production«-Aktion. Die 500 Aktivist*innen, die dem Aufruf gefolgt waren, waren von Anfang an mit einer Übermacht der Polizei konfrontiert und erreichten ihren Zielort nicht.

Was wäre ein COP ohne Cops?
Die Polizeitaktik in Kopenhagen unterschied sich insofern von vorhergehenden Gipfel-Protesten, als die relevanten Bezirke der Stadt nicht großflächig abgeriegelt und zur »roten Zone« erklärt wurden. Stattdessen setzte die dänische Polizei auf flexible und mobile Einheiten, die die Stadt fest im Griff haben sollten und auch hatten. Morten Larsens, Polizei-Chefstratege während des Kopenhagener Klimagipfels, gab in einigen Interviews nach Ende der Proteste bereitwillig Auskunft über das Vorgehen der Polizei.

Er hatte im Vorfeld einige Städte, in denen große Gipfel-Events stattgefunden hatten, besucht, um sich über die dortige Polizeitaktik auszutauschen, darunter auch Rostock/Heiligendamm (G8*-Gipfel 2007). Teil seiner Polizeistrategie war eine Form psychologischer Kriegsführung. Im Vorfeld des Gipfels gab es zahlreiche Hausdurchsuchungen bei bekannten Aktivist*innen.

Die Hausdurchsuchungen wurden zwar im juristischen Nachspiel als illegal erklärt, aber für die Polizei waren sie eine Gelegenheit, über die Medien von Waffen zu berichten, die sie angeblich sichergestellt hatte. Wiederholt kam es zu Situationen, bei denen Aktivist*innen in der Öffentlichkeit angesprochen wurden und kein Hehl daraus gemacht wurde, dass sie unter Beobachtung standen. »Leading elements«, also Personen, die vermeintlich oder tatsächlich wichtige Rollen in den Organisationsstrukturen der Proteste spielten, wurden im Vorfeld verhaftet und präventiv festgehalten.

Die Repression riss auch während der Gipfeltage selbst nicht ab. Insgesamt wurden fast 2.000 Menschen vorübergehend in Gewahrsam genommen.

Auf der Straße und vor Gericht
Bei einem Prozess im Nachklang der Gipfelproteste wurden einer Aktivistin »Organisation von Vandalismus«, »Gewalt gegen die Polizei« und »Störung der öffentlichen Ordnung« vorgeworfen. Sie wurde drei Tage vor der »Reclaim Power«-Aktion verhaftet und für drei Wochen lang

---

besiedelten Region war dabei das simple Entfernen oder Versetzen von Zäunen, um sich Land von Großgrundbesitzer*innen wiederanzueigenen.

»präventiv« inhaftiert. Der alleinige Vorwurf war, dass sie potenziell eine illegale Aktion durchführen könnte. Als Beweismittel wurde von der Staatsanwaltschaft ein Notizbuch der Aktivistin vorgelegt, in das ein Bolzenschneider gezeichnet war. Daraus wurde abgeleitet, die Angeklagte habe geplant, den Zaun um das Bella Centre zu durchtrennen. Am zweiten Verhandlungstag wurde als Gegenbeweis ein riesiger Pappmaché-Bolzenschneider in den Gerichtssaal getragen, der bei den Protesten auf einem LKW-Dach mitgeführt worden war. Unter dem Gelächter des Publikums argumentierte die Aktivistin, dass ihre Skizze als Vorlage für dieses Objekt gedient hatte.[3] Die Anschuldigungen erwiesen sich als haltlos.

Ein Gefühl der Verunsicherung und der Unterlegenheit gegenüber der dänischen Staatsmacht wurde durch gezielte Überfälle von Polizeikommandos auf die Treffpunkte, Schlafplätze und Zentren der Bewegung geschürt. Menschen wurden nachts aus ihren Schlafsäcken geholt, gefesselt und gezwungen, im Hof in Reihen zu knien. Morten Larsens betonte außerdem, wie wichtig es für die Polizeiarbeit sei, für die Aktionstage vorbereitete Objekte zu beschlagnahmen. Darunter befanden sich neben riesigen Pappmaché-Puppen, Schutzschilden, Bannern und Armschützern auch die erwähnten Fahrrad-Maschinen. Larsens beschrieb, dass es einerseits natürlich darum ginge, dem Gegenüber den Einsatz der verschiedenen Objekte zu verunmöglichen, viel wichtiger aber sei, eine Demoralisierung und Verunsicherung der Demonstrant*innen zu erzeugen.

Revolte im Knast

Trotz des repressiven Klimas in Kopenhagen, gab es verschiedene Momente, in denen der Versuch unternommen wurde, sich aus dem polizeilichen Würgegriff zu befreien. Die Polizei hatte – die massenhaften Verhaftungen bereits in Vorbereitung – von den deutschen Kolleg*innen Sammelkäfige ausgeliehen, mit denen etliche Aktivist*innen bereits während des G8-Gipfels in Heiligendamm hatten Bekanntschaft schließen müssen.

Als bei der Großdemo am Samstag viele Menschen festgesetzt wurden, kam es im Knast schnell zur Revolte. Holzbänke wurden als Hebel eingesetzt, um die Türen der Käfige aufzubrechen – was auch gelang. Die Bullen reagierten mit massivem Einsatz von Pfefferspray. Der Ausbruchsversuch wurde unterbunden, indem das Pfefferspray direkt in die Käfige gespritzt wurde. Dass jedoch selbst an Orten maximaler Kon-

---

1972 fand in den USA die indigene »Trail of Broken Treaties Caravan« statt. Ein 20-Punkte-Positionspapier über die allgemeinen Bedingungen der indigenen Völker in den USA wurde erstellt. Die Reise endete in Washington, wo Demonstrant*innen

trolle und Machtausübung noch Handlungsspielraum besteht, war eine bestärkende Erfahrung.

Reclaim Power und People's Assembly

Aller Repression zum Trotz, fand in der Endphase der offiziellen Klimaverhandlungen die »Reclaim Power«-Aktion statt. Wir hatten uns dafür in einen mobilen Finger mit ca. 300 Personen, der schnell, flexibel und in kleineren festen Bezugsgruppen unterwegs sein sollte, und eine große, angemeldete Demo mit ca. 2.000 Personen, die erst in unmittelbarer Nähe zum Konferenzzentrum den Durchbruch wagen wollte, aufgeteilt. Mit der Demo waren wir bis in unmittelbare Nähe des Bella Centres gelangt. Von einem Lautsprecherwagen wurde gerufen: »Wir werden jetzt bis zehn zählen, dann werden wir drücken und drücken, bis wir durch den Zaun kommen«. Bei zehn angekommen, versuchten wir den Vorstoß.

Doch auch die Synchronisierung unserer Körper und die erzeugte Dynamik hatten keine Chance gegen die aufgefahrene Polizeigewalt. Vor einer Reihe von Polizei-Wannen, die einen Durchbruch fast schon alleine unmöglich machten, stand eine weitere Reihe behelmter Polizeikräfte. Die anfängliche Euphorie machte einem mulmigen Gefühl Platz. Der Druck von allen Seiten erzeugte bei mir das Gefühl von Panik, vor allem als ich sah, wie Leute vor mir, jeder Bewegungsfreiheit beraubt, eine volle Ladung Pfefferspray abbekamen. Ich erinnere mich noch, wie ich dachte, »Oh Shit, in so einer Situation durch das Spray auch noch die komplette Orientierung zu verlieren, ist wirklich der Horror«. Ich erinnere mich an eine Person, der es gelang, sich durch die Polizeikette zu drücken und auf eine der Wannen zu klettern. Wir alle beobachteten das Schauspiel und sahen, wie ein Bulle hinterherkletterte und die Person mit einem Schlagstock attackierte, bis sie rücklings vom Transporter in die Menge stürzte.

Dieser Moment war für mich sinnbildlich für die Aktion. Das morgendliche Hochgefühl, als wir gemeinsam die offizielle Demoroute verließen und uns die Straße zurücknahmen, war an der Bullenwand abgeprallt. Unabhängig davon, ob das Vordringen zu einem gut abzuriegelnden Konferenzzentrum überhaupt möglich ist, hatte das taktische Vorgehen die Schwachstelle, aus der Trägheit der zum Halten gekommenen Masse, erneut Schwung herauszuholen. Einmal vor der Bullenkette zum Stehen gekommen, war es schwierig, sich wieder mit der gleichen Dynamik in Bewegung zu setzen.

Büros der staatlichen Behörde »Bureau for Indian Affairs« (BIA) besetzten und zerstörten.

Später hörten wir dann, dass auch offizielle Teilnehmer*innen der Konferenz, u.a. von Gruppierungen des Globalen Südens, mit denen wir uns auf dem Konferenzgelände treffen wollten, um eine people's assembly abzuhalten, am Verlassen des Gebäudes gehindert und vor den Kameras der Presse von den Cops attackiert worden waren. Das Gefühl der Resignation überschattete eine Woche der fast permanenten Aktion, in der wir ständig in Bewegung waren, um den Widerstand gegen die selbsternannten Klimaschützer*innen auf die Straße zu tragen.

Radikale Inhalte werden nicht wahrgenommen
Zwei Aktivist*innen, die an der Vorbereitung der »Reclaim Power«-Aktion beteiligt gewesen waren, kamen in einem Rückblick auf die Protesttage in der *arranca!* zu dem Schluss, dass die geplante people's assembly in Anbetracht der herrschenden Machtverhältnisse ein eher naives Unterfangen gewesen sei.[4] Die Idee war aus einem Dilemma geboren worden, das von der Bewegung nicht aufgelöst werden konnte. Die Zusammenkunft von Despot*innen und neoliberalen Politiker*innen bei G8-Gipfeln erleichterte es, ihnen die Legitimität abzusprechen. Bei einer UN-Versammlung, die in der Bevölkerung viel mehr Rückhalt genießt, war das nicht so einfach.

Obwohl es natürlich auch Widerstandsaktionen gab, die den angereisten Diplomat*innen die Deutungshoheit über die Klimakrise entreißen sollten. Aber vor allem auf der Großdemo zum Protestauftakt dominierten die vermeintlich besonnenen Demonstrant*innen, die lediglich den Druck auf die versammelten Konferenzteilnehmer*innen erhöhen wollten. Die verschiedenen NGOs traten fast ausschließlich in versöhnlichem und handzahmem Ton auf. Teilweise fiel es schwer, die grünen Werbebotschaften von Großkonzernen, mit denen ganz Kopenhagen eingelullt wurde, von den Narrativen der NGOs zu unterscheiden. Systemkritik? Fehlanzeige. Die seichten und weichgespülten Slogans der NGOs waren bestens geeignet, von allen Seiten vereinnahmt zu werden. In der öffentlichen Wahrnehmung waren es letztendlich fast nur die appellativen Stimmen, die gehört wurden. Aber auch die Organisator*innen der »Reclaim-Power«-Aktion wollten nicht einfach nur blockieren, sondern auch ein diskursives Gegengewicht in Form der people's assembly schaffen.

Dort sollten die marginalisierten* Stimmen, wie die von indigenen Gruppierungen aus dem Globalen Süden zu Wort kommen und ihre Perspektive auf die Klimakrise und mögliche Lösungsansätze teilen

1972 erreichten Bürger*innen in Kochi, Japan, nach langen Protesten einschließlich direkter Aktionen, die Schließung einer Papierfabrik. Die Papierindustrie hatte mit dem Müll aus mehreren Fabriken Luft und Wasser verschmutzt. Die Verantwort-

können. Der Ansatz war richtig, aber leider ging die people's assembly völlig unter.

Das war der Gipfel

Die Bilanz der widerständigen Woche in Kopenhagen fällt also gemischt aus. Einerseits gab es viele Rückschläge, Aktionsziele konnten nicht erreicht werden und kritische Inhalte wurde in der Öffentlichkeit kaum wahrgenommen. Auf der anderen Seite war Kopenhagen ein wichtiger Treffpunkt und Austauschort für strategische Debatten und inhaltliche Auseinandersetzungen. Innerhalb linker Bewegungen setzte sich zunehmend die Überzeugung durch, dass der Klimawandel kein Thema für Öko-Weirdos, sondern Ausdruck zerstörerischer Macht- und Eigentumsverhältnisse ist. Aus Kopenhagen reisten viele mit dem Wunsch ab, unmittelbar an den Orten der Zerstörung an der Eskalationsschraube zu drehen.

Quellenangaben

1. Vgl. BUKO Arbeitsschwerpunkt Gesellschaftliche Naturverhältnisse (Hg.): »Still not loving COPs!«, [online], URL: https://www.buko.info/fileadmin/user_upload/gesnat/Gesnat_2015_klima_no_COP_schw_weiss.pdf [20.04.2022].

2. Vgl. autonome a.f.r.i.k.a.-gruppe / Luther Blissett / Brünzels, Sonja: Handbuch der Kommunikationsguerilla. Berlin: Assoziation A 2012.

3. Vgl. Krøijer, Stine: Figurations of the Future – Forms of Temporalities of Left Radical Politics in Northern Europe. Oxford / New York: Berghahn 2020, S.102.

4. Vgl. arranca!-Redaktion: »Vom Gipfelhopping zu den Orten der Zerstörung«. In: Brave New Climate – Klimagerechtigkeit, arranca! Nr. 53, o.O. 2019, S. 8.

lichen mussten für die Schäden aufkommen und Kompensationen für geschädigte Bürger*innen zahlen.

Von England an die Elbe
Wie die Klimacamps nach Deutschland kamen

Die inzwischen weltweite Tradition der Klimacamps nahm 2006 mit dem Climate Action Camp in North Yorkshire, England ihren Anfang, bei dem das örtliche Kohlekraftwerk Drax blockiert wurde. 2007 fand das zweite Climate Action Camp statt, welches sich gegen den Ausbau des ohnehin schon größten Flughafens Europas London-Heathrow richtete. Zu dieser Zeit existierte in Großbritannien bereits eine Klimabewegung, von deren Qualität und Quantität auf dem Festland nur geträumt werden konnte. Denn sie knüpfte erfolgreich an die bereits in den 1990er-Jahren entstandene Bewegung gegen die Straßenbaupläne Thatchers an, in der viele der heute in der Umweltbewegung üblichen Aktions- und Blockadetechniken entwickelt wurden. Diese Bewegung konnte sich in die 2000er-Jahre retten, in denen sie mit der Debatte um den Klimawandel einen neuen Aufschwung erlebte. In allen Teilen Großbritanniens gab es aktive Klimagruppen, die gemeinsam zum Klimacamp anreisten. Das schlug sich insofern in der Struktur der Climate Action Camps nieder, dass die Barrios* nach Regionen organisiert waren, mit eigenen Großzelten und sogar Küchen. Was auf den ersten Blick nach »Kleinstaaterei« aussehen mag, hatte den Vorteil, dass sich Menschen aus den gleichen Regionen viel besser kennenlernen konnten und so lokale Aktionsgruppen gestärkt wurden, also Aktivitäten die über ein einmaliges Event hinausreichten.

Wir reden hier von einer Zeit, in der »Klimabewegung« im deutschsprachigen Raum noch ein Fremdwort war. Nicht nur, dass Klimacamps oder sonstige Zusammenkünfte einer Bewegung mit diesem Schwerpunkt nicht existierten, es gab noch nicht einmal einen über einzelne

Am **24. April 1973** verhinderten im indischen Himalaya rund 100 Frauen die Abholzung eines Waldes. Das war die Geburtsstunde der Chipko-Bewegung, die in den folgenden Jahren mit unzähligen Blockadeaktionen viele Rodungen in ganz Indien verhinderte.

Kleingruppen hinausreichenden Zusammenhang, in dem man sich hätte austauschen können, um eine gemeinsame Fahrt zu den britischen Climate Action Camps zu organisieren – um sich zum Beispiel beim gemeinsamen Blockieren eines Großflughafens Inspirationen für den Aufbau einer Bewegung auf dem Festland zu holen. Die Bedeutung dieser ersten Klimacamps in Großbritannien kann gar nicht hoch genug eingeschätzt werden, denn die massenhafte Blockade von klimaschädlicher Industrie war damals keineswegs gang und gäbe. Diese Aktionen in England haben Camps und Aktionsformen in ganz Europa und darüber hinaus inspiriert.

So war es reiner Zufall, dass sich eine Handvoll deutschsprachiger Aktivist*innen auf dem Camp traf und feststellte: Wir wollen ein aktionsorientiertes Camp in dieser Art auch in Deutschland organisieren, auf dass etwas von dem klimaaktivistischen Spirit Großbritanniens nach Deutschland überschwappt. Ein Aufruf für ein erstes Vorbereitungstreffen wurde geschrieben, und es stellte sich heraus, dass tatsächlich an die 30 Menschen zu diesem Treffen erschienen – darunter Aktivist:innen, aber auch Verbandsfunktionär:innen. In den folgenden Abschnitten erzählt eine Person, die dabei war, von dem Prozess, der auf dieses erste Treffen folgte:

2007 war das Jahr meiner Politisierung. Ich hatte mich einer Ortsgruppe von Attac angeschlossen, die für den G8-Protest in Heiligendamm mobilisierte. Die Logistik des Camps in Rostock begeisterte mich. Wir nahmen an Blockaden teil und die mir bereits von zuhause vertraute Bezugsgruppe funktionierte auch dort. Eine Hand, die mein zögerliches Ich durch die Polizeikette zog. Strohsäcke und goldfarben glänzende Rettungsdecken. Ein geteilter Apfel und ein gutes Gefühl. Solche Möglichkeiten des gemeinsamen Protests und mein damaliges Erleben wollte ich auch anderen ermöglichen.

Im September 2007 ging dann eine E-Mail über einen Verteiler: »Aufruf zur Vorbereitung und Organisation eines Klima-Camps in Deutschland«. Mit der Analyse klimapolitischer Zusammenhänge und direkten Aktionen sollte die Öffentlichkeit auf die Dringlichkeit des Kampfes gegen den Klimawandel aufmerksam gemacht werden. Es sollte um Utopien gehen. Die Systemfrage wurde gestellt und auch das Thema Klimagerechtigkeit wurde damals schon angesprochen. Noch am selben Tag meldete ich mich auf der Mailingliste für die Camporga an. Aufgeregt und mitunter auch etwas befremdet, verfolgte ich den weiteren Austausch.

Am **14. September 1974** verließ die kanadische »Native People's Caravan« Vancouver. Die Karawane forderte u.a. die Anerkennung und Achtung von Verträgen und Landrechten der indigenen Kanadier*innen. Zwei Wochen später erreichten 800 Teil-

Beim ersten Vorbereitungstreffen im November 2007 kamen Menschen mit sehr unterschiedlichem politischen Hintergründen, die sich für mich erst viel später erschlossen, zusammen. Einige waren im Sommer an der Organisation der G8-Proteste beteiligt gewesen und wollten daran anknüpfen. Andere kamen eher aus dem öko-anarchistischen Spektrum und wollten herrschaftskritische Ansätze auch in der politischen Zusammenarbeit umgesetzt sehen. Auf weitere Einzelpersonen und kleinere Gruppierungen traf nichts davon oder beides zu. Sehr aktiv beteiligte sich z.b. auch das Berliner Anti Atom Plenum (AAP).

Die Diskussionen drehten sich gerade anfangs oft im Kreis und es erschien manchmal unmöglich, Ergebnisse zu erzielen. Trotzdem gab es eine große Übereinstimmung darin, andere Themen neben dem Hauptthema Klima einzubeziehen – was mit dem Stichwort Mehrsäulen-Camp beschrieben wurde. Als Startpunkt einer neuen Bewegung sollte das Camp spektrenübergreifend und niedrigschwellig sein. Doch insbesondere das Thema NGOs war schwierig. Während einige Logos und Organisationen unbedingt draußen halten wollten, überlegten andere, wie wir die Mobilisierungskraft großer Organisationen nutzen könnten, ohne von diesen vereinnahmt zu werden.

Jenseits dieser inhaltlich-organisatorischen Auseinandersetzungen gab es eine Wand, an die rosa Zettel gepinnt werden konnten, auf denen geträumt werden durfte. Menschen wünschten sich, dass eine »neue Bewegung entsteht« oder dass alle Generationen zum »Ausprobieren eines ressourcenarmen Lebens« eingeladen werden sollten. Einigen war dabei eine »wertschätzende Pluralität« und »Toleranz für unterschiedliche politische Ansätze« wichtig. Es wurden Besetzungen, Blockaden, Straßenaktionen und eine Kinderdemo vorgeschlagen, jemand schrieb: »Phantasievolle, direkte Aktionen, blockieren, demontieren, wegpusten«. Workshops sollten auf »das Leben nach dem Camp« vorbereiten.

Auf dem zweiten Vorbereitungstreffen wurde entschieden, dass das Camp in der Nähe eines im Bau befindlichen Kohlekraftwerkes stattfinden sollte. Im Gespräch waren vor allem Hamburg mit der Kraftwerksbaustelle Moorburg, Hanau mit dem Kohlekraftwerk Staudinger und Neurath im Rheinischen Braunkohlerevier. Mit gerade mal 29 von 63 Stimmen wurde auf dem dritten Treffen ein Standort beim Kraftwerk Staudinger zur Grundlage für die weitere Planung.

Zwischen den Treffen gab es per E-Mail weitere Diskussionen über die politische Ausrichtung des Camps und den Umgang mit NGOs. Das AAP schlug insbesondere vor, dass öffentlich bekannte Personen keine

---

nehmende Ottawa. Dort wurden sie von der Polizei angegriffen. Obwohl die Karawane sich verteidigen konnte, wurden Dutzende Natives verletzt.

Pressearbeit machen sollten, um eine Assoziation mit den entsprechenden NGOs oder Parteien zu vermeiden. Pressesprecher*innen von Organisationen sollten gebeten werden, keine Interviews zum Camp zu geben, sondern stattdessen an die Medien-AG des Klimacamps zu verweisen. Dies hätte beim G8-Protest im Vorjahr gut funktioniert. Zudem wünschte sich die Gruppe den Eingangsbereich des Camps frei von NGO-Bannern zu halten, um den Eindruck eines NGO-Events zu vermeiden. Auf dem vierten Treffen im März 2008 wurden diese Punkte angenommen. Ein starker Dissens entstand aber bezüglich des Aufrufs. Die Vernetzungs-AG schlug vor, dass dieser von der Vorbereitungsgruppe und Unterstützer*innen unterschrieben werden sollte. Dies stieß auf Widerspruch, der sich in der geringen Anzahl und politischen Breite der Unterstützer*innen begründete. Die Stimmung war angespannt. Ein Mitglied des Koordinierungskreises von Attac sagte daraufhin, dass Attac kein Camp mitfinanzieren würde, mit dem die Organisation nicht auch werben dürfe. Eine Konsensfindungs-AG wurde mit dem Klärungsprozess beauftragt.

Es war klar, dass es ohne eine Einigung kein Camp geben würde. Die Zeit bis zum Sommer drängte. Einige erfahrene und gut vernetzte Personen hatten mittlerweile Aufgaben übernommen, die relevant für die Organisation des Camps waren. Diese standen mehrheitlich den großen Organisationen näher. Doch das eigentliche Problem war, dass die seit dem ersten Treffen im Raum stehende Frage, wie ein Umgang mit NGOs aussehen könnte und wie einer Vereinnahmung entgegengewirkt werden könnte, bis dahin nicht geklärt worden war. Vielleicht waren die Erwartungen zu unterschiedlich, jedenfalls konnte auch die Konsensfindungs-AG keine Einigung erzielen. Das Scheitern machte sprachlos und läutete das vorzeitige Ende des Treffens ein. Ich erinnere mich an zwei weinende Menschen, eng beieinander sitzend. Sie hatten große Hoffnungen gehegt, mit dem Camp den Startpunkt einer Klimabewegung zu setzen. Und nun würde sich nichts verändern, glaubten sie.

Doch schon nach zwei Tagen wurde in einer Rundmail von Solid, Attac und weiteren Gruppen bekanntgegeben, dass es im August 2008 ein Klimacamp in Hamburg geben würde. Dieses sollte zusammen mit dem sich bereits in Planung befindlichen Antira-Camp stattfinden. Es gab eine offene Einladung, sich an dieser neuen Camp-Orga zu beteiligen. Dieses Umsatteln hinterließ bei mir und einigen anderen Menschen ein schales Gefühl.

Mitte der 1970er Jahre führten indigene Bäuer*innen in Mexiko groß angelegte Landbesetzungen durch: 1975 gab es allein im Bundesstaat Sinaloa 76 Besetzungen auf Zehntausenden Hektar Fläche. Bis Dezember 1976 besetzten Zehntausende Menschen Land in den Bundesstaaten Sonora, Sinaloa, Durango und Coahuila, um es zu bebauen.

Demo Klima- und AntiRa-Camp Hamburg 2008, BN: Umbruch Bildarchiv

Personen aus dem eher öko-anarchistischen Umfeld wollten parallel ein zweites, kleines Klimacamp organisieren. Mich gefühlt irgendwo dazwischen verortend, trug ich mich auf beiden neuen Mailinglisten ein. Auf der des Hamburger Camps verfolgte ich die Aktivitäten der Infrastruktur-AG. Die neue Camp-Orga arbeitete sehr effektiv, um innerhalb weniger Monate ein Klimacamp zu realisieren. Organisatorisch brachte ich mich beim Hamburger Camp nicht mehr ein. Aber ich fuhr zu einem Planungstreffen des öko-anarchistischen Klimacamps. Meiner Wahrnehmung nach fand dort wenig konkrete Vorbereitung statt. Im Lauf der Zeit stellte sich immer deutlicher heraus, dass es statt eines öko-anarchistischen Klimacamps nur ein entsprechendes Barrio auf dem Camp in Hamburg geben würde. Ich war enttäuscht von der Spaltung und dem Verhalten der NGO-nahen Akteur*innen, aber auch von der fehlenden Dynamik und Organisation der Öko-Anarchos.

Im **März 1976** demonstrierten 1.000 Aborigines in Alice Springs, Australien, für Landrechte. Viele Menschen reisten Hunderte von Meilen zu der Demonstration. Es war ein Wendepunkt in der Geschichte Australiens.

Erst das Camp selbst brachte vieles wieder zusammen. Am besten gefiel es mir im öko-anarchistischen Barrio. Dort traf ich nicht nur Menschen wieder, die ich von den Orgatreffen kannte, sondern auch andere, die ich kurz zuvor im Kelsterbacher Wald kennengelernt hatte. Hier lagen in den Duschen biologisch abbaubare Seifen für alle bereit. Es gab Workshops zum Bauen von Solarkochern. Die Atmosphäre war heimelig und lud zur Planung von Aktionen ein, die teilweise auch den thematischen und zeitlichen Rahmen des Camps sprengten. Hier hörte ich auch Kritik an der Pressarbeit zum Klimacamp. Dessen Sprecher*innen waren bekannte Personen und gaben Interviews mit ihren Klarnamen. Die Arbeit der Pressesprecher*innen des Antiracamps galt hingegen als positives Gegenbeispiel. Diese arbeiteten mit einem gemeinsamen Pseudonym, um zu verhindern, dass sie selbst als Personen in den Vordergrund gestellt wurden.

Im Gesamtcamp ist mir besonders der sogenannte Marktplatz vor dem großen Küchenbereich in Erinnerung geblieben. So wie von den Küchengruppen geplant, entwickelte er sich zu einem sozialen Ort, an dem viele Menschen außerhalb ihrer Barrios zusammenkamen. Wie ursprünglich von vielen gewünscht, konnten tatsächlich unter dem Hauptthema Klima verschiedenste Themen angegangen werden. Das war auch zahlreichen Gruppen und Akteur*innen zu verdanken, die den Rahmen mit eigenen Schwerpunkten und Aktionen füllten. Mit einer Blockade vor einem Discounter wurde der Zusammenhang zwischen Klima und globaler Landwirtschaft aufgezeigt. An einem anderen Tag rollten wir gelbe Fässer durch Hamburg, um mit einer »Probebohrung für ein Endlager« in Altona deutlich zu machen, dass Atomstrom keine energiepolitische Alternative darstellt. Klima- und Antira-Bewegung machten unter dem Stichwort »Fluten« eine große gemeinsame Aktion am Hamburger Flughafen. Für Samstag war eine Massenaktion an der Baustelle des Kohlekraftwerks Moorburg geplant.

Drei Tage vorher erfuhr ich per Flüsterpost von mehreren Seiten, dass es am selben Tag schon eine kleinere Aktion dort geben sollte. Ich war unsicher, ob dies meine Aktion war. Letztlich fand ich mich ohne Vertrauensperson in einer Aktion wieder, auf die ich kaum vorbereitet war. Wir rannten auf das Kraftwerksgelände und wurden nahezu sofort gesichtet und gejagt. Die Puste ging mir aus – und da waren wir auch schon gekesselt. Immerhin hatten es die Kletternden auf den Baukran geschafft und das Foto ihres Banners schaffte es in die Medien. In Erinnerung geblieben ist mir das lange Sitzen im Sand, umstellt von

1977 sprengte eine Gruppe in West-Papua, Indonesien, das Hauptschlammrohr einer Mine des US-amerikanischen Bergbauunternehmens Freeport im Gebiet der Amungme und Kamoro, was den Betrieb tagelang zum Erliegen brachte. Das Suhar-

unfreundlichen und teils gewalttätigen Polizeibeamt*innen. In den folgenden Monaten bekam ich immer wieder mit, dass der Konflikt um das Klimacamp bei einigen noch lange nachwirkte. Dennoch kann ich rückblickend sagen, dass die NGO-nahen Zusammenhänge mit Unterstützung von Einzelpersonen und unabhängigen Gruppen ein politisch wirksames Camp auf die Beine gestellt haben, das durchaus als der Startpunkt einer Bewegung gesehen werden kann. Dass dieses von vielen verschiedenen Gruppen, u.a. dem öko-anarchistischen Barrio mitgestaltet wurde, war meines Erachtens sehr wichtig für die weitere Ausgestaltung und Stoßrichtung dieser Bewegung.

to-Regime, das die Ressourcen des Landes an ausländische Konzerne verschleuderte, reagierte mit einem Massaker an den Amungme und Kamoro.

Campen am Abgrund
Die ersten Klimacamps im Rheinland

Wie wurde aus dem von einem Umwelt-Jugendverband organisierten »zahmen« Camp mit 70 Teilnehmer*innen im Jahr 2010 innerhalb von wenigen Jahren das Camp, von dem 2015 über 1.000 Menschen zur Besetzung des Tagebaus Garzweiler aufbrachen? Der Organisation des ersten Klimacamps im Rheinland 2010 durch die BUNDjugend NRW gingen verschiedene Entwicklungen voraus: 2008 kam es zur Enteignung einer im Besitz des BUND befindlichen Streuobstwiese in Otzenrath, ihrer Besetzung durch Mitglieder des Erwachsenenverbands, und zehn Tage später zur Räumung der Fläche durch die Polizei. Auch bei den BUNDjugendlichen war einiges in Bewegung: Mehrere kamen 2009 desillusioniert von der Klimakonferenz (COP15) in Kopenhagen zurück. Doch die dortigen Proteste hatten die Begeisterung für die Graswurzelvernetzung* geweckt und neue Kontakte waren geknüpft worden. Die Idee, im eigenen Kontext der BUNDjugend ein Camp nach Vorbild der britischen Klimacamps umzusetzen, war geboren.

Geplant wurde das Camp von Jugendlichen (die jüngsten 14 Jahre alt) und einzelnen anderen Beteiligten, die auch schon in AGs organisiert waren, aber auch von (erwachsenen) BUNDjugend-Hauptamtlichen als treibender Kraft. Dadurch und aufgrund der Rahmenbedingungen des Verbands lässt sich hier eher von Mitwirkung/Mitbestimmung als von Selbstorganisation sprechen. Doch es entstanden Kontakte zu Menschen in den Dörfern, die den eher umweltorientierten Organisator*innen die harte Realität der Umsiedlung näher brachten.

Im August 2010 kamen dann ca. 70 Menschen, viele davon Jugendliche, eine Woche lang auf dem Klimacamp in Borschemich am Tagebau

Seit spätestens **1977** kannte ExxonMobile, der größte Öl- und Gaskonzern der Welt, wichtige Fakten zur Klimaerwärmung aus eigenen geheimgehaltenen Studien. Das Unternehmen betrieb in den 1970er und 80er Jahren beispiellose Forschung auf dem

Teilnehmer*innen des Camps for future 2018, BN: Hubert Perschke

Garzweiler zusammen. Das Camp war hauptsächlich bildungsorientiert ausgerichtet, es gab allerdings auch eine demo-ähnliche Fahrradtour um den Tagebau sowie ein kleines Dorffest, mit dem lokale Kontakte geknüpft werden sollten. Nachts ein Banner am alten Wasserturm, der bald abgerissen werden sollte, aufzuhängen, war die Aktion, zu der sich ein paar Leute heimlich zusammenfanden. Das Bild des Camps wurde vom Spagat des Jugendverbands zwischen seinen eigenen Richtlinien und dem Wunsch, zu nicht nur symbolischem Protest zu motivieren, geprägt. Doch auch ein paar deutlich linkere Leute schauten beim Camp vorbei. Einige von ihnen waren zu jenem Zeitpunkt schon damit beschäftigt, eine Schienenbesetzung namens »Wer anderen eine Grube gräbt« vor dem Kraftwerk Niederaußem für den Herbst vorzubereiten.

Für das nächste Camp 2011 ging es auch darum, den Kontakt mit Bürger*innen-Initiativen zu vertiefen, weshalb es in Manheim am Tagebau

Gebiet und plante Kampagnen gegen etwaige künftige Klimaschutzmaßnahmen, lange bevor die Öffentlichkeit von deren Notwendigkeit wusste.

Luftaufnahme des Klimacamps im Rheinland 2017, BN: Tim Wagner

Hambach stattfand. Der Orgakreis vergrößerte sich und wurde gemischter – zum einen durch das Hinzukommen von NGOs und Initiativen, zum anderen kamen z.B. auch manche linkere Teilnehmende aus dem Vorjahr dazu. Und so machten sich während des gesamten Prozesses auch unterschiedliche Organisierungsformen bemerkbar.

Von diesem Klimacamp ging dann die erste Schienenbesetzung der Hambachbahn aus. Das Spannungsverhältnis zwischen NGOs und Personen, die Aktionen zivilen Ungehorsams planten, trat deutlicher zutage. Dieser Konflikt setzte sich beim Camp 2012 in ähnlicher Form fort, und zwar am selben Ort, nicht weit vom mittlerweile besetzten Hambacher Forst entfernt.

2013 wuchs das nun zum dritten Mal in Manheim stattfindende Camp schlagartig an. Aus Kontakten zu anderen Teilen der Bewegung wurden konkrete Kooperationen – Verknüpfungen mit anderen Energie-

Seit **1979** wird das Meereis auf dem arktischen Ozean kontinuierlich mit Satelliten beobachtet. Seitdem ist die Eisfläche, die den Sommer überdauert um etwa die Hälfte geschrumpft. Neuere Daten zeigen, dass das Abschmelzen sich in den letzten Jahren extrem beschleunigt hat, und mittlerweile wird davon ausgegangen, dass die Arktis

kämpfen brachten eine wochenlange Radtour, die Reclaim-Power-Tour, hervor. Diese besuchte unterwegs unter anderem auch verschiedene Anti-Atom-Initiativen und endete auf dem Camp. Die Zerstörung der fruchtbaren Landwirtschaftsflächen im Rheinland wurde thematisch durch Netzwerke, die zu Ernährungssouveränität arbeiten, aufgegriffen. Auch insgesamt gewann das Camp an Anziehungskraft: Obwohl das Klimacamp und das davon unabhängige Reclaim-the-fields-Camp am gleichen Ort mit nur geringer zeitlicher Überschneidung stattfanden, hielten sich zeitweise ca. 900 Personen auf der Campfläche auf. Bereits im Vorhinein gab es Auseinandersetzungen mit der Versammlungsbehörde um die angemeldete Campfläche, die diese Anzahl von Menschen auch nicht unbedingt hätte fassen können.

Trotz kreativer Ausnutzung der Versammlungsgesetze wurde die Fläche über die ganze Zeit des Camps hinweg nicht wie geplant nutzbar, und die von einem Landwirt zur Verfügung gestellte Ausweichfläche nebenan war deutlich zu klein. Die Auseinandersetzungen zeigten, dass die Behörden die Camps inzwischen als wichtigen Faktor der Klimabewegung auf dem Schirm hatten und versuchten, sie möglichst zu behindern. Die sich zunehmend gegen die Behörden auflehnende Stimmung wurde immer spürbarer. Denn das ständige Gefühl, räumungsbedroht zu sein, und gleichzeitig kreative Formen finden zu müssen, um zu versuchen, die eigentliche Campfläche doch noch zu bekommen, machte es schwer, entspannt zu bleiben, um beispielsweise Workshops durchzuführen.

In dieser Stimmung wurden eine Demo und eine Aktion vorbereitet. Obwohl den Behörden das Camp und die davon ausgehende Demo sehr präsent war, gelang es einigen Leuten, im Anschluss an die Demo auszubrechen und die Schienen der Hambachbahn zu besetzen. Als nach einigen Stunden die Räumung durch die Polizei erfolgte, wurden die Besetzer*innen nicht etwa in Polizeifahrzeuge verfrachtet, sondern in allzu auffälliger Behörden-Konzern-Klüngelei mit Bussen von RWE, die ansonsten für touristische Touren durch die Tagebaue eingesetzt wurden, direkt zum Camp zurückgefahren.

Auch innerhalb der eigenen Strukturen kam es zu diversen Auseinandersetzungen, sodass im Verlauf des Camps u.a. das Awareness*-Konzept weiterentwickelt wurde und Themen wie Queerfeminismus* und Antirassismus mehr Raum einzunehmen begannen.

Die NGOs blieben bei der Organisation des Camps eher unterstützend im Hintergrund, denn diese wurde maßgeblich von anderen getragen,

---

ab etwa 2035 im Sommer ganz eisfrei sein wird. Dies führt u.a. zu einer weiteren Erwärmung der Meere.

wie z.B. von dem 2011 gegründeten Netzwerk »ausgeCO2hlt«. Obwohl auch vorher bereits wichtige internationale Kontakte bestanden, wurde 2013 die Zugkraft der Camps und die wachsende Vernetzung immer deutlicher. So war etwa der Anteil nicht-deutschsprachiger Teilnehmender zum ersten Mal so hoch, dass Bedarf gesehen wurde, bei den Plena auch mithilfe von technischem Equipment zwischen mehreren Sprachen simultan zu dolmetschen.

2014 ging es zurück zum Tagebau Garzweiler, der im Anschluss an das Camp besetzt wurde. Auch die BUNDjugend stieg wieder in die Camp-Orga ein. Doch der Widerspruch zwischen dem Einfluss von Haupt- und Ehrenamtlichen und den Konzepten der Selbstorganisierung wurde zunehmend deutlich, wie etwa im Unwohlsein gegenüber der Aufgabenverteilung, den Verantwortlichkeiten und dem Ungleichgewicht zwischen denen, für die das Camp auch Lohnarbeit darstellte, und denen, die allein aus politischer Überzeugung die Vorbereitung vorantrieben.

Die BUNDjugend brachte sich wieder in die Organisation ein, um das Camp ähnlich wie 2010 für weniger politisierte Jugendliche zugänglich zu machen, beispielsweise durch Grundlagen-Workshops. Doch diese Idee funktionierte nicht wie erhofft, und das Camp fiel deutlich kleiner aus. Dennoch fanden Aktionen wie eine Gruben- und Baggerbesetzung statt, allerdings erst, nachdem das eigentliche Camp offiziell beendet worden war. Gleichzeitig ließ sich beobachten, dass nicht wenige jugendliche Beteiligte der BUNDjugend-Orgagruppe von 2010 mittlerweile ohne BUNDjugend-Anbindung an der Organisation des Camps beteiligt waren, oder in anderen Bereichen der Klimagerechtigkeitsbewegung und/oder darüber hinaus aktiv waren. Andere Projekte, auf die die BUNDjugend sich mit dem Ziel der Mitwirkung von Jugendlichen nun konzentrierte, brachten, Spoiler alert, auch das mit seinem Namen seiner Zeit vorauseilende »Camp for Future« als Teil der Aktionstage 2017 hervor.

Im **Mai 1980** kam es in Südkorea nach der Ermordung des Diktators Park Chung-Hee zu Aufständen im ganzen Land, die das Militär brutal niederschlug. Die aufständischen Arbeiter*innen und Studierenden in Gwangju konnten ihre Stadt neun Tage lang hal-

Klimapolitik von unten in langfristig arbeitenden Gruppen

Für diesen Text haben wir fünf Menschen interviewt, die in einer frühen Phase der Bewegung für Klimagerechtigkeit politische Gruppen gegründet oder sich ihnen angeschlossen haben, um das Klimathema kontinuierlich aus einer emanzipatorischen Perspektive heraus zu bearbeiten. Die Gruppen, von denen die Aktivist*innen erzählen, sind ausgeCO2hlt (T. und W.), »Gegenstrom Hamburg« (E.) und »Gegenstrom Berlin« (S. und C.).

Ihr Lieben, bitte erzählt doch mal, wann eure Gruppe die Arbeit aufgenommen hat und was zur Gründung geführt hat?

E. (Ggs HH): Das war bei uns einige Zeit nach dem AntiRa- und Klimacamp in Hamburg 2008. Das Camp war für uns eher ein Frust-Erlebnis gewesen: Die geplante Besetzung der Baustelle für das neue Kohlekraftwerk Moorburg hatte nicht geklappt, es war mieses Wetter und die Cops haben schlimm geprügelt. Es herrschte die Stimmung vor, dass der Kampf gegen das Kraftwerk eigentlich schon verloren sei. Vom Beginn einer Bewegung für Klimagerechtigkeit war damals in Hamburg nicht viel zu spüren. Aber dann sickerten die Pläne von Stadt und Vattenfall durch, eine unterirdische Fernwärmetrasse vom Kraftwerk aus durch Altona und St. Pauli zu verlegen, und wir gründeten die Initiative »Moorburgtrasse stoppen« aus der später »Gegenstrom HH« wurde.

C. (Ggs B): Für Gegenstrom Berlin war das Hamburger Camp auch eine Initialzündung: Zehn, zwölf Leute aus verschiedenen linken Spektren

ten und für kurze Zeit entstand eine freie Kommune, in der alles Verfügbare geteilt wurde. Das Militär beendete die Kommune mit einem Massaker.

haben sich mit ihren unterschiedlichen Erfahrungen zusammengetan. Das verbindende Element am Anfang war die Mobilisierung zum Klimagipfel in Kopenhagen. Dazu ist 2008 und 2009 ganz viel gelaufen, und dazu haben wir erst mal viel Theoriearbeit gemacht. Es ging vor allem darum, der Idee vom grünen Kapitalismus etwas entgegenzusetzen. Dafür, was Klima und Kapitalismus miteinander zu tun haben, brauchte es damals noch eine umfassende Begründung – damals hatte Naomi Klein noch kein breitenwirksames Buch dazu geschrieben.

T. (aCO2): Bei uns kam der erste Schritt ein bisschen später. Anfang 2011 hat sich eine Runde getroffen aus BUND-Jugend NRW, Leuten die die »Klimawelle« mitorganisiert hatten, Menschen aus 'nem eher autonomeren Spektrum und einigen, die schon gegen den Flughafen Frankfurt Waldbesetzungen gemacht haben. Alle waren irgendwas zwischen frustriert und motiviert aus Hamburg und Kopenhagen zurückgekommen, und haben gesagt, dass dieses Gipfelhopping nichts bringt, sondern wir an die Ursprünge der Zerstörung gehen müssen. Und dann wurde eine flammende Rede für ein Spektren-übergreifendes Camp am Tagebau Hambach gehalten. Da hatten die Leute in Schottland schon ein paar Kohlezug-Blockaden gemacht, und das sollte hier auch der neue heiße Shit werden! Ich bin ein paar Monate später dazu gekommen und für mich war damals Gegenstrom Berlin die Gruppe, zu der ich aufgeschaut hab, sowas wollte ich auch!

Und wie ging es dann jeweils weiter?

S. (Ggs B): Na ja, nach Kopenhagen war erst mal alles blöd. Auch dort hatte ganz viel nicht geklappt, Leute sind massenhaft eingefahren oder haben stundenlang im Kessel gefroren, und das Ergebnis des Gipfels war natürlich erst recht doof. Aber dann haben wir 2010 einen Strategieprozess durchlaufen und sind zu dem gekommen, was T. eben schon angesprochen hat, also nicht bei der Politik von oben zu protestieren, sondern nach ganz unten zu gehen, und den Klimawandel da zu bekämpfen, wo er beginnt. Also in Deutschland natürlich in der Kohlegrube, z.B. bei uns um die Ecke, in der Lausitz.

E. (Ggs HH): Wir haben dann erst so richtig angefangen. Mit dem Kampf gegen die geplante Fernwärmeleitung hatten wir plötzlich wieder einen Hebel gegen das Kraftwerk, denn die Einschätzung war, dass es nur mit

---

Am **12. Oktober 1980** fand der erste Indigene Kongress Kolumbiens in der Gemeinde Lomas de Llarco statt. Um ihre besonderen kollektiven und kulturellen Rechte zu schützen, einigten sich die 1.500 Delegierten, die die indigenen Völker des Landes vertraten, auf die Gründung der Nationalen Indigenen Koordination von Kolumbien.

Fernwärme wirklich profitabel für Vattenfall werden würde. Dagegen haben wir mit den Leuten aus den Stadtteilen jede Menge Aktionen durchgeführt. Wir haben lange diskutiert, was thematisch vorangestellt werden sollte: Die Zerstörung der betroffenen Hamburger Parks, die Dauerbaustellen in den Stadtteilen; natürlich auch im Zusammenhang mit der globalen Klimafrage. Und letztendlich haben wir eine ziemlich gute Kombi zwischen der regionalen Problematik und der Klimakatastrophe hingekriegt. Das hat viele Leute motiviert. Im Winter hatten wir einen SMS-Verteiler mit 1.500 Leuten drauf für »Tag X«, also wenn Bäume gefällt werden. Und dann gab's die Baumbesetzungen in Altona, und die Leute wurden bei – 20 Grad in den Bäumen von Omas und KiTas aus der Nachbarschaft versorgt. Parallel dazu haben wir auch weniger anschlussfähige Aktionen durchgeführt, dafür haben wir dann irgendwann den Namen »Gegenstrom« benutzt. Ja, und dann wurde der Bau der Trasse tatsächlich gestoppt. Da haben wir richtig gefeiert. Der Kampf gegen Vattenfall war damit aber nicht beendet. Teile der Initiative haben dann die Kampagne UHUN (Unser Hamburg Unser Netz) für den Volksentscheid zur Rekommunalisierung der Energienetze mit aufgezogen, der dann ja auch noch gewonnen wurde.

T. (aCO2): Wir haben zunächst mal als Vorbereitungsgruppe das Klimacamp 2011 organisiert, und danach wollten wir weitermachen. Im Dezember haben wir ausgeCO2hlt gegründet, zuerst als Kampagne, dann als Netzwerk. Danach gab es lange Debatten und am Ende waren wir eine Gruppe. In den ersten zwei, drei Jahren war fast unsere ganze Arbeit auf das jährliche Klimacamp ausgerichtet. Aber wir haben natürlich auch die Waldbesetzung im Hambi von Anfang an unterstützt. Zusammen haben wir das Wald-Statt-Kohle-Fest gemacht aus dem heraus dann die Besetzung gestartet ist. In der Zeit wurden auch immer mehr Beziehungen zu den Anwohner*innen rund um die Tagebaue aufgebaut – eine gut durchmischte Gruppe ... ;)

W. (aCO2): Und dann begann irgendwann die Zeit der bundesweiten Vernetzung, also erst mal mit dem Klimabewegungsnetzwerk, das hieß zwischendurch auch mal EKiB, Energiekämpfe in Bewegung, um es breiter zu machen. Aber in den Debatten haben wir gemerkt, dass es uns allen eigentlich ums Klima geht, und dann haben wir es wieder in Klimabewegungsnetzwerk zurückbenannt. Das Klimanetzwerk hat dann als eines der ersten Projekte die ReclaimPowerTour organisiert:

Am **12. Juni 1981** besetzten 50 Fischer*innen der Küste von Kerala in Indien das Büro des Fischereidirektors. Es folgten Hungerstreiks und Massenproteste gegen die industrielle Garnelenfischerei, die das Meer seit den 1960er Jahren für den Export leer fischt und zahlreiche traditionelle Fischer*innen bei Zusammenstößen tötete.

Eine Fahrradtour sowohl von der Lausitz als auch von Freiburg aus zum Klimacamp im Rheinland. Ich hatte damals die Vorstellung, dass sich immer mehr Leute anschließen würden und wir irgendwann Hunderte sein würden, aber wir aus der Lausitz waren meistens nur zu zehnt. Über die Jahre haben wir dann immer mehr mit anderen Akteur*innen geredet und die Vernetzungsarbeit ausgedehnt.

C. (Ggs B): Ja, das war sicher bei uns allen so. Und mit der Zeit hat sich auch auf anderen Ebenen die Arbeit stark verändert. Wir hatten z.b. eine Entwicklung von der Theorie hin zur Praxis. Am Anfang ging es noch viel darum, Konzepte zu entwickeln, und sie für andere emanzipatorische Strömungen anschlussfähig zu machen. Erst später haben wir angefangen, Aktionen und Camps zu organisieren. Wir haben ziemlich international begonnen, mit dem Fokus auf die COP 2009; und danach stärker regional agiert, erst in Bezug auf die Lausitz und dann auf Berlin, zusammen mit Gruppen, die sehr stark stadtspezifisch gearbeitet haben. 2017 haben wir uns dann noch mal etwas ganz Neues vorgenommen, indem wir versucht haben, die Bewegung zu überzeugen, dass Autos die neue Kohle sind, und wir also alle viel mehr zur Mobilitätsfrage machen sollten. Das führte dann irgendwann tatsächlich zu »Sand im Getriebe«, also der Blockade-Aktion bei der Internationalen Auto-Ausstellung 2019 in Frankfurt. Dabei waren wir uns erst gar nicht sicher gewesen, ob wir das wirklich versuchen sollten, haben lange rumlaviert. Aber irgendwann haben wir gemerkt, wow, wir treten hier so eine Mobilitäts-Mobilisierung los, gerade auch in Berlin, wo wir total viele Gruppen für das Thema motivieren konnten, mit vielen Informationsabenden und später mit einer richtig tollen Aktion bei der VW-Jahreshauptversammlung.

T. (aCO2): Bei uns lief mit ausgeCO2hlt manches genau andersherum: Wir haben am Anfang ganz lokal und praktisch gewurschtelt – Kompostklos und Hydranten organisiert – und sind dann nach und nach in die strategischen Debatten reingewachsen, was die Bewegung gerade braucht usw. Auch die internationale Vernetzung haben wir erst viel später begonnen: Schon von Anfang an waren immer wieder Menschen da, die nicht in Deutschland lebten, aber erst 2013 gab es das erste Mal eine organisierte Verdolmetschung auf dem Klimacamp im Rheinland, und 2014, im Vorfeld von Ende Gelände und der COP in Paris, haben wir richtig damit angefangen, die internationalen Freund*innenschaften zu pflegen.

Am **27. November 1981** legten die Macheteros, eine bewaffnete Gruppe in Puerto Rico, die Stromversorgung von Luxusvierteln der Hauptstadt San Juan lahm, indem sie zwei Umspannwerke in die Luft sprengten. Der Grund war die Weigerung der Behörden

W. (CO2): Gleichzeitig sind wir immer auch wieder zum Lokalen zurückgekehrt, lange Zeit in Bezug auf den Hambi und in den letzten paar Jahren noch mal konkreter bezüglich der Garzweiler-Dörfer.

Als ihr angefangen habt zu arbeiten, war »Klima« kaum ein Thema in der Öffentlichkeit, jetzt kommt kein Mensch mehr dran vorbei. Wie wurde eure Arbeit früher wahrgenommen und wie sehr hat sich das verändert?

E. (Ggs HH): Ab 2015 waren wir mit den Ende-Gelände-Aktionen als Bewegung natürlich auf einer deutschlandweiten Ebene sichtbar, aber regional sind wir auch früher schon wahrgenommen worden. In Hamburg wurden ja ganz viele Kulturveranstaltungen und alles Mögliche von Vattenfall finanziert. Da sind wir immer hin und haben versucht, das madig zu machen. Wir haben sogar versucht, ein internationales Profi-Radrennen zu blockieren. Gleichzeitig haben wir Gegenveranstaltungen organisiert.

Und letztlich stand Vattenfall deutlich geschwächt in der Öffentlichkeit da – dazu haben wir beigetragen. Ich glaub, es ist ganz wichtig, vor Ort mit den Leuten aktiv zu sein. Mit den zentralen Events haben wir richtig erfolgreiche Aktionen gemacht, aber ich denke, wenn es ernsthaft um System Change geht, dann brauchen wir auch die lokale, regionale Verankerung. Und was auch wichtig ist: Feiern! Als Moorburg neulich dann wirklich vom Netz ging, nach fünf statt nach vierzig Jahren, haben wir dort eine Abrissparty gemacht, die ganzen Stories wurden erzählt, und viele Leute haben sich wiedergetroffen. Das fand ich total gut, denn es ist wichtig, zu sehen, Widerstand kann sich auch lohnen, er kann zu Erfolgen führen, wenn wir dranbleiben.

C. (Ggs B): Es war ein jahrelanges Auf und Ab: Am Anfang war es schwierig, Leute für das Klimathema zu begeistern, und die Leute kamen auch zu unseren Veranstaltungen und Aktionen, weil es wenig andere Angebote gab. Irgendwann stand das Thema dann hoch im Kurs und es tauchten immer mehr und attraktivere Player auf, dadurch hat die Resonanz auf unsere Gruppe wieder nachgelassen.

S. (Ggs B): Ich glaube, bezüglich der Bewegungsöffentlichkeit war Gegenstrom Berlin relativ gut darin, Diskurse und Themen zu setzen. In der allgemeinen Öffentlichkeit waren wir als Gruppe alleine eher nicht so

---

und des Energiekonzerns, ein besetztes Dorf namens »Villa Sin Miedo« (Stadt ohne Angst) mit Strom zu versorgen.

präsent, obwohl wir viel Öffentlichkeitsarbeit gemacht haben. Regional wurden wir schon wahrgenommen, vor allem mit den Klimacamps, aber der große Wumms, das breite Bewusstsein, dass Kohle doof ist, kam eher mit Ende Gelände.

W. (aCO2): Das hat sich auf jeden Fall verschoben. Heute ist ja kaum noch vorstellbar, wie wenig attraktiv das Klimathema vor ein paar Jahren noch war – das bezog sich fast ausschließlich auf dieses Eisbärenthema –, und die Verknüpfung zu Kapitalismuskritik, die musste erst mal hergestellt werden. 2014 haben wir im Klimabewegungsnetzwerk diskutiert, ob wir vielleicht mal ein Jahr damit verbringen zu überlegen, was wir 2015, also im »Jahr von Paris«, machen sollen?

Diesen Diskussionsprozess haben wir als Kampagne »Kohleausstieg ist Handarbeit« über verschiedene Etappen hinweg in der Bewegung angeschoben. Im Herbst gab es eine Aktionskonferenz, bei der Ende Gelände dann sozusagen entstanden ist.

T. (aCO2): Ja, diese Angst, dass es ein Flop wird, dass kein Mensch kommt, ich weiß gar nicht wann das aufgehört hat, wahrscheinlich 2016 in der Lausitz. Bis dahin war diese Angst immer da, bei jeder Veranstaltung und jedem Camp. Und irgendwann kam der Punkt, an dem ich zum ersten Mal Angst hatte, dass wir was falsch machen könnten, weil es auf einmal was zu verlieren gab: Die Tür war einen Spalt weit offen und zum ersten Mal war das Gefühl da, dass wir es verreißen könnten. Dass wir jetzt keine falschen Entscheidungen mehr treffen dürfen, weil wir sie sonst nicht vollkommen aufgestoßen kriegen.

Und innerhalb eurer Gruppen? Wie habt ihr euch über die Jahre zwischenmenschlich entwickelt? Was hat Verbindlichkeit geschaffen? Was hat euch persönlich zusammengehalten?

E. (Ggs HH): Nachdem die Trasse verhindert worden war, sind ganz schön viele weggebröckelt. Es sind nur fünf, sechs Leutchen übriggeblieben, und wir haben uns erst mal vor allem bei den bundesweiten Projekten umgeschaut. Beim BUKO (Bundeskoordination Internationalismus) und später bei Ende Gelände. Dort sind wir dann wiederum mit Leuten aus Hamburg zusammengetroffen, die wir vorher noch nie gesehen hatten. Die sind dann zu Gegenstrom gekommen, was uns einen neuen Drive gab, wodurch sich auch eine neue Diskussionskultur entwickelte.

Im **September 1982** blockierten zahlreiche Menschen aus der marginalisierten Schwarzen Landbevölkerung von Warren County, North Carolina, USA, Atommüll-Lieferungen. 6.000 LKW-Ladungen Atommüll sollten in ihrer Stadt gelagert werden. Der

Protest gegen die IAA auf dem Messegelände in FFM 2019, BN: Tim Wagner

Moorburg war immer noch ein Thema, aber im Ende-Gelände-Bündnis mitzumachen, war für uns der logische nächste Schwerpunkt, gerade auch für die Jüngeren.

S. (Ggs B): So einen Generationswechsel hat es bei uns nicht gegeben, wir sind vom Studi-Haufen zu Arbeitnehmer*innen geworden. Viele sind ausgestiegen, als sie Kinder bekommen haben, das hat die Gruppe sehr verkleinert. In den Hochphasen waren wir bis zu 40 Leute, mit circa 25, die sehr aktiv waren, aber am Ende sind wir eben auf nur noch fünf geschrumpft. Dann haben wir gesagt, vorläufig sind wir keine aktive Gruppe mehr, sondern ein Freundeskreis. Wirklich aufgelöst haben wir uns nicht, aber durch Corona haben wir uns auch erst mal gar nicht mehr getroffen. Wenn die Kinder größer werden, schauen wir, wie es weitergeht.

Begriff »Umweltrassismus« entsteht zu dieser Zeit in diesem und ähnlichen Kämpfen in den USA.

C. (Ggs B): Wir haben eine große Verbindlichkeit über klare Strukturen geschaffen, z.B. dass immer abgesprochen wurde, wer das nächste Treffen vorbereiten würde usw. Und auch über die gemeinsamen Aktionen, die haben viel Vertrauen und enge Freundschaften hervorgebracht. Dadurch waren wir als Gruppe mit 'nem festen Kern sehr stabil. Wenn neue Leute kamen, habe ich das manchmal als zwiespältig erlebt: Einerseits wollten wir neue Leute einbinden, andererseits hat es natürlich nicht mit allen gepasst. Es gab in der Regel eine relativ lange Phase des Hin und Her, ob wir diese neuen Leute wollen oder doch lieber ein eingespieltes Team bleiben.

W. (aCO2): Wir treffen uns von Anfang an ein Mal im Jahr zu einem Rückzugswochenende, bei dem wir was Schönes zusammen machen, auch gruppendynamische Probleme aufarbeiten, Konflikte klären und das Jahr reflektieren. Oft haben wir uns dafür eine externe Moderation geholt, was an vielen Punkten sehr hilfreich war. Wir haben immer versucht, dass Leute mit Kindern möglichst problemlos an den Treffen teilnehmen können, indem wir uns mit der Betreuung abwechseln. Vor ein paar Jahren hatten wir darüber hinaus ein Extra-Wochenende, bei dem wir uns mit unseren Ängsten auseinandergesetzt haben. Darüber, was die Klimakatastrophe mit uns macht. Es ist wichtig, auch dazu in einen Austausch zu treten, denn es ist für viele nicht leicht, dieses Fass aufzumachen. Doch das hat bei uns sehr viel Power entstehen lassen. Natürlich kann das alles nicht verhindern, dass Leute trotzdem ausbrennen, aber es hilft schon ganz viel.

T. (aCO2): Was mich persönlich dabei bleiben lässt, ist das Gefühl, mich in dieser Bewegung immer neu erfinden und ausprobieren zu können. Von Anfang an so viel Verantwortung übernehmen zu dürfen und Teil von etwas ganz Tollem zu sein, das finde ich auch heute noch sehr bewegend. Mittlerweile ist das sicherlich um einiges schwieriger, am Anfang konnten ich und andere noch recht leicht mit der Bewegung wachsen. Und heute gibt es Hunderte von Gruppen, wenn ich mir vorstelle, wie Leute da jetzt ihren Platz drin finden ... Also ich wäre auf jeden Fall mega überfordert.

W. (aCO2): Das ist ja auch was sehr Hoffnungsvolles, dass wir darauf setzen können, dass solche Dynamiken nicht immer planbar sind, sondern Vieles einfach entsteht, sich also eine Eigendynamik entwickelt, und dafür muss man natürlich dranbleiben. Die Kraft und Energie für diese

Am **3. Dezember 1984** kam es in einer Pestizid-Fabrik in Indien zum Bhopal-Unglück, mit Tausenden von Toten in der Folge. Seit Jahrzehnten protestieren die Überlebenden am Jahrestag gegen die Straflosigkeit der Verantwortlichen des US-Chemiekon-

Kontinuität ziehe ich aus den guten Beziehungen untereinander, aus einer Gruppe wie ausgeCO2hlt.

Als Ausblick fände ich es schön, noch mal drüber nachzudenken, wie sich noch mehr Kontinuität für die Bewegung entwickeln lässt, und wie ein einmal gesammeltes Wissen auch weitergegeben werden kann, damit wir noch deutlich größere Schritte in Richtung System Change machen können.

Leseempfehlung

ausgeCO2hlt (Hg.): Wurzeln im Treibsand. Reflexionen und Werkzeuge von und für die Klimabewegung.
pdf unter: ausgeco2hlt.de/material/

zerns UCC, die zahlreiche Sicherheitsvorrichtungen abgeschaltet hatten, und fordern Entschädigungen.

//EXKURS//
»Wollen wir mal kurz die Handys weglegen?«
Von Vertrauen, Vorsicht und Paranoia

Content Note:
Beschreibung
von Spitzeln und
Überwachung

»**Wie viele Antifas** braucht es, um eine Glühbirne zu wechseln?« Antwort: »SIM-Karte raus und ich sag's dir!« Haha. Kommunikation über Sensibles ist ein Thema, mit dem sich Gruppen auseinandersetzen sollten. Wie und mit wem sprechen wir über Dinge, die für die Repressionsorgane interessant sein könnten? Wen fragen wir, ob sie*er die und die Aktion unterstützen will, und welche Kommunikationsmittel halten wir für sicher? Wie viel Vorsicht ist sinnvoll, und ab welchem Punkt lähmen uns unnötige Maßnahmen, schaffen wir Ausschlüsse durch technische Hürden? Politische Arbeit braucht Vertrauen zueinander, sonst findet sie sehr schnell überhaupt nicht mehr statt. Das soll nicht heißen, dass wir Menschen, die ganz neu in politischen Zusammenhängen ankommen, gleich in die sensibelsten Arbeitsbereiche einbinden können, aber dass wir einander im persönlichen Umgang solange vertrauen sollten, bis es Anhaltspunkte dafür gibt, dass dies nicht gerechtfertigt sein könnte.

Gleichzeitig müssen wir damit umgehen, dass Bespitzelung von sozialen Bewegungen faktisch stattfindet. Aufgeflogen sind Spitzel bisher u.a. in Heidelberg, wo der Polizist Simon Bromma/Brenner verschiedene Gruppen ausspionierte, in der Roten Flora in Hamburg oder bei Tierbefreiungsaktivist*innen in Niedersachsen. Teilweise sind diese »verdeckten Ermittler*innen« sogar sexuelle und/oder Liebesbeziehungen mit Aktivist*innen eingegangen (auch wenn nicht nachprüfbar ist, ob sie das systematisch taten und dazu beauftragt waren, wie es in Großbritannien der Fall war).

Einander Vertrauen heißt aber natürlich mehr, als nur davon ausgehen zu können, dass eine Person nicht mit Repressionsorganen

---

1985 begann mit dem Widerstand gegen ein Staudammprojekt am Narmada-River, für das eine Viertelmillion Menschen umgesiedelt werden sollte, die Geschichte der indischen Massenbewegung Narmada Bachao Andolan. Sie gilt als eine der stärksten

zusammenarbeitet. Wir müssen uns auch sicher fühlen können, dass Menschen nicht aus Geltungsdrang Dinge, die uns betreffen, an Dritte ausplaudern. Dass das nicht allen Menschen immer leicht fällt, wissen wir teilweise auch von uns selber.

Wir möchten hier ein paar unserer diesbezüglichen Gruppenabsprachen vorstellen, um andere Gruppen zu ermutigen, die Sicherheitsdebatte zu führen und immer wieder zu schauen, ob getroffene Vereinbarungen noch für alle passen. Zwei unserer wichtigsten Verabredungen sind die »Vertrauensbrücke« und das »Need-to-know-Prinzip«: Ersteres heißt, dass nicht unbedingt alle eine Person kennen müssen, damit diese in einen geheimen Plan eingeweiht werden kann, sondern dass es reicht, wenn ein Gruppenmitglied oder eine andere Person, die wir gut kennen, dieser Person vertraut, also schon mal mit ihr zusammen in Aktion war, oder sie einfach schon lange kennt.

Letzteres ist das Prinzip, dass bei streng geheimen Dingen möglichst keine*r mehr wissen sollte, als sie oder er muss: Das kann z.b. heißen, dass Menschen, die bei einer Aktion Hintergrundarbeit am Computer leisten, nicht wissen müssen, wer sich gerade alles vor Ort an die Schienen kettet und umgekehrt, auch wenn die Betreffenden sich vielleicht sogar kennen. Das ist selten so idealtypisch einhaltbar, aber es ist ein Prinzip, das dabei hilft, möglichst wenige Menschen in die Verlegenheit zu bringen, vor Gericht lügen zu müssen, falls sie im schlimmsten Fall als Zeug*innen berufen werden. Deswegen empfehlen wir auch, bei Anfragen für Aktionen immer schrittweise vorzugehen, wie z.B.: »Hast du Lust auf eine Aktion?« Wenn ja: »Würdest du das vermutete Repressionsrisiko XY eingehen?« Wenn ja: »Hast du in dem und dem Zeitraum Zeit?« Wenn ja: »Das und das sind die Details« – oder so ähnlich.

Also: Setzt euch in euren Gruppen damit auseinander, welche Vorsichtsmaßnahmen ihr treffen wollt, und haltet euch dann an eure Verabredungen, seid vorsichtig, aber lasst euch auch nicht kirre machen! Es ist nach wie vor möglich, Dinge im Geheimen abzusprechen und vorzubereiten. Und ganz allgemein gilt: Misstrauen gegenüber technischen Systemen wird kaum größere Verletzungen und Zerwürfnisse hervorrufen, gegenüber anderen Menschen hingegen sehr wohl. Die erfolgreichste Überwachung einer Bewegung ist vielleicht die, die überhaupt nicht stattfindet, außer in den Köpfen der Aktivistis, die anfangen alle außerhalb des eigenen Wohnprojektes als potenzielle Verräter*innen anzusehen.

Von den Anfängen zur größeren Bewegung

Wir platzen aus allen Nähten

2015, das Jahr in dem es größer wurde

Um es gleich am Anfang zu sagen, ich bin eine*r von den vielen, die erst 2015 so richtig zur Klimagerechtigkeitsbewegung kamen. Vorher war ich zwar immer mal wieder bei Aktionen dabei, wie 2009 in Kopenhagen oder 2012 bei der ersten Hambi-Räumung, aber Klimagerechtigkeit war nicht mein politischer Fokus. Im Herbst 2014 erfuhr ich, dass das Thema im kommenden Jahr groß gemacht werden sollte. Den Anlass dazu lieferte die COP in Paris: Der nächsten Schmierenkomödie der Mächtigen sollte das ganze Jahr über sowohl inhaltlich als auch aktivistisch das Thema Klimagerechtigkeit von unten entgegengesetzt werden. Für mich klang das richtig gut, und schon bald standen zwei Termine in meinem Kalender:

Die »Kampf ums Klima«-Konferenz im Frühling in Köln und eine Großaktion mit dem Arbeitstitel »Massen gegen Kohle« beim Rheinland-Klimacamp im August. Die Konferenz in Köln war der gemeinsame inhaltliche Jahresauftakt für alles, was in diesem Jahr folgen sollte, und ein Schwerpunkt waren Workshops von internationalen Aktivist*innen wie z.b. Joanna Cabello aus Peru, die erklärte, wie »Klimaschutzmaßnahmen« reicher Länder zu sozialen Verwerfungen in den MAPA* und teilweise sogar zu mehr Klimazerstörung führen. An anderen Stellen bot die Konferenz aber leider auch immer wieder das Bild eines meet-and-greet von NGO-Vertreter*innen und Politprofis, die sich lächelnd die Positionen von Graswurzel-Aktivist*innen anhören, um dann möglichst schnell wieder zur Tagesordnung überzugehen.

Mein wirkliches Ankommen in der Bewegung war dann ein ganz anderer Termin als die Konferenz, mit ihren Hunderten Teilnehmenden:

---

sozial-ökologischen Massenbewegungen weltweit und stellte erfolgreich die staatlichen Konzepte von »Entwicklung« infrage.

In der ersten warmen Woche des Jahres wurde in einem Dorf am Tagebau Hambach versucht, den Materialbestand des Klimacamps (Kompostklos, Duschen, Stellwände, Mülleimer) dem erwarteten Ansturm im August anzupassen. Für mich waren die Bauwochen, genau wie die Auf- und Abbautage der Camps, oft die Momente, die ich am meisten genossen habe. Ich glaube auch, dass die infrastrukturelle Arbeit als Anschlussmöglichkeit für viele Menschen, die sich nicht mal eben so in große Zusammenhänge integrieren, gar nicht überschätzt werden kann.

Als Fan von technischen Blockaden haben mich im Jahr 2015 die vielen (Schaufelrad-)Baggerbesetzungen das ganze Jahr über begeistert. Diese Aktionsform war vor allem aus dem Umfeld des Hambi schon im Jahr zuvor immer mehr in Mode gekommen, aber jetzt wurde sie noch sichtbarer: Im März besetzte eine Kleingruppe einen Schaufelradbagger im Tagebau Inden und dokumentierte die Aktion mit einem ausführlichen Video. Darauf ließen sich der Weg durch den Tagebau, das Besteigen der Maschine, Diskussionen mit RWE-Mitarbeiter*innen, Belaberungsversuche und polizeiliche Gegenmaßnahmen einschließlich des Aufflexen eines Lock-Ons* per Film miterleben.[1]

Anfang Juni gab es einen Langzeitrekord: Während ein gigantisches Polizeiaufgebot (wohl einschließlich der technischen Polizeieinheiten) den G7-Gipfel* in einem Alpenhotel bewachte, kletterten ein paar Menschen aus dem Hambi mal wieder auf einen Schaufelradbagger und blieben dort fast drei Tage lang ungestört, bis sie wieder runterkommen mussten, weil ihnen die Lebensmittel ausgegangen waren.

In der zweiten Jahreshälfte wurden die zeitlichen Abstände zwischen den Baggerbesetzungen immer kleiner. Wir freuten uns über tolle Aktionserklärungen: nationalismuskritisch zum »Tag der deutschen Einheit«, Gefangenen gewidmet, zum »Skillshare-Camp« aufrufend oder gegen die Rodung gerichtet. Und im Dezember über einen sehr persönlichen Erfahrungsbericht namens »Liebes Tagebuch, heute habe ich einen Bagger besetzt«.[2]

Aber noch war Sommer und das Klimacamp in Lützerath am Tagebau Garzweiler stand vor der Tür. In den Jahren zuvor waren immer zwischen 150 und 350 Menschen gekommen. Doch dieses Jahr waren gleichzeitig die Degrowth* Summer School und die erste Ende-Gelände-Aktion (das war also jetzt der lang diskutierte Name) angesetzt. Ich war gespannt, ob die schönen neuen Kompostklos für 1.500 Menschen reichen würden, und na ja, die Schichten der Shitbrigade (also die Klodienste auf dem Camp) waren auf jeden Fall fordernd.

Am **9. August 1987** traten in Südafrika mehr als 300.000 Schwarze Bergarbeiter*innen in den Streik, um einen »existenzsichernden Lohn« und menschenwürdige Arbeitsbedingungen zu erkämpfen. Der drei Wochen anhaltende Arbeitskampf zwang

Es gab eine Aktionsrallye, während der Kleingruppen durchs Tagebau-Umfeld zogen, das Gelände kennenlernten und mit widerständigen Mini-Aktionen Punkte sammeln konnten – im Wettstreit um die goldene Baggertrophäe. Inhaltlich sind mir vor allem die Workshops zu internationalen Themen in Erinnerung geblieben, zu den Kämpfen der Menschen in Kolumbien gegen den Kohlebergbau in Cerrejon und anderen Regionen, und dem Widerstand gegen die Ölförderung im Yasuni-Urwald in Ecuador. Wir malten als Bezugsgruppe ein spanischsprachiges Transpi, um bei der Massenaktion im Tagebau auf diese Kämpfe hinzuweisen.

Die »Degrowth Summer School« mit ihren mehrtägigen Kursen und verbindlicher Voranmeldung brachte viele Menschen aufs Klimacamp, die vorher noch nie auf einem Camp sozialer Bewegungen gewesen waren. Viele von ihnen kamen in den nächsten Jahren wieder, und manche, so wurde berichtet, fanden in ihrem Kurs sogar völlig unerwartet eine Bezugsgruppe und gingen mit zur Ende-Gelände-Aktion. Dass das Klimacamp durch die Summer School diverser geworden wäre, also weniger *weiß*, mitte-zwanzig-jährig und bildungsorientiert-mittelschichtig, lässt sich allerdings nicht gerade sagen. Andererseits gab es in diesem Jahr mit einem antirassistischen und einem queerfeministischen* Barrio aber auch erste Versuche in diese Richtung.

Und dann kam das Aktionswochenende. Ich war so aufgeregt, dass ich die Nacht zuvor kaum schlafen konnte, aber nach einigen Schwierigkeiten saßen wir gegen Mittag tatsächlich vor den riesigen Schaufelradbaggern, bis die Cops irgendwann die mehrere hundert Aktivist*innen einzeln in die geländegängigen Ausflugsbusse von RWE geschafft hatten. Wir hatten ein kleines bisschen Geschichte geschrieben, und waren auf jeden Fall die coolste Besucher*innengruppe, die bis dahin in diesen Transportern herumkutschiert worden war.

Kurz vor dem Klimacamp hatte ein Aufruf in der Bewegung die Runde gemacht, es nicht bei Massenaktionen zu belassen, sondern sich selbst in Kleingruppen zu organisieren und autonome, dezentrale und unvorhersehbare Aktionen zu starten.[3]

Es sollte nicht bei dem Aufruf bleiben: Am Tag nach der Massenaktion kamen Menschen aus dem Hambi mit einer Überraschung um die Ecke: Eine gemeinsame Aktion aus mehreren aufeinander folgenden Blockaden der Hambacher Kohlebahn. (Siehe Artikel »Was ist Phase«)

Und mit »Andante an der Kante«, einer entschlossenen Aktion von blockierfreudigen Musiker*innen der Gruppe Lebenslaute fand zehn

die südafrikanische Kohle- und Goldindustrie in die Knie, und richtete sich auch gegen das Apartheidsregime, dessen Polizei neun Streikende ermordete.

Tage nach Ende Gelände ein klassisches Konzert im Tagebau Garzweiler statt, das wiederum zum Stillstand von Baggern und Förderbändern führte.

Im Herbst ging dann noch mal ganz viel im Umfeld des Hambi: Es war mal wieder Rodungssaison, und die Waldbesetzung hatte das Motto,»um jeden Meter kämpfen«, ausgerufen. Nach einer gut besuchten Skillshare-Woche hatten viele Lust, in die Offensive zu gehen: Neben den schon erwähnten immer häufiger stattfindenden Baggerbesetzungen gab es allein im Oktober zwei längere Kohlezugblockaden und wir durften uns über ein paar größere und kleinere Sabotageakte an Maschinen und Pumpstationen im Tagebauvorfeld freuen. Eins der dazugehörigen Statements erklärte die Beschädigungen als Antwort auf Misshandlungen von Aktivist*innen durch Securitys und Cops.[4]

Gleichzeitig trauten sich durch die Sonntagsspaziergänge immer mehr »bürgerliche« Menschen in den Wald, um radikalen Klimaaktivismus selbst aus eigener Anschauung kennenzulernen.

Und schließlich kam Paris: Nach dem Offenbarungseid der Herrschenden sechs Jahre zuvor in Kopenhagen sollte Paris der große, historische Schulterschluss der internationalen Politik angesichts der heraufziehenden Katastrophe werden. Wir waren, gelinde gesagt, skeptisch (Surprise!). Die internationale Klimabewegung hatte lange diskutiert, ob sie dorthin mobilisieren solle oder eher zu dezentralen Aktionen an den Orten der Klimazerstörung, und entschied sich schließlich für beides. Es gab riesige Gipfelproteste, trotz der Verbote und Ausgangssperren nach den Terroranschlägen des Daesh/IS einen Monat zuvor, und gleichzeitig weltweite Climate Games, also autonome, aber auf einer gemeinsamen Plattform miteinander verknüpfte Aktionen gegen die fossile Industrie und andere Klimakiller.[5]

Die deutsche Delegation der COP, einschließlich der Bundesumweltministerin, fuhr in bester Public-Private-Greenwashing-Manier mit einem Sonderzug der Deutschen Bahn nach Paris. Allerdings mit mehrstündiger Verspätung, denn Aktivist*innen waren dem Zug in Frankfurt aufs Dach gestiegen, während andere sich vor ihm an die Schienen ketteten.[6] Die Aktionsform der Minister*innen-Blockade war geboren.

Ansonsten fanden in Deutschland im Rahmen der Climate-Games Aktionen von kleineren Aktionsgruppen in allen drei Braunkohlerevieren statt.

Einigen dürfte es zu diesem Zeitpunkt ähnlich gegangen sein wie mir: Ich hatte ein tolles Jahr hinter mir und Bock auf mehr. Ich hatte Leute

---

Am **26. Januar 1988** fanden sich in Sydney 20.000 Aborigines und weitere Unterstützer*innen zum großen »Marsch des Überlebens« am australischen Nationalfeiertag ein. In einer gemeinsamen Erklärung forderten sie die Rechte der Aborigines einschließlich sicherer Landrechte ein.

kennengelernt und wollte weiter mitmachen, und so schloss ich mich am Ende des Jahres einer der regelmäßig arbeitenden Gruppen an.

Vielen Dank an euch alle, die ihr mich in diesem Jahr bei irgendwas mitgenommen habt!

Bis jeder Bagger stillsteht!

Quellenangaben

1. Leider nicht mehr online verfügbar.
2. o.A. (2015): Liebes Tagebuch, heute habe ich einen Bagger besetzt..., [online], URL: https://hambacherforst.org/blog/2015/12/14/liebes-tagebuch-heute-habe-ich-einen-bagger-besetzt/ [20.04.2022].
3. o.A. (2015): ...machen wir RWE fertig!, [online], URL: https://hambacherforst.org/blog/2015/08/01/machen-wir-rwe-fertig/ [20.04.2022].
4. Chaos Engineering Crew (2015): Baumaschinen am Tagebau Hambach sabotiert, [online], URL: https://linksunten.indymedia.org/de/node/157391/index.html [20.04.2022].
5. o.A. (o.J.): Climate Games, [online], http://www.artcop21.com/events/6450/ [20.04.2022].
6. blockcop21 (2015): Sonderzug zur Klimakonferenz in Paris blockiert!, [online] URL: https://linksunten.indymedia.org/de/node/160603/ [20.04.2022].

1988 wehrten sich Hunderte Menschen in Kenia gegen die Vernichtung des geschützten Kiambu-Waldes am Rande von Nairobi. Sie demonstrierten, zerstörten Rodungsmaschinen und Gebäude von Holzunternehmen, schrieben Petitionen und pflanzten Tausende Bäume neu.

Ende Gelände
In der Masse ungehorsam sein

Content
Note:
Erwähnung von
Polizeigewalt
und -kessel

Ende Gelände ist ein Bündnis von Gruppen und Einzelpersonen aus der Klimagerechtigkeitsbewegung, das seit 2015 Großaktionen gegen fossile Infrastruktur in Deutschland organisiert. Es gibt ca. 60 Ortsgruppen, die für Massenaktionen mobilisieren, aber auch eigene Aktionen durchführen.

Im folgenden Abschnitt findet ihr einen Erfahrungsbericht aus der Bündnisarbeit und einen kurzen Rückblick auf die vergangenen Großaktionen.

**Vor der ersten Ende-Gelände-Aktion –
Als Einzelperson im Vorbereitungsbündnis**
Auf der Aktionskonferenz im Herbst 2014 in Köln entschieden wir, dass wir im folgenden Jahr versuchen wollten, unsere Aktionen gegen Kohle und für Klimagerechtigkeit noch anschlussfähiger zu machen. Unter dem Arbeitstitel »Massen gegen Kohle« bildete sich ein Bündnis aus verschiedenen Gruppen und Einzelpersonen, um sich auf einen spannenden Weg dahin zu begeben. Und ich befand mich auf einmal mitten drin.

Bis dahin war ich nur gelegentlich im Hambi gewesen und bei den Klimacamps 2013 und 2014. Als schüchterner Mensch hatte ich es dabei allerdings nicht wirklich geschafft, Anschluss zu finden. Dennoch wollte ich unbedingt Teil dieser umwerfenden Bewegung werden und entschloss mich, zum ersten Bündnistreffen zu gehen.

In diesem Vorbereitungsprozess gab es viel zu diskutieren, zu streiten und zu konsensieren. Aufruf, Ziele und Kernbotschaften für die Öffentlichkeitsarbeit; Logo, Homepage, Name, AG-Strukturen, die Frage nach

Am **22. Dezember 1988** wurde Chico Mendes von zwei Viehzüchtern ermordet. Er war Kautschukzapfer und Gewerkschafter in Xapuri, Brasilien. Gemeinsam mit Indigenen kämpfte er gegen eine Autobahn und andere Zerstörungen des Regenwaldes, vor allem durch Viehzüchter*innen.

Abbruchkante des Tagebau Garzweilers 2019, BN: Tim Wagner

bezahlter Zuarbeit, Aktionsbild, Aktionskonsens* und vieles mehr. Ende Gelände wurde quasi erfunden. In meinem Kopf türmten sich viele Fragezeichen und ich verfolgte staunend die Debatten. Ich fuhr zu Wochenend-Plena quer durch's Land, schlief auf harten Isomatten, las Tausende Mails, wählte mich in Telefonkonferenzen ein und zerbrach mir den Kopf über Dinge, von denen ich ein paar Monate zuvor noch nicht wusste, dass es sie überhaupt gibt (z.B. ein Aktionskonsens).

Dabei habe ich wundervolle Menschen getroffen, die mich tief beeindruckt haben. Menschen, die überzeugt von dem sind, was sie tun, und ihre Ziele mit großer Ernsthaftigkeit verfolgen. Menschen, die bereit sind, sehr viel zu geben, und die wirklich daran glauben, dass Veränderung möglich ist. Und mir wurde klar: Da will ich dabei sein!

Wir diskutierten wie Klimacamp, Degrowth Summer School und Ende Gelände sich in der Vorbereitung und bei den Aktionen im August best-

Am **6. August 1989** demonstrierten 50.000 Menschen in Semipalatinsk in Kasachstan gegen eine Deponie für sowjetischen Atommüll und gegen Atomwaffentests in ihrer Region. Die Kampagne führte letztlich zur Schließung des Testgeländes. In

möglich ergänzen, unterstützen und nicht gegenseitig auf den Füßen stehen könnten. Oder die Frage danach, wie und ob Kleingruppenaktionen während der Massenaktion möglich sein würden, und was das für die Öffentlichkeitsarbeit hieß. Hilfreich war, dass wir auf die unterschiedlichsten Erfahrungen anderer Bewegungen zurückgreifen konnten, vor allem aus den Anti-Atom-Aktionen im Wendland.

Die vielen anstehenden und grundlegenden Entscheidungen waren herausfordernd und führten auch dazu, unsere Entscheidungsfindung selbst zu hinterfragen: Ist es noch ein Konsens, wenn fünf Menschen schwere Bedenken haben? Wie beeinflusst es die Debatte, wenn manche Menschen »mehr Erfahrung« haben und andere »weniger«?

Und manchmal waren wir auch einfach zu müde, um bestimmte Fragen zu Ende zu diskutieren, wie folgender Protokollausschnitt zeigt: »Ergebnis zur Namensdiskussion: Alles umstritten, ›Ende Gelände – Bagger stoppen, Klima schützen!‹ am erfolgreichsten, aber auch Gegenstimmen und relativ viele Enthaltungen (Erschöpfung am Ende des Plenums)«.

Schließlich stand die Aktion kurz bevor und es wurde ganz schön stressig, aufregend, und so manches Mal kam mir der Gedanke: Was, wenn wir es nicht in die Grube schaffen? War dann alles umsonst?

Mit Ende Gelände durch die Jahre – Eine kurze Chronik der Massenaktionen

Wir schafften es in die Grube. Mit Entschlossenheit, Glück und Improvisation. Zwar war die Autobahn zwischen Camp und Tagebau als Hindernis etwas unterschätzt worden, aber trotzdem gelangten drei Finger im Laufe des Vormittags in den Tagebau. Der internationale Finger machte alle anderen neidisch, als er sich unter einer Brücke als Block durch die Bullenkette drückte. Der Tagebaubetrieb wurde unterbrochen und wir feierten im Polizeikessel. Die Cops prügelten sinnlos auf Einzelne ein und lieferten noch einen Mini-Skandal, indem sie sich von der RWE durch die Gegend kutschieren ließen. Schließlich landeten auch die Fotos von der Aktion auf den Titelseiten der Zeitungen. Effektiver Widerstand gegen die Kohleverstromung in Deutschland war auf einmal für viel mehr Menschen anschlussfähig geworden.

Bei aller Freude über den riesigen Erfolg der Aktion blieb zumindest ein Kritikpunkt an der Bündnisarbeit über Jahre hinweg prominent auf den Klotüren der Camps nachlesbar: Aus Rücksicht auf die NGOs und deren ständige Angst, Mitglieder, Spenden und Gemeinnützigkeits-

---

Kasachstan leiden mehr als zwei Millionen Menschen unter Folgeschäden radioaktiver Strahlung.

Förderband im Tagebau Welzow Süd 2016, BN: Tim Wagner

status zu verlieren, hatte sich Ende Gelände nicht in der Lage gesehen, öffentlich zu Jus, einem der ersten Langzeitgefangenen aus dem Hambi, zu stehen.

Während der COP in Paris, also ein paar Monate nach der Aktion, besetzten Menschen von Ende Gelände Berlin einige Bagger in den Lausitzer Tagebauen und kündigten dort per Videobotschaft an, dass die nächste Massenaktion 2016 im Lausitzer Revier stattfinden würde. Die Aktion wurde auf Pfingsten gelegt, weil sie Teil der weltweiten Kampagne »Break Free« der NGO 350.org sein sollte.

Es wurde riesig. Offenbar hatte die Aktion in Garzweiler acht Monate zuvor sehr vielen Menschen Lust auf Aktion gemacht. Auch aus dem europäischen Ausland kamen viele Aktivist*innen, dieses Mal vor allem aus Schweden, da die Kraftwerke und Tagebaue zum damaligen Zeitpunkt noch dem schwedischen Staatskonzern Vattenfall gehörten. Vat-

---

In Ecuador legte vom **4. bis 8. Juni 1990** ein Aufstand der indigenen Bevölkerung das Land praktisch komplett lahm. Nahezu alle Hauptstraßen und Autobahnen wurden durch Demonstrationen und Feste blockiert, an denen bis zu 50.000 Menschen

Ende Gelände im Tagebau Schleenhain bei Leipzig 2019, BN: Tim Wagner

tenfall wollte die Braunkohleindustrie in Deutschland loswerden, aber natürlich nicht, ohne dafür noch ein paar Milliarden einzustreichen. Mit der Ankündigung »Wir sind das Investitionsrisiko«, sollten potenzielle Käufer*innen durch die Aktion und die Aussicht auf weitere Proteste abgeschreckt werden. Letztlich leider ohne Erfolg. Doch über 4.000 Menschen waren zum Lausitzer Klimacamp gekommen, die Küche musste Unmengen Lebensmittel nachkaufen, sodass alles Vegane in den Supermärkten der Lausitz schnell ausverkauft war.

Nach zweitägigen Blockaden der Lausitzer Kohlebahnen, mit einer Mischung aus Sturm, Hitze, Eiseskälte, Hagel und mehreren Naziangriffen, hatten wir tatsächlich einen der beiden 800 MW-Blöcke des Kraftwerks Schwarze Pumpe lahmgelegt. Dabei sollte nicht vergessen werden, dass gleichzeitige Gleisblockaden durch Kleingruppen diesen Erfolg mit ermöglicht haben. Drei Zufahrten zum Kraftwerk waren mit

teilnahmen und sich massiver Unterdrückung und teils tödlicher Gewalt durch Polizei und Militär widersetzten.

einer Pyramide, einer Kletterblockade* unter einer Brücke sowie Lock-Ons an der Schiene von Menschen aus dem Umfeld der Waldbesetzung Lautonomia »übernommen« worden. Einige der Menschen aus den Massenblockaden nahmen sich zum Entsetzen der »gewaltfreien« Teile des Bündnisses die Freiheit, einen Zaun am Kraftwerksgelände aufzuschneiden, um das Gelände selbst zu besetzen. Leider wurde diese Aktion durch Polizeigewalt und Festnahmen schnell beendet. Auch an anderen Stellen wurde die Zeit der Blockade genutzt, um kreative Veränderungen der vorgefundenen technischen Strukturen vorzunehmen.

Spätestens nach der Aktion von 2016 war Ende Gelände zu einer Art Selbstläufer geworden. Jedes Jahr nahmen mehrere tausend Menschen an den Aktionen teil. Die Aktionslogistik, die Öffentlichkeitsarbeit und viele andere Arbeitsbereiche professionalisierten sich immer mehr, was allerdings auch die Überarbeitung Einzelner zum Dauerzustand machte.

2017 gab es zwei Ende-Gelände-Aktionen: Im Sommer, während der gemeinsamen Aktionstage der Bewegung, im gesamten rheinischen Braunkohlerevier und Anfang November kurz vor der Eröffnung der COP 23 im Tagebau Hambach. Vom Klimacamp aus zogen wieder mehrere Finger los, besetzten die Schienen der Kohlebahnen, wurden in Gewahrsam genommen und wieder freigelassen, zogen teilweise noch einmal los und blockierten die Schienen aufs Neue. Und »Neurath«, Deutschlands größtes Kraftwerk und Europas zweitgrößte CO_2-Schleuder, musste seine Leistung etwas drosseln. Das Fingerkonzept war nicht mehr nur aktionstaktisch, sondern teilweise auch thematisch aufgebaut. So gab es z.B. einen queerfeministischen, pinken Finger mit eigenem Aufruf.

Im Herbst gab es anlässlich der COP23 in Bonn zudem eine Aktion im Tagebau Hambach. Wieder kamen fast 4.000 Menschen (viele davon nicht aus Deutschland), um der Selbstinszenierung Deutschlands als Klimavorreiter*in ein Stück der traurigen Realität entgegenzusetzen.

2018 dürfte für viele Teilnehmende die bislang strapaziöseste Ende-Gelände-Aktion stattgefunden haben: Etwa 1.000 Menschen kamen mit dem Sonderzug von Prag über Leipzig und Berlin ins Rheinland. Der Zug wurde an der Grenze gefilzt und kam mit etlichen Stunden Verspätung in Düren an, wo die Leute von den Bullen einen ganzen Tag eingekesselt wurden, statt mit der Aktionsvorbereitung auf dem Camp beginnen zu können. Nachdem der Kessel aufgelöst wurde, konnten sie nach einem zweistündigen Fußmarsch in Dunkelheit und strömendem Regen nur noch ins Zelt kriechen, um nach wenigen Stunden Schlaf zu den über 20 Kilometern entfernten Aktionszielen zu ziehen.

Im **Juli 1990** errichteten Angehörige der Lil'wat-Nation in British Columbia, Kanada, Straßenblockaden auf ihrem traditionellen Land, um ihre Souveränität zu demonstrieren und sich mit ähnlichen Aktionen der Mohawk zu solidarisieren. Die Blockade

Im Juni 2019 lag das Aktionscamp in Viersen noch weiter weg von allen Aktionszielen als im Jahr zuvor. Die Fahrt mit den S-Bahnen und die Anmeldung von Demonstrationen klappte nur teilweise. Denn mehrere Bahnhöfe wurden von der Polizei abgeriegelt und Zugstrecken ganz gesperrt.

Einzelne Finger mussten viele Stunden lang durch die Gegend wandern, Hunderte Menschen übernachteten einfach auf einem Acker direkt am Tagebau, um am nächsten Tag hinunter zu steigen. Trotzdem gab es eine Technoparty mit Lasershow im Tagebau. In diesem Jahr gab es mit dem bunten Finger auch zum ersten Mal ein Angebot für Rollstuhlnutzer*innen, Familien, Menschen mit Unterlassungserklärungen und andere Aktivist*innen, deren Blockadepunkt ohne Hausfriedensbruch und Kraxelei erreichbar war.

Der Kampf um die Dörfer am Tagebau Garzweiler war zum inhaltlichen Fokus der Aktion gemacht worden, und neben Fridays for Future trauten sich auch die NGOs mal wieder ein bisschen mehr Solidaritätsarbeit zu leisten und mobilisierten zu einer Großdemo nach Keyenberg. Womöglich hatten sie auch ein schlechtes Gewissen nach ihrem Totalausfall in der Kohlekommission ein halbes Jahr zuvor.

Ende 2019 gab es dann Aktionen in der Lausitz und im Leipziger Land, bei denen die Zusammenarbeit mit Fridays for Future fortgeführt wurde. Rund 4.000 Menschen kamen und besetzten drei Tagebaue und die Kohlebahnen. Ein skurriles Wandgemälde einiger übereifriger Bullen verlangte »Stoppt Ende Gelände«, und reihte sich ein in die Flut der wenig beachteten Skandale um rechte Netzwerke in der Polizei.

Im Corona-Herbst 2020 wurde mit riesigem Aufwand eine pandemiekompatible Massenaktion mit zehn verschiedenen geheim vorbereiteten Camps und kleineren Fingern realisiert. Leider schaffte es die Polizei, sich ausgerechnet auf dieses dezentrale Aktionskonzept gut einzustellen und konnte vielen Aktivist*innen den Weg versperren. Die Aktion fand im Anschluss an einen weltweiten Klimastreik und mit reger Beteiligung von FFF-Gruppen statt.

Es gab einen antikolonialen Finger, der thematisch an die Black-Lives-Matter-Proteste im Sommer des Jahres anknüpfte, und den Zusammenhang von Klimakatastrophe und Rassismus betonte. Eine geschlossenen Kneipe in Keyenberg wurde besetzt, um einen kulturellen Mittelpunkt des Dorfs symbolisch wiederzubeleben, und es wurden nicht nur Ziele der Braunkohle- sondern auch der Erdgasindustrie in den Blick genommen.

---

blieb vier Monate lang bestehen bis die Polizei sie gewaltsam räumte und 50 Lil'wat und Unterstützer*innen festnahm.

Die Aktion war bei weitem nicht die größte und öffentlichkeitswirksamste des Bündnisses, aber sie war bestimmt die bis dahin partizipativste: Bei jedem der zehn Finger brauchte es Menschen, die Strukturaufgaben übernahmen, weswegen viel Vorbereitungsarbeit auf regionalen Treffen stattfand. So beteiligten sich viel mehr Menschen an der Aktionsvorbereitung als in anderen Jahren.

Im Sommer 2021 fand die Aktion in Brunsbüttel und Hamburg statt. Mit einer Kanu-Blockade und der Besetzung von Gleisen wurde ein geplantes Erdgas-Terminal adressiert, um klar zu machen, dass sauberes Gas eine dreckige Lüge ist. Die Aktion war Teil des globalen Aktionstages des Bündnisses »Shell must fall« gegen Gas, Fracking* und Kolonialismus. In Hamburg veranstaltete die »Antikoloniale Attacke«, ein Bündnis migrantischer und Schwarzer* Menschen, mehrere kämpferische Demos und verschönerte ein Denkmal.

Im **Oktober 1990** wanderten in Bolivien etwa 800 Indigene – Moxeno, Yuracare, Chimane und Guarani – aus dem bolivianischen Amazonasgebiet in einem monatelangen »Marsch für Land und Würde« gegen Abholzung und Viehzucht auf indige-

Wann wird die Masse kritisch?

Eine Unterhaltung über Ende Gelände

Wir schreiben diesen Text aus der Sicht zweier Menschen, die bei (fast) allen Ende-Gelände-Aktionen dabei waren – mal in der Grube oder auf den Schienen, mal auf dem Camp, mal ganz wo anders. Und auch den Rest des Jahres mischen wir in der Bewegung mit. Hier möchten wir darüber diskutieren, welche Vor- und Nachteile es hat, das Eingreifen in die zerstörerischen Industrien anzukündigen und für einen Moment massenkompatibel zu machen, und was es für eine Bewegung bedeutet, wenn es einen/eine Akteur/in gibt, der/die im Vergleich zu anderen sehr groß und bekannt ist.

Dafür haben wir mit einer Reihe von Menschen gesprochen und unterschiedliche Positionen gesammelt, die wir hier in einer fiktiven Unterhaltung unserer vier ausgedachten Genoss*innen Anna, Arthur, Ayşe und Amélie darstellen wollen. Dabei müssen wir uns an dieser Stelle auf die wichtigsten Punkte beschränken, auch wenn die vier zu dem Thema noch sehr viel mehr zu sagen hätten.

Amélie: Die letzte Ende-Gelände-Aktion war einfach wieder der Hammer! Alle, mit denen ich gesprochen hab, haben sich richtig empowered* gefühlt. Es ist sehr motivierend, endlich mal ein bisschen handlungsfähig zu sein, zu sehen, dass wir viele sind, die ein gemeinsames Ziel haben. Ich glaube, dass wir es über Massenaktionen immer wieder schaffen können, die Bewegung zu stärken und den Einzelnen zu zeigen – du bist nicht allein, sondern Teil von etwas Großem. Wir können etwas tun, gemeinsam. Wir können die Bagger zum Stillstand bringen – auch wenn es nur für ein paar Stunden ist.

nem Land nach La Paz. Auf dem Hochland angekommen, wurden sie von Tausenden Aymara, Quechua und Uru begrüßt.

Ayşe: Ja, es war schon schön. Aber ich finde auch, dass sich die Aktionsform bereits ein bisschen abgenutzt hat. Irgendwie ist das auch ein alter Hut, seit Jahren laufen wir jeden Sommer einmal in den Tagebau oder auf die Kohlebahn, es sieht super aus, alle fühlen sich toll, und die öffentliche Meinung dreht sich vielleicht sogar wirklich ein Stückchen weiter in unsere Richtung. Aber letztlich können die Konzerne und die Herrschenden das alles einfach aussitzen.

Anna: Ja, voll! Und klar, 6.000 Leute im Tagebau sehen schick aus, aber tausend Kleingruppen, die zu sechst blockieren oder sabotieren, könnten das ganze Revier für Monate lahmlegen!

Klar, weiß ich auch, dass das in absehbarer Zeit nicht passieren wird, aber es muss doch das Ziel bleiben. Oder glaubt ihr, dass der fossile Kapitalismus sich in Luft auflöst, weil wir bei ein paar Millionen Medienkonsument*innen ganz gut rüberkommen?

Arthur: Aber es ist doch gerade der symbolische Effekt, der den Diskurs verschiebt, und der uns überhaupt erst so weit gebracht hat. Vor wenigen Jahren war der Kohleausstieg gesellschaftlich noch völlig abwegig, nichts als linke Spinnerei, und jetzt ist die Frage nicht mehr ob, sondern nur noch wann er kommt. Und das haben wir vor allem in den Momenten geschafft, in denen wir als Massenbewegung sichtbar wurden.

Amélie: Und dass wir es immer wieder schaffen, so viele Menschen zu mobilisieren, liegt ja daran, dass die Aktionen niedrigschwellig sind. Die Aktionen politisieren so viele neue Leute, und die meisten würden sich den Schritt eben nicht trauen, wenn es nicht so einen klaren Rahmen gäbe, wenn sie nicht wüssten, dass alles mögliche im Vorhinein organisiert ist und alles versucht wird, um Menschen in Aktion zu unterstützen – bis hin zu Dixieklos an der Blockade und warmer Suppe im Polizeikessel.

Ayşe: Ja, aber es passiert eben auch nur einmal im Jahr. Und ist mit riesigem Aufwand verbunden. Ich denke, deswegen brauchen wir eine Vielfältigkeit des Widerstandes, sodass wir ab und zu als Masse sichtbar werden, aber auch kontinuierlich aktiv sind, also auch immer wieder in Kleingruppen in Aktion treten. Ich finde es super, wenn die Massenaktionen ein erster Schritt sind und die Leute sich hinterher in ihren Bezugsgruppen wieder treffen und anfangen, eigene Sachen zu planen.

Am **24. November 1990** wurden Rodungsmaschinen auf dem Land der Lubicon Cree-Nation im Norden von Alberta, Kanada, angegriffen und verschiedene Fahrzeuge und Ausrüstungsgegenstände der Rodungsunternehmen unschädlich gemacht.

Anna: Ja, und da frag ich mich halt, ob der zweite Schritt überhaupt bei vielen stattfindet? So viele Menschen sehe ich bisher nicht, die sich dauerhaft organisieren und aktiv bleiben. Da bleibt es dann eben für die meisten doch beim Wohlfühl-Aktivismus-Wochenende.

Arthur: Trotzdem ist es wichtig, den Einstieg niedrigschwellig zu halten. Sonst würden wir niemals genug Leute zusammenbekommen, um wahrgenommen zu werden. Und wir reden ja immerhin davon, die Regeln zu brechen, die die allermeisten Menschen eben immer noch als verbindlich ansehen. Da kannst du nicht von dir selbst auf Tausende andere schließen, Anna, das ist für die Allermeisten ein riesiger Schritt. Und denen würde ohne die Vorbereitung durch andere komplett entgehen, einen Kohlezug oder einen Schaufelradbagger zu stoppen und auch dieses Empowerment* zu spüren.

Ayşe: Ja, aber die Kehrseite ist eben auch, dass wir uns in sozialen Kämpfen immer mehr an perfekt durchorganisierte Massen-Events als Standard gewöhnen und verlernen, selbstorganisiert widerständig zu sein. Das führt dann im schlimmsten Fall zu so 'nem Dienstleistungs- und Konsum-Verhältnis. Du kannst einen Tag vor der Aktion anreisen, bekommst ein Aktionstraining, einen weißen Anzug und die Info, hinter welcher Fahne du herlaufen sollst, und schon geht's los.

Und wenn Leute ohne Bezugsgruppe zum Camp kommen und sich dort lose für eine Aktion zusammenschließen, ist das natürlich auf der einen Seite cool, weil es auch Menschen ermöglicht mitzumachen, die allein kommen.

Aber wenn die dann von den Cops vermöbelt werden, haben die wahrscheinlich später nicht ihre vertraute Gruppe, in der sie das zu Hause nachbesprechen können und die das auffängt. Und gerade wenn es für die Aktion nur ein kurzes Aktionscamp gibt, können solche Gewalterfahrungen auch nicht so gut vor Ort durch unterstützende Strukturen aufgefangen werden.

Amélie: Das mit der Dienstleistung ist aber doch nur ein Angebot. Wer mehr machen will, ist ja herzlich willkommen, es können immer alle mit vorbereiten, die es wollen. Dafür hat sich Ende Gelände ja die offene Struktur gegeben, damit alle mitarbeiten können, die sich mehr einbringen wollen, als nur bei der Aktion selbst mitzulaufen. Es gibt jede Menge Aufgaben, die darauf warten, dass Leute sich dafür verantwort-

1991 protestierten die Batwa in Uganda gegen die strengen Schutzmaßnahmen im Bwindi-Nationalpark, einem der artenreichsten Urwälder der Welt. Die Batwa, die seit vielen Generationen nachhaltig im und mit dem Wald gelebt hatten, wurden vertrie-

lich erklären, und Willkommensstrukturen, um den Neuen den Einstig in den Prozess zu erleichtern.

Arthur: Und es findet so viel an Wissensweitergabe statt und Leute können alles Mögliche lernen. Das ist über die Jahre enorm professionell geworden, was die Aktionslogistik, die Öffentlichkeitsarbeit und alle andere Arbeitsbereiche betrifft. Und alle AGs versuchen nachhaltig zu arbeiten, also zu schauen, dass immer ein paar Menschen aus dem Vorjahr noch dabei sind, um den Wissenstransfer zu gewährleisten, aber auch keine*r jahrelang im selben Arbeitsbereich hängen bleibt.

Ayşe: Ja, dass versucht wird, den Einstieg in die Strukturarbeit möglichst leicht zu machen, stimmt. Aber es funktioniert natürlich trotzdem nicht für alle. Denn je komplexer der Prozess ist und je professioneller die einzelnen Arbeitsbereiche organisiert sind, desto mehr Selbstvertrauen braucht es auch, um zu sagen, dass ich mitmachen will, auch wenn ich vielleicht nicht so krasse Skills mitbringe wie viele andere.

Anna: Und große Prozesse sind auch immer anfälliger für informelle Hierarchien* als kleine. Die Leute, die gut vernetzt sind, können sich im Plenum die Bälle zuspielen. Manche sind schon lange dabei, arbeiten immer in den sichtbarsten Bereichen, und auf die wird dann auch inhaltlich viel mehr gehört, während Ideen von Leuten, die sich selten zu Wort melden, oft übergangen werden. Und das tritt in großen Prozessen nicht nur viel häufiger auf als in kleineren, sondern ist auch viel schwerer zu kritisieren, weil es eben für die meisten nicht so leicht ist, sich vor 150 Leuten mit dominanten Politprofis anzulegen.

Arthur: Klar, das sehe ich auch. Aber daraus kann doch nicht folgen, gar keine Bündnisse mehr zu schmieden und isoliert als versprengte Grüppchen vor sich hin zu rödeln. Und ich finde, dass es da bei Ende Gelände viele positive Ansätze gibt, um Dominanzen abzubauen, z.B. dass alle sichtbaren Aufgaben unbedingt rotieren sollen, dass die Pressesprecher*innen FLINT* und BIPoC sind, und im Plenum Menschen, die noch gar nicht geredet haben, auf der Redeliste nach vorne gesetzt werden.

Amélie: Außerdem ist Ende Gelände ja längst viel mehr als nur der eine Orgaprozess, der die eine Massenaktion vorbereitet. Es haben sich im

---

ben, ohne Landrechte oder Entschädigungen zu erhalten, während Farmer, die Teile des Waldes zerstört hatten, diese Flächen zugesprochen bekamen.

Laufe der Zeit viele Ortsgruppen gegründet, die auch in ihren Städten das ganze Jahr über aktiv sind.

Und das auch zu anderen Themen als zu Kohle. Ich finde, die Ortsgruppen sind eine gute Möglichkeit, Teil von Ende Gelände zu sein, gerade für Menschen, die – aus welchen Gründen auch immer – nicht Teil des großen Orgaprozesses sein wollen.

Arthur: Voll! Und genau diese offene Struktur und Arbeitsweise finde ich so wertvoll. Ich meine, natürlich gibt es Dinge, die nicht offen auf großen Plena mit allen diskutiert werden können, wie z.B. die genauen Aktionswege. Aber abgesehen von solchen sensiblen Informationen ist ja der Anspruch, dass die Vorbereitung möglichst transparent und zugänglich ablaufen soll.

Anna: Du sprichst da einen spannenden Punkt an. Stichwort Aktionswege. Ich finde es wichtig, dass auch mal aus der Sicht der Teilnehmer*innen zu sehen. Zum Beispiel war es 2020 so, dass der Finger, mit dem ich unterwegs war, teilweise durch die Polizei aufgehalten wurde. Dann standen wir auf dem Feld und haben versucht, im Deli-Plenum* zu entscheiden, was wir als nächstes machen.

Das war super schwierig, weil niemand von den Menschen, die die Aktionswege kannten mehr bei uns war, und die allermeisten kaum eine Orientierung hatten.

Ayşe: Ich finde, dass die Deli-Plena während der Aktionen oft nicht gut funktionieren. Gerade wenn es darum geht zu entscheiden, ob wir eine Aktion selbstbestimmt beenden wollen. Da gibt es oft sehr unterschiedliche Meinungen, das kann auch ganz schön emotional werden, weil dabei oft politische Grundsatzdebatten im Hintergrund stehen. Außerdem müssen bei solchen Entscheidungen auch immer die Unterstützungsstrukturen miteinbezogen werden, die ja aber nicht vor Ort sind. Heißt, wenn die Aktionslogistik am Ende ihrer Kräfte ist oder das Camp bald abgebaut werden muss, können die Teilnehmer*innen nicht einfach drüber hinweggehen.

Anna: Natürlich sollten die Infos aus den Unterstützungsstrukturen im Aktions-Deli-Plenum gehört werden. Aber die Leute sollten auch ohne Aktionslogistik weiter blockieren können, wenn sie das wollen. Grundsätzlich wünsche ich mir eine größere Bereitschaft, die Finger

---

Nach dem Zerfall der Sowjetunion **1991** blieben in Tadschikistan 55 Millionen Tonnen radioaktiver Abfälle aus der Taboshar Uranmine ungesichert gelagert. Die Folgen sind vermehrte Krebserkrankungen und die Vergiftung von Böden und Wasser. Lokale Initiativen konnten lediglich Schilder aufstellen, um vor der Gefahr zu warnen.

während einer Aktion aufzulösen, wenn es taktisch sinnvoll ist oder es grundsätzlich unterschiedliche Meinungen dazu gibt, wie es weiter gehen soll. Es ergibt oft viel mehr Sinn, einen neuen Anlauf in kleineren Gruppen zu versuchen, als stundenlang im Deli-Plenum zu diskutieren, was als nächstes passieren soll.

Amélie: Okay, vielleicht ist das in bestimmten Situationen sinnvoll, aber es ist auch oft von Vorteil, wenn wir viele sind, und dadurch z.b. besser Polizeiketten durchfließen können. Und auf einer allgemeineren Ebene finde ich, dass die Aushandlungen gut funktionieren! Zu Ende Gelände gehören so viele unterschiedliche Gruppen – dass daraus überhaupt ein gemeinsames handlungsfähiges Bündnis geworden ist, ist schon ein Erfolg.

Ayşe: Auf jeden Fall. Und ich finde, wir dürfen auch nicht vergessen, dass sich dieses ganze Bündnis einfach in einem Prozess befindet – etwas, das über Jahre gewachsen ist und sich auch immer wieder verändert. Die Strukturen werden den Bedürfnissen angepasst, neue AGs sind entstanden, der Aktionskonsens verändert, die Kernbotschaften für die Presse wurden angepasst, und so weiter und so fort.

Ups, jetzt hab ich doch wieder das Reizwort »Aktionskonsens« fallen lassen, da werden wir uns glaub ich nie einig werden, ob der wirklich nötig ist, damit sich alle sicher fühlen können, oder ob er eine viel zu große Bevormundung der teilnehmenden Bezugsgruppen ist.

Anna und Amélie (gleichzeitig): Stimmt. Da werden wir uns nicht einig.

Arthur: Lasst uns noch mal darauf zurückkommen, dass sich das Bündnis immer wieder im Wandel befindet. Ich meine, diese Veränderungen gab es ja auch in den Beziehungen zu anderen Akteuren im Widerstand. Bei den ersten beiden Aktionen war Ende Gelände noch zu Gast auf den Klimacamps im Rheinland und in der Lausitz.

In den letzten Jahren gab es dann eigene Aktionscamps, weil einfach klar geworden ist, dass z.b. das inhaltliche Programm eines Camps untergeht, wenn so viele Menschen sich auf eine Aktion vorbereiten. Und damit Massenaktionen möglich werden und auch vor Ort angenommen werden, braucht es den Kontakt mit den Leuten vor Ort. Ich habe oft gehört, dass sich Ende Gelände für Locals eher wie ein Ufo anfühlte, das ankommt, befremdlich wirkt und dann wieder weg ist.

Seit **1993** organisieren Einwohner*innen von Durban in Südafrika als South Durban Community Environmental Alliance kollektiv den Widerstand gegen die Verseuchung ihrer Stadt durch die ansässigen Erdölraffinerien. Sie betreiben Recherche-

Anna: Das Verhältnis zu anderen Akteuren spielt ja auch für die Pressearbeit und die öffentliche Wahrnehmung eine wichtige Rolle. Ich erinnere mich z.b. an die Kraftwerksbesetzung in Datteln, die Ende Gelände zusammen mit deCOALonize Europe gemacht hat. Und weil Ende Gelände eben so bekannt ist, ist deCOALonize hinterher in den Medien kaum erwähnt worden. Das finde ich super schade und auch politisch nicht cool. Ich finde, da muss ein so großer, bekannter Player wie Ende Gelände, viel sensibler mit der eigenen Sichtbarkeit umgehen.

Arthur: Ja, aber auf der anderen Seite nutzt Ende Gelände auch die eigene Reichweite, um andere Gruppen und Anliegen zu unterstützen. Vor allem in den Sozialen Medien hat Ende Gelände immer wieder Kleingruppenaktionen von anderen bekannt gemacht, die ansonsten kein großes Publikum erreicht hätten.

Anna: Mag sein, aber das ist schon auch immer noch ausbaufähig. Ich wollte noch was anderes zum Thema Pressearbeit sagen: Oft sitzen ja noch viele Menschen in Gewahrsam, während die Aktion in den Medien schon als abgeschlossen gilt. Gerade dann sollte doch die Öffentlichkeit, die wir haben, genutzt werden, um auch staatliche Gewalt in Form von Knast und Repression anzuprangern.

Amélie: Vielleicht. Aber ich find es auch gut, wenn wir uns bei der Pressearbeit auf unsere Kernanliegen fokussieren. Es ist wichtig, dass wir über Klima, Kohle und Kapitalismus sprechen. Und übrigens feiere ich es wirklich sehr, dass es Ende Gelände gelungen ist, dass Medien auch wirklich unsere Kapitalismuskritik aufnehmen und eben nicht nur schreiben, dass wir gegen Braunkohle sind.

Ayşe: Das ist auf jeden Fall mega! Und mein Eindruck ist auch, dass die inhaltlichen Statements im Laufe der Jahre mutiger und radikaler geworden sind, was echt cool ist. Da gab`s z.B. viel Solidarität mit Antifa-Gruppen, der Revolution in Kurdistan oder den Betroffenen der G20*-Repression, alles so Themen, bei denen das Bündnis anfangs noch vorsichtiger war und viel mehr drauf bedacht, die NGOs nicht zu verprellen.

Arthur: Ja, und trotzdem gab es gleichzeitig auch die Vernetzung mit Fridays for Future, was glaub ich, politisch auch nochmal ein wichtiger Schritt war. Bei den letzten Aktionen waren auf jeden Fall viel mehr jün-

---

und Öffentlichkeitsarbeit und bekämpfen die Fabriken mit kreativem und militantem Protest.

gere Menschen dabei. Schüler*innen, die am Tag davor bei der großen Fridays-Demo waren, sind mit Ende Gelände in den Tagebau Garzweiler gegangen.

Ayşe: Total. Ende Gelände hat es auf jeden Fall gut drauf, sich mit anderen Akteuren zu vernetzen. Ich finde es immer ganz schön beeindruckend, welche und wie viele Gruppen sich solidarisch erklären. Damit ist die öffentliche Legitimität von zivilem Ungehorsam auf jeden Fall nochmal gestiegen. Ich denke, es braucht halt ein Miteinander der verschiedenen Aktionsformen, damit alle auf ihre Weise mitkämpfen können, bei dem sowohl anschlussfähige als auch autonome Aktionen zusammen wirksam sein können. Und ich glaube, wir sind da als Bewegung auf einem ganz guten Weg.

Aber hey, in fünf Minuten geht unser Treffen weiter, ich fänd's gut, davor noch ein kleines bisschen Luft zu schnappen, nachdem wir mal wieder die halbe Pause mit Bewegungsanalyse verbracht haben.

Leseempfehlung

Dieses Buch handelt von den Ursprüngen und der Entstehung des Bündnisses, von seinen Prinzipien und seinem Selbstverständnis:
Ende Gelände (Hg.): We shut shit down. Hamburg: Edition Nautilus 2022.

Am **20. März 1994** wurde eine italienische Journalistin ermordet. Sie hatte zu illegalen Waffenlieferungen und der Verschiffung radioaktiver Abfälle durch die italienischen Regierung nach Somalia recherchiert. Auch andere europäische Länder »entsorgten« ihren Atommüll jahrzehntelang extrem billig in Somalia, wo er u. a.

//EXKURS//
Direkte Aktion und ziviler Ungehorsam
Ein durchwachsenes Verhältnis

Ziviler Ungehorsam (ZU) und Direkte Aktion (DA) sind zwei Oberbegriffe für Aktionsformen, die in der Klimabewegung häufig fallen und auch in diesem Buch immer wieder genannt werden. Sie sind mit unterschiedliche Assoziationen besetzt und werden von verschiedenen Akteur*innen aufgegriffen.

Manchmal ist die Entscheidung eine Aktion als ZU oder DA zu bezeichnen allein taktisch-strategischer Natur. Aber woher kommen die beiden Begriffe und wo liegen die Unterschiede?

Ziviler Ungehorsam – ein umkämpfter Begriff
Die eine allgemeingültige Definition von ZU existiert nicht. Allerdings war in der Öffentlichkeit jahrelang eine klassische Vorstellung, was darunter zu verstehen ist, vorherrschend. Das Trainer*innen-Netzwerk »Skills For Action« fasst dieses klassische Verständnis wie folgt zusammen: »Ziviler Ungehorsam wird verbunden mit einer gewaltfreien Grundhaltung, die Aktion des Zivilen Ungehorsams ist (meist) öffentlich angekündigt, wird moralisch-ethisch gerechtfertigt und appelliert an ein allgemeines Gerechtigkeitsgefühl. Vor der illegalen Aktion wurden alle legalen Handlungsmöglichkeiten ohne Erfolg angewendet, die Akteure stehen in der Öffentlichkeit und (nach der Aktion) vor Gericht für ihr Handeln ein, und übernehmen die Verantwortung für die Folgen. Die Aktion dramatisiert einen konkreten Unrechtszustand, ohne das gesamte gesellschaftliche System infrage stellen zu wollen.«

Ein mögliches Ziel von ZU ist es, politische Gegner*innen in eine Dilemma-Situation zu bringen. Wenn der Protest unterbunden wird,

innere Blutungen, Hautinfektionen und Strahlenvergiftungen bei der betroffenen Bevölkerung verursacht.

werden Bilder erzeugt, die von den Aktivist*innen argumentativ genutzt werden können (z.b. »repressive Polizei«, »böse Unternehmen«). Durch die erhoffte mediale Auseinandersetzung im Nachgang, ob die Repression gerechtfertigt war, wird eine Bühne für die Positionen der Aktivist*innen geboten. Wenn die politischen Gegner den Protest ohne direkt einzugreifen geschehen lassen, kann das ebenfalls von Vorteil sein, z.b. weil ein finanzieller Schaden entsteht oder die Beteiligten durch die erfolgreiche Blockade ermutigt werden, weiterzumachen.

Ende Gelände, als prominentes Beispiel der Bewegung, bricht in Aktionen immer wieder mit mehreren Merkmalen der klassischen Definition und reklamiert dennoch das Konzept »Ziviler Ungehorsam« für sich. Dem vorausgegangen waren bereits viele linksradikale Kampagnen und Debatten z.b in der Anti-AKW-Bewegung, die entsprechende Vorarbeit geleistet hatten. ZU wird also seit längerem von vielen unterschiedlichen Akteur*innen unterschiedlich ausgelegt und gefüllt.

Die Abweichungen sind zahlreich. Das Tragen von Masken, weißen Maleranzügen und die Personalienverweigerung zeugen davon, dass Aktivist*innen von Ende Gelände bemüht sind, sich der Repression zu entziehen. Die Grundhaltung dabei ist eher, einzukalkulieren, dass einige voraussichtlich von Gerichtsverfahren betroffen sein werden, aber versucht wird, diese Zahl so gering wie möglich zu halten. Wenn ein Gerichtsverfahren unvermeidlich ist, wird dieses meist auch genutzt, um weitere Öffentlichkeit für das Thema zu schaffen. Das Reizwort »gewaltfrei« hat es von Anfang an nicht in den Aktionskonsens von Ende Gelände geschafft. In dem Teil der radikalen Linken, aus dem Ende Gelände hervorgegangen ist, war es schon länger gang und gäbe, auf den Begriff »gewaltfrei« zu verzichten.

Im Aktionskonsens vieler Kampagnen und Aktionen findet sich stattdessen die Umschreibung »von uns geht keine Eskalation aus«, die mehr Handlungsspielraum offen lässt und unter der sich potenziell mehr Menschen zusammenfinden können. Eine weitere Abweichung von der klassischen Definition zivilen Ungehorsams stellt die Zielsetzung des Bündnisses dar.

Die Aktionen von Ende Gelände richten sich nicht ausschließlich gegen die Klimazerstörung durch die Braunkohle, sondern auch gegen die kapitalistisch organisierte Gesellschaft, die diese Zerstörung hervorbringt. Es wird sowohl ein konkretes Unrecht adressiert, der Anspruch eine darüber hinausreichende Transformation anzustreben, wird trotzdem nicht aufgegeben.

1994 beugte sich das Rolay Forest Department in Thailand dem jahrelangen Widerstand gegen die »Renaturierung« ehemaliger Waldgebiete mit Eukalyptus. Nach anfänglichen massiven Repressionen akzeptierte die Behörde schließlich, dass lokale

Versteckt sich hinter ZU manchmal DA?

Aber wenn das klassische Verständnis von ZU eigentlich gar nicht so richtig auf die Aktionen von Ende Gelände und viele ähnliche Aktionen anwendbar ist, handelt es sich dann nicht vielmehr um direkte Aktionen? Historisch kommt der Begriff »Direkte Aktion« oder auch »Direct Action« aus der Arbeiter*innen-Bewegung, und wurde zum ersten Mal von Anarchist*innen verwendet. Was als DA betrachtet werden konnte, bezog sich auf ein relativ breites Spektrum an Möglichkeiten. Allen (direkten) Aktionsformen gemein war jedoch, dass sie unmittelbar in den Produktionsprozess eingriffen und keinen rein appellativen Charakter hatten. Dass also z.b. durch einen wilden Streik oder einen Sabotageakt der geregelte Arbeitsablauf zum Stillstand gebracht wurde, anstatt die Verhandlung mit Bossen oder staatlichen Vertreter*innen anzustreben. Der Begriff wurde schnell auch von anderen Bewegungen aufgegriffen. Hier erfüllen Ende Gelände und viele andere Aktionsgruppen, bei dem was sie tun, wiederum nicht zwangsläufig die Voraussetzungen für das, was unter DA zu verstehen ist. Zwar erfolgt ein direkter Eingriff in die Infrastruktur oder etwas anderes, gleichzeitig werden aber auch klare Forderungen gestellt (z.B. »Sofortiger Kohleausstieg«), und in der Selbstbezeichnung spricht Ende Gelände von ZU. An wen sich die jeweiligen Forderungen letztendlich richten, bleibt allerdings zumeist unbestimmt. Autonome Kleingruppenaktionen sind zu verschieden, als dass eines der beiden Label auf jede Kleingruppenaktion zutreffen könnte. Ähnlich verhält es sich bei Besetzungen von Häusern, Bäumen oder Plätzen. Oft jedoch verwenden Akteur*innen aus diesem Teilbereich der Bewegung den Begriff der DA.

Ein + DAZU macht DA zu ZU+?

Das Label ZU, dem der Direkten Aktion vorzuziehen, ist meistens eine taktische Entscheidung. Für einige Akteur*innen scheint ZU in der öffentlichen Wahrnehmung mit positiveren Bildern verknüpft zu sein. Wenn jedoch immer von ZU gesprochen wird, obwohl eine Aktion vielleicht eher zur Definition der DA passt, hat dies den Nebeneffekt, dass sich das öffentliche Bild von DA nicht verändert. Obwohl DA sehr unterschiedlich ausfallen können, wird häufig allein Zerstörung und Gewalt damit assoziiert.

Seit Ende 2021 wird, angestoßen vor allem durch Ende Gelände, verstärkt über eine Anpassung des Aktionsrepertoires gesprochen. Der dafür verwendete Arbeitstitel ist ZU+. ZU+ meint, dass Aktionen, die

---

Aktivist*innen rund 300 Hektar Fläche von Eukalyptus befreiten, um sie mit einheimischen Baumarten zu bepflanzen.

als Massenmobilisierungen zivilen Ungehorsams angekündigt werden, um eine Prise Sabotage erweitert werden. Die Debatte zeigt zum einen, dass der Umgang mit unterschiedlichen Aktionsformen gelassener angegangen wird und weniger vorschnelle Abwehrreflexe hervorruft. Der Rahmen des Möglichen wir ausgeweitet und der Rückhalt für Aktionsformen, die auch Beschädigung oder Zerstörung von Eigentum bzw. fossiler Infrastruktur beinhalten, gestärkt. Gleichzeitig passt der dafür gewählte Titel auch in das geschilderte Bild, da das Kind nicht DA, sondern ZU+ heißen soll.

Sich solidarisch aufeinander beziehen

In weiten Teilen der Klimagerechtigkeitsbewegung ist es gängige Praxis, sich solidarisch aufeinander zu beziehen, auch wenn die Aktionsformen verschieden sind und manche sich eher mit dem Label ZU und andere mit DA identifizieren. An Grenzen stößt der positive Bezug jedoch dann recht schnell, wenn bei Aktionen Feuer im Spiel ist oder »Gewalt« angewendet wird (siehe auch den Text »Nun sag, wie hast du's mit der Gewalt?« in diesem Buch). Wie wir es schaffen, trotz aller Unterschiede, kritisch nach innen und solidarisch nach außen als geeinte Bewegung verschiedenster Akteur*innen aufzutreten, bleibt auch weiterhin ein Aushandlungsprozess.

1996 reichten Frauen der Amungme aus Indonesien Klage gegen den Bergbaukonzern Freeport ein. Sie kämpfen auch für die Freilassung gefangener Aktivist*innen nach Protesten und Sabotageakten der Amungme und für die Aufarbeitung verschie-

Was ist »Phase«?
Phasenblockade reibt Hambachbahn auf

Content Note:
kurze Schilderung
einer gefährlichen
Situation und von
homofeindlichen
Bullensprüchen

Nachdem im Sommer 2015 die Massenblockaden von Ende Gelände RWE und Polizei bereits zugesetzt hatten, holte ein Zusammenschluss verschiedener Kleingruppen zu einem weiteren Schlag aus. Der geregelte Betrieb sollte auch nach Ende der Großaktion verhindert werden.

Das Prinzip war einfach – wenn eine Schienenblockade mit Lock-Ons bereits ausreicht, um die Kohlezüge für mehrere Stunden zum Stillstand zu bringen, warum nicht einen Schichtbetrieb ins Leben rufen? Wenn ein Blockadepunkt geräumt ist, tritt sofort an anderer Stelle die nächste Aktionsgruppe in Erscheinung. Die Beschaffenheit einer Kohlebahn kam diesem Vorhaben zu Gute: Sie ist lang, unübersichtlich und kann deshalb nur sehr schwer komplett überwacht werden. Die Kohlebahnen im rheinischen Braunkohlerevier haben zudem den Vorteil, dass sie nur ca. 30 km/h fahren.

Begonnen wurde die Blockade mit dem Einsatz sogenannter Erddrachen. Das sind Betonblöcke, die bereits etliche Wochen vor der Aktion im Gleisbett gegossen werden und sowohl in der Herstellung als auch bei der Räumung sehr aufwändig sind. In diesen Betonblöcken verankerten sich zwei Personen mit Ketten. Es dauerte dann tatsächlich auch ca. sechs Stunden, bis es der technischen Einheit der Polizei gelang, die beiden Angeketteten herauszulösen. Das Ende der Blockade wurde selbstredend kommuniziert und die zweite Gruppe trat an einer anderen Stelle in Aktion. Dieser Vorgang wiederholte sich drei weitere Male. Letztendlich hatten sich sechs Personen an drei Blockadepunkten an die Gleise gekettet. An einem weiteren Streckenabschnitt sorgte eine Kletteraktion von einer Brücke für Stillstand. Dadurch, dass eine Blockade

dener Massaker des Militärs. Außerdem zerstören sie Importprodukte, die verhindern, dass sie ihre lokalen Produkte verkaufen können.

die andere ablöst, zieht sich die Räumung stark in die Länge. So hielten die verschiedenen Blockaden die Polizei die ganze Nacht auf Trab. Der störungsfreie Zugverkehr konnte erst am Mittag des darauffolgenden Tages wieder aufgenommen werden.

Zentral bei einer Schienenblockade ist die Funktion der sog. Zugstopper*innen. Menschen positionieren sich in ausreichendem Abstand vom Blockadepunkt neben den Gleisen (und zwar in beiden Richtungen). Sehen sie den Zug herankommen, signalisieren sie der*dem Lokfahrer*in, dass sich Menschen im Gleisbett befinden, z.b. durch Schwenken einer roten Fahne oder eines roten Bengalos, wenn es sich um eine nächtliche Aktion handelt. Um nicht wegen Eingriff in den Schienenverkehr belangt zu werden, machen sich die Zugstopper*innen nach getaner Arbeit aus dem Staub. Die Aktivist*innen an den Blockadepunkten, verriegeln ihre Schlösser in den Lock-Ons erst, wenn sie sicher sind, dass die Züge zum Stehen gekommen sind.

»Bei einer der Ankettaktionen lagen mehrere Menschen schon in ihren Lock-Ons. In Sichtweite stand ein Kohlezug, doch plötzlich fuhr er langsam weiter auf die Menschen zu. Glücklicherweise waren die Vorhängeschlösser in den Lock-Ons noch nicht verriegelt, und so konnten die Menschen noch rechtzeitig zur Seite springen. Aber die Situation hätte auch sehr leicht mit dem Tod mehrerer Aktivist*innen enden können.«

Der Polizei ist es letztendlich gelungen, eine einzige Person zu identifizieren und ein Verfahren gegen sie in die Wege zu leiten. Alle anderen blieben anonym. Im Folgenden eine Anekdote zum behördlichen Bedürfnis, Menschen möglichst formulargerecht einteilen zu können: »Ich saß mit einem weiteren Menschen, nachdem ich schon von den Gleisen geräumt worden war, neben den Bullenkarren. Die Bullen waren sich nicht sicher, welches Geschlecht ich habe. Als wir anfingen rumzuknutschen, meinten sie, dass ich wohl weiblich sein muss, weil schwule Männer oder so natürlich nicht existieren ...«

Ein Dreivierteljahr später fragten Aktivist*innen bei der RWE-Jahreshauptversammlung, ob diese Aktion dazu geführt habe, dass Kohle nicht verbrannt wurde, also konkret CO_2-Emissionen verhindert wurden. Antwort: Durch die Aktion wurden 11.000 Tonnen Braunkohle nicht verbrannt, also etwa ebenso viele Tonnen CO_2 nicht freigesetzt. Viele der damals Beteiligten wissen das bis heute noch nicht, aber: Ihr wart die Ersten, die es geschafft haben, ein Kraftwerk in Deutschland zu drosseln! Großartig, Herzlichen Glückwunsch!

Am **27. Juli 1998** blockierten mehr als 800 Mitglieder der indigenen Gemeinden des Imataca-Regenwaldes und der Großen Savanne in Venezuela einen internationalen Highway, um ihren Widerstand gegen den Bau von Stromleitungen zu bekräftigen.

Nachdem Schienenblockaden zwischenzeitlich ein wenig aus der Mode gekommen waren, gab es 2021 mit der Aktion »BlockNeurath« ein Revival der Aktionsform Phasenblockade: Anlässlich der COP26 in Glasgow schnitten mehrere Aktionsgruppen mit aufeinanderfolgenden Blockaden der Nord-Süd-Kohlebahn Deutschlands größtes Kraftwerk einen Tag lang komplett von der Kohleversorgung ab. Auch hier kamen »Drachen« zum Einsatz und auch hier musste RWE die Leistung des Kraftwerks drosseln. Die Aktion bezog sich neben der Klimakonferenz auch auf die angedrohte Zerstörung von Lützerath.

Medienempfehlung

Einen Eindruck von Ankett-Aktionen mit Drachen bietet die Ausstellung »Beton im Gleisbett«. Sie war z.b. im Jahr 2016 auf dem Klimacamp im Rheinland zu sehen, und einen virtuellen Rundgang gibt es auf Youtube.

Sie forderten, die Bauarbeiten sofort zu stoppen, da diese die Zerstörung des Regenwaldes beschleunigten, indem sie Abholzungs- und Bergbauarbeiten ermöglichten.

Lieber Knast als Schuhe
Absurde Eskalation
im Gerichtssaal

Es gibt auf Partys oft diese Momente, in denen Menschen sich coole, unterhaltsame, witzige, absurde oder aufregende Geschichten aus ihrem Leben erzählen. Gewöhnlich sind diese Momente nach Mitternacht und absolut nicht mehr nüchtern. (Stellt euch den weiteren Text bitte so vor, als würde euch die Geschichte in so einer Situation erzählt werden.) In so Momenten erzähle ich gerne die Geschichte, wie ich mal ein paar Tage in Haft verbrachte, weil ich barfuß war und mich weigerte, Schuhe anzuziehen. Die Geschichte löst gewöhnlich aus zwei Gründen Verblüffung oder Unglaube aus. Erstmal: »Wie, dafür kann man in den Knast kommen?«, gefolgt von: »Warum hast du nicht einfach Schuhe angezogen?«. In der Geschichte hier will ich beides erklären.

Angefangen hat alles mit dem G20-Gipfel 2017 in Hamburg. Genau genommen damit, dass ich und ein paar Genoss:innen etwas genervt davon waren, dass zum Gipfel gefühlt, alle Polizei-Hundertschaften der Republik in Hamburg sein werden, aber trotzdem niemand direkte Aktionen ganz woanders machen würde. Also haben wir beschlossen, genau das zu tun, und haben kurzerhand mittels einer Phasenblockade die Hambachbahn (die private Schienenstrecke des Stromanbieters RWE, die die Kohle vom Tagebau zum Kraftwerk bringt) blockiert.

Wir übernahmen die erste Phase, bei der wir einen Tripod* auf die Gleise stellten und uns draufsetzten. Dadurch konnten wir mit nur zwei Leuten die Hambachbahn für etwa acht Stunden lahmlegen. Was wohl auch nur deshalb solange klappte, weil scheinbar tatsächlich sämtliche Cops, die kompetent genug waren, um so etwas zu räumen, in Hamburg waren. Als wir geräumt waren, begannen andere auch schon mit der

Von **Juli bis September 1998** kam es in Bangladesh zu den größten und am längsten anhaltenden Überschwemmungen des 20. Jahrhunderts. Eine Million Häuser wurden beschädigt, riesige Mengen Reis und andere Grundnahrungsmittel gingen

zweiten Phase. So wurde die Hambachbahn insgesamt noch deutlich länger als acht Stunden blockiert. Es war aus unserer Sicht 'ne ziemlich coole Aktion und hat sich in vielerlei Hinsicht gelohnt. Beispielsweise nutze ich das Festnahme-Foto von mir heute noch als Profilbild bei z.b. Casual-Dating-Plattformen. Und hab immer eine coole Party-Geschichte parat.

Jahre später begann der Prozess vor dem Amtsgericht in Jülich. Wir tauchten mit einer Laienverteidigung* auf, wobei die erste Instanz (soweit ich mich erinnere) recht unspektakulär verlief. Das einzig Interessante, woran ich mich erinnere, ist eine sehr junge und naiv wirkende Polizeizeugin, die mit so tollen Aussagen auffiel wie:»Die waren ja eigentlich total nett«, oder:»Nee, wir haben die nicht aufgefordert, runterzukommen, das hielten wir für selbstverständlich«. 'N anderer Cop sagte aus, dass er eigentlich nichts erkannt hat, weil er keine Brille trug. Letztlich wurden wir beide zu einer Geldstrafe verurteilt, die in meinem Fall 100 Tagessätze ausmachte.

Etwa zwei Jahre nach der Aktion und über ein Jahr, nachdem der erstinstanzliche Prozess vorbei war, begann die Berufungsverhandlung vor dem Landgericht Aachen. Und damit einer der absurdesten Gerichtsprozesse, die ich jemals erlebt habe.

Wir kamen mit neuen Laienverteidigis, und ich hab uns vier (zwei Verteidigis, zwei Angeklagte) als echtes Dreamteam empfunden. Der erste Verhandlungstag war ein schöner Sommertag, wir waren gut drauf und möglicherweise ein klein wenig frech. Zum Beispiel sind wir nicht aufgestanden, als der Richter und die Schöffen (Laienrichter:innen) eintraten. Das wurde weitestgehend ignoriert. Inhaltlich ging es kaum um den eigentlichen Vorwurf, stattdessen wurde vor allem darum gestritten, ob Verteidigis und Angeklagte Laptops benutzen durften.

Am zweiten Verhandlungstag war die Dynamik schon deutlich eskalativer. Schon bei den Eingangskontrollen waren die Cops extrem aggressiv, was in kleinen Rangeleien endete, bei denen sich ein paar Cops ohne körperliche Fremdeinwirkung und in voller Montur auf die Nase legten. Richtig absurd wurde es aber erst, als der Richter die neuen sitzungspolizeilichen Anordnungen verlas, die er sich inzwischen ausgedacht hatte. Die beinhalteten, dass es allen Leuten im Saal untersagt wurde, das Aufstehen beim Eintreten des Gerichts zu verweigern, während der Verhandlung zu lachen oder keine Schuhe zu tragen. Bei Zuwiderhandlungen von Seiten des Publikums wurde der Rauswurf und von Seiten der Angeklagten und Verteidigis ein Ordnungsgeld bis 1.000

---

verloren. Insgesamt waren über 30 Millionen Menschen von den Überschwemmungen betroffen.

Euro, ersatzweise Ordnungshaft, angedroht. Kleiner Funfact dazu: Verteidigis können überhaupt keine Ordnungsgelder oder Ordnungshaft aufgebrummt kriegen. Der Richter sagte auch, dass ein Cop, der bei den Kontrollen hingefallen war, sich leicht verletzt hätte und dienstunfähig sei, woraufhin mein Mitangeklagter und ich applaudierten. Daraufhin wurde uns ein Ordnungsgeld angedroht, falls wir uns nicht entschuldigen würden. Schließlich entschuldigten sich unsere Verteidigis in unseren Namen (mit unserem Einverständnis). Wodurch hoffentlich allen klar wurde, dass die Entschuldigung in keiner Weise ernst gemeint war. Danach wurden etwa zwei Drittel des Publikums samt eines Pressevertreters gewaltsam aus dem Saal entfernt, weil sie keine Schuhe trugen (wie gesagt, warmer Sommertag). Da auch einige Leute mit Schuhen wegen Lachens oder Nicht-Aufstehens rausgeworfen worden waren, wurde uns die Chance gegeben, uns bei ihnen Schuhe zu leihen, um uns die angedrohten Ordnungsgelder zu ersparen. Wir hätten uns jetzt sofort Schuhe zu leihen oder wir müssten 200 Euro Ordnungsgeld zahlen, ersatzweise Ordnungshaft bei 50 Euro pro Tag.

Und jetzt kommen wir zur zweiten großen Frage, die Leute zu dieser Geschichte regelmäßig stellen. Warum haben wir nicht einfach Schuhe angezogen und uns die Haft erspart? Dafür spielten für mich mehrere Überlegungen eine Rolle. Die eine war die »es sind ja nur vier Tage«-Überlegung. Ich hatte meinen Laptop vor mir und konnte noch während des Verfahrens Vorbereitungen treffen, Leuten Bescheid geben und so weiter. Was mir deutlich unstressiger erschien, als irgend 'ne wahrscheinlich auch noch deutlich längere Untersuchungshaft ohne diese Möglichkeiten. Außerdem dachte ich, »jetzt haben wir gute Presse, und wenn's vorbei ist 'ne coole Party-Geschichte«. Aber meine wichtigsten Gründe für die Entscheidung waren folgende: Ich betrachte es als Politikum, wenn ein Typ einer Frau unter Gewaltandrohung versucht vorzuschreiben, was sie anzuziehen habe, weshalb ich gegen solche Versuche, immer wenn es mir möglich ist, Widerstand leisten werde. Und mir war klar, dass wenn wir erneut gezeigt hätten, dass wir uns der Ordnungsgeld- oder Ordnungshaftdrohung beugen würden, uns im weiteren Verfahren immer mehr angedroht worden wäre, würden wir irgendwas machen, was dem Richter nicht passt. Und das wäre vermutlich noch weit unangenehmer geworden als ein paar Tage Haft. Davon abgesehen, bin ich generell, und bei so autoritären Arschlöchern erst recht, einfach sehr, sehr trotzig. Ich hatte in dem Moment das Bedürfnis, noch stärker auszudrücken, dass ich mich dem Versuch patriarchaler*

1999 wurden die Wasserversorgungsrechte für Cochabamba in Bolivien an das US-Unternehmen Bechtel übertragen. Ein Jahr später zwangen Hunderttausende Demonstrant*innen die Regierung, das Wasserprivatisierungsgesetz zurückzuneh-

Unterdrückung entgegenstelle und mich von den Drohungen nicht einschüchtern lasse. Also habe ich anstatt die Schuhe anzuziehen, demonstrativ noch mein Top ausgezogen.

Der weitere Verhandlungstag bestand dann aus merkwürdigen Nebenkriegsschauplätzen. Zum Beispiel wurde meinem Mitangeklagten die Fahrtkostenerstattung mit der Begründung verweigert, »Sie leben doch von Luft und Liebe«, oder dass wir bei jeder weiteren Aufforderung aus Respekt vor dem Gericht aufzustehen, uns umdrehten oder auf den Tisch stiegen, dass unsere Verteidigis das Gericht anpöbelten und dafür z.B. Befangenheitsanträge stellten, um die juristische Form zu wahren. Das Gericht gestand ihnen keine Pause zu, um Anträge zu schreiben, weshalb sie diese beim Verlesen schrieben, was effektiv länger dauerte als die von uns beantragte Pausenzeit, oder dass der Richter die Protokollantin aufforderte, Anträge der Verteidigung nicht zu protokollieren. Ich konnte mich dabei schon auf die Haftvorbereitung konzentrieren – ging per Chat am Laptop ganz gut.

Der Richter kündigte schließlich an, das Ordnungsgeld sei direkt nach Ende der Sitzung zu zahlen, sonst würde die Haft unmittelbar vollstreckt werden. Er wollte wohl Rechtsmittel dagegen ausschließen. Auf die Nachfrage, ob er erwarte, dass wir regelmäßig 400 Euro mit uns herumtragen würden, folgte nur: »Sie hatten mehrfach Gelegenheit, Ihr prozessuales Verhalten Ihren Einkommensverhältnissen anzupassen«. Als wir in einer längeren Prozesspause einen kleinen Spaziergang machen wollten (Geld abheben? Mittagessen holen?), ordnete der Richter an, dass die Cops uns gewaltsam zurückbringen sollten, obwohl es zu dem Zeitpunkt noch keinen Haftbefehl gegen uns gab. Wir wurden dann ein paar hundert Meter durch die Innenstadt zum Gericht zurückgetragen.

Ein paar Tage nach der Entlassung aus der Ordnungshaft stand dann der dritte Verhandlungstag der zweiten Instanz an. Wir Angeklagten hatten irgendwie keinen Bock mehr. Außerdem wurde der auch noch genau auf die Zeit der »Fusion« (Open Air Festival) gelegt. Wir Angeklagten haben dazu 'n Statement veröffentlicht, warum Festivals einfach wichtiger sind als der Rechtsstaat, garniert mit 'nem Bild von meinem Mitangeklagten beim Ziehen einer Line, und sind nicht vor Gericht aufgetaucht. Unsere Verteidigis sind hingegangen, haben jede Menge Beweisanträge gestellt, die alle abgelehnt wurden, und die Geldstrafen aus der ersten Instanz wurden bestätigt.

Das wollten wir dann doch nicht so einfach auf uns sitzen lassen und haben Revision eingelegt; im Team die Revision geschrieben und diese

men. Der »Wasserkrieg von Cochabamba« wurde ein weltberühmtes Beispiel für erfolgreiche soziale Bewegungen.

auch gewonnen. Das Revisionsgericht hat dem 1. Urteil Rechtsfehler beschieden, sodass das Landgericht Aachen die Verhandlung wiederholen müsse. Das hatte aber wohl auch keinen Bock mehr und hat das Verfahren eingestellt. Letztlich sind wir also ohne Verurteilung und Strafe rausgekommen. Mein Dank geht an die tollen Verteidigis, den tollen Mitangeklagten, das »Anarchist Black Cross (ABC) Rhineland« für den tollen Support im Knast und die vielen solidarischen Menschen ;)

So, das war eigentlich die Geschichte. Ich würde aber gerne noch eine Frage beantworten, die ich häufiger höre, nämlich, ob ich mein freches Prozessverhalten bereue. Nee, tue ich nicht. Ich glaube, das Meiste würde ich genauso wieder machen. Paar Kleinigkeiten hätte ich im Nachhinein gerne anders gemacht. Zum Beispiel auch den BH ausgezogen. Aber im Großen und Ganzen finde ich, dass wir das ziemlich gut hingekriegt haben, wie wir uns gegen die komplett freidrehende, rechtsbeugende Justiz gewehrt haben.

Und die Moral von der Geschichte: Manche Menschen sind der Meinung, dass eine Party erst richtig gut war, wenn man am nächsten morgen verkatert aufwacht. Diese Einstellung teile ich nicht. Aber ich würde nach dem Erlebnis sagen, dass ein Gerichtsprozess erst richtig gut war, wenn man am nächsten morgen in Ordnungshaft aufwacht.

1999 stellte Gazprom die Pipeline zwischen der Halbinsel Jamal (Russland) und Deutschland fertig. Die »Stimme der Tundra«, ein Zusammenschluss indigener Aktivist*innen, u.a. der Nenet, organisiert seit einigen Jahren vor allem mit strategischer

//EXKURS//
Was machen Aktionen mit uns?

Content Note:
Erwähnung
von emotionalen
Aktionsfolgen und
Diskriminierungen
durch die
Polizei

In zwei Tagen geht es los. Die Ersten von uns trudeln am Vorbereitungsort ein, wir treffen auf alte Bekannte und neue Gesichter. Das erste Plenum beginnt. Ob alle Rollen klar sind, will die Moderation von uns wissen, einige, die spontan dazu gestoßen sind, melden sich für Küchenschichten oder helfen im unterbesetzten Presse-Backoffice. Die Kochcrew weiß nicht genau, was überhaupt passieren soll, und versorgt trotzdem alle mit warmem Essen.

Noch zwölf Stunden bis die ersten Autos zu den Startpunkten losfahren. Die Pressemitteilung ist nach kleineren Konflikten und Kompromissen in dritter Überarbeitung doch noch fertig geworden. Die Menschen, die morgen in die Aktion gehen, haben noch einmal letzte Handgriffe geübt, und sind bei aller Nervosität gut vorbereitet. Es wird still auf dem Hof, nur im Materialkeller leuchtet noch ein letztes einsames Licht.

Drei Uhr nachts am nächsten Morgen, es geht los. Alle haben wenig bis gar nicht geschlafen und die Aufregung ist jetzt mit Händen greifbar. Alle Anstrengungen der letzten Tage und die Arbeit jeder einzelnen AG hat uns bis hierhin gebracht. Nicht jede Vorbereitung einer Kleingruppenaktion ist so groß angelegt wie diese, und meist läuft auch nicht alles so glatt. Aber trotz möglicher Reibereien ziehen idealerweise alle an einem Strang, um die gemeinsame Aktion zum Gelingen zu bringen. Das ist für mich einer der magischen Momente von Kleingruppenaktionen: Alle arbeiten aus freien Stücken auf ein Ziel hin und bringen ihre Fähigkeiten, Wünsche und Vorstellungen ein. Nicht weil ihr*e Arbeitgeber*in es von ihnen verlangt oder sie dafür bezahlt werden, sondern weil es

Social-Media-Arbeit Proteste gegen die Ausbeutung der riesigen Gasvorkommen in ihrem Gebiet.

ihnen wichtig erscheint. Dieser Moment des Vertrauens, das wir einander entgegenbringen, ist einer meiner liebsten bei der gesamten Aktion. Denn nie sonst bin ich mir der Konsequenzen meiner Handlungen so bewusst wie jetzt, wo ich auch für so viele andere Verantwortung trage. Direkte Aktionen können uns als Einzelpersonen und Gruppen Kraft geben und uns ermächtigen. Mit einer kleinen Gruppe von Menschen können wir riesige Kohlezüge stoppen, in der Innenstadt verstecktes Theater spielen, oder gleich ein ganzen Kraftwerk lahmlegen. Andere würden diese Selbstermächtigungsmomente auch als blinde und von überhöhtem Ego geleitete Handlungen bezeichnen.

Die Gegenmacht, die wir aufbauen, wenn wir gezielte und effektive Nadelstiche setzen, Kosten verursachen und eine gesellschaftliche Debatte über die Verhältnisse oder fiese Umtriebe mächtiger Firmen anstoßen, ist immer wieder nur von kurzer Dauer. Spaß, Freundschaft, Identifikation, Nähe und Vertrauen hingegen bleiben, und sind ebenfalls eine starke Motivation. Aktionen politisieren Menschen und schaffen den Raum, sich über die eigene Wirkungsmacht und Position zu Themen Gedanken zu machen.

Bei all den schönen verbindenden Momenten und wertvollen Lernerfahrungen wirken Aktionen natürlich auch noch auf anderen Ebenen auf uns. Viele erleben Gewalt und geraten in schlimme Situationen im Rahmen von ansonsten richtig tollen und erfolgreichen Aktionen. Auch eine eventuelle Ingewahrsamnahme nach einer Aktion wird unterschiedlich verdaut. Manche tragen Traumata davon und erschrecken nachher auch im Alltag bei jedem Sichtkontakt zur Polizei. Mit Festnahmen verbinde ich Ohnmachtsgefühle und Willkür, Flüssigkeitsmangel und Schlafentzug, erpresste Aussagen und die Auflösung sämtlicher persönlichen Rechte. Wenn ich daran denke, wie viele Menschen aufgrund ihrer Hautfarbe, ihres Passes oder weil sie keinen haben, in solche Situation geraten, und die noch viel Schlimmeres zu erwarten haben als ein paar blaue Flecken und anschließende Albträume, dann wird mir richtig übel.

Ich besitze die nötigen Privilegien, um mir sicher zu sein, die Polizeistation im Anschluss an eine Aktion in aller Regel ohne existenzielle Bedrohung verlassen zu können. Für andere könnte die Teilnahme an solchen Aktionen z.b. den Aufenthaltsstatus gefährden. Rassismus, Sexismus und Diskriminierung aufgrund von Behinderung, Alter oder Einkommen sind feste Bestandteile unserer Gesellschaft, die vermeidbare Polizeikontakte und die dadurch entstehenden zusätzlichen psy-

Am **8. September 2000** protestierten in Ramsar, Iran, etwa 80 Frauen gegen die Zerstörung der Wälder in den nördlichen Gebieten des Landes. Sie versammelten sich vor dem Hotel, wo das nationale Seminar über die Bewirtschaftung der Wälder

chischen und körperlichen Belastungen für einige Menschen schier unmöglich machen.

Dank meiner Bezugsgruppen und anderer Menschen, komme ich trotz Repression immer wieder zu dem Punkt, weiterhin bei Aktionen mitzumachen. Aktiver Widerstand ist für mich ein Geschenk. Das Geschenk der Selbstermächtigung, das wir uns und anderen machen können, in einer Welt, in der der Kampf um die bloße Existenz für einige von uns schon der größte und bewundernswerteste Akt des Widerstandes ist.

stattfand, und erklärten, dass die Wälder allen Iraner*innen gehören und geschützt werden müssten.

Kohle unten lassen, statt Protest unterlassen

Die höchst ehrenwerte Anwaltskanzlei Redeker, Sellner und Dahs hatte schon immer sehr exklusive Mandant*innen: So vertrat sie z.b. zwei Bundespräsidenten und einen Bundeskanzler in deren Korruptionsaffären, den Chemie-Konzern Dow im Streit um ein betriebseigenes Kohlekraftwerk und einen Bundeswehroffizier, als dieser von den Angehörigen der Opfer des Luftangriffs in Kundus, Afghanistan verklagt wurde.

Nach der Blockade der Hambachbahn durch etwa 100 Teilnehmer*innen des Klima-Camps 2013, wurde die Kanzlei auch in unseren Kreisen schlagartig bekannt: Sie verschickte Dutzende Unterlassungserklärungen an Aktivist*innen, deren Namen ihre Mandantin RWE von der Polizei erhalten hatte. Eine Unterlassungserklärung ist, sobald sie unterschrieben ist, eine Art rechtsverbindliche Erklärung einer Person, eine bestimmte Sache nicht wieder zu tun. Also in diesem Fall die Anlagen der Hambachbahn nie wieder zu betreten. Eine Erfahrung, die mit dazu beigetragen hat, dass das Angeben von Personalien gegenüber der Polizei nicht gerade populärer wurde.

Gerade in den ersten Jahren unterschrieben viele Aktivist*innen die Erklärung, doch mit der kollektiven Erfahrung wuchs auch die Bereitschaft, es auf eine Klage ankommen zu lassen. Eine solche folgte aber nur in seltenen Fällen.

Auch die LEAG, Eigentümerin der Braunkohleindustrie in der Lausitz, nahm sich RWE zum Vorbild und versuchte Aktivist*innen mit Unterlassungserklärungen einzuschüchtern. Währenddessen liefen im Rheinland irgendwann die Fristen ab, innerhalb derer RWE die meisten ausstehenden Unterschriften hätte einklagen können.

Im **September 2000** fanden in Venezuela mindestens vier nächtliche Angriffe auf Übertragungsmasten im Imataca-Regenwald statt. Bei einer der Aktionen schafften es die Saboteur*innen, sieben Masten in einer Nacht umzustürzen. Die Hochspannungs-

Dazu könnte die Gründung der Kampagne »Kohle UNTENLASSEN statt Protest unterlassen!« beigetragen haben: Die Betroffenen einiger Klagen hatten damit Öffentlichkeitsarbeit gemacht und Spenden gesammelt, mit denen die Prozesse finanziert werden konnten. Gerade sieht es danach aus, dass RWE die Lust verliert, neue Unterlassungserklärungen zu verschicken. Möglicherweise haben sie eingesehen, dass der erwünschte Effekt, Aktivist*innen einzuschüchtern, ausgeblieben ist. Es zeigt sich also einmal mehr, dass sich Beharrlichkeit und langfristige Organisierung lohnen.

---

leitungen zerschneiden große Waldflächen und Waldgärten, die die Lebensgrundlage der Kariña, Arawako, Akawaio und Pemon bilden.

Wimmelbilder für den Widerstand:
Bildungsarbeit in Bewegung

Wow, wer hat das gemalt? Was macht die Füchsin
da – und warum trägt sie einen Revolver?

Wenn wir das »True Cost of Coal«-Banner (»Die wahren Kosten der Kohle«) des »Beehive Design Kollektivs« entrollen, scharen sich schnell neugierige und begeisterte Menschen um uns und löchern uns mit Fragen. Verrückt, aber wahr – die Grafik verpackt das Thema Kohle, Kapitalismus und Klimakrise auf faszinierende und motivierende Weise.

Das 5 x 2,50 Meter große Stoffbanner thematisiert die ökologischen und sozialen Auswirkungen des Kohleabbaus am Beispiel der Appalachen (USA). Es handelt vom verheerenden »Mountaintop-Removal« (Bergkuppensprengung): Für den dreckigen Brennstoff Steinkohle wurden im Herzen des riesigen Gebirgszuges der Appalachen im Nordosten der USA bis heute über 500 Berge gesprengt und schichtweise abgetragen. Zurück bleiben verwüstete Landstriche, zerstörte Lebensräume, verschmutzte Flüsse, zerrissene Dorfgemeinschaften. Und die Zerstörung geht immer noch weiter.

Die Geschichten auf dem Poster stehen stellvertretend für ähnliche Formen der Ressourcenausbeutung an vielen Orten der Welt – und das ist es, was die Arbeit mit der Bildungs- und Grafikkampagne »The True Cost of Coal« so besonders macht.

Das »True Cost of Coal« als kunst- und storybasiertes Bildungsprojekt über die Klimakrise, den Widerstand gegen Kohleabbau und konkrete Utopien kann die komplexen Zusammenhänge und Folgen des Kohleabbaus und der voranschreitenden Klimakatastrophe verständlich und greifbar machen. Die Workshop-Teilnehmenden können sich anhand dieser künstlerisch gestalteten Wimmelgrafik ein vielschichtiges Bild über lokale und globale Auswirkungen, historische und aktuelle Zusam-

---

Am **8. Juli 2002** begann im nigerianischen Nigerdelta eine zehntägige Blockade von Chevrons Haupt-Ölterminal in Escravos durch 600 Frauen aus den lokalen Gemeinden. In den folgenden Tagen besetzten Hunderte weitere Frauen zwölf andere Ölan-

Workshop Klimacamp Rheinland 2016, BN: Hubert Perschke

menhänge und Widerstände gegen und Alternativen zum Kohleabbau machen.

In fünf Kapiteln erzählt die Grafik die miteinander verflochtene Geschichte des Kolonialismus und der Industrialisierung, des indigenen Widerstands und der gewerkschaftlichen Organisierung der Kohlearbeiter:innen, des modernen extraktivistischen (Ausbeutung und Export von Ressourcen) Produktions- und Konsummodells und der Klimakrise aus den Perspektiven marginalisierter Stimmen. Es geht um fast vergessene Lebensweisen im Einklang mit den Appalachen; um Graswurzelwiderstand damals und heute. Gegen gewaltvolle Kolonialisierung, gegen quasi feudalistische Ausbeutung der Kohlearbeiter:innen und ihrer Familien, gegen die Zerstörung der Heimat Tausender Lebewesen, gegen den energiehungrigen Kapitalismus. Es geht um Machtstrukturen und Privilegien, um soziale Gerechtigkeit und Rassismus. Um Graswur-

lagen im Nigerdelta. 100 Frauen paddelten sogar aufs Meer hinaus, um Chevrons Tiefseeförderung im Ewan-Ölfeld zu blockieren.

zelpower versus Herrschaft. Und am Ende geht es vor allem auch um viel Mut: Mut aufzustehen und sich zu wehren, Mut sich zusammenzuschließen und eigene Utopien aufzubauen, Mut zu träumen und zu verändern.

Mit der Methode der »Story-based Education« gelingt es dem Künster:innenkollektiv, komplexe Zusammenhänge herunterzubrechen und für (fast) jede:n verständlich in Geschichten zu verpacken. Das Kunstwerk baut auf den oft ungehörten Stimmen der am stärksten betroffenen Gemeinschaften auf und knüpft somit an den Ansatz der »popular education« von Paolo Freire an – einer Pädagogik der Unterdrückten, die sich unabhängig macht von vorherrschenden Bildungsstrukturen. Diese »Geschichten der Unterdrückten« wurden in fabelartig gestaltete Tiermotive übersetzt, die als frei verfügbare Bildungsmaterialien verbreitet werden.

Da ist die Geschichte der Füchsin mit dem rauchenden Revolver, die ein Bettlaken mit der Aufschrift »Which Side are you on?« aufhängt. Allein in dieser Szene stecken vier Geschichten. Fast vergessene Geschichten von widerständigen Frauen aus der US-amerikanischen Gewerkschaftsbewegung: Florence Reece, Aunt Molly (»Pistol Packin'«) Jackson, Mary »Mother« Jones. Und die der organisierenden Frauen, die mit bunten Bettlaken in den Fenstern an die Kohlekumpel und ihre Familien kommunizierten, wo und wann die geheimen Treffen der Streikenden stattfanden.

Das Beehive Design Collective verwendet für ihre Grafiken ausschließlich Tiercharaktere statt Menschen. Damit lassen sich die massive Betroffenheit der Lebensräume nicht-menschlicher Lebewesen sichtbar machen. Auch versuchen sie damit, Stereotype bezüglich Alter, Geschlecht oder Hautfarbe zu vermeiden, wie sie bei der Zeichnung menschlicher Charaktere auftreten würden. Begeistert von den Geschichten, der Arbeitsweise und den Möglichkeiten einer empowernden Bildungsarbeit für soziale Bewegungen, machten sich ein Dutzend fleißiger »Bienchen« von der Klimagerechtigkeitsgruppe ausgeCO2hlt und Friends daran, zahlreiche Geschichten und Perspektiven des langjährigen Widerstandes im Rheinischen Revier zu sammeln.

Mit dem Comiczeichner Oliver Scheibler gelang ihnen das grandiose Wimmelbild *Verwurzelt im Widerstand*. Es wurde pünktlich (oder passend) zur Feier des bisher größten Triumphs der Anti-Kohle-Bewegung 2018 fertig: Den Erhalt des Hambacher Waldes!

Nach jahrelangen Besetzungen, Blockaden und Protesten, nach wochenlangen Räumungen und Auseinandersetzungen mit Kon-

---

Am **24. Juli 2002** wurden in Papua-Neuguinea zehn Strommasten in die Luft gesprengt, die das Porgera-Minengebiet mit Strom versorgten. Der Sabotageakt dürfte den Minenbetrieb stark beeinträchtigt haben. Es ist zu vermuten, dass es sich

zern, Regierung und Polizei, verteilten wir Hunderte frischgedruckte
Poster auf der Großdemo am Wald. Es könnte auch heißen »Why we
won ...« – denn die unzähligen Tierdarstellungen auf dem Bild erzählen die Geschichten der vielseitigen Bewegung und ihrer Aktionsformen, Strategien und Taktiken – die in der Summe den Erfolg brachten.
Sie schlagen eine Brücke zwischen dem Kampf um Wälder und Dörfer in Deutschland und dem Kampf der »Pacific Climate Warriors« auf
Samoa, Tuvalu und Kiribati. Und sie zeichnen ein Bild der sichtbaren und
unsichtbaren Aufgaben einer wachsenden und erfolgreichen Bewegung.
So finden sich im Bild versteckt die wachsamen und schlauen Köpfe
einer Eule und einer Füchsin mit Computer und Fernglas – ihr steter
Blick gilt den von Repression betroffenen Tieren im Polizeigewahrsam,
die sie gegen die unmittelbare und schleichende Repression so gut es
geht unterstützen.

Damit ihr die Grafiken selbstständig vervielfältigen könnt, fallen alle
unter die Creative Commons License.

Empfehlungen

Das faszinierende Beehive Design Collective: https://beehivecollective.org/bee-
hive_poster/the-true-cost-of-coal/

Poster und Workshops mit den »True Cost of Coal« in Europa: https://klimakollektiv.
org/de/projekte/the-true-cost-of-coal/

Poster und Workshops mit »Verwurzelt im Widerstand«: https://ausgeco2hlt.de/
material/

---

um eine Aktion gegen die Ausbeutung durch Unternehmen und für die Selbstbestimmung des papuanischen Volkes handelte.

Kämpfe zusammen_führen
Das Connecting-Movements-Camp

Content Note:
Analyse
struktureller
Diskriminie-
rungen

Die Idee, ein »Connecting-Movements-Camp« (CoMo) zu organisieren, wurde bei einem Vorbereitungstreffen zum Klimacamp 2017 im Rheinland geboren.

Wir beschreiben zunächst, wie und warum es zum CoMo-Camp kam und wie Teile der Umsetzung abgelaufen sind. Am Ende teilen wir ein paar Fragen, die bei einem Auswertungstreffen und in weiteren Prozessen aufkamen. Fragen, die wir uns zum Teil auch heute noch stellen. Das CoMo-Camp liegt nun fünf Jahre zurück und es ist sehr viel passiert (vorher, währenddessen und danach), viel mehr, als in diesen paar Zeilen sichtbar werden kann.

Was die organisatorisch-inhaltliche Form des Camps anbelangt, sollten die auf vorherigen Camps eingerichteten Barrios fortgeführt werden. Thematisch ausgerichtete Barrios wurden zum ersten Mal 2015 auf dem Klimacamp im Rheinland etabliert. Dabei ging es darum, zu verdeutlichen, dass die Klimakrise mit Themen wie Landwirtschaft und Ernährungssouveränität zusammenhängt, aber beispielsweise auch mit queerfeministischen, antirassistischen und anderen Kämpfen. Diese Zusammenhänge bestehen sowohl auf struktureller Ebene als auch innerhalb der eigenen Gruppen und Netzwerke. Mit den Barrios sollten also Orte auf dem Klimacamp entstehen, an denen die Verbindung verschiedener Herrschaftsverhältnisse und Unterdrückungsformen mit der Klimakrise diskutiert sowie Reflexionsorte und Safer Spaces* geschaffen werden. Diesen Gedanken wollten wir mit dem CoMo-Camp vertiefen und verstärkt Menschen aus verschiedenen Bewegungen zusammenbringen. Wir wollten zeigen, was Rassismus, Sexismus und

Am **8. August 2002** protestierten über 4.000 Frauen aus dem Nigerdelta nackt gegen Shell und Chevron, die ihre Versprechen nach den Blockaden vom Juli nicht umgesetzt hatten. Dabei wurde mindestens eine Frau von Shell-Mitarbeitern oder der Polizei getötet. Die Frauen weigerten sich, sich von der Stelle zu bewegen, bis die

Queerfeindlichkeit mit dem Klimathema zu tun haben – und umgekehrt.

Was die Umsetzung anbelangt, wurde das CoMo-Camp schließlich zu einem Camp auf dem Camp. Das heißt, dass wir einen eigenen Bereich auf dem Klimacamp 2017 im Rheinland einrichteten – mit Zirkuszelt, Workshop-Zelten und einem Zelt zum Abhängen. Es gab Plena, u.a. zur gemeinsamen Organisierung des Tages, Verteilung von Care-Aufgaben und zum Kennenlernen. Daran nahmen z.b. Delegierte von verschiedenen Gruppen und einzelne Interessierte teil, die zum CoMo-Camp anreisten. Und es nahmen auch Menschen teil, die eigentlich zum Klimacamp gekommen waren und mal reinschauen wollten. Es gab Vernetzungstreffen (FLINTA*, politisch aktiv auf dem Land u.v.m.), Workshops und sehr viel Open Space. Zudem entstanden verschiedene Safer Spaces, wobei diese nicht alle aus dem Orgakreis heraus initiiert wurden, sondern auch durch die Eigeninitiative von Menschen mit verschiedenen Diskriminierungserfahrungen.

Als Orga-Team des CoMo-Camps waren wir unterschiedlich intensiv in der Klimabewegung eingebunden. Manche hatten schon einige Klimacamps mitorganisiert, andere wiederum kamen eher aus anderen Kämpfen und sahen in der Idee des CoMo-Camps eine gute Möglichkeit, verschiedene Perspektiven zusammenzubringen.

Im Folgenden wollen wir ein paar Fragen und Aspekte, die uns im Orga-Prozess, auf dem Camp und auch danach begleitet und beschäftigt haben, aufführen. Ganz nach unserem CoMo-Camp-Orga-Motto: »Fragend scheitern wir voran«, einer selbstironisch abgewandelten Redewendung der Zapatistas, die wir ungefragt übernommen haben. Gescheitert sind wir auf vielen Ebenen, würden wir heute sagen, haben daraus aber auch vieles gelernt.

Einen Punkt, den wir hier reflektieren wollen, ist unsere Positionierung als Vorbereitungsgruppe. Wir waren, was z.B. Alter, körperliche Be_Hinderung und Rassismuserfahrung betrifft, eine relativ homogene und mit vielen Privilegien ausgestattete Gruppe. Dass wir eine *weiße* Orga-Gruppe waren, war am Rande des Vorbereitungsprozesses auch immer wieder Thema. Wir versuchten dies u.a. durch Aufrufe zu unseren Camp-Vorbereitungstreffen in vier verschiedenen (Kolonial-)Sprachen (deutsch, englisch, französisch und spanisch) zu ändern. Wir wollten hierdurch Personen erreichen, die nicht in der *weiß*-dominierten Klimabubble verortet sind. Aber, wie sich hier schon ahnen lässt, blieben wir ein *weißer* Orga-Kreis. Einzelne BIPoC, die zu Treffen kamen, blie-

Unternehmen ihre Versprechen wahrmachen würden, die Situation der Anwohner*innen zu verbessern.

Front Banner Ende Gelände 2017, BN: Herbert Sauerwein

ben allein und verließen die Gruppe dann schnell wieder. Daraus ergaben sich für uns folgende Fragen, die wir uns auch heute noch stellen: Warum denken wir immer, dass »andere« zu »unseren« Veranstaltungen kommen sollten? Warum gehen »wir« so selten auf Veranstaltungen, die nicht aus unserer eigenen »Bubble« organisiert werden? Gibt es einen Zusammenhang damit, wer oder was in welchen Kontexten wie viel Anerkennung erhält? Schließlich gibt es unzählige Veranstaltungen, die z.B. von Schwarzen Menschen und Menschen of Color organisiert werden, zu denen offen eingeladen wird.

Eine andere Frage ist, für wen ein Camp aus körperlichen Gründen überhaupt zugänglich ist? Und welche Rolle spielen dabei z.B. die Zugänglichkeit zu Toiletten, die Frage der Schlafmöglichkeiten und die Frage, ob es Ruhe- und Rückzugsräume gibt? Darüber hinaus stellt sich, abhängig von unterschiedlichen Lebensbedingungen, die Frage, wer sich

Am **3. November 2002** besetzten in São Paulo, Brasilien, Hunderte bisher Wohnungslose eine leerstehende ehemalige Textilfabrik im Stadtzentrum. Das Hochhaus trägt seitdem den Namen »Preste Maia« und bietet über 470 Familien ein Zuhause.

überhaupt so viele Tage am Stück Zeit nehmen kann? Im Nachhinein denken wir, dass es unglaublich schwer, aber auch okay gewesen wäre, den Orga-Prozess zu beenden und uns einzugestehen, dass wir eigentlich schon in der Vorbereitung an unserem selbst gesteckten Anspruch gescheitert sind. Wobei sich neue Fragen wie die folgenden ergeben: Wann und wo erachten wir es überhaupt als wichtig, Erfahrungs- und Austauschräume zu schaffen, um in kleinen Schritten weiterzukommen? Was erachten wir überhaupt als wichtig, um eine gesellschaftliche Veränderung herbeizuführen? Wie stark ist das, was wir als wichtig und relevant erachten, bereits von rassistischen, patriarchalen und neoliberalen Werten durchzogen? Was heißt für uns demzufolge überhaupt Erfolg? Und wie können wir mit all diesen Fragen handlungsfähig bleiben?

Es ist wahrscheinlich, dass wir auch immer wieder scheitern werden, aber daraus können wir lernen und auf der Grundlage dieser Erfahrungen weitermachen. Am allerwichtigsten scheint uns aber zu sein, dass wir bereit sind zuzuhören und immer wieder zuzuhören!

Viele Fragen. Viel gescheitert. Viel gelernt. Aber auch viel Positives ist passiert. So gehört zur Erzählung des CoMo-Camps auch das große FLINTA-Plenum. Bis dahin hatte es auf keinem der Klimacamps im Rheinland ein solch großes Vernetzungstreffen von FLINTAs gegeben. Zudem konnten auf dem Klimacamp unterschiedliche Diskriminierungserfahrungen stärker als Programmpunkte etabliert werden. In der Folge gab es beispielsweise auf dem Camp 2019 ein Programm mit dem Namen »CoRe: Connecting und Reflecting«, das verschiedene Workshops zu Themen wie Klassismus, *weiß*-sein*, trans* und Allyship* beinhaltete.

Ein weiterer Punkt, über den wir uns intensiv ausgetauscht haben, besteht in der Frage der Trennung zwischen Kämpfen. Wir kennen die Frage allzu gut: »Wo bist du denn organisiert?«, und die Antwort lautet: »In der Klimabewegung«, oder: »In queer-feministischen Zusammenhängen« usw. Aber warum bestehen überhaupt diese klaren Trennungen zwischen unseren Kämpfen, für wen bestehen sie und für wen funktionieren sie überhaupt? Warum ist es nicht selbstverständlich, dass wir alle Unterdrückungsformen zusammendenken, um eine gerechtere Welt für alle realistischer werden zu lassen? Allein der Name Connecting-Movements-Camp impliziert ja bereits eine bestehende Trennung von Bewegungen und Themen, obwohl diese für viele überhaupt nicht trennbar sind. Und trotzdem ist diese Trennung zugleich auch Realität. Es gibt deutlich mehr vereinzelte themenbezogene Kämpfe als eine

Gleichzeitig ist es ein (im wahrsten Sinne des Wortes) herausragendes Symbol für die sozialen Kämpfe in lateinamerikanischen Großstädten.

gemeinsame basisorganisierte linksradikale/anarchistische/intersektionale/machtkritische Bewegung.

Vor diesem Hintergrund kam auch immer wieder die Frage auf, ab welchem Punkt wir aufpassen müssen, dass wir nicht aufgrund unserer Selbstüberforderung in Hilflosigkeit verfallen. Weil wir immer Gefahr laufen, Menschen auszuschließen? Nein, damit wollen wir nicht sagen: »Sorry, ist halt so«. Wir verstehen es vielmehr als Einladung, immer weiter auszuprobieren, zu scheitern und dazuzulernen. Dabei geht es darum zu lernen, sich eingestehen zu können Fehler zu machen. Und wirklich bereit zu sein, daraus zu lernen. Um Veränderungen zu ermöglichen. Und nicht in Hilflosigkeit zu verfallen oder in Selbstmitleid zu verharren. Wie können wir statt einer Kultur der Angst und Konkurrenz, eine Kultur des Miteinanders und ehrlicher Solidarität schaffen? Also, wie können wir solidarische Kritik lernen? Kritische Freund*innen sein?

Wir sind sehr froh, die Organisierung des CoMo-Camp gewagt zu haben, allein der vielen Erfahrungen wegen, die wir dadurch machen konnten. Auch wenn die Auseinandersetzung mit Machtstrukturen im Prozess der Organisation und der Durchführung des Camps nicht einfach war, ist es doch unglaublich viel wert, diesen Weg gemeinsam gegangen zu sein. Dazu gehört auch Schwäche zu zeigen, Unwissenheit zuzulassen und lernen zu wollen. Und zugleich ist es wichtig Verantwortung zu übernehmen, und auch, sich mit eigenen Scham- und Abwehrmechanismen auseinanderzusetzen. Zuhören zu lernen, vor allem marginalisierten Menschen und Gruppen.

Es ist bereits viel erreicht worden, und gemeinsam werden wir noch viel mehr erreichen. Wir glauben daran, dass wir einen viel liebevolleren, einen gemeinschaftlichen Ort schaffen können, wenn wir lernen, dass es okay ist, Fehler zu machen, und dass wir noch so viel von Menschen lernen können und müssen. Lasst uns gemeinsam (ver-)lernen, zuhören, schwach sein, mutig sein, wütend sein!

Einige Menschen aus dem damaligen Orga-Kreis

Seit 2003 organisieren Bergleute und lokale Initiativen in der Region Agadez im Niger Streiks und Proteste gegen den Uranbergbau des französischen Atomkonzerns Areva, der die Anwohner*innen tödlichen Erkrankungen aussetzt. Auch die Touareg-

Mit tausend Betten Klima retten

Die COP23 in Bonn

Es war ein grauer regnerischer Montag im November 2017, wenige Tage vor dem Beginn des Klimagipfels COP23 in Bonn. Für das nächste Wochenende waren Proteste geplant: Eine Großdemo, eine Ende-Gelände-Blockade und ein fünftägiger offener Klimagipfel von unten – der People's Climate Summit, der von Menschen aus der Bewegung, der Klima-Allianz und verschiedenen Umweltverbänden organisiert wurde. Am Donnerstag und Freitag würden Tausende Menschen aus ganz Europa nach Bonn kommen. Sie hatten sich auf den Weg gemacht, weil wir sie eingeladen hatten. Sie vertrauten auf uns und unsere Logistik. Aber es gab keinen Ort, an dem sie schlafen konnten.

Das Camp in der Nähe des Tagebaus Hambach war nicht genehmigt worden, und nach langem formalem Hickhack mit Polizei und der Stadt Kerpen sah die Vorbereitungsgruppe keine Chance, das Camp durchzusetzen. Es gab eine Schlafplatzbörse, aber die hatte noch nicht viele Betten vermitteln können.

Seit Monaten verhandelten wir im Trägerkreis des People's Climate Summit mit der Stadt Bonn um Turnhallen für Gruppenunterkünfte. Endlich, nach zähem Ringen, waren eine Woche vor Beginn der Proteste die Verträge fertig, die uns Turnhallen für ca. 1.000 Menschen sichern würden. Es brauchte nur noch Vertragspartner*innen (mit einer gemeinnützigen Rechtsform). Doch dann fanden die beteiligten NGOs plötzlich heraus, dass sie die Verträge nicht unterzeichnen konnten, oder wollten (nur der BUND entschloss sich schließlich nach längerem Zögern, Verträge für drei Hallen abzuschließen). Die Auflagen seien zu kompliziert, das finanzielle Restrisiko zu hoch. Das war für uns unfassbar, so kurz

---

Nomad*innen wehren sich immer wieder teils militant gegen die Verseuchung der Landschaft und des Wassers, die ihre Lebensweise verunmöglicht.

Pacific Climate Warriors auf der COP23 in Bonn, BN: Herbert Sauerwein

bevor alles losgehen sollte. In der Situation sprang ein kleiner gemein-
nütziger Verein namens »Klima*Kollektiv« ein, den einige Freund*innen
und ich für unsere Bildungsarbeit gegründet hatten. Falls eine Turn-
halle tatsächlich explodieren sollte, war auf unserem Konto nicht viel
zu holen.

Irgendwie haben wir alles hingekriegt, und an besagtem Montag lag
tatsächlich der Ball wieder bei der Stadt. Wo alles seeeehr langsam noch
mal durch die bürokratischen Mühlen gedreht werden sollte.

Zwischendurch zerbrach ich mir den Kopf über die richtige Kommunikation mit den Aktivist*innen, die nach Informationen zu Unterkünften
fragten. Es gab Kritik an einer Formulierung bezüglich der Schlafplätze
im Ende-Gelände-Newsletter, die von mir stammte. Sie sei zu negativ,
würde die Menschen abschrecken, wir sollten doch mehr Zuversicht
verbreiten und nicht solche Krisenstimmung. Nachts lag ich wach und

Am **7. Januar 2004** besetzten 400 einheimische indigene Aufständische aus den
Gemeinschaften der Kao und Malifut auf der indonesischen Insel Halmahera die
Loguraci-Goldmine und stoppten die zerstörerische Produktion auf ihrem traditi-
onellen Gebiet.

stellte mir vor, dass wir Hunderte Menschen für die Aktion verloren hatten, weil ich den falschen Tonfall angeschlagen hatte. Aber war es nicht wichtig, dass die Leute wussten, worauf sie sich einlassen – darauf, dass sie sich auch selbst kümmern müssen, dass die Logistik möglicherweise improvisiert und rumpelig würde?

Parallel wurde die Online-Schlafplatzbörse angeschoben. Es gab eindringliche Mails über alle Verteiler und über Social Media, mit der Bitte, dass Menschen in Köln und Bonn ihre privaten Schlafgelegenheiten zur Verfügung stellten (Motto:»Mit tausend Betten Klima retten«). Unsere befreundeten Gruppen in Bonn wuchsen über sich hinaus. Sie fragten all ihre Kontakte an. Fanden ein Büro, in dem sechs Menschen schlafen konnten, die Probebühne eines kleinen Theaters, in der zwanzig unterkommen konnten, einen Garten, in dem gezeltet werden konnte. Eine irrsinnige Jonglage von Schlüsseln, Telefonnummern, Absprachen.

Am Dienstag kam per SMS eine Nachricht von einem städtischen Beamten, der offenbar Überstunden machte.»Geht alles klar.« Puh! 1.000 Schlafplätze waren gesichert. Ich weiß nicht wie, aber wir haben letztendlich 2.000 – 3.000 Menschen im Köln-Bonner Raum untergebracht. Am Ende waren sogar Schlafplätze übrig. Aber ist es nicht traurig, dass wir soviel politische Energie nur darein stecken müssen, dass Menschen irgendwo SCHLAFEN können?

Viele Gastgeber*innen und Gäste haben sehr begeistert über die Begegnungen berichtet. Die Diskussionen am Abendessenstisch haben zum Verständnis und Respekt für die Aktion zivilen Ungehorsams von Ende Gelände beigetragen.»Wir sind in den Wohnzimmern der Menschen angekommen«, hieß es in einer der Pressemitteilungen des Bündnisses. Der People's Climate Summit wurde begeistert angenommen, über 2.000 Menschen nahmen an dem für alle offenen und kostenlosen internationalen Programm teil. Unter den Gruppen, die Workshops anboten oder auf Podien sprachen, waren die Pacific Climate Warriors von den Fidschi-Inseln, die Southern African Rural Women's Assembly, die Fuerza de Mujeres Wayuu (Kolumbien), La Via Campesina, indigene Organisationen aus den USA, der Dachverband Lehm, Seawatch und natürlich»die üblichen« Umweltverbände, Klimagruppen und Gewerkschaften aus europäischen Ländern. Es gab doppelt so viele Workshop-Anmeldungen wie wir Räume und Slots an den fünf Konferenztagen hatten – die Auswahl war hart für uns. Wir merkten an den Reaktionen der – mit schweren Herzen – abgelehnten Referent*innen, wie wichtig und begehrt es war, während der Konferenz einen RAUM

Am **10. Februar 2004** waren zwei Inseln der Bahamas komplett ohne Strom, nachdem vier Strommasten mit einer Kettensäge gefällt worden waren, was den stundenlangen Ausfall zweier Kraftwerke nach sich zog. Dies traf nicht nur das Stromunternehmen der Bahamas, sondern auch die Tourismusindustrie auf den Inseln empfindlich.

zu haben, in dem sich Menschen treffen, vernetzen und gemeinsam organisieren können.

Der November 2017 wird mir in Erinnerung bleiben als die Zeit, in der sich für die Anti-Kohle-Bewegung der Wind drehte. Die Mischung aus Berichterstattung über den COP23, die Koalitionsverhandlungen in Berlin und den Protesten, die die riesigen deutschen Kohlegruben ins Licht der Weltöffentlichkeit zerrten, erzeugten einen Diskurs, in der ein schneller Kohleausstieg zum common sense wurde. Dass es vom kohlekritischen Diskurs bis zum real existierenden Kohleausstieg noch eine langer Weg ist, ist eine andere Geschichte und soll ein andermal erzählt werden.

*Eine Person aus dem Orgakreis des People's
Climate Summit und von Ende Gelände*

2004 begannen in Westtimor, Indonesien, Bergbauunternehmen Marmor abzubauen. Die betroffenen Wälder sind die Heimat des Mollo-Volkes und bergen eine besonders große Artenvielfalt. Die Mollo-Frauen organisierten sich zum Widerstand gegen den Bergbau und erreichten, dass 2010 die Minen geschlossen wurden. Mit

Kohlekraftwerke herunterfahren

We shut down!

15. November 2017. Seit geraumer Zeit liegen wir in einem kleinen Wäldchen mit Blick auf die Förderbandanlage des Braunkohlekraftwerks Weisweiler. Unsere gebündelte Aufmerksamkeit gilt einem Aktionshandy. Sobald die Nachricht kommt, dass die anderen Gruppen sich ebenfalls in Position befinden, legen wir los. Fast zeitgleich mit der Morgendämmerung erscheint die Info auf dem Display. Es ist soweit. Wir springen auf und sprinten auf das Betriebsgelände. Wir wollen dafür sorgen, dass das Kraftwerk stillsteht. Oder zumindest deutlich gedrosselt werden muss. Denn die Absurdität des fossilen Kapitalismus ist nur an wenigen Orten so greifbar, wie an einem der dreckigsten Braunkohlekraftwerke Deutschlands. Während die Klimakrise weltweit für verehrende Verwüstungen sorgt, gleiten in hypnotischer Gleichmäßigkeit die Förderbänder mit der Braunkohle an uns vorbei in Richtung Brennkammern. Zeit, etwas dagegen zu unternehmen.

Gipfeltreffen am Tagebau?

Für 2017 war Bonn zum Ort des Klimagipfels auserkoren worden. Für viele von uns war die Entscheidung, in unmittelbarer Nähe zu Europas größter CO_2-Quelle die UN-Klimakonferenz abzuhalten, nur der absurde Ausdruck ihrer ergebnislosen Debatten. Dass auf der Konferenz die Verbrennung von Kohle dann fast nicht zur Sprache kam, zeugte von ihrem äußerst entspannten Umgang mit der Katastrophe. Der sich u.a. in dem Irrglauben ausdrückt, nicht der Verbleib fossiler Brennstoffe im Boden, sondern ein möglichst ausgeklügelter Markt für CO_2-Emissionen, sei die Maßnahme der Stunde. Neoliberale Marktmechanismen sollen also das

---

den entstanden Netzwerken wollen sich die Mollo auch vor künftigen Angriffen auf ihr Territorium schützen.

Blockade Kraftwerk Weisweiler 2017,
BN: anonym

richten, was uns der Kapitalismus eingebrockt hat? Never stop a running system?

Aktive Schadensbegrenzung Sollte die UN-Klimakonferenz und der nur wenige Kilometer entfernte Ausstoß von über zehn Prozent der deutschen CO_2-Emissionen etwa als zwei voneinander losgelöste Ereignisse Bestand haben? Bestimmt nicht. Als klimabewegte Menschen sahen wir unsere Aufgabe darin, das fehlende Puzzleteil einzufügen. Am gleichen Tag als Angela Merkel auf der COP den Klimawandel in schönen Worten zur Schicksalsfrage der Menschheit erklärte, hatten wir bereits die Kohlezufuhr zum Kraftwerk unterbrochen. Die Bilanz unserer Blockade waren 26.000 Tonnen Kohle, die nicht verbrannt werden konnten. Das Kraftwerk hatte an diesem kalten Novembertag 26.000 Tonnen CO_2 weniger ausgestoßen. Das wiederum entspricht dem durchschnittlichen CO_2-Ausstoß von 2.400 Menschen in Deutschland oder 260.000 Menschen in Äthiopien in einem Jahr.

Doch von diesem erfreulichen Ergebnis wussten wir noch nichts, als wir kurz nach Beginn der Aktion ein Tripod auf zwei inzwischen ausgebremsten Förderbändern errichteten und einige von uns sich mit Lock-Ons auf der Anlage fixierten.

Zeitgleich kletterten an einer anderen Stelle auf dem Kraftwerksgelände unsere Freund*innen in zwei Kohlebagger, wodurch die gesamte Kohlezufuhr blockiert war. Die Kohleförderbänder sind die Lebensadern eines Kohlekraftwerks. Über sie wird von den Kohlebunkern die Kohle direkt zur Verbrennung ins Kraftwerk geleitet. Werden sie zum Stillstand gebracht, dauert es nicht lange, bis das Kraftwerk heruntergefahren werden muss.

Am **12. Januar 2004** setzten Bäuer*innen aus Tajra, Bolivien, verschiedene Ausrüstungsgegenstände der Bergbauunternehmen in Brand, deren Minen ihr Wasser vergiften. Als die Polizei dies zu verhindern suchte, griffen die Bäuer*innen die Polizei an und zerstörten Eisenbahnschienen und einen Polizeitransporter.

Mit der Aktion wollten wir aktiv in die Klimazerstörung eingreifen. Dabei sollte auch gezeigt werden, dass es nicht viele Menschen braucht, um einen messbaren Effekt zu erreichen. Natürlich hatten wir die Aktion gut vorbereitet, allerdings nichts getan, was besonders ausgefeilte Fähigkeiten erfordert hätte. Mit der Ortswahl wollten wir das Spielfeld für Aktionen auf die Kohleversorgung im Kraftwerk erweitern. Zudem wollten wir die internationale Medienpräsenz um die COP nutzen.

Kohlestrom für ganz viel Kohle

Festhalten lässt sich auch, dass entgegen den Mythen der RWE-Propagandamaschine, nirgendwo die Lichter ausgingen, als wir mit einem Nadelstich die Maschinerie fast komplett zum Stillstand brachten. In keinem Krankenhaus fielen die Röntgenapparate aus und in keinem behüteten Eigenheim flackerte die Deckenbeleuchtung. Und das, obwohl unsere Aktion an einem kalten, nebeligen Novembertag stattfand – in einer Zeit also, in der die Stromproduktion durch alternative Energieerzeugung wie Solaranlagen nicht gerade üppig gewesen sein dürfte. Nur ein wirtschaftliche Schaden war RWE entstanden. Den Strom, der ihnen durch die Aktion flöten gegangen war, hatten sie nämlich bereits auf dem Strommarkt verkauft. Dazu veranlasst hatte sie die unerschütterliche Gewissheit, dass trotz der Klimakrise die Kohle weiterhin brennt und brennt. Allerdings nicht an diesem Tag. Belehren wir sie also auch in Zukunft eines Besseren und sorgen dafür, dass die solide Verlässlichkeit, mit der dieser Planet an die Wand gefahren wird, ins Wanken gerät.

Jede technische Blockade hat ein Ende

Dank unserer Hilfsmittel konnten wir auch nach mehreren Stunden immer noch den Blockadepunkt halten. Auch wenn neben den RWE-Sicherheitskräften inzwischen eine große Zahl weiterer Personen eingetroffen war: Polizei, Werksfeuerwehr und Arbeiter*innen eines Gerüst-Unternehmens. Über unseren Köpfen kreiste ein Helikopter. Scheinbar hatte das Herunterfahren des Kraftwerks jede Menge Arbeitskapazität freigesetzt, sodass sich fast die gesamte RWE-Belegschaft am Blockadepunkt einfand.

Zum Glück kam der Einsatz eines Hebebühnen-Fahrzeugs zu unserer Räumung nicht in Betracht, weil die Zufahrtsstraße zu schmal dafür war. Stattdessen wurde um die Förderbänder ein Gerüst aufgebaut, um damit die Person, die im Tripod saß, zu erreichen. Dieses Unterfangen stellte sich jedoch als sehr zeitaufwendig heraus.

Am **15. Juli 2005** lieferten sich mehr als 10.000 Bewohner*innen der chinesischen Provinz Zhejiang stundenlange Schlachten mit der Polizei, die versuchte, die Blockade einer Fabrik des Pharmakonzerns Jingxin aufzulösen.

An einem der beiden parallel verlaufenden Förderbänder machten sich RWE-Arbeiter*innen nun an dem Metallträger, an dem eine Person mit einem V-Lock* angekettet war, zu schaffen. Das Lock-On ließen sie dabei links liegen und trennten direkt mit dem Winkelschneider den Metallträger des Förderbandes durch. Nach einem beeindruckenden Schauspiel, garniert mit Kühlflüssigkeit und Funkenregen, gelang es den Arbeiter*innen, die Person loszulösen.

Zwei Millionen Euro Schadensersatz? Portokasse?

Vom Aktionsort wurden die Beteiligten auf die Polizeiwache gebracht. Nach einer Nacht in der Zelle, kamen die letzten frei. Während wir uns vor der Gefangenensammelstelle glücklich in die Arme fielen und die winzige Atempause feierten, die wir dem Klima beschert hatten, gab es auch eine ganz andere Lesart der zurückliegenden Ereignisse. So rechnete RWE später auf, dass ihnen durch die Aktion mehr als zwei Millionen Euro Profit entgangen seien und forderte Schadensersatz von fünf Personen unserer Gruppe sowie einem Journalisten, der die Aktion vor Ort dokumentiert hatte. Die wenigen Stunden, in denen das Kraftwerk lahmgelegt worden war, bedeuteten also nicht nur 26.000 Tonnen CO_2 weniger für die Atmosphäre, sondern auch einen Millionenverlust für das Unternehmen RWE. Wenn da mal nicht sehr gut an der Klimazerstörung verdient wird. Die RWE, Europas größter Klimakiller, deren Kraftwerke weltweit Lebensgrundlagen zerstören, wollte also Millionen Euro von ein paar Aktivist*innen, die den von ihr tagtäglich angerichteten Schaden ein bisschen kleiner ausfallen ließen. Dabei kann davon ausgegangen werden, dass RWE nie wirklich die Hoffnung hegte, auch nur einen Bruchteil der geforderten Summe von den Beschuldigten zu erhalten. Sollte das Verfahren nach ihren Vorstellungen verlaufen, dürfte klar sein dass die Aktivist*innen zahlungsunfähig sein werden. Warum also der ganze Aufwand? Es geht um Einschüchterung. Offensichtlich wollen sie Menschen unbedingt davon abhalten, in Zukunft vergleichbare Aktionen zu machen.

Lebensversicherungen für widerständige Existenzen

Die Klage kam nicht gänzlich überraschend. Während der Vorbereitung der Aktion wurde dieses Szenario bereits in Betracht gezogen. Es gab bisher kaum Beispiele für die Drosselung von Kraftwerksblöcken durch eine so überschaubare Gruppe. Aber was würde es heißen, wenn RWE wirklich Erfolg haben sollte? Die Betroffenen wären dann gezwungen,

---

2005 und **2006** blockierten arktische Indigene der Nivkh, Uilta und Evenki immer wieder schwere Maschinen sowie Terminals und andere Anlagen von Shell auf der russischen Insel Sacchalin. Die Menschen wehrten sich damit gegen die Vergiftung ihrer Fischereigebiete und ihres Landes durch die häufigen Ölaustritte und gegen

eine Vermögensauskunft abzugeben. Das heißt, dass sie für 30 Jahre – danach werden die Schulden getilgt – nicht mehr als ca. 1.000 Euro im Monat verdienen dürfen. Außerdem kann die*der Gerichtvollzieher*in bei ihnen zu Hause vorbeikommen, um wertvolle Gegenstände zu pfänden.

Vielleicht vermutet die Leser*innenschaft dieses Buches ja bereits, dass die Angeklagten weder über ein monatliches Einkommen von über 1.000 Euro verfügen, noch wertvolles Eigentum vorzuweisen haben, das ihnen weggepfändet werden könnte. Es ist durchaus möglich, das Leben so einzurichten, dass RWE wirklich keinen Cent zu Gesicht bekommt. Und ein Berg Schulden kann Menschen auch davor bewahren, in eine Existenz ohne widerständigen Alltag und Aktivismus abzurutschen. Für viele also durchaus eine Überlegung wert. Dabei sollte allerdings nicht vergessen werden, dass derartige Gedanken aus einer privilegierten Position geäußert werden. Für Menschen, die aufgrund von Rassismus oder ihrer Klassenzugehörigkeit Schwierigkeiten haben, eine Wohnung zu finden, ist es vielleicht keine Option, sich dies durch einen Schufa-Eintrag noch schwerer zu machen. Nichtsdestotrotz ist »Von uns kriegt ihr nix!« eine kraftvolle Aussage, durch die die Einschüchterungsversuche durch RWE zurückgewiesen werden. Unsere Aktionen gegen die fossilen Industrien stehen in Solidarität mit den Betroffenen der Klimakatastrophe, den Millionen von Menschen, die jetzt schon unter der Zerstörung leiden, und den Hunderten von Millionen, die in den nächsten Jahrzehnten darunter leiden werden.

Leseempfehlung

Juristische Infos und praktische Tipps zum Leben mit Schulden gibt es in der Broschüre: Von uns kriegt ihr nix! – wie wir es schaffen nicht zahlen zu müssen (2019), unter: https://vonunsbekommtihrnix.blackblogs.org/

die Ignoranz der Behörden, von denen sie Schutz vor den Öl- und Gasunternehmen fordern.

// E X K U R S //
Die Spinnen, die Bullen, die Schweine
Einen Umgang mit der Staatsmacht finden

Dabei ist grad der Staat das größte Übel,
das alle Menschen seit Jahrhunderten versaut;
und jeder einzelne von uns ist nur ein Dübel,
in den der Staat den Nagel seiner Allmacht haut.
Georg Kreisler – wir sind alle Terroristen

Content Note:
Beschreibung von
Festnahme, Gewahr-
sam und erkennungs-
dienstlicher Behandlung
aus persönlicher
Perspektive]

Sicher kennen das einige: Die Nervosität nach erfolgreichen Aktionen wann immer Polizei in der Nähe ist, die Bilder von erlebter Gewalt, die durch den Kopf schießen, wenn ein Bullenauto vorbeifährt, und unruhige Nächte mit schweißtreibenden Träumen.

Immer wieder über die Jahre haben sie uns für unseren Ungehorsam bei Aktionen bestraft. Über den Boden geschleift, wenn wir nicht liefen, geschlagen oder die Hände mit Kabelbindern auf dem Rücken gefesselt ...

Es fühlt sich an wie in einer Zwickmühle
Bei Verhaftungen nach Aktionen steht man oft erst mal lange nebeneinander herum und langweilt sich die Beine in den Bauch. Gut bewacht von Cops, deren Kolleg*innen sehr wichtigen, langwierigen Papierkram erledigen müssen. Über das Nötigste hinausgehende Kommunikation mit Bullen ist selbstverständlich ein linksradikales No-Go. Das sind keine Freund*innen, egal wie nett sie wirken, und die Situation lässt eh keine Gespräche auf Augenhöhe zu.

Ab und zu breche ich die Regeln
Er war ungefähr mein Jahrgang, ähnlich groß wie ich und schien nicht böse zu sein. Es war ein nettes und unaufgeregtes Gespräch über dies und das, Sport, Arbeit, Protest – übliche Themen eben. Ich hatte das

Seit 2006 führen in Kenia Arbeiter*innen und Bäuer*innen Protestkampagnen gegen die zahlreichen Rechtsverletzungen der multinationalen Blumenzuchtunternehmen am Naivasha-See durch. Diese beuten für den europäischen Schnittblumenmarkt Arbeiter*innen aus, vertreiben die Massai und andere Bäuer*innen von ihrem

Gefühl, er verhielt sich mir gegenüber nach einer Weile recht freundlich (»Geh besser nochmal aufs Klo, das wird eine lange Fahrt«). Mir ist schon klar: Das war eine Festnahme und genau derselbe Mensch hatte mich anfangs noch sehr unfreundlich behandelt und laut zurechtgewiesen. In diesem Moment entspannte mich das Schnacken allerdings. Das Gespräch konnte meine negativen Erfahrungen mit der Polizei nicht ungeschehen machen – durch Plaudern alleine lösen sich strukturelle und praktische Gewalterfahrungen nicht auf. Aber meine Knie hörten auf zu zittern, das war in dem Moment viel wert.

In Erinnerung bleibt mir vor allem das Gefühl, aufgrund des Gesprächs etwas Dummes oder Verbotenes getan und dadurch unseren Kodex verletzt zu haben. Es ist halt nicht immer so einfach.

Nach der Festnahme fahren wir ein
Nach der Festnahme werden wir in die Gefangenensammelstelle (Gesa) gebracht. Fast immer bleibt unklar, wie lange wir dort bleiben müssen, wie lange wir der polizeilichen Willkür ausgesetzt sein werden, ob wir nach der Festnahme einer Haftrichterin vorgeführt und von ihr in Untersuchungshaft gesteckt werden, oder ob wir schon nach kurzer Zeit wieder gehen dürfen. Bereits vor der Aktion bin ich gestresst von der Vorstellung, wieder in der Gesa zu sitzen. Warum funktioniert Verdrängung eigentlich nicht besser? Ich habe verschiedene Gefangenensammelstellen von innen gesehen und gemischte Erfahrungen gemacht.

Dass die Cops mich beim Check-In in der Gesa häufiger schon ausziehen»mussten«, finde ich demütigend. Diesem psychologisch-strategischen Mittel, meinen Widerstand zu brechen, versuche ich mit der Verweigerung der Kooperation zu begegnen. Das macht die Situation auch für die Exekutivkräfte unangenehm. Meine große Hoffnung ist jedes Mal, in der Zelle wenigsten gut schlafen zu können. Das klappt aber leider nie. Selbst wenn ich sehr müde bin. Ich erwarte jederzeit, von fiesen Cops aus dem (Halb-)Schlaf gerissen zu werden. Denn früher oder später kommen sie immer.

Nächste Station:
Erkennungsdienstliche Behandlung* (ED-Behandlung)
Ein schlichtes Büro mit Schreibtisch und PC, dominiert von Waage, Metermaß, Spiegelreflexkamera sowie der Fingerabdruckstation. Man muss nicht kooperieren. Mich, als schweren Menschen, mögen die Polizist*innen nicht gerne von der Zelle zum ED-Raum tragen und dort von

---

Land, und schädigen die Gesundheit der Bevölkerung und die Artenvielfalt des Sees durch massiven Einsatz von Pestiziden und Düngemitteln.

Polizist greift Aktivist*innen von Ende Gelände an. 2017, BN: Tim Wagner

Station zu Station schleifen. Mir sind die Schmerzen verdrehter Handgelenke gut in Erinnerung. Seitdem laufe ich. Ich schneide bei den Bildern immer Grimassen. Ob es hilft? Einmal wurde der Cop, der mich während der ED-Behandlung im Schmerzgriff festhielt, angefahren, er solle irgendwas machen, damit ich normal in die Kamera schaue. Grimassen scheinen also zu helfen. Gruselig, die Nicht-Kooperation mit körperlichen Schmerzen quittiert zu bekommen. Ich habe zwar keine guten Erfahrungen in der Gesa gemacht – aber meistens war das Schlimmste, der Film in meinem Kopf vor der Aktion.

Und schließlich: Die lang ersehnten Heißgetränke nach der kalten Gesa-Zelle
Es sind vor allem die freundlichen Gesichter draußen, vor der Bullenwache, die soo gut tun. Feste Umarmungen, was Süßes und: Heißge-

Am **18. Februar 2006** stürmten bewaffnete Kämpfer*innen des neu gegründeten MEND (Movement for the Emancipation of the Niger Delta) an der Escravos-Küste in Nigeria das Forcados-Ölverladeterminal, verbrannten Tanklaster und sprengten Pipelines und eine Ladeplattform in die Luft. In den folgenden Jahren trat MEND

tränke! Oder Bier. Und dann weg, an einen schöneren Ort, oder warten auf die nächsten, die freigelassen werden. Für mich ist es von unschätzbarem Wert, von den lieben Menschen des Gea-Supports nach dem ganzen erniedrigenden Theater empfangen zu werden, draußen vor der Polizeiwache. Denn irgendwann entlassen sie einen wieder in die Freiheit – sofern die nächste Station nicht U-Haft heißt.

Repression ist großer Mist und soll uns ruhigstellen

Gut ist es natürlich, eine liebe Bezugsgruppe zu haben, mit der man im Zweifel auch gemeinsam die Repression bekämpfen und sich Sorgen und Ängste teilen kann. Wichtig ist es, sich Räume für emotional-körperliche Aufarbeitungs- und Austauschrunden zu schaffen. Vielleicht ist das ja auch genau eine Aufgabe für feste Polit- und Bezugsgruppen? Viele von uns führen durch ihren politischen Aktivismus ein ziemlich aufregendes Leben. Wir sollten im Hinterkopf behalten, wie wichtig es ist, immer wieder füreinander da zu sein und gemeinsam dieses Leben zu bestreiten. Denn: »Allein machen sie dich ein!« (Ton, Steine, Scherben , 1972).

---

immer wieder mit Guerilla-Aktionen gegen die ausländischen Ölkonzerne, die das Nigerdelta zerstören, in Erscheinung.

Den Spieß umdrehen
Der Weisweiler-Prozess

Das Gericht sollte nicht in dem Irrglauben gelassen werden, die Menschen im Saal stünden auf, um ihren Respekt vor dem Richter*innenamt zum Ausdruck zu bringen. »Aufstehen fürs Klima«, stand auf den T-Shirts der Anklagten und Zuschauer*innen. Ende 2018 begann der Strafprozess um die Blockade des Kraftwerks Weisweiler. Die Staatsanwaltschaft Aachen wollte die fünf Angeklagten wegen Hausfriedensbruch, Störung öffentlicher Betriebe und Widerstand gegen Vollstreckungsbeamte belangen. Eigentlich nicht mehr als das juristische Standardprogramm zur Schikanierung von Aktivist*innen, und nichts, was die bundesweite Presselandschaft normalerweise aufhorchen lassen würde.

Doch wir, die Angeklagten, hatten öffentlich gemacht, dass wir außerdem von RWE auf zwei Millionen Euro Schadensersatz verklagt werden, für das fast vollständige Herunterfahren eines der größten Kraftwerke Deutschlands. Und so fanden sich Vertreter*innen praktisch aller deutschen Leitmedien in dem winzigen, größten Saal des Amtsgerichts von Eschweiler ein. Wir hatten nach der Aktion unsere Personalien nicht angegeben, aber da nun einmal ein paar von uns identifiziert worden waren, wollten wir die Gelegenheit und die mediale Aufmerksamkeit nutzen, um RWE öffentlich wegen der weltweiten Zerstörung von Lebensgrundlagen anzuklagen.

Den vom Gericht vorgesehenen Ablauf wollten wir so nicht hinnehmen und stattdessen im Prozess Fragen stellen, wie z.B.: »Müssen wirklich diejenigen bestraft werden, die durch ihre Aktion einen kleinen Teil des Schadens verhindert haben, den der fossile Dinosaurier RWE jeden Tag anrichtet?«, oder: »Ist das Profitinteresse eines Konzerns höher zu

Am **3. und 4. Mai 2006** eskalierten die Proteste gegen den Bau eines Flughafens in San Salvador Atenco, Mexico. Bewohner*innen von Atenco blockierten die Autobahn. Hunderte Staatspolizist*innen versuchten mehrfach erfolglos, die Blockade zu

werten als das Wohlergehen von Millionen Menschen, die bereits jetzt vom Klimawandel betroffen sind?«

Handlungen, die eigentlich strafbar sind, jedoch begangen werden, um größeren Schaden zu verhindern, müssen nach §34 StGB (»Rechtfertigender Notstand«) straffrei bleiben. Darauf beriefen wir uns und formulierten über hundert Seiten Beweisanträge. Als Beweismittel sollten vor allem die Aussagen von Expert*innen dienen: Seuri Sanare Lukumay wollte als betroffener Zeuge über die Auswirkungen des Klimawandels auf seine Familie in Tansania berichten. Außerdem waren vier sachverständige Wissenschaftler*innen geladen: Ein Klimaforscher, eine Meteorologin, ein Kinderarzt für Atemwegserkrankungen und ein Professor für Ethik.

Alle fünf waren beim ersten Prozesstag anwesend und hätten vernommen werden müssen, das Gericht lehnte dies jedoch zunächst ab. Das war eine herbe Enttäuschung, denn am zweiten Prozesstag, als die Vernehmung der Expert*innnen schließlich bewilligt wurde, waren nur noch zwei von ihnen vor Ort. Die wichtigsten Fakten, die die Expert*innen präsentieren wollten, hatten wir allerdings schon beim Stellen der Beweisanträge eingebracht: Dass der Klimawandel Menschen in ihren Persönlichkeitsrechten verletzt, dass das Kraftwerk Weisweiler ursächlich zum Klimawandel beiträgt und außerdem durch die Schadstoffbelastung der Luft Menschen unmittelbar krank macht und tötet.

In der Theorie ist das ein mustergültiges Beispiel für rechtfertigenden Notstand: Der Betrieb des Kraftwerks tötet Menschen, es wird blockiert, die Blockade verhindert, dass das Kraftwerk weiterläuft und weiter Menschen tötet (dass das Kraftwerk danach wieder hochgefahren wurde, war schließlich nicht unsere Schuld). Das Problem ist nur, dass dieser Paragraph Nr. 34 in der kapitalistischen Justiz so gut wie immer ignoriert wird, weil seine Anwendung praktisch jede Strafverfolgung von emanzipatorischem Aktivismus unmöglich machen würde. So auch in diesem Prozess: Die von uns eingebrachten Beweisanträge wurden vom Richter mit einer knappen Begründung abgetan und die Beweismittel wurden nicht gewürdigt. Zu den meisten Sachverhalten, die bewiesen werden sollten, wie z.B. der Existenz von Kipppunkten im Klimasystem, sagte der Richter nur, dass diese für das Verfahren unerheblich, da offenkundig(!) seien. Auch gestand das Gericht ein, dass es durch den Klimawandel vermehrt zu Todesfällen kommt. Wenn jedoch der Klimawandel offenkundig ist und die Kohleverbrennung diesen massiv vorantreibt, wäre es dann nicht konsequent, hier den rechtfertigenden

---

beenden. Als sie die Bundespolizei hinzuzogen, tötete diese zwei Demonstrant*innen und verübte sexualisierte Gewalt an Dutzenden Gefangenen.

Notstand anzuerkennen? Zu diesem logischen Schritt konnte sich das Gericht nicht durchringen.

Das war natürlich alles andere als unerwartet, und so richtete sich die Argumentation auch in erster Linie an die Öffentlichkeit. Wir hatten im Prozess die Möglichkeit, einem außergewöhnlich großen Publikum von Zeitungslesenden zu erklären, warum Menschen sich mitten in der Nacht an riesige, furchterregende Maschinen ketten und in Kauf nehmen, sich mit Millionenklagen herumschlagen zu müssen.

Natürlich wurde auch die Wahl der Protestform thematisiert. Die Staatsanwältin belehrte uns, dass wir ja alle Möglichkeiten hätten, uns legal einzubringen, um politische Forderungen zu stellen. Ein Klassiker, den Aktivist*innen immer wieder zu hören bekommen. Die passende Antwort darauf gab ausgerechnet ein RWE-Zeuge. Auf unsere Frage, ob das Kraftwerk am betreffenden Tag auch heruntergefahren worden wäre, wenn wir statt der Blockade eine Demo veranstaltet, einen Brief, ein Buch oder eine Petition geschrieben hätten oder irgendeine andere legale Form des Protestes gewählt hätten, antwortete er ausnahmslos mit Nein. Obwohl das Gericht den rechtfertigenden Notstand erwartungsgemäß nicht anerkennen wollte, endete der Prozess relativ erfreulich mit Freisprüchen in zwei von drei Anklagepunkten. Wir wurden nur wegen Widerstands zu eher geringen Geldstrafen verurteilt. Der Prozess wird irgendwann weitergehen, weil beide Seiten Berufung eingelegt haben, das Gericht scheint sich damit aber Zeit zu lassen. Erst nach Ende des Strafprozesses wird der Zivilprozess um die Zwei-Millionen-Forderung beginnen. Ob RWE immer noch der Meinung ist, dass es eine gute Idee war, uns mit der Klage eine weit größere Bühne zu bieten als die Aktion selbst es konnte, wissen wir nicht. Der Konzern stand den Medien nach dem Strafprozess nicht für Kommentare zur Verfügung.

Gerichte halten sich nur dann an ihre eigenen Regeln, wenn es ihnen in den Kram passt. Besonders bitter zeigte sich dies in der Ablehnung des Zeugen Seuri Sanare Lukumay. Ohne überhaupt über dessen Hintergrund im Bilde zu sein, beschloss der Richter, dass seine Aussage nicht geeignet sei, um die Verantwortung Deutschlands am Klimawandel darzustellen. Die Ignoranz des Gerichts ist beispielhaft dafür, wer die Möglichkeit bekommt, seine*ihre Perspektive zu schildern, und wer nicht. Dass ausgerechnet die Stimmen der vom Klimawandel am meisten Betroffenen nicht gehört werden, ist nichts Neues und ein Ausdruck der nach wie vor kolonialen Verhältnisse.

Seitdem **2006** in Pakistan die Pläne für das Diamer-Basha-Staudammprojekts am Indus öffentlich wurden, gab es Proteste der lokalen Bevölkerung gegen die Vertreibung und die Überflutung von fruchtbarem Land in der ökologisch sensiblen Region.

Hätte Seuri Sanare Lukumay an diesem Tag aussagen können, hätte sehr wohl die Relevanz für den Prozess aufgezeigt werden können. Für viele Menschen ist die Klimakatastrophe kein weit entferntes Zukunftsszenario, sondern schon heute Alltag. So auch in Tansania. Seuri Sanare Lukumay hätte berichtet, wie seine Familie und andere Massai aufgrund der zunehmenden Dürre nicht mehr in der Lage waren, in ihrem Heimatort Viehzucht zu betreiben. Wie nach und nach die Rinder und Ziegen nicht mehr versorgt werden konnten und starben. Wie die Familie zuletzt die Entscheidung treffen musste, ihr Zuhause zu verlassen. Die Geschichte seiner Familie ist die der Klima(Binnen-)migrant*innen. Eine Geschichte, die in ähnlicher Form alltäglich ist. Dass eine direkte Verbindung zwischen diesen Geschichten und der Verbrennung von Braunkohle in Deutschland besteht, ist vor allem eins: Offenkundig.

Leseempfehlung

Mehr Infos zum Prozess und zur Blockade gibt es in der Broschüre: We don't shut up, we shut down! – Erfahrungen und Gedanken rund um eine Kraftwerksblockade (2020), unter wedontshutup.org

---

Es folgten jahrelange Sitzstreiks, Straßenblockaden und Demonstrationen gegen den Damm.

//EXKURS//
»Warum machen wir es nicht einfach kaputt?«
Selbstauslieferung in Aktionen

Content Note:
Erwähnung
von Rassismus,
Polizeigewalt, Tod
von Umweltakti-
vist*innen

Direkte Aktionen der Klimabewegung sind oft Blockadeaktionen, in denen wir unsere Körper als Blockademittel benutzen, um in den reibungslosen Ablauf der zerstörerischen Industrien einzugreifen und sie im besten Fall zum Stillstand zu zwingen. Dieser »Zwang« funktioniert aber nur innerhalb bestimmter gesellschaftlicher Rahmenbedingungen:

Nur wenn es ein hohes öffentliches Interesse an unserem Leben und unserer Gesundheit gibt, sehen sich die Betreiber*innen der Industrieanlagen in der Pflicht, Züge, Schiffe, Förderbänder usw. nicht einfach weiterfahren zu lassen und Verletzungen oder gar den Tod von Aktivist*innen als »selbstverschuldeten Unfall« in Kauf zu nehmen.

Diese »Selbstauslieferungstaktik« ist eine Aktionsform, die von manchen Aktivist*innen zu recht kritisiert wird, und zwar aus mehreren Gründen:

Erstens ist das bewusste Inkaufnehmen und »Einplanen« von Repression nicht allen Menschen und nicht überall möglich. So zählte eine NGO allein 2020 weltweit mindestens 227 Morde an Umweltaktivist*innen. Und auch in Deutschland drohen Menschen mit unsicherem Aufenthaltsstatus, ohne festen Wohnsitz oder ohne deutsche Sprachkenntnisse schwerwiegendere Konsequenzen als Aktivist*innen aus der *weißen* Mittelschicht, von denen diese Aktionsformen oft gewählt werden.

Zweitens lassen sich Aktionen mit Selbstauslieferungscharakter unter Umständen so missverstehen, dass den staatlichen Akteur*innen ein Stück weit Legitimität zugebilligt wird, weil darauf vertraut wird, dass Züge nicht einfach weiterfahren und die Cops zumindest in den

Im **Juli 2007** begann in den USA ein Prozess gegen das Kohleunternehmen Drummond. Zeug*innen aus Cesar, Kolumbien berichteten, dass Drummond Gewerkschafter*innen und Betroffenen des Kohleabbaus ermorden ließ.

meisten Fällen versuchen werden, die Aktivist*innen unverletzt aus ihren Lock-Ons herauszuholen.

Drittens zeigt sich leider auch immer wieder, dass das öffentliche Interesse an unserer Gesundheit oft doch nicht so groß ist, wie wir hoffen, vor allem wenn die Gefährdung von Polizist*innen ausgeht. Nicht nur die gewalttätigen und teilweise lebensgefährlichen Räumungen der Polizei im Danni werfen die Frage auf, ob wir es weiterhin verantworten können, Aktionen zu propagieren, die ein Mindestmaß an verantwortungsvollem Handeln der Bullen voraussetzen. Diese Frage muss natürlich auch im Zusammenhang mit zukünftigen Polizeitaktiken diskutiert werden. Führt die vermehrte Berichterstattung über Polizeibrutalität und rassistische Strukturen bis hin zu Neonazi-Netzwerken innerhalb der Polizei zu größerer Vorsicht bei kommenden Räumungen, oder wird sie nach dem Motto, »Ist der Ruf erst ruiniert ...«, noch brutaler einschreiten?

Für eine politische Bewertung der Polizei ist es nachrangig, wie sich die jeweiligen Bullen im persönlichen Kontakt verhalten, da sich jede*r von ihnen grundsätzlich dafür entschieden hat, Befehlen zu gehorchen, also auch Menschen abzuschieben, rassistisch zu kontrollieren und mit Gewalt ein System aufrechtzuerhalten, das die Vernichtung unserer Lebensgrundlagen vorantreibt. Für die Wahl unserer Aktionsformen ist das Verhalten der Polizei gegenüber Aktivist*innen jedoch von erheblicher Relevanz, gerade bei technischen Blockaden oder bei Höheninterventionen*.

Aber zurück zur politischen Botschaft, die wir mit technischen Blockaden transportieren: Wir plädieren damit für effektive Blockaden an Orten, an denen sie den Fortgang der Arbeiten bzw. den Weiterbetrieb der Anlagen auch wirklich stören, und ebenso dafür, Blockaden nicht von unserer Seite aus abzubrechen. Zum Beispiel dann, wenn die Presse vor Ort war und ihre Texte und Fotos im Kasten hat. Die Blockaden drücken somit eine unversöhnliche und kompromisslose Haltung gegen die Zerstörungen aus.

Derzeit scheinen uns solche Blockaden sehr effektive Aktionsformen zu sein, um sowohl im technischen Sinne wirksam zu sein als auch für größere Teile der interessierten Öffentlichkeit nachvollziehbare Botschaften zu vermitteln.

Gleichzeitig haben wir mit der Personalienverweigerung eine etablierte aktivistische Praxis, die über den praktischen Nutzen (Verminderung der juristischen Repressionen) hinaus hochpolitisch ist: Wir

Seit 2007 protestieren die nubischen Anwohner*innen des Nils im Sudan gegen die Pläne, den Kajbar-Damm und damit einen 110 km² großen Stausee zu bauen. Dieser würde 90 Dörfer überfluten und 10.000 Menschen vertreiben. Polizeikräfte töteten vier Nubier*innen und verletzten weitere. Die Anwohner*innen sehen das Projekt als

Warnhinweis im Danni 2020, BN: Fotograf*in unbekannt

verweigern damit den Repressionsbehörden die wichtigste Form der Kooperation, die sie von uns verlangen, und sprechen ihnen damit auch die Autorität ab, unser Handeln straf- oder ordnungsrechtlich zu bewerten.

Auch hier bleibt allerdings der Widerspruch bestehen, dass die Verweigerung der Personalien für Einzelne unterschiedlich leicht ist: Bullen diskriminieren Menschen bekanntermaßen anhand von rassistischen und anderen Kategorien. Entsprechend stellt sich die Frage, wie viel oder wenig eine Person mit der Polizei kooperieren will für Menschen sehr viel dringender, je mehr sie ohnehin befürchten müssen, Polizeigewalt zu erfahren.

Die Frage, warum Menschen sich den Behörden und ihren Repressalien ausliefern sollten, anstatt zu sabotieren und dann abzuhauen, lässt sich letztendlich nur individuell beantworten. Will ich mit einer Blockadeaktion Gewahrsam und möglicherweise Folgerepression mit vergleichsweise geringfügigen Strafvorwürfen in Kauf nehmen, oder für Sabotage ein sehr viel höheres Repressionslevel riskieren, dafür aber mit einer guten Chance, nie ermittelt zu werden? Es kann entlastend

---

eine Form der ethnischen Säuberung, die ihre Sprache und Kultur gefährdet. Der Staudamm ist bis heute nicht fertiggestellt.

sein, wenn recht klar vorhersehbar ist, was nach einer Aktion passieren wird, wie etwa Gefangenensammelstelle, ED-Behandlung, nervige Post usw. Auf der anderen Seite liefert man der Polizei damit Daten und verbaut sich evtl. die Option auf spätere militante Aktionsformen.

Gleichgültig wie ihr diese Fragen für euch beantwortet: Bleibt (oder werdet) widerständig, und versucht so viel wie möglich nach euren eigenen Regeln zu spielen! Für selbstbestimmte soziale Bewegungen mit vielen verschiedenen Aktionen und Aktionsformen!

Im **September 2007** entzogen die ugandischen Behörden dem Zucker-Unternehmen SCOUL die Genehmigung zur Rodung von 7.100 Hektar im Mabira-Wald. In diesem leben 30 % aller in Uganda vorkommenden Vogelarten. Vorausgegangen waren die

»Kommt Zeit, kommt Rat, kommt Farbanschlag!«
Sabotageaktionen

Der destruktive Charakter sieht nichts Dauerndes. Aber eben darum sieht er überall Wege. [...] Weil er aber überall einen Weg sieht, hat er auch überall aus dem Weg zu räumen. Nicht immer mit roher Gewalt, bisweilen mit veredelter. [...] Das Bestehende legt er in Trümmer, nicht um der Trümmer, sondern um des Weges willen, der sich durch sie hindurchzieht.
Walter Benjamin

Am 24. April 2016 kam es zur bislang größten Sabotageaktion gegen den Braunkohleabbau in Deutschland. Der Tagebau Hambach wurde durch einen Kabelbrand für fast drei Tage lahmgelegt. Ein Drittel der Anlage konnte RWE nach 36 Stunden wieder notdürftig in Betrieb nehmen. Die anderen Bagger, Absetzer und Förderbänder standen weiterhin still. In einem Bekenner*innen-Schreiben ließen uns die Aktivist*innen wissen: »Um eine gesicherte Wirkung auf möglichst viele Kabel zu erzielen, haben wir eine enorme Menge Benzin unter den Kabeln platziert und entzündet«.[1] Sie betonten, dass keine Gebäude in der Nähe waren, auf die das Feuer hätte überspringen können, und ihre Aktion damit keine Menschen gefährdet hat.

Außerdem wiesen sie die Annahme zurück, so eine Aktion könne nur von einem auserwählten Expert*innen-Kreis durchgeführt werden. »Wir haben mit unserer Aktion den Beweis geliefert, dass kluge und sorgfältige Militanz, bei moderater und vertretbarer Eigengefährdung, den RWE-Normalbetrieb beenden kann. Unsere Aktion hätte von jeder beliebigen Kleingruppe gemacht werden können. Es waren dafür keine besonderen Fähigkeiten, Kenntnisse oder Zugänge nötig. Alle notwendigen Informationen sind öffentlich verfügbar.«

Es kann nur vermutet werden, welch elektrisierendes Gefühl der Anblick hervorgerufen haben muss, der sich den Saboteur*innen bot: »Die verschiedenen Blackouts waren begleitet von hellen, durch die gesamte Grube sichtbaren Blitzen«, teilten sie uns in dem Schreiben mit.

Die Aktion stellte hinsichtlich ihrer Effektivität alle bisherigen Umtriebe im Braunkohlerevier in den Schatten. Eine vermutlich sehr

Gründung der Kampagne »Save Mabira« durch zivilgesellschaftliche Gruppen und zahlreiche Demonstrationen, bei denen drei Menschen gewaltsam starben.

überschaubare Anzahl an Menschen und etwas Benzin hatten für einen mehrtägigen Totalausfall des Tagebaus gesorgt. Ganz abgesehen von dem finanziellen Schaden, der RWE durch die verbrannte Infrastruktur entstanden sein dürfte, konnten sie ihr Zerstörungswerk in diesem Teil des Reviers mehrere Tage lang nur eingeschränkt ausüben.

Distanz wahren und sich Distanzierung sparen

Auch was im Nachklang der Aktion geschah, war durchaus bemerkenswert. Dass die bürgerliche Presse den Vorfall nicht gutheißen würde, überrascht kaum. Bei einer wohlwollenden Berichterstattung hätte sich die Aktionsgruppe vermutlich die Frage stellen müssen, ob ihre Aktion wirkungslos geblieben war. Denn auch, wenn es durchaus Mittel und Wege gibt, Botschaften der Bewegung in den Medien zu platzieren, fühlen sich diese dem Status quo der bürgerlich-kapitalistischen Gesellschaft bis auf Weiteres verpflichtet.

Dementsprechend wurden die üblichen Schmähartikel publiziert – der Aktionsgruppe wurde abgesprochen, mit ihrem Handeln einen Beitrag zur Veränderung leisten zu wollen. Stattdessen gehe es ausschließlich um das Ausleben von Zerstörungswut. In der medialen Darstellung wird uns immer wieder ein schiefes Bild präsentiert: Der friedvolle Betrieb eines Tagebaus wird durch eine Gewalthandlung gestört. Wir wissen jedoch, dass es sich genau andersherum verhält. Die reine Existenz eines Tagebaus ist Ausdruck von struktureller Gewalt und Verrohung. Eine Gesellschaft, in der trotz besseren Wissens weiter Kohle verbrannt wird, während sich in anderen Teilen der Welt die Lebensbedingungen durch die Klimakrise massiv verschlechtern, hat diese Gewalt tief verinnerlicht. Zielgerichtete Sabotageakte können diese Friedhofsruhe stören. Überraschenderweise wurden aber auch, wie z.b. auf dem Hambi-Blog, Stimmen aus der eigenen Bewegung laut, die den Kabelbrand nicht nur verurteilten, sondern sogar eine »False-flag-Aktion« dahinter vermuteten:

Ein Blog-Beitrag präsentierte die waghalsige These, dass RWE nahestehende Akteur*innen gezündelt haben könnten, um den Widerstand gegen die Braunkohle zu delegitimieren. Glücklicherweise wurden in den folgenden Tagen auch andere Stimmen aus der Bewegung laut, und das oben zitierte Bekenner*innen-Schreiben voller guter Gründe für eine derartige Aktion tauchte auf. Es leuchtet ein, dass sich nicht alle Akteur*innen der Klimabewegung positiv auf Sabotageaktionen beziehen wollen. Aktionen, die einen direkten Angriff auf das »Eigentum«

Am **14. Januar 2008** demonstrierten im Kongo Tausende Menschen gegen den Tagebau Tenke Fungurume, eine der größten Kupferminen des Landes und gleichzeitig eine der größten Kobaltminen der Welt. Ein Lastwagen der Mine wurde in Brand gesetzt und

darstellen, liegen nicht in ihrem politischen Interesse oder werden aus strategischen Überlegungen abgelehnt. Somit werden solche Aktionen auch gemischte Reaktionen hervorrufen.

Fast unvermeidlich wird es dabei zu bewegungsinternen Spannungen und Konflikten kommen. Aber heißt das, es sollte um der Harmonie willen auf Sabotage verzichtet werden? Im Gegenteil, solche Aktionen können fruchtbare Diskussionen anstoßen und den Handlungsspielraum der gesamten Bewegung erweitern. So sind öffentliche Distanzierungen durch die zahlreichen Diskussionen im Nachhall von Aktionen in weiten Teilen der Bewegung nicht mehr en vogue. Viele Akteur*innen schweigen nach außen zu Aktionen, die nicht vom eigenen Aktionskonsens/ Aktionsbild gedeckt sind.

Statt über das zu sprechen, was andere getan haben, liegt der Fokus der Öffentlichkeitsarbeit bei den eigenen Aktionen (»Warum andere sich für diese Aktionsform entschieden haben, wissen wir nicht, bei unserer Aktion ging es allerdings um...«). Was aber nicht heißt, dass eine bewegungsinterne kritische Diskussion über die Sinnhaftigkeit verschiedener Strategien und Aktionsformen ausbleiben sollte.

Ziele von Sabotage

Besteht Hoffnung, dass der gesellschaftliche Rückhalt für Sabotage, sei es in Form von stiller Übereinkunft oder als offene Zustimmung, zunehmen wird? Die Unfähigkeit der kapitalistischen Staaten, der ökologischen Katastrophe angemessen zu begegnen, wird immer offensichtlicher. Es dämmert immer mehr Menschen, dass eine kapitalistisch zugerichtete Gesellschaft keine Antworten auf die Klimakrise finden kann, da sie selbst deren Auslöser ist.

Während die Katastrophe eskaliert, wird unter der schützenden Hand des Staates immer weiter fossile Infrastruktur auf den Weg gebracht. Neugebaute Industrieanlagen müssen zuerst einige Jahre lang erfolgreich laufen, bevor sie Profit abwerfen und sich die anfängliche Investition lohnt. Die Betreiber*innen werden sich also mit Händen und Füßen dagegen wehren, dass ein Kohlekraftwerk, eine Gaspipeline oder etwas vergleichbares frühzeitig wieder abgeschaltet wird. Auch nachdem die Kosten eingespielt sind, lässt sich noch nicht auf eine Abschaltung hoffen, denn ab diesem Zeitpunkt sprudeln die Gewinne.[2]

Natürlich lässt Sabotage allein kaum jemals irgendwelche Industrien dauerhaft verschwinden, aber sie kann den Profiteur*innen der Klimakrise verdeutlichen: »Wir sind ein Faktor, mit dem ihr rechnen müsst«.

---

das Lagerhaus geplündert. Die Mine (damals im Besitz u.a. des US-Konzerns Freeport) ist Schauplatz grausamer Menschenrechtsverletzungen und Umweltzerstörungen.

Ausgebrannt: RWE-Fahrzeug an der Hambacher Tagebaukannte 2016,
BN: Pay Numrich

Auch die Kosten, die durch Sabotageaktionen für Unternehmen entstehen, sind nicht zu unterschätzen, ebenso wie die Angst vor einem
Imageverlust. Und nicht zuletzt sind gute Sabotageaktionen ein herausragendes Zeichen für die gesamte Klimagerechtigkeitsbewegung, dass
wir selbst unmittelbar zerstörerische Industrien (zeitweise) stoppen und
nachhaltig stören können.

Es geht zudem darum, der öffentlichen Empörung durch einen Regelbruch Ausdruck zu verleihen. Auch wenn Sabotageaktionen sicherlich
niemals von allen Aktivist*innen befürwortet werden dürfen, ist es
strategisch klug, dort anzusetzen, wo sich die Wut entzündet.

Aber ebenso geht es um das eigene Empowerment: Wie oft fühlen
wir uns hilflos angesichts der Ignoranz der Mächtigen, die das Ende
der menschlichen Zivilisation billigend in Kauf nehmen? Ohnmachtsgefühle und individuelle Wut lassen sich in einer kollektiven Aktion

Am **23. Dezember 2008** kam es zu einem lokalen Aufstand der Einwohner*innen
von Kedougou, Senegal. Die Unzufriedenheit entlud sich über die industrielle Ausbeutung der Goldvorkommen durch ausländische Konzerne, die Verklappung von
Schwermetallen und anderen giftigen Abfällen und die Reduzierung der Ackerflächen,

kanalisieren. Einfach mal gezielt zuzuschlagen, kann ein sehr befrei-
endes Gefühl sein. Wobei es natürlich wichtig ist, Sicherheitsvorkeh-
rungen zu treffen, um Selbst- und Fremdgefährdung sowie Repression
zu vermeiden.[3]

Sabotage als wichtiges Werkzeug für Veränderung?

Oft ist eine Staatsmacht erst dann zu Zugeständnissen bereit, wenn sich
ein Teil einer (Massen-)Bewegung radikalisiert und die Aussicht besteht,
dass ein weitaus größerer Teil diesem Vorbild nachfolgen könnte. Tritt
dies ein, können dem Staat progressive Reformen abgerungen und
Handlungsspielräume eröffnet werden. Die von den Suffragetten (militante Frauenrechtlerinnen zu Beginn des 20. Jhd.) vorgenommenen Zerstörungen von Eigentum, mit denen Frauenrechte erkämpft wurden,
sind ein Beispiel.

Auch die von der Arbeiter*innen-Bewegung erkämpften Rechte wären
ohne den bangen Blick der Herrschenden in andere Länder, in denen sich
Revolutionen ankündigten oder bereits im Gange waren, nicht möglich gewesen. Der Staat handelt in diesem Szenario, um die Situation zu
befrieden, also um den radikalen Akteur*innen den Wind aus den Segeln
zu nehmen. Die staatlichen Zugeständnisse sollten dementsprechend
nur als Teilerfolge auf dem Weg zu einem grundlegenden Bruch mit den
herrschenden Verhältnissen gesehen werden. Die Klimabewegung hat
spätestens mit dem Aufkommen von FFF für eine Diskursverschiebung
gesorgt. Obwohl das Thema in der Öffentlichkeit viel Aufmerksamkeit
erfährt, hat sich allerdings am Status quo der Klimazerstörung nichts
geändert. Aufgrund dieser Enttäuschung und der Erkenntnis, dass sich
mit »friedfertigem« Demonstrieren zwar Öffentlichkeit schaffen lässt,
die mächtigen Interessen der fossilen Industrie aber nicht zurückgedrängt werden, wäre es nur folgerichtig, wenn FFF-Aktivist*innen ihr
Aktionsrepertoire überdenken würden. Dass direkte Aktionen nicht für
alle geeignete Mittel sind, liegt auf der Hand.

Die Bewegung sollte also auch weiterhin einen Raum für Menschen
mit unterschiedlichen Herangehensweisen bieten. Und auch wenn wir
an der Eskalationsschraube drehen – die Notwendigkeit auf der diskur-
siven Ebene Möglichkeiten zu präsentieren, wie die Klimakrise einge-
dämmt werden kann, besteht fort. Zwar kann auch über Sabotageaktionen Öffentlichkeit für das Thema hergestellt werden, aber die Praxis
zeigt, dass andere Aktionsformen hierfür oft tauglicher sind. Regierungen im Kapitalismus setzen längst nicht mehr ausschließlich auf offene

---

die die Ernährungssicherheit gefährdet, ohne dass die Menschen vor Ort Arbeit im
Bergbau finden.

Repression, sondern versuchen immer mehr, soziale Bewegungen zu schwächen, indem sie sie einbinden. So wird auch das Erstarken der Klimabewegung von kleinen Zugeständnissen und einem »grünen« Diskurs begleitet. Und da wären wir bereits bei einem weiteren Vorteil von Sabotage. Sabotageaktionen lassen sich nur schwer vereinnahmen oder funktionalisieren. Sie demonstrieren eine grundlegende Unversöhnlichkeit mit den bestehenden Verhältnissen, und es ist nur schwer vorstellbar, dass eine Regierung auf den Gedanken kommen könnte, diejenigen, die sabotieren, zu umgarnen. In der Klimabewegung wird aktuell viel über Sabotage diskutiert.

Einen Anstoß lieferte das Buch *Wie man eine Pipeline in die Luft jagt – Kämpfen lernen in einer Welt in Flammen* von Andreas Malm. Überlegungen aus diesem Buch sind auch in den vorliegenden Text eingeflossen. In anderen Publikationen tut sich Malm allerdings dadurch hervor, dass er den »bolschewistischen Kriegskommunismus« verharmlost und nicht davor zurückschreckt, eine abgewandelte Variante davon, einen »ökologischen Kriegskommunismus«, als gesellschaftliche Perspektive ins Spiel zu bringen.

Auch wenn sich dieser, seiner Vorstellung nach, vom historischen Vorbild unterscheidet, bleibt er dennoch ein zutiefst autoritäres Machtinstrument und auch die Distanzierung von den bolschewistischen Gräueltaten erscheint in seinen Texten eher halbherzig. So schreibt er beispielsweise: »Denn wenn es etwas gibt, das in Zeiten des chronischen Notstands [...] unbedingt erforderlich ist, dann ist es ein gewisses Maß an harter Macht.«[4]

Die Mischung macht's

Es ist begrüßenswert, wenn Sabotageakte auf positiven Widerhall in der Bewegung stoßen. So lassen sich viele historische Beispiele dafür heranziehen, dass die Koexistenz verschiedener Aktionsformen viel Potenzial für Veränderungen birgt. Stoßen Sabotageaktionen jedoch auf keinerlei Resonanz in der Bewegung, laufen sie Gefahr, wirkungslos zu verpuffen.

Es wäre arrogant und auch abwegig, davon auszugehen, dass nur die Radikalsten und Unversöhnlichsten in isolierten Kleingruppen die Verhältnisse ändern könnten. Aktionsgruppen, die sich für Sabotage entscheiden, sollten inhaltlich in dynamischer Beziehung zur gesamten Bewegung stehen.

Das heißt, bereits verhandelte Themen aufzugreifen, die Aktionspläne von anderen Akteur*innen zu berücksichtigen und auf die eigenen

---

2008 führte ein Versuch, die Wasserversorgung in Lere im Nordwesten Malis zu privatisieren, zu massiven Protesten, bei denen ein Mensch ums Leben kam und fünf verletzt wurden. Doch der Ausverkauf des Grundrechts auf Wasser an ausländische Konzerne konnte verhindert werden.

Pläne abzustimmen, rücksichtsvoll zu agieren, Ziele so auszuwählen, dass die Aktionen für viele Menschen nachvollziehbar sind, und sich in Austausch und Kommunikation mit anderen Gruppen der Bewegung zu begeben. Sich auf diese Kooperation einzulassen, bedeutet, das viel zitierte Label »diversity of tactics« zu deutsch »Pluralität der Taktiken« nicht nur dann aus der Mottenkiste zu holen, wenn eine Distanzierung skandalisiert werden soll, sondern Aktionen wirklich nach diesem Prinzip auszurichten.

Sind Sabotageaktionen massentauglich?

Kann es sinnvoll sein, zu einer massenhaften Sabotageaktion aufzurufen? Könnten Massenmobilisierungen à la Ende Gelände durch eine Prise Sabotage die nächste Eskalationsstufe einleiten? Bezüglich der Klimabewegung in Deutschland gibt es kein Beispiel, anhand dessen diese Frage diskutiert werden könnte. Dafür lohnt allerdings ein Blick über den Tellerrand in die Geschichte der Anti-Atom-Bewegung.

Die Kampagne »Castor Schottern«, die 2010 und 2011 zum Castor-Transport im Wendland stattfand, hatte zum Ziel, eine niedrigschwellige Sabotage, das Schottern, massentauglich zu machen. Schottern ist das Unterhöhlen von Gleisen. Dafür wird der Schotter mit Händen und Füßen (oder mit Werkzeugen) aus dem Gleisbett gegraben. Es geht dabei nicht darum, einen Zug zum Entgleisen zu bringen, sondern die Strecke unbefahrbar zu machen. Im Wendland war das Schottern jahrelange Praxis von Kleingruppen und half die Ankunft der Castoren hinauszuzögern. Für »Castor Schottern« hingegen wurde klassische Bündnisarbeit betrieben, es wurde im Vorfeld öffentlich mobilisiert und zum Schottern aufgerufen, und einige Promis drückten ihre Sympathie für die Aktion aus. Die Resonanz in der Bewegung auf »Castor Schottern« fiel unterschiedlich aus. Die Initiator*innen hoben hervor, dass durch die Aktion viele Menschen ermächtigt wurden, sich an einer Sabotageaktion zu beteiligen und sich dadurch radikalisierten. Die ausgelöste gesellschaftliche Debatte, die bis hinein in die bürgerlichen Medien reichte, wurde positiv bewertet. Es sei gelungen, »illegalen Aktionen und Massenmilitanz eine breite Akzeptanz zu verschaffen«.[5] Andere hingegen waren der Auffassung, durch »Castor Schottern« wäre eine vormals klandestine (nicht öffentliche, geheime) Aktionsform der Berechenbarkeit preisgegeben worden. Viele Aktivist*innen kamen nicht »zum Zug«, da die Polizei bereits auf den Gleisen stand. Außerdem wurde die Kritik laut, dass die Kampagne viele Kräfte gebunden habe, die sich so wiederum

Im **Januar 2009** wehrten sich organisierte Bäuer*innen in der Region Sofia in Madagaskar kollektiv und erfolgreich gegen die Landraub-Pläne der Regierung, die sie u.a. zwingen sollten, 70 % ihrer Erträge an den indischen Konzern Varun zu verkaufen, der auch Bergbauprojekte im Land unterhält.

nicht an klandestinen Kleingruppenaktionen beteiligen konnten. Dem-gegenüber haben autonome Gruppen in der Vergangenheit, statt auf Massenmobilisierung mit Sabotage zu setzen, thematische Bezüge zwischen verschiedenen Sabotageaktionen hergestellt.

Eine gängige Vorgehensweise autonomer Kampagnen ist der Auf-ruf, ein bestimmtes Unternehmen mit gehäuften Sabotageaktionen an verschiedenen Standorten heimzusuchen. Beispiele der letzten Jahre hierfür sind die autonomen Kampagnen gegen die Kleidungskette KiK (»Kapitalismus-ist-Krieg«) und die Post-Tochter DHL (»Deutsche Heeres Logistik«). In den Jahren 2007 und 2008 gab es zwei Aufrufe, die DHL wegen ihrer logistischen Zusammenarbeit mit der Bundeswehr zu atta-ckieren. Diesem Aufruf folgten Aktionsgruppen überall in Deutschland. Das Resultat war eine Vielzahl zerstörter DHL-Transporter, mit Farbe übergossener Paketstationen oder in Tarnfarben bemalter Briefkästen. Parallel arbeiteten sehr unterschiedliche gesellschaftliche Akteur*innen (Antimilitarist*innen, kritische Aktionär*innen, Gewerkschafter*innen) daran, das Image der DHL zu schädigen.

Mit Erfolg – die Post zog ihre Bewerbung für einen Zehnjahresver-trag mit der Bundeswehr zurück. Diese Entscheidung mag verschiedene Gründe gehabt haben. Die Vermutung liegt jedoch nahe, dass die durch vielseitige Aktionsformen geprägte kritische Auseinandersetzung mit der DHL ihren Anteil daran hatte.

Kleine Nadelstiche

Die eingangs beschriebene Aktion im Hambacher Tagebau mag eine der bislang spektakulärsten und effektivsten Sabotageakte des Braunkohle-widerstands gewesen sein, der einzige war sie beileibe nicht. Im Gegen-teil wurde rund um den Hambacher Wald in großer Regelmäßigkeit fos-sile Infrastruktur zerstört oder beschädigt, und das wird voraussichtlich auch weiterhin geschehen. Im Folgenden finden sich einige Schlaglichter auf Aktionen, die einen Eindruck der Vielseitigkeit vermitteln sollen:

Während der Räumung des Hambacher Waldes 2018 wurde eine Firma für Maschinenverleih anhand von zwei Hallenbränden darauf hingewie-sen, dass es sich auch wirtschaftlich lohnen kann, keine Hebebühnen für Baumhausräumungen an die Polizei zu vermieten. Ähnlich erging es im Juni 2019 einer Hundeschule, die Polizeihunde trainierte.

Einmal hielt es der Aachener Polizeichef Dirk Weinspach, immer um Bürger*innennähe und Dialogbereitschaft bemüht, für eine gute Idee, bewacht von einer Truppe Polizist*innen, an einem der sonntäglichen

---

Am **28. August 2009** erzwangen Anwohner*innen des Sentani-Flughafens in Indo-nesien zum ersten Mal mit Barrikaden auf den Landebahnen eine mehrstündige Ein-stellung des Flugverkehrs. Sie wiederholten ihre Blockadeaktionen über Jahre, bis sie

Waldspaziergänge im Hambi teilzunehmen. Bei diesen Spaziergängen treffen Waldbesetzer*innen, Vertreter*innen von Bürger*innen-Initiativen und die interessierte Öffentlichkeit aufeinander. Weinspachs Besuch sorgte für Zündstoff. Während von Teilen der Bürger*innen-Initiativen die signalisierte Dialogbereitschaft durchaus begrüßt wurde, lehnten die meisten Waldbesetzer*innen die Anwesenheit von Cops im Wald ab. Zurück auf dem Parkplatz, musste Weinspach feststellen, dass sein Auto mit flüssigem Bitumen übergossen worden war.

Als sich der Staub nach der verhinderten Räumung 2018 langsam gelegt hatte und die Fernsehkameras eingepackt waren, setzte eine ganze Welle von militanten Aktionen rund um den Hambi ein. Die »Security-Festung«, ein Bau aus vielen Schiffscontainern, wurde viele Male angegriffen. Pumpstationen, die verhindern, dass der Tagebau mit Wasser vollläuft, wurden in Brand gesteckt und Überwachungskameras zerstört.

Die Aufzählung von Sabotageaktionen der Klimabewegung könnte noch viele Seiten füllen. Sie sind natürlich auch nicht auf das Rheinische Braunkohlerevier beschränkt. Sabotage hat also bereits einen Platz im Repertoire der Aktionsformen der Bewegung. Aktuell wird heiß diskutiert, ob da noch mehr gehen könnte. Da die bisherigen Maßnahmen der Bewegung der kapitalistischen Zerstörungswut recht wenig Einhalt gebieten konnten, ist diese Debatte zu begrüßen.

Quellenangaben

1. »Die RWE Pressestelle«: Erklärung zum Kabelbrand im Tagebau Hambach. Autonomes Blättchen Nr. 25, o.O. 2016, S. 42.

2. Malm, Andreas: Wie man eine Pipeline in die Luft jagt – Kämpfen lernen in einer Welt in Flammen. Berlin: Matthes & Seitz 2020, S. 36f.

3. Vgl. o.V.: Prisma (prima radikales info sammelsurium militanter aktionen). o.O. 2010.

4. Hartmann, Detlef: Andreas Malms Propaganda für eine klimapolitische Bolschewisierung. [online] https://the-hydra.world/2022/04/21/andreas-malms-propaganda-fuer-eine-klimapolitische-bolschewisierung/

5. IL (2011): An alle, die mit uns geschottert haben ... an die, die zukünftig schottern ... und einiges mehr wollen., [online], URL: https://interventionistische-linke.org/beitrag/alle-die-mit-uns-geschottert-haben-die-die-zukuenftig-schottern-und-einiges-mehr-wollen.

Leseempfehlung

In der aktuellen Klimabewegung viel diskutiertes und nicht unumstrittenes Werk zu Aktionstaktiken: Malm, Andreas: Wie man eine Pipeline in die Luft jagt – Kämpfen lernen in einer Welt in Flammen. Berlin: Matthes & Seitz 2020.

Wald–
besetzungen
in Deutschland

Kelsterbach, Hambi, Danni
Ein Zusammentreffen mehrerer Generationen

Feld-, Wald- und Wiesenbesetzungen haben in Deutschland eine lange Tradition, daher kann ein Überblick natürlich immer nur bruchstückhaft sein. Die Besetzungen in Wyhl, Wackersdorf und Gorleben sind legendär, verhinderten sie doch in den 1970er- und 80er-Jahren den Bau von Atomkraftwerken und Wiederaufbereitungsanlagen von radioaktivem Müll. In den 1980er- und 90er-Jahren ging es dann weiter mit Besetzungen gegen den Bau von Autobahnen, Flughäfen und weiteren Atom-Projekten. Oft wurden die geplanten Vorhaben dennoch gebaut, einige konnten jedoch langfristig verhindert werden. Anfang der 2000er-Jahre wurde es ruhiger um die Flächen-Besetzer*innen-Szene. Mitte der 2000er-Jahre ging es dann mit Genfeldbesetzungen und -zerstörungen wieder los. Dadurch konnten Genfelder (vorerst) aus Deutschland zurückgedrängt werden. Anschließend folgten diverse vereinzelte Besetzungen: 2007 an den Lakomaer Teichen gegen den Braunkohleabbau in der Lausitz, 2008/2009 in Kelsterbach bei Frankfurt gegen den Flughafenausbau und 2010 die Parkbesetzungen gegen den Ausbau des Bahnhofs »Stuttgart 21«.

Erst über den Hambi, der seit 2012 (fast) durchgängig besetzt war, wurden Waldbesetzungen als Aktionsform wieder präsenter, in dem, was wir rückblickend wohl Klimagerechtigkeitsbewegung nennen können. Die (versuchte) Großräumung 2018 tat ihr Übriges, und spätestens seitdem sind Waldbesetzungen in Deutschland sozusagen wie Pilze aus dem Boden geschossen. In einer einzigen Woche im Mai 2021 folgten gleich drei neue Besetzungen. Während ich im Sommer 2021 diese Zeilen schreibe, gibt es knapp 15 aktive Waldbesetzungen bundesweit – gegen

---

Entschädigungen für ihre Vertreibung durch die Flughafengesellschaft durchgesetzt hatten.

Braunkohleabbau, Autobahnbau, Zementfabriken und Flughafenausbau. Wo Natur zerstört werden soll, folgt immer häufiger eine Besetzung. Für dieses Gespräch habe ich Protagonist*innen von drei Besetzungen ausgewählt, die für die jüngere Klimagerechtigkeitsbewegung in Deutschland prägend waren. Auch ich selbst habe eine Zeitlang im Hambi gelebt. Deswegen starte ich einfach mal dort.

Lemon [*weiß**, **nicht-binär***, **Mitte 20**]: Der Hambacher Forst ist ein Wald im Rheinland, der für einen Braunkohle-Tagebau von RWE abgeholzt werden sollte und seit 2011 fast durchgängig besetzt ist. Bei welcher Besetzung wart ihr dabei und wie seid ihr dort gelandet?

Peter [*weiß*, **cis-männlich, Anfang 30**]: Ich war hauptsächlich bei der Besetzung im Kelsterbacher Wald gegen den Ausbau des Frankfurter Flughafens. Die war im Jahr 2008/2009 und erstreckte sich ungefähr über ein Dreivierteljahr. Damals war ich 18, 19 Jahre alt und bin eher zufällig dort gelandet. Auf Indymedia* hatte ich von der Besetzung gelesen, und als ich mit einem Freund zusammen auf dem Weg nach Spanien war, wollten wir dort 'ne Nacht und 'nen Tag Station machen. Daraus sind dann neun Monate geworden. Die Lebensweise in dem besetzten Wald hat mich stark angezogen: den Alltag kollektiv organisieren, kulturelle und politische Sachen machen, und sich dabei diesem wirklich boshaften Großprojekt entgegenstellen. Es hat sich sehr sinnhaft angefühlt, Teil dieser Gemeinschaft zu sein.

Kürbis [*weiß*, **cis-männlich, über 30**]: Ich war vor allem im Hambi und im Danni, 2011 aber auch auf dem Klimacamp in Manheim im Rheinland. Da habe ich Leute kennengelernt, die den Plan hatten, den Hambi zu besetzen. Im Hambi habe ich mit einigen Unterbrechungen mehrere Jahre lang gelebt. Darüber hat sich dann noch eine andere Gruppe zusammengefunden, die von 2019 bis 2020 den Danni besetzt hat, um die Abholzung eines Waldes für eine Autobahn in Hessen zu verhindern.

Lemon: Wie kam es zur Waldbesetzung in Kelsterbach? Was hat euch dazu inspiriert, dort zu besetzen?

Peter: Gegen den Frankfurter Flughafen gibt es eine lange Geschichte des Widerstands. In den 1980er-Jahren, also zur Hochzeit der autonomen Bewegung, gab es dort ein großes Hüttendorf, um den Bau der Start-

---

Seit 2009 ist der Chakaltaya-Gletscher in den bolivianischen Anden verschwunden. Zehntausende Gebirgsgletscher weltweit werden ihm in den nächsten Jahrzehnten folgen, mit katastrophalen Auswirkungen für Menschen und Ökosysteme. Allein von

Kelsterbacher Waldcamp einen Tag vor der Räumung 2009,
BN: Chris Grodotzki

bahn West zu verhindern. Die Startbahn wurde aber trotz der Besetzung
gebaut. Dann gab es lange keinen weiteren Ausbau mehr, aber irgendwann ging es scheibchenweise wieder los, und immer mehr Wald wurde
für den Flughafen abgeholzt.

2008 hat sich schließlich eine Gruppe entschieden, den Wald bei Kelsterbach zu besetzen. Einzelne hatten auch die Erwartung, damit wieder
eine Massenbewegung wie in den 1980er-Jahren anstoßen zu können.
Viele haben sich dann auch auf das Thema gestürzt und schon nach
kurzer Zeit waren wir sehr präsent, weil etliche Journalist*innen und
Bullen aus der Region bereits in den 1980er-Jahren dabei waren, als am
Bauzaun die Steine flogen.

Aber wir haben ganz sicher keine Massenbewegung entfesselt. Auf
dem Höhepunkt im Spätsommer waren wir an die 40 Leute und es gab
insgesamt drei ausgebaute Baumhäuser mit Isolierung, ansonsten eher
Hängeplattformen.

den Himalaya-Gletschern hängt die Süßwasserversorgung von zwei Milliarden Menschen ab.

Lemon: Woher wusstet ihr, wie man eine Waldbesetzung macht? Welche Techniken und Methoden habt ihr benutzt?

Peter: Die Leute, die die Besetzung in Kelsterbach gestartet haben, hatten schon einiges an Erfahrung bei den Genfeldbesetzungen gesammelt. Andere kamen aus Robin-Wood-Kontexten und hatten davor schon Kletteraktionen in der Region durchgeführt. Baumhausbau war was völlig Neues und eher learning by doing. Wir hatten einen hohen Sicherheitsanspruch. Wegen der Brandgefahr wäre es z.b. völlig undenkbar gewesen, ein Baumhaus mit Ofen zu bauen. Einige hatten auch schon in den 1980er-Jahren in den Hüttendörfern gegen die Startbahn West gelebt, und von denen haben wir einiges übernommen.

Ziemlich neu für den deutschsprachigen Raum war ein Tunnel, in dem sich Aktivist:innen in der Erde verschanzen konnten, um eine Räumung in die Länge zu ziehen. Die Technik hatten ausländische Genoss:innen aus England oder Schottland mitgebracht. Die Räumung ging dann trotzdem recht schnell vonstatten, weil die Technik noch nicht ausgereift war und niemand im Tunnel saß. Im Hambi wurde die Technik dann weiterentwickelt.

Lemon: Wie kam es zur Besetzung des Hambi?

Peter: Es gab einen Kern von Leuten, die sich auf der Kelsterbach-Besetzung kennengelernt hatten. Sie entwickelten die Idee, ins Rheinland weiterzuziehen, die WAA (Werkstatt für Aktionen und Alternativen) zu gründen und den Hambi zu besetzen. Die WAA sollte eine Projektwerkstatt* nach dem Vorbild der Projektwerkstatt in Saasen werden, also ein für alle offenes Haus, das für politische Projekte genutzt werden kann. Dieses Haus existiert tatsächlich immer noch, aber es hat nicht alles wie geplant geklappt und inzwischen ist ein Verkauf vorgesehen. Die WAA stellte für viele eine Brücke in den Hambi dar.

Kürbis: Ja, 2012 haben sie für die WAA ein Haus in Düren gekauft, und kurz darauf folgte die Besetzung des Hambi. Es war klar, sie wollten das im Rheinland machen, um dort einen Startpunkt für die Anti-Kohle-Bewegung zu setzen. In der Anti-AKW-Bewegung hatte es Gorleben als sichtbaren Aktionsraum gegeben, so etwas fehlte für die Klimagerechtigkeitsbewegung noch. Beim Danni war das ganz ähnlich, wir wollten die Verkehrswende voranbringen und einen Kristallisationspunkt für

Am **14. September 2009** kletterte ein Anwohner von Pematang Pudu in Riau, Indonesien, auf einen Hochspannungsmast von Chevron und drohte mit Suizid aus Protest gegen die Verseuchung seines Landes durch Chevron. Der Konzern ist in Riau

den Kampf gegen Autobahnen schaffen. Im Danni waren viele Menschen dabei, die vorher im Hambi waren, und nun das, was sie im Hambi kritisiert hatten, besser machen wollten.

Lemon: Wie hast du die Anfangszeit im Hambi erlebt? Wurdet ihr einfach geduldet oder gab es Probleme mit Polizei und RWE?

Kürbis: Am Anfang gab es noch keine Eskalationsspirale und wir haben keine Konfrontationen gesucht. Aber RWE-Mitarbeiter und der Sicherheitsdienst haben dann angefangen, die Besetzer:innen zu schikanieren. Einmal wollte eine Person mit der Schubkarre gehäckseltes Holz für unser Kompostklo aus dem Tagebauvorfeld holen. Die RWE-Mitarbeiter haben sie aber festgehalten und ihr die Schubkarre vom Sicherheitsdienst wegnehmen lassen. Daraufhin haben sich 20 Personen aus dem Camp bunt vermummt, sind hin und haben die Schubkarre wieder geholt. Dabei gab es bewusst keine Eskalation von Seiten der Aktivist:innen, aber ein Arbeiter hat einem:r Aktivist:in eine Autotür vor die Nase gehauen. Auch auf dem Weg zum besetzten Gelände kam es zu Übergriffen. Der Sicherheitsdienst hielt Leute fest und klaute ihre Sachen. Im ersten Sommer haben wir noch ruhig reagiert, ähnlich wie später im Danni. Im zweiten Sommer begann dann die militante Gegenwehr.

Lemon: Was kann ich mir unter militanter Gegenwehr vorstellen?

Kürbis: Es gab einige Menschen, die Zwillen einsetzten. Zum Teil wurden auch Molotowcocktails eingesetzt, aber deutlich seltener. Es ist einfacher, eine Zwille und ein paar Steinchen durch die Gegend zu schleppen, als einen Kasten mit Mollis. Meist wurden Securities einfach nur aus dem Wald vertrieben, manchmal wurde aber auch das Basislager der Secus offensiv angegriffen. Die hatten sich am Waldrand mit Bauzäunen und Containern ein Camp eingerichtet. Das Camp und ihre Autos wurden dann mit Feuerwerkskörpern und Zwillen beschossen. Es war mega empowernd, die Leute in die Flucht zu schlagen, von denen du vorher auf die Fresse bekommen hattest.

Manchmal wäre mir allerdings weniger Gewaltverherrlichung lieb gewesen, und stattdessen ein zielgerichteterer Einsatz von Militanz. Aber vielleicht hat es auch genau diese Leute gebraucht, die eine klare Linie gezogen und gesagt haben: »Ey, Secus, wenn ihr hier reinlatscht, dann kriegt ihr Stress«. Hätte es diese Leute nicht gegeben, wäre die

---

seit Jahrzehnten mit Massenprotesten konfrontiert, und bezahlte Paramilitärs, um diese mit brutaler Gewalt einzudämmen.

Waldbesetzung nicht so erfolgreich gewesen. Erst als Leute sich zur Wehr gesetzt haben, entstand ein Kerngebiet, in dem wir uns sicher fühlen konnten.

Lemon: Wie war die Situation in Kelsterbach, hattet ihr da auch Auseinandersetzungen mit der Security oder der Polizei?

Peter: Die Polizei ist ein paar Mal am Tag vorbeigefahren, aber eigentlich war es »unser« Wald. Durch die Vorgeschichte der militanten Kämpfe um die Startbahn West in den 1980er-Jahren haben uns die Bullen sehr schnell sehr ernst genommen und eher versucht, deeskalierende Gespräche zu führen. In Einzelfällen steckte bei der Startbahn West nicht der Autonome aus Frankfurt mit der Zwille in der Hand unter der Gasmaske, sondern der Gewerbetreibende aus der nächsten Kleinstadt.
Das regionale Erbe war bei einigen aber auch mit einem Trauma verbunden. Denn viele Leute haben bei den Startbahn-West-Kämpfen krasse Gewalterfahrungen gemacht, und letztendlich wurde die Startbahn gebaut. Gravierende Auswirkungen hatten schließlich auch die Schüsse eines Demonstranten auf Bullen, der während einer Demonstration am 2. November 1987 zwei Polizisten getötet hat. Die Bewegung kam durch die Schüsse zum Stillstand. Viele wurden polizeilich vorgeladen und viele ließen sich auch zu Aussagen hinreißen, bis die Kampagne »Anna und Arthur halten's Maul« dem »Aussagekarusell« ein Ende bereitete. Andreas E. wurde des Totschlags angeklagt und mit 15 Jahren Gefängnis bestraft. Ich glaube, das Ganze hat alle Seiten, also sowohl die Bullen und die Linken, als auch die bürgerliche Öffentlichkeit, ein Stück weit traumatisiert.

Lemon: Dieser Grundsatz, dass es keine Schwerverletzten geben darf, galt der für euch im Hambi auch noch? Hattet ihr klare moralische Leitlinien?

Kürbis: Natürlich gab es Diskussionen darüber, was wir moralisch vertretbar finden und was nicht, aber wir haben bewusst nicht versucht, einen für alle gültigen Aktionskonsens auszuhandeln. Zum einen war die autonome Überzeugung verbreitet, dass ein Konsens zwar ausgehandelt werden kann, aber sobald eine neue Person mit anderer Meinung dazu kommt, ist es kein Konsens mehr. Alleine deswegen wurde sich nicht die Mühe gemacht, einen Konsens auszuhandeln. Ein anderer

---

Am **14. November 2009** zogen mehr als 10.000 Menschen durch Gaibandha in Bangladesh in einer Demonstration für Klimagerechtigkeit. Zahlreiche Betroffene der Klimakatastrophe traten als Redner*innen auf und forderten Gerechtigkeit von den Verursachenden des Klimawandels.

Verschnaufpause beim Barrikadenbau im Hambi nach Wiederbesetzung 2014, BN: Pay Numrich

Grund war strategischer Natur: Ein Aktionskonsens macht berechenbarer. Die Polizei hätte dann sehr genau gewusst, was wir machen oder nicht machen könnten, und hätte sich besser darauf einstellen können. So musste sie erst mal damit rechnen, dass potenziell alle militant vorgehen könnten, auch wenn es im Endeffekt vielleicht nur eine einzelne Gruppe war. Dadurch musste die Polizei vorsichtiger sein, und das war auch für Nicht-Militante ein großer Vorteil.

Lemon: Ich halte es für wichtig, festzustellen, dass Militanz gerade in der Anfangszeit einen wichtigen Beitrag zur erfolgreichen Besetzung des Hambis geleistet hat.

Das steht im Kontrast zum oftmals als »gewaltfrei« dargestellten Verlauf durch die NGOs. Gerade im Zuge der Großräumung 2018 haben NGOs behauptet, dass der Hambi schon immer »gewaltfrei« gewesen

2010 stürmten Angehörige der Mamanwa, einer indigenen Gruppierung auf den Philippinen, eine Nickelmine und legten Brände an den Maschinen. Auslöser des Widerstands waren die starke Umweltverschmutzung und ausstehende Entschädigungszahlungen an indigene Gruppen.

Räumung im Herrenwald (Nachbarwald des Danni) 2020,
BN: Lukas Clobes

wäre. Dabei kamen die »gewaltfreien« NGOs erst zur Besetzung dazu,
als das Projekt groß genug war und Spendeneinnahmen versprach.

Kürbis: Ich frage mich oft, ob es Leute gibt, die ihre eigene Darstellung
einer gewaltfreien Waldbesetzung tatsächlich glauben. Oder ob denen
klar ist, dass das eine Lüge ist, die halt für NGOs taktische und öffentlich-
keits-strategische Zwecke erfüllt. Die haben davor ja auch die Militanz
im Hambi wahrgenommen.

In den ersten sieben Jahren war es dem BUND und Greenpeace peinlich, mit den Autonomen in einen Topf geworfen zu werden. Auch wenn
sie schon lange vor der Besetzung in der Gegend aktiv waren. Ich glaube,
erst durch das Zusammenspiel von dem, was die NGOs gemacht haben
und dem, was durch die Besetzung gemacht wurde, wurde der Widerstand effektiv.

2010 wurden in der Region Kohsia in Kambodscha fünf Dorfbewohner*innen wegen
Sabotage angeklagt, um Proteste gegen den Landraub durch das Agrarunternehmen
World Tristar Entertainment zu beenden. Andere Dorfbewohner*innen leisteten

Lemon: Wie war sonst euer Verhältnis zu anderen Gruppen aus der Gegend und den Anwohner:innen?

Kürbis: Im nahe gelegenen Dorf Buir und der näheren Umgebung gab es viele Anwohner:innen, die uns in praktischer Hinsicht unterstützt haben. Wir durften Wasser holen, sie haben Lebensmittel, Baumaterialen und andere Sachspenden vorbeigebracht oder etwas für uns durch die Gegend gefahren. Es gab z.b. mehrere Hofläden, die uns Lebensmittel zur Verfügung gestellt haben. Containern aus dem Hambi heraus war eher schwierig, weil man dafür mit der Bahn ins nächste Dorf fahren musste. In militanten Phasen wurden die Hofladenbetreiber des Öfteren gefragt, warum sie diese Steineschmeißer unterstützen. Da diese natürlich auf die Meinung ihrer Kund:innen achten mussten, ist dieser Teil der Lebensmittelversorgung dann teilweise weggebrochen.

Lemon: Für das Verhältnis zu den Anwohner:innen wurde auch der monatliche Waldspaziergang entscheidend. Der wurde im Mai 2014 vom Waldpädagogen Michael Zobel und Eva Töller gestartet. Die Spaziergänge haben einen Zugang für Menschen geschaffen, die sich sonst eher nicht auf eine Besetzung getraut hätten. Da waren auch Familien mit Kindern dabei. Durch das Zusammentreffen unterschiedlicher Lebensweisen sind aber auch Konflikte entstanden. Im Hambi war es üblich, dass Menschen aller Geschlechter oben ohne rumlaufen, weil es als sexistisch betrachtet wurde, dass das sonst nur männlich eingeordnete Menschen dürfen. Beim Waldspaziergang hat dann ein Spaziergänger rumgepöbelt: »Pack deine Brüste wieder ein. Hier sind Kinder dabei!« Das hat zu einer Eskalation geführt. Unsere Leute waren wütend wegen des Sexismus', und bürgerliche Leute haben sich darüber aufgeregt, dass Menschen so unfreundlich zu Gästen sind. Gab es solche Auseinandersetzungen auch in Kelsterbach?

Peter: Es gab 'ne lange Tradition von Bürgerinitiativen (BI) in der Gegend. Die Mehrheit war z.B. auch gegenüber direkterem Aktivismus aufgeschlossen und hat sich bürgerlich-links verstanden. Leider war die BI in Kelsterbach eine der konservativeren. Mit der hatten wir aber allein wegen der Logistik viel zu tun. Als im Wald vorbereitende Maßnahmen wie Gehölzrodungen und Munitionssuche stattfinden sollten, wurden nachts die Waldwege immer wieder verbarrikadiert.

jedoch weiterhin Widerstand. Sie drohten dem Unternehmen damit, seine Traktoren abzufackeln, wenn es sie weiterhin ihrer Lebensgrundlagen berauben sollte.

Das fand die BI überhaupt nicht lustig, weil das auch Rettungswege waren, und die Leute aus der BI mit ihrem Auto in den Wald fahren wollten, um den Besetzer*innen Kuchen fürs sonntägliche Kaffeetrinken vorbeizubringen. Aber die ganz großen Auseinandersetzungen gab es nicht, auch, weil es nicht die großen militanten Begleitaktionen gab. Niedrigschwellige Sabotageaktionen liefen schon, aber insgesamt hätte man unsere Aktion als »gewaltfrei« beschreiben können. Wir fanden es wichtig, Leute nicht zu verprellen, aber es gab trotzdem eine gewisse radikale Kompromisslosigkeit. Da schwang allerdings auch eine Art Selbstinszenierung mit, man wollte ein bestimmtes Bild nach außen abgeben. Ich wundere mich heute, aber damals war der Alltag einfach super politisch. Das erscheint mir rückblickend total schräg, weil mein Leben heute sehr anders ist und ich nicht unbedingt jede Alltagsentscheidung politisch rechtfertigen möchte.

Lemon: Welchen politischen Werten fühltet ihr euch verpflichtet und was für Leute haben die Besetzung getragen?

Peter: Der Kern der Besetzung wurde von jungen Leuten bis ungefähr Anfang 20 getragen. Es war 'ne sehr bildungsbürgerliche Veranstaltung. Mit Sicherheit gab es auch Leute, die einen Beruf erlernt und ausgeübt haben oder die arbeitslos waren.

Aber die Masse bestand aus Gymnasiasten, also Leuten mit Abitur, am Anfang vom Studium, und dementsprechend die meisten eher aus bildungsbürgerlichen Elternhäusern. Alle haben sich der linken Szene zugehörig gefühlt, wobei bei vielen sicherlich auch eine »Blitz-Radikalisierung« auf der Besetzung stattfand. Das war auch unser Anspruch, mit dem wir nach außen aufgetreten sind. Dass wir linksradikal sind und bestimmten Prinzipien folgen.

Kürbis: Im Hambi und Danni war es ähnlich wie in Kelsterbach. Fast nur *weiße* Menschen, Bildungsbürgertum und größtenteils im Alter zwischen 16 und 30 Jahren. Mit über 30 bin ich schon ein alter Sack auf Besetzungen. Die Geschlechterverhältnisse waren ausgeglichen. Menschen, die sich als nicht-binär identifizierten oder dieses Zwei-Geschlechtermodell infrage stellten, waren präsenter als in anderen Räumen. Und insgesamt ziemlich viele Anarchist*innen. Größtenteils aus Deutschland, einige aus den umliegenden europäischen Ländern.

Am **15. Mai 2010** begannen Dorfbewohner*innen der Provinz Gansu in Tibet eine Straße zu reparieren, die zum Dorf Yarshul führte, dass die Behörden für die Erweiterung einer Zementfabrik unzugänglich gemacht hatten. Damit blockierten sie auch

Lemon: Waren die Perspektiven von nicht-binären und Transpersonen auch in Kelsterbach schon in der Bewegung sichtbar? Und gab es Gespräche über Sexismus?

Peter: Nee. Also es gab Leute, die waren queer, im Sinne von schwul oder bisexuell. Die haben das auch zum Thema gemacht und hatten damit ihren Platz. Aber darüber hinaus ging es nicht wirklich. Auch Sexismus-Diskussionen über Übergriffe und wie wir damit umgehen, wurden kaum geführt und hatten keine praktischen Konsequenzen. Mein Gefühl im Nachhinein ist, dass für Geschlechterrollen und auch die Arbeitsteilung nicht unbedingt eine hohe Sensibilität da war. Ich weiß aber nicht, wie die Genossinnen das wahrgenommen haben, in wieweit die von Dingen genervt waren.

Kürbis: Bei uns ging das schon weiter. Sexismus war immer wieder Thema am Lagerfeuer. Es gab Runden für anti-patriarchalen Austausch, die sogenannten Anti-Pat-Runden, und Runden zur Reflexion der eigenen Männlichkeit, die kritischen Männlichkeitsrunden*. Es gab auch mal ein FLINT-Barrio, wobei das inzwischen ja FLINTA heißt.

Lemon: Gerade was anti-sexistische Praxis oder das Fehlen selbiger angeht, habe ich im Hambi ein breites Spektrum erlebt. Meistens haben sich ausschließlich Cis-Typen das Recht genommen, ein eigenes Baumhaus zu bauen.

Es ist verständlich, dass Menschen, die monate- oder jahrelang auf einer Besetzung leben, einen Rückzugsraum brauchen. Aber es ist problematisch, wenn nur Cis-Typen einen bekommen, und dann darüber entscheiden, wen sie rein lassen. Viele brachten keine Sensibilität dafür auf, dass es ein Machtungleichgewicht gibt, wenn sie besetzungsunerfahrenere Menschen, meist Frauen, in ihre Baumhäuser einluden. Wenn du in einem Baumhaus in eine (sexualisiert) übergriffige Situation gerätst, ist es schwer, da wieder rauszukommen. Mitten in der Nacht kletterst du nicht mal eben 20 Meter runter, läufst alleine durch den dunklen Wald und suchst dir einen anderen Schlafplatz.

Kürbis: Eine andere Frage ist, wie viele Baumhäuser es überhaupt geben sollte. Wenn nicht alle Baumhäuser besetzt werden, dann haut die Polizei leere Baumhäuser einfach um. Ich habe lange die Meinung vertreten, lieber mehr Gruppenschlafräume zu bauen.

---

die Fabrikzufahrt. Die Zementfabrik macht die Menschen krank und bedeckt ihre Felder mit Asche. Die Polizei verletzte mehrere Menschen.

Lemon: In den ersten Jahren war es im Winter oft schwierig, alle Baumhäuser besetzt zu halten. Wir waren teils nur fünf bis zehn Personen und von denen konnten noch nicht mal alle klettern. Selbst zu Hochzeiten im Sommer waren nicht mehr als 30–40 Personen da. 2016 wurde der Alltag dann nur noch von wenigen geschmissen, die sich bis hin zum Burnout abgearbeitet haben. Viele hatten keine Energie für Alltagsaufgaben, und so verkam die Infrastruktur. Ich hab damals fast auf eine Räumung gehofft, weil das wenigstens ein »würdevolles« Ende gewesen wäre und kein erschöpftes Dahinsiechen.

Zum Glück war das aber auch der Sommer, in dem sich das Blatt wieder wendete. Neue Menschen mit frischer Energie kamen, es wurde massiv mobilisiert und plötzlich wuchs die Waldbesetzung deutlich an. Ich hatte anfangs die Sorge, dass die vielen neuen Baumhäuser im Winter nicht besetzt gehalten werden könnten. Aber letztendlich hat es jedes einzelne Baumhaus gebraucht. Es waren an die 60 bis 70 Baumhäuser im Wald, und alle waren besetzt.

Kürbis: Das der Hambi so groß werden konnte, lag auch an der Wiesenbesetzung, und daran, dass die Idee einer Waldbesetzung Zeit zu reifen gehabt hatte. Die Wiesenbesetzung fand auf einem Grundstück am Waldrand statt, und der Besitzer hat sich stark dafür eingesetzt, dass das Dorf auf seiner Wiese versammlungsrechtlichen Schutz genießt.

Ohne die Wiesenbesetzung wäre es für die Polizei ein Leichtes gewesen, in Phasen dünner Besetzung die zwei bis drei Leute aus dem Wald zu holen. Aber mit der Wiesenbesetzung machte das keinen Sinn mehr, weil der Wald sofort wieder besetzt worden wäre. Auf der Wiese konnten die Leute ohne Kletter-Fähigkeiten wohnen, und den Menschen blieb mehr Kraft und Energie, weil nicht alles erst in die Bäume hochgezogen werden musste.

Lemon: Wie sah die Besetzungslandschaft in Deutschland vor dem Hambi aus und wie hat sie sich durch den Hambi verschoben?

Peter: Kleine lokale Besetzungen gab es auch in den Nuller-Jahren ein paar wenige. Denn es gab bestimmte Kontinuitäten, zum Beispiel über Robin Wood. Durch den Hambi hat sich verändert, dass nicht mehr hinter jeder Besetzung ein organisatorischer Träger stand. Stattdessen entwickelte sich das Selbstverständnis, zu dieser einen Besetzungsbewegung zu gehören, die – zumindest in der Wahrnehmung der Leute – im

---

Im **Juni 2010** stürmten Dorfbewohner*innen in Tibet Holzfäller*innen-Camps, sabotierten die Kettensägen, verjagten die Arbeiter*innen und blockierten die Zufahrtsstraßen. Die Menschen hatten die Abholzungspläne zunächst akzeptiert, da die Behör-

Hambi wurzelt. Für die meisten Leute, die sich einer Besetzung anschließen, ist der konkrete politische Anlass gar nicht so relevant. Für mich war es eher ein Bauchgefühl, mit Flugverkehr hatte ich mich davor nie wirklich kritisch auseinandergesetzt.

Lemon: Das war bei mir ähnlich. Heute ist mir das ein wenig peinlich. Ich bin in den Hambi gekommen, weil ich das Skillshare-Camp interessant fand, und bin geblieben, weil mir das Sozialleben gefallen hat und das Gefühl, etwas Sinnvolles zu tun. Aber es hat 'ne ganze Weile gedauert, bis ich mir mal den Tagebau angeschaut habe.

Peter: Das ist ja auch völlig legitim. Leute merken halt, dass in dieser Gesellschaft etwas nicht stimmt. Auch in dem Sinne, dass im eigenen Leben etwas fehlt, und auch das ist ein politisches Moment. Dieses Gefühl, politisch effektiv zu sein, ist anziehend. Das ist durchaus etwas, was mir heute fehlt. Ein Stück weit ist das, glaub ich, immer Selbstbetrug. Die Landebahn wurde ja trotzdem gebaut. Aber da ist schon so ein Bedürfnis, bei diesem ganzen Elend, und wie die Welt unter der Herrschaft des Kapitalismus in die Brüche geht, nicht einfach nur zuzusehen. Das macht Besetzungen als Lebensform attraktiv, weil es eben nicht nur so ein Feierabend-Aktivismus ist.

Lemon: Ich finde es schwer, festzumachen, wann eine Besetzung »Erfolg« hat. Selbst als es den Beschluss gab, dass der Hambi erhalten bleiben würde, kam bei mir eine gewisse Frustration auf. So ein Gefühl von: und jetzt? Die Gesellschaft drumherum war ja immer noch die gleiche. Dabei wollten wir doch nicht nur den Wald retten, sondern alles verändern.

Peter: Es wird ja auch nur ein winziger Teil des ursprünglichen Hambacher Forstes erhalten. Vielleicht verlieren wir die Auseinandersetzung in voller Länge, aber es bleibt auf jeden Fall ein gutes Gefühl, zum Widerstand beigetragen zu haben. Das, was wir in Kelsterbach gemacht haben, stellte eine bestimmte Etappe dar. Mit dem Hambi folgte dann die nächste. Dort hat eure Generation bestimmte Impulse gesetzt. Dann folgte der Danni und auch da wurden Erfahrungen weitertransportiert. Die Zukunft ist offen, und vielleicht erweisen sich diese Besetzungen einmal als effektiver, als wir das jetzt glauben. Es gibt ja auch immer wieder Momente, in denen sich etwas unerwartet zuspitzt. So war es ein riesiger Erfolg, als die Hambi-Räumung 2018 abgebrochen werden

---

den fälschlich behauptet hatten, das Holz sei zur Errichtung von Häusern für arme Anwohner*innen der Region gedacht.

musste. Der Hambi steht als Symbol für die Auseinandersetzungen um das Klima. Auch wenn das heute nicht mehr so deutlich sichtbar ist, weil kurz darauf FFF in den Medien dominierte. Das war irre, was da erreicht wurde. Die Menschen nehmen diese Erfahrungen mit – und ich habe auch noch zu einigen aus Kelsterbach Kontakt.

Lemon: Ich habe auch super viel von den gemeinsamen Erfahrungen im Hambi mitgenommen. Einfach selber zu erleben, dass Dinge klappen können, ohne das irgendwer der Chef ist und für alle entscheidet, und ohne, dass alles durch endlose Plena gejagt werden muss. Wie habt ihr euch in Kelsterbach organisiert?

Peter: Es war tief in unserem Selbstverständnis verankert, dass wir kein Plenum brauchen, auf dem alles entschieden wird, und wir stattdessen auf freie Initiative und die Assoziation von Menschen setzen. Das war ein ganz bestimmter Anarchismus. Einige Menschen waren über die Jugendumweltkongresse (Jukss) politisiert worden, und wir haben uns an den Texten aus der Projektwerkstatt Saasen orientiert. Für viele war diese Organisationsform völlig neu, weil sie bisher andere Spektren der Linken kennengelernt hatten. Da gab es viel auszuprobieren und dabei auch auf die Spitze zu treiben, um das mal durchzutesten. Trotz dieses Selbstverständnisses gab es regelmäßig ein Plenum, aber die einzelnen Menschen hatten halt die Freiheit, selbst zu entscheiden, wie sie mit Beschlüssen des Plenums umgehen. Das hat gar nicht so schlecht funktioniert. Die Besetzung hatte eine Weile Bestand, und viele Probleme hätte wohl auch ein für alle verbindliches Plenum nicht gelöst. Ein solches Plenum hätte auch nicht dafür sorgen können, dass Menschen für kollektiven Besitz mehr Verantwortung übernehmen. Denn leider konntest du bei den Kollektivfahrrädern quasi zuschauen, wie sie binnen Tagen und Wochen zu Schrott gefahren wurden.

Lemon: Die Entscheidungsfindung im Hambi lief ähnlich. Es gab immer mal wieder Leute, die versucht haben, ein Plenum zu initiieren, aber es gab auch eine starke Ablehnung gegenüber Plena. In den Jahren 2016 und 2017 wurde versucht, eine »General Assembly« (GA) – eine Art zentrales Plenum – einzuführen. Die Teilnehmenden der GA waren der Meinung, für die ganze Besetzung entscheiden zu können, weil ja theoretisch alle teilnehmen konnten. Es wurde nicht beachtet, dass nicht alle die Energie und Lust hatten, alles in mehrstündigen Plena totzudiskutieren.

2010 revoltierte die Chiawelo-Gemeinde in Soweto, Südafrika, gegen eine Strompreiserhöhung von 20 %. Soziale Bewegungen in Südafrika stellen im Rahmen ihres Kampfes für den universellen Zugang zu sauberer Energie häufig den Stromanschluss

Trommel-Gruppe blockiert einen Waldweg im Danni 2020, BN: Tim Wagner

Kürbis: Inzwischen hat sich die GA etabliert. Leute haben begriffen, dass Beschlüsse der GA nicht bindend sind und sie damit nicht im engen Sinne beschlussfähig ist. Auch im Hambi gab es den Anspruch hierarchiefrei und anarchistisch zusammenzuleben. Im eigentlichen Sinne gab es keine Herrschaft, aber meiner Ansicht nach hat man Hierarchien, sobald es eine Aufgabenverteilung gibt. Ich finde es allerdings sinnvoll, wenn es Leute gibt, die sich für bestimmte Aufgaben verantwortlich fühlen. Eine zentrale Küfa* kann zwar privilegiert darüber entscheiden, welche Gewürze ins Essen kommen, aber sie ist auch die effizienteste Methode sicherzustellen, dass am Ende des Tages alle satt sind.

Ich finde auch, dass institutionalisierte Rollen nicht automatisch Herrschaft darstellen. Es kommt darauf an, wie leicht Personen aus einer Rolle rausgekickt werden können, wenn andere Leute nicht mehr glücklich damit sind, was sie tun. Aber solche Strukturen waren im Hambi

von Bewohner*innen wieder her, denen der staatliche Stromkonzern ESKOM den Strom abgestellt hat.

und Danni nicht konsensfähig. Ich denke, dass es durch dieses Dogma der Strukturlosigkeit stärkere informelle Hierarchien im Hambi gab, weil die Leute halt nicht abwählbar waren. Hierarchien bildeten sich z.b. darüber aus, wie lange ein Mensch schon da war, wie viel Erfahrung jemand hatte und wie politisch korrekt man etablierte Szene-Codes nutzen konnte.

Das hat dann dazu geführt, dass manche Menschen einfach in die Rolle reingerutscht sind und über sie gesagt wurde »mit dem musst du über dieses oder jenes reden«. Am deutlichsten hat sich das bei sexualisierten Übergriffen oder toxischen Verhaltensweisen gezeigt. Es gab über Jahre hinweg Leute, die immer wieder in der Kritik standen, die aber nie rausgeschmissen wurden, weil das Gefühl bestand, dass die jeweilige Person in der Hierarchie zu hoch stehen würde und zu wichtig für die Besetzung sei. Diese Leute hatten auch einfach ihr Netzwerk, von dem sie unterstützt wurden.

Lemon: Am Anfang meintest du, dass Leute im Danni versucht haben, daraus zu lernen, was ihnen im Hambi nicht gefallen hatte. Was waren die »Lessons learned« und was wurde anders gemacht?

Kürbis: Es ging etwas strukturierter zu, aber es war qualitativ nicht wirklich anders als im Hambi. Informelle Hierarchien gab es immer noch, und die Leute haben halt einfach das gemacht, was sie wollten. Ein gutes Beispiel für ein verbindliches Verhalten war aber der Umgang mit den Klettergurten. Eine Zeitlang gab es einen zentralen Ort, an dem die Gurte hingen. Kollektivgurte wurden mit einer Nummer beschriftet und diejenigen, die sich einen Gurt ausgeliehen haben, mussten ihren Namen und diese Nummer in eine Liste eintragen. So konnte man nachgucken, wer den Gurt mit welcher Nummer gerade benutzt, damit nicht völlig undurchsichtig ist, wo welche Gurte rumfliegen. Ein anderes Thema, bei dem im Danni ein anderer Umgang gepflegt wurde als im Hambi, war der Kontakt mit bürgerlichen Menschen. Im Danni wurde insgesamt mehr Wert darauf gelegt, anschlussfähig für Menschen aus dem bürgerlichen Umfeld zu sein, anstatt die eigene Ideologie in absoluter Reinheit durchzudrücken. Die Stimmen waren hörbarer, die versuchen wollten, eine gute Beziehung zu den Nachbarn aufzubauen. Ich glaube, das hatte auch mit der Entstehungsgeschichte zu tun. Der Hambi ist als autonomes Projekt entstanden und dann irgendwann gewachsen. Erst später sind mehr linksliberale Leute mit 'nem studentischem Hintergrund dazu

---

Vom **22. November bis zum 18. Dezember 2010** stoppten Hunderte von Tibeter*innen die Arbeiten eines staatlichen Bergbauunternehmens in den kupferreichen Bergen in der Nähe des Klosters Lingka in Tamo, in der chinesischen Provinz Shigatse.

Tripod im Hambi wenige Tage vor der Räumung 2018, BN: anonym

gekommen. Im Danni war es umgekehrt. Dort waren von Anfang an viele linksliberale Student:innen und eher nur eine handvoll Autonome.

Lemon: Trotz der internen Reibereien ist der Hambi bis heute besetzt. Es gab zwar immer wieder Räumungen, aber der Wald wurde einfach erneut besetzt. Kelsterbach und Danni hingegen wurden zumindest vorerst endgültig geräumt. Wie lief die Räumung in Kelsterbach ab?

Peter: Die Räumungsphase war insofern krass, als es nicht den einen Kristallisationspunkt »Räumung« gab. Nicht wie z.B. bei der Startbahn, als das Hüttendorf geräumt wurde. Damals gab es einen großen Tag, an dem der Angriff erfolgte. Daraufhin haben ringsherum in allen Ortschaften die Kirchenglocken geläutet und am Nachmittag standen die Massen im Wald. Das hatten die Bullen wohl noch vor Augen, weshalb sie bei uns langsamer angefangen haben, in kleinen Schritten. Sie haben damit begonnen, einen Bauzaun rund um das besetzte Gelände aufzustellen, mit Flutlichtscheinwerfern an allen Ecken und kontrolliertem Ein- und Ausgang. Der Druck wurde dann stückchenweise erhöht. Alle paar Tage gab es Polizeirazzien. Die sind einmal rein, haben alles durchsucht, und sind wieder rausgegangen. Wir mussten unsere Alarmbereitschaft also immer hochhalten. Das hat auch zu Konflikten geführt, weil die Leute aufeinander hockten und sich immer weniger raus getraut haben. Aber die Versorgung wurde durch bürgerliche Unterstützungspersonen gewährleistet. Die haben zum Teil krasse Sachen gebracht. Ein Handwerker hat ein Kletterseil in eine leere Gasflasche eingeschweißt und es so reingeschmuggelt. Aber alles wurde schwieriger. Nachts das Scheinwerferlicht

---

Die Polizei beendete die Blockade gewaltsam und mehrere Mönche wurden zu Haftstrafen verurteilt.

der Bullen, diese unglaublich lauten Generatoren von den Scheinwerfern, und Secus, die dich die ganze Zeit anglotzen. Schließlich waren alle total zermürbt, und dann begann eines Morgens die Räumung. In den ersten Minuten war gar nicht klar, ob das jetzt die 297ste Razzia ist oder tatsächlich die Räumung. Die meisten Leute wurden direkt am Boden festgesetzt. Ein paar Leute hatten sich in Bäumen und auch in Baumhäusern angekettet, aber wir konnten nicht ansatzweise alles bespielen, was wir an Blockadestrukturen eigentlich in den Bäumen hatten. Die Bullen hatten innerhalb eines Tages alles geräumt.

Lemon: Wie war die Situation im Danni? Was hat die Polizei aus der Hambi-Räumung gelernt?

Kürbis: Bei der Hambi-Räumung 2018 waren sie logistisch überfordert. Bei der Danni-Räumung wussten sie schon vorher, dass sie logistisch überfordert sein und Fehler machen würden. Sie wollten aber fertig werden und haben daraufhin ihr Pressekonzept einer unsicheren Räumung angepasst. Im Hambi haben sie bekanntlich auch fahrlässig geräumt, aber das hatten sie nicht in ihrer Pressestrategie eingeplant. Im Danni hat die Polizei von vorneherein der Presse gegenüber sehr vehement betont, dass Sicherheit für sie an erster Stelle stünde. Im Gegenzug war es für uns schwer zu vermitteln, dass die Polizei bewusst Menschenleben gefährdet hat. Ich habe während der Räumung Pressearbeit gemacht und war die ganze Zeit in einem recht depressiven Zustand, weil ich jeden Tag darauf gewartet habe, dass jemand umkommen würde.

Lemon: So eine Räumungssituation setzt alle Beteiligten starkem Stress aus. Die drohende Polizeigewalt, die Flutscheinwerfer und all das. Wie seid ihr in Kelsterbach mit diesem Stress umgegangen? In der heutigen Klimagerechtigkeitsbewegung setzt man sich viel mit psychischen Aspekten von Aktivismus auseinander und versucht Strukturen so zu gestalten, dass Menschen langfristig aktiv bleiben können. Gab es solche Diskussionen bei euch auch schon?

Peter: Einige sind regelrecht weggebrochen. Eine Genossin hat durch das Aufeinandertreffen mit der Polizei leider eine chronische Beeinträchtigung davongetragen. Einige haben noch ein paar Jahre lang niedrigschwelligere Politik gemacht und sind dann ausgestiegen. Viele sind in bürgerliche Existenzen zurückgekehrt. Ich weiß nicht, inwieweit ein

---

Von 2010 bis 2014 wurden in Kambodscha riesige Zuckerrohrplantagen angelegt. Dafür wurden Anwohner*innen umgesiedelt, Land und Wasser vergiftet und Bäuer*innen und ihre Kinder zur Plantagenarbeit gezwungen. Örtlicher Widerstand gegen die

Trauma oder einfach das Älterwerden dabei eine Rolle gespielt hat. Es flogen auch Broschüren von der »Out of Action«-Struktur rum, aber es gab keine tiefere Auseinandersetzung. Für mich war die Zeit nach der Räumung sehr enttäuschend. Ich war noch länger in der Region, und obwohl explizit andere Sachen vereinbart waren, haben sich alle bei der Besetzung geschaffenen Strukturen sehr schnell aufgelöst.

Lemon: In heutigen Bewegungen wird es oft als Ziel formuliert, dass alle lebenslänglich politisch aktiv sein sollen. Hältst du das für ein sinnvolles Ziel?

Peter: Ich bin unschlüssig. Die Waldbesetzung war eine der intensivsten Zeiten meines Lebens. Das haben viele Menschen so erlebt, und bei einigen gibt es 'ne regelrechte Nostalgie. Gerade bei denen, die eher in tristen Existenzen gelandet sind und dann die alten Zeiten wieder aufleben lassen wollen, wenn sie auf Leute von früher treffen. Ich sehe die Bemühungen in der Klimabewegung mit Sympathie, aber ich glaube nicht, dass man sein ganzes Leben in dieser Intensität leben kann. Auch dieses Anti-Bürgerliche wird anstrengender, wenn man älter wird. Man sollte das, denke ich, auch nicht so engstirnig sehen.

Wie etwa: Entweder lebst du auf 'ner Besetzung und bist eine krasse Ober-Aktivist*in oder du studierst, hast einen Job und bist aus allen Sachen raus. Ich glaube, die meisten bewegen sich heute zwischen diesen Polen.

Lemon: Was würdest du jungen Waldbesetzer*innen noch mit auf den Weg geben wollen? Was hast du damals gelernt, was du gerne weitergeben würdest?

Peter: Jede Generation muss ein bisschen dieselben Fehler machen. Das Verhältnis zu den Bullen klärt sich nicht durch theoretische Veteran:innen-Geschichten am Lagerfeuer, sondern durch die ersten Übergriffe. Es ist aber auch ein Problem, dass die Generationen so schnell wechseln und gefühlt alle wieder bei Null starten.

Wir hatten damals zu wenig Sensibilität für Diskriminierung, Sexismus und Zugangsschwellen. Meinem Gefühl nach ist das später besser gelaufen. Ansonsten machen mir Sicherheitsstandards beim Klettern Sorgen. Da ist es der Bewegung nicht so gut gelungen, Know-how in einer bestimmten Qualität weiterzugeben. Mein Klettergurt liegt zwar immer

---

Vertreibungen reichte von kleineren Protesten über Barrikaden auf den Straßen bis zu Brandstiftung und Sabotageaktionen.

noch griffbereit zuhause, aber ich weiß nicht, ob ich das Vertrauen in die Strukturen hätte, um heute noch bei Besetzungen zu klettern.

Ich möchte nochmal unterstreichen, es war einfach eine tolle, wichtige und prägende Zeit in meinem Leben. Allein deshalb bin ich total froh, dass es hoffentlich weiterhin Menschen gibt, die diese Erfahrung machen.

Leseempfehlungen

Noch mehr Geschichten von und über die Waldbesetzung im Hambacher Forst: Mit Baumhäusern gegen Bagger. Geschichten vom Widerstand im rheinischen Braunkohlerevier. 2015. Von den Besetzer*innen des Hambis.

Auch der Blog der Waldbesetzung von Hambi (https://hambacherforst.org/; https:// waldstattasphalt.blackblogs.org/) ist ein Fundus für Geschichten und wird heute immer noch genutzt.

2010 begann der Widerstand gegen den Bau des Kohlekraftwerks Rampal in den einzigartigen Mangrovenwäldern der Sundarbans in Bangladesch. An den jahrelangen Demonstrationen, Streiks und Kampagnen beteiligten sich Menschen aus allen Gesell-

Von den Hüttendörfern in die Baumwipfel

Besetzungen gegen den Ausbau des Frankfurter Flughafens

Nach der Schule für ein oder zwei Jahre auf einer Waldbesetzung zu leben, entwickelt sich heute für die Generation FFF schon fast zu so etwas wie einem anerkannten Lebensstil. 2007 war das noch etwas anders. Waldbesetzungen kannte man vor allem aus den 1980er-Jahren. Und für jene Zeit war die Startbahn West natürlich ein legendäres Beispiel. Die Besetzung hatte aus Hüttendörfern bestanden, die gegen die neue Startbahn des größten deutschen Flughafens in Frankfurt errichtet worden waren. Deren damalige Räumung fiel in eine Zeit, in der die Ökologiebewegung gerade auf ihrem Höhepunkt zu sein schien. Zehntausende blockierten daraufhin Autobahnen überall in der BRD und stellten für einen kurzen Zeitraum die Regierbarkeit des Landes infrage. Die Zeit der Besetzung, die Erfahrungen der Solidarität in der Bewegung und die Repression als sichtbar autoritärer werdende Fratze des noch nicht ganz spätkapitalistischen Staates: Diese Erfahrungen prägten im Rhein-Main-Gebiet eine ganze Generation. Die Regierbarkeit konnte damals nur mit der Ankündigung aufrechterhalten werden, dass die Startbahn der letzte Ausbau des Frankfurter Flughafens sein würde – for ever, ever.

Als diese Zusage 30 Jahre später gebrochen und die Landebahn Nordwest geplant wurde, war der Mangel an Geschichtsbewusstsein in der Bewegung deutlich zu erkennen. Staat und Kapital leben vom Vergessen. Vom Vergessen der einstigen Versprechungen und der zuvor geführten Kämpfe. Aber auch vom Vergessen in einem allgemeineren Sinne, denn wer erinnert sich heute noch an das Urversprechen des industriellen Kapitalismus, durch ihn zu einem bequemeren und guten Leben zu gelangen?

schaftsschichten. Bangladesch ist eines der vom Klimawandel am meisten bedrohten Länder der Welt.

Als wir in der Nacht vom 28. auf den 29. Mai 2008 mit einer handvoll Klimaaktivist:innen den Kelsterbacher Wald besetzten, fügten wir uns sozusagen ein in den Fluss der Bewegungsgeschichte, denn aus heutiger Perspektive war die Waldbesetzung in Kelsterbach das zentrale Verbindungsglied zwischen zwei großen Abfolgen von Wald- und Flächenbesetzungen: derjenigen der 1980er-Jahre, die sich neben der Startbahn vor allem um die Verhinderung von Atomanlagen drehte (Wackersdorf, Kalkar, u.v.a.) und der heutigen, die an verschiedenen Orten die Produktion der Klimakrise in den Blick nimmt (Kohleanlagen, Autobahnen, Massentierhaltung).

Während die Repressionsorgane taktisches Wissen von Aktion zu Aktion ansammeln, besteht in der Bewegung die Gefahr, dieselben Fehler immer wieder zu begehen. Aber das ist bei weitem nicht der einzige Grund, weshalb Geschichtsbewusstsein entscheidend für den Erfolg von sozialen Bewegungen ist. In dem Moment, in dem wir uns bewusst werden, dass die Generationen vor uns dieselben (oder sehr ähnliche) Kämpfe ausgefochten haben, passiert etwas durchaus Entscheidendes: Es entsteht eine Traditionslinie, die uns den Rücken stärkt, die unseren Kämpfen eine ganz andere Selbstverständlichkeit gibt und die die diskursive Marginalisierung durchbricht.

Die Besetzung des Kelsterbacher Waldes war anfangs ein wagemutiges Unterfangen. Um zu verhindern, dass »der Wahnsinn der über unsere Köpfen fliegt, in unseren Haaren Nester baut« (Früchte des Zorns), besetzten wir kurzerhand ein paar alte Eichen in dem Waldstück, wo heute nur noch eine Betonpiste ist. Wir wussten nicht, ob wir die Kapazitäten haben würden, diese Besetzung über die Zeit zu halten. Wir wussten auch nicht, ob wir andere dazu begeistern könnten, ihre »Jugend zu verschwenden«, nicht für eine individuelle Karriere, sondern um für eine Zukunft und einen bewohnbaren Planeten zu kämpfen. Wie gesagt, es gab in dieser Zeit nicht mehr die Tradition dauerhafter Wald- und Flächenbesetzungen, und der Frankfurter Linken, die sich lieber im sicheren Hafen ihrer Adorno-Lesekreise aufhielt, kamen wir vermutlich suspekt vor. Aber wir hatten in den Monaten zuvor »Blut geleckt«, als wir auf verschiedenen Genfeldbesetzungen erfolgreich die Aussaat des kapitalistisch manipulierten Lebens hatten verhindern können. Und wir wurden positiv überrascht von der Intensität des lokalen Widerstandes – der, so schien es uns, nur darauf gewartet hatte, dass wie in den 1980er-Jahren junge Aktivist:innen den bedrohten Wald mit Baumhäusern und anarchistischen Ideen besiedeln.

Zwischen 2010 und 2015 wurden in Thailand die Aktivist*innen Somporn Pattanaphum, Montha Chukaew, Pranee Boonrat und Chai Bunthonglek ermordet. Alle vier hatten als Kleinbäuer*innen in der Gemeinde Kholong Sai Pattana Widerstand geleistet gegen ein Palmölunternehmen, das illegal ihr Land in Anspruch nahm.

Störung der Rodung in Kelsterbach 2009, BN: Philip Eichler

Seit der Bekanntgabe der Pläne für den Bau einer neuen Landebahn hatte sich fast in jeder Stadt des Rhein-Main-Gebietes eine eigene Bürgerinitiative gegründet, worunter sich auch bedeutende anarchistische Kräfte befanden – gewissermaßen Überbleibsel der Startbahn-West-Zeit. Kurzerhand wurden die Treffen der Bürgerinitiativen und des Bündnisses gegen die Erweiterung in den besetzten Wald verlegt, solidarische Verbindungen geknüpft und strategisches Wissen ausgetauscht.

Was diese Besetzung von nun an ausmachte, war das Zusammenspiel tendenziell jüngerer Aktivist:innen mit erfahrenen lokalen Anti-Flughafen-Kreisen, die bereits bewiesen hatten, dass sie ebenso wie die Besetzer:innen an den Wurzeln der Probleme ansetzen wollten. Dieses Zusammenspiel brachte Erfahrungen hervor, die quer zu den meist üblichen Bewegungsabläufen lagen. Unvergessen der Moment, als Aktivist:innen auf einen Harvester kletterten, um ihn zu blockieren und

Am **31. Januar 2011** erreichten Massenproteste gegen den geplanten neuen Flughafen »Bangabandhu Sheikh Mujib International« in Bangladesch ihren Höhepunkt. 30.000 Fischer*innen und Bäuer*innen, die von dem Megaprojekt betroffen gewesen wären, beteiligten sich an Blockaden, Protestmärschen und Straßenschlachten mit

Startbahn-Veteran:innen grummelten: »Also bei uns hätte das Ding damals gebrannt!«. Ein generationenübergreifendes widerständiges Handeln wurde so möglich – z.b. mit Hunderten Menschen nachts die Zäune abzubauen, die die Polizei tagsüber errichtet hatte. Im Sommer wuchs die Besetzung, wohl auch wegen des Badesees, der nur 50 Meter von den Baumhäusern entfernt lag (die Menschen, die damals diesen wunderschönen See zur Naherholung nutzten, können heute daneben mit dem Flugzeug landen, wenn sie von der Ferienreise zurückkommen). Zum Beginn der Rodungssaison veranstalteten wir ein »Unräumbar-Festival« mit mehreren hundert Teilnehmer:innen. Die Entschlossenheit, diesen Wald gegen die Interessen des Kapitals und die Polizeirepression zu verteidigen, wuchs noch immer, als die Temperaturen sanken (wir hatten einen Winter mit bis zu – 20 Grad). Am 20. Januar 2009 riegelte die Polizei das Camp ab, sodass die Aktivist:innen auf einem engem Gebiet eingesperrt waren – psychologische Kriegsführung. Außerhalb unseres gut bewachten Käfigs konnten wir schon hören, wie die Harvester den restlichen Wald rodeten und den Boden für den Bau der Landepiste vorbereiteten. Auch die Rodungsgebiete wurden zuvor umzäunt, sodass uns ein doppelter Zaun von den Orten des Geschehens trennte und sich die Ohnmacht gepaart mit den Rodungsgeräuschen in unsere Gemüter fraß wie die Harvester in den Wald. Der Winter wurde hart, denn wir hatten dieser Isolierung nicht genug entgegenzusetzen. Alles was blieb, war der allabendliche »Schabernack« mit den Securitys: Wenn auf der einen Seite des Camps das faulig gewordene Gemüse »entsorgt« wurde, mussten die Securitys das Camp umrunden, um zur Unterstützung der dortigen Securitys zu kommen. Lief man wieder auf die andere Seite, um dort den gleichen Spaß zu machen, mussten die Securitys den doppelt so langen Weg außen herum laufen und waren damit zwangsläufig schneller außer Puste.

Es gab nur einen Eingang ins Camp, der aber von der Polizei kontrolliert wurde. Nur Lebensmittel durften hinein – natürlich kein Klettermaterial oder sonstige Aktionsutensilien. Zudem wurden gegen die polizeibekannten Aktivist*innen Platzverweise ausgesprochen, sodass sie, hatten sie einmal das Camp verlassen, nicht wieder hineingelangten. Doch mit einiger List der Unterstützer:innen wurde weiterhin Bau- und Klettermaterial und auch (als Familienmitglieder verkleidete) Aktivist:innen in das Camp geschmuggelt, sodass die Vorbereitungen gegen die Räumung den gesamten Winter weiterliefen – was Blockadetechni-

der Polizei. Zwei Tage später gab die Regierung bekannt, das Projekt nicht weiterzuverfolgen.

ken und Baumhausbau angeht, waren die Skills leider noch lange nicht auf dem Niveau, das sich später im Hambi etablieren sollte. Trotzdem wir auf dem besetzten Platz zahlenmäßig stärker als je zuvor waren, begann am 18. Februar die Räumung. Sie begann insofern wie die der Startbahn-West-Besetzung, als das verabredete Alarmsignal der Wachposten wie damals ausblieb – warum auch immer. Die Blockadepositionen wurden nicht rechtzeitig besetzt (der neue Blockadetunnel inbegriffen), und so ging die Räumung innerhalb eines Tages relativ unspektakulär über die Bühne.

Zwar gab es auch nach der Räumung größere und kleinere Protestaktionen, aber wir waren zu wenige, um noch irgendetwas erreichen zu können. Eine breite Öffentlichkeit, wie sie sich bei der versuchten Räumung des Hambacher Forstes zehn Jahre später einstellte, baute sich nicht auf, das Interesse einer kritischen Masse blieb aus. Erst später, als die Landebahn gebaut war und der Flugverkehr auch über den reicheren Stadtteilen zunahm, standen jeden Montag Tausende Anwohner:innen mit ihren Trillerpfeifen an den Terminals. Sie hätten es wissen können, wenn sie uns rechtzeitig zugehört hätten. Genauso wie all die Besitzstandswahrer:innen, die es heute noch für unzumutbar halten, auf ihr Zweitauto zu verzichten, aber in 15 Jahren, wenn ihr Haus weggeschwemmt sein wird, laut aufschreien werden.

In Kelsterbach haben wir am Ende verloren. Der Wald wurde gerodet, die Landebahn wurde gebaut und heute landen dort täglich die Mallorca-Urlauber*innen mit den Deutschlandhüten. Aber wir haben die Tradition von Wald- und Flächenbesetzungen weitergeführt, wobei die Wissens- und Geschichtsvermittlung der Startbahn-Leute auf dieser Besetzung von zentraler Bedeutung war. Und darauf können heutige Besetzungen aufbauen.

Leseempfehlung

Der Blog der Waldbesetzung Kelsterbach wird immer noch gepflegt, auch wenn es heute keine Besetzung mehr gibt. Damals schlicht waldbesetzung.blogsport.de genannt, weil es den Besetzer*innen gar nicht in den Sinn kam, es könnte nach ihnen noch weitere Waldbesetzungen geben.

Im **März 2011** protestierten in China Anwohner*innen, die für den gigantischen Xiangjiaba-Staudamm vertrieben wurden, mit mehrtägigen Straßenblockaden, militanten Auseinandersetzungen und Demonstrationen gegen ihre zwangsweise Umsiedlung und die geringe Entschädigung.

»Klimaschutz von unten«
Die Tunnelblockade während der ersten Hambi-Räumung

Content Note:
Schilderung von
Räumung, Rodung,
Polizeikontakt,
Gewahrsam und
ED-Behandlung
aus persönlicher
Perspektive

Im November 2012 kam es zur ersten Räumung der Waldbesetzung im Hambacher Forst. Womit die Polizei nicht gerechnet hatte: Es sollte auch die längste Tunnelräumung in der Geschichte der Umweltbewegungen in Deutschland werden. Es war, wie fast schon zu erwarten, Dienstag um acht Uhr morgens, als ein Schrei durch die Besetzung ging: »Räumung!«. Alle begaben sich zu ihren Blockadepunkten und die Polizei bahnte sich den Weg durch den Wald zur Besetzung frei. Der Tunnel befand sich unterhalb des 10 m hohen Küchengebäudes, über dem noch Walkways* aus Seilen zu den verschiedensten Baumhäusern gespannt waren. Als die Maschinen immer weiter ins Camp vordrangen, wurde die Polizei lautstark darauf hingewiesen, dass sie nicht mehr weiterfahren dürfte, da sich Menschen in einem unterirdischen Tunnelsystem befänden. Es dauerte eine Weile, bis darauf eingegangen wurde.

Daraufhin wurde einem Polizisten ein schmales Rohr gezeigt, das aus dem Boden ragte. Dies war ein Teil des Belüftungssystems, durch das ich mit den Menschen über der Erde sprechen konnte. Das wurde zunächst noch nicht geglaubt. Ich habe immer nur mit Kontaktpersonen geredet, die ich kannte. Als der Polizist dann meine Stimme hörte, hat er nichts mehr gesagt. Die Person, die sich neben dem Belüftungsrohr in einem Betonlock-On angekettet hatte, erzählte später, dass sein Gesicht käseweiß angelaufen und er auf direktem Weg zu seinem Vorgesetzten gerannt sei. Ihr Kommentar: »Alleine für diesen Gesichtsausdruck hat sich die Aktion schon gelohnt.«

Danach kam die Räumung erst mal zum Erliegen und die Polizei richtete ihren Fokus auf das Küchengebäude. In den folgenden Stunden hatte

---

2011 verhinderten die Einwohner*innen von Idku an der ägyptischen Mittelmeerküste mit monatelangen Protesten, Straßenblockaden, Recherche- und Öffentlichkeitsarbeit und weltweiter Vernetzung ein Gasterminal von BP in ihrer Stadt. Auf dem

3D-Pappmodell des Tunnelsystems 2012, BN: Hubert Perschke

die Polizei allerlei Vermutungen, wie z.B. die, dass ich nur ein intelligenter Sprachcomputer sei. Es dauerte auch eine ganze Weile, bis sie den Eingang zum Tunnel gefunden hatten, und auch danach durchkämmten sie noch wie verrückt den Wald, auf der Suche nach einem möglichen zweiten Ausgang.

Der Eingang (1) befand sich unter einer Person im Betonlock-on. Nach dieser Entdeckung wurde alles daran gesetzt, diese Person möglichst schnell herauszuholen. Dann waren sie an der ersten Falltür zum Tunnel. Bei jeder Tür mussten die Einsatzkräfte immer erst mit einem Endoskop schauen, was sich dahinter befand. Die erste Tür (1) war eine kleine Metallschiebetür in einer Betondecke, die mit einem Baumstamm blockiert war. Die haben sie relativ schnell aufgebrochen, doch dann blickten sie in einen etwa 1,70 m tiefen, leeren Raum. Außer Erde gab es dort nur die nächste Metallklappe (2) im Boden. Diese war nur mit einem Drahtseil verschlossen, und sie haben sie schnell gelöst. Weiter runter ging es durch ein senkrechtes Stück Rohr mit nur knapp 40 cm Durchmesser, durch das nur die kleinsten und schmächtigsten Einsatzkräfte passten. Sie stellten erleichtert fest, dass im nächsten Raum immerhin eine Leiter stand.

Unten, in einem ca 1,60 m hohen Gang, trafen sie auf eine große Holztür (3), die von innen mit Eisenriegeln und einem Baumstamm blockiert war. Aber auch die aufzubrechen, dauerte nicht allzu lange. Doch wie weiter? Der Gang endete im Sand. Die Einsatzkräfte waren ratlos und auch schon weitergegangen, als ihre Kompetenzen es eigentlich zuließen. Denn die deutsche Polizei ist nicht für Tunnelaktionen ausgebildet, und sobald etwas über ihren Köpfen ist, das sie nicht einschätzen können, dürfen sie eigentlich nicht selbstständig handeln. Alle meine Kontaktpersonen haben immer wieder gefordert, dass sie eine Spezialfirma

---

Höhepunkt der Proteste wurde die örtliche Niederlassung von BP um ihre Computer erleichtert.

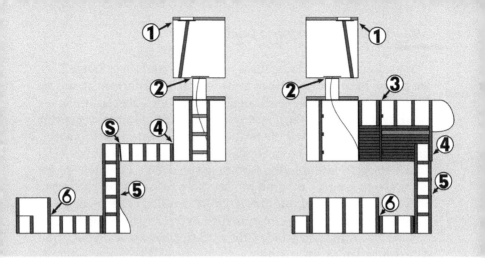

aus Großbritannien kommen lassen sollten, die für Tunnelräumungen ausgebildet sei. Stattdessen forderten sie Feuerwehr, THW, Rettungskräfte und sogar ein Team für Statik aus Dänemark an. Außerdem die Grubenwehr aus Herne, die auf die Rettung von Menschen aus Bergwerken spezialisiert ist. Ein riesiger Fuhrpark stand im Wald herum.

Während der Suche nach der vierten Tür (4) meldete die Feuerwehr erhöhte CO_2-Werte im Tunnel. Mir wurde übermittelt, dass die Einsatzkräfte panisch wurden, weil dies lebensgefährlich sei und ich herauskommen solle. Aber ich vertraute auf mein Lüftungssystem und meinen logischen Verstand. Die Einsatzkräfte hatten bedacht, dass CO_2 schwerer ist als Sauerstoff. Aber nicht, dass warme Luft leichter ist als kalte, und dass ich mit dem Belüftungssystem von unten frische Luft von draußen ansaugte. Dies hatte den Effekt, dass die verbrauchte Luft vom zweiten Untergeschoss (wo ich mich befand) ins erste Untergeschoss strömte, wo sich die Räumungskräfte aufhielten, wo sie die Luftwerte gemessen hatten. Die Angst um meine und ihre eigene Sauerstoffversorgung führte zu einer Unterbrechung der Räumung.

Am Abend, als oben alle vier Personen aus den Lock-Ons geräumt waren, nahmen sie auch meine Kontaktperson mit. Da war ich das erste Mal ohne Kontakt mit der Außenwelt, denn mit der Polizei habe ich nicht geredet. Erst als sie nach Stunden einsahen, dass sie selbst keinen Kontakt zu mir aufbauen konnten, haben sie meine Verlobte als neue Kontaktperson akzeptiert und durch die Absperrungen am Waldrand gelassen.

Am **17. Oktober 2011** blockierten Demonstrant*innen in Yanacocha, Peru eine Straße und zündeten acht Baumaschinen an. Hintergrund waren die Pläne der US-Konzerne Newmont und Buenaventura, die Goldmine in Yanacocha zu erweitern. Das

Irgendwann haben sie die Suche nach der vierten Tür (4) fortgeführt. Sie sind dem Lüftungsschlauch weiter durch den Sand gefolgt, was sie bei einem vorherigen Versuch aufgegeben hatten. Dabei erkannten sie wohl, dass es seitlich wegging. So entdeckten sie die kleine versteckte Tür (4), die so aussah wie die restliche Wand. Als sie diese Tür aufgebrochen hatten, hörte ich einen Schreckensschrei: »Ach du Scheiße! Da ist ein Spiegel!« Sie forderten Werkzeug von oben an, um den Spiegel (S) im Gang, der genauso groß wie der Gang selbst war, zu entfernen. Hier wurde es auch für die Einsatzkräfte deutlich unbequemer: Von einem Gang, in dem sie einigermaßen aufrecht gehen konnten, zu einem Kriechgang von gerade einmal 30-50 cm Höhe und Breite. Und dann gab es den nächsten Schrei: »Ach du Scheiße! Es geht noch weiter!« Denn hinter dem Spiegel ging es noch einmal weiter runter durch einen Schacht von zwei Metern Tiefe, der in der Mitte durch die fünfte Tür (5) versperrt war. Hier traute die Polizei sich nicht weiter und sie ließen die Grubenwehr weitermachen.

Mit äußerster Mühe brach die Grubenwehr die fünfte Tür (5) auf, und zwei Menschen stiegen durch den Schacht hinab. Unten angekommen, krochen sie noch den letzten Gang bis zu mir, aus Platzgründen schaffte es aber nur eine Person an die sechste und letzte Tür (6). Vom Räumungsbeginn bis hierhin hatte es 36 Stunden gedauert. Als die Tür aufgebrochen war, fand ich es eigentlich schön, mal wieder ein menschliches Gesicht zu sehen, doch jeder musste in seiner Rolle bleiben: Ich wollte weiter blockieren und die Grubenwehr sollte mich räumen. Er zeigte mir dennoch seine fachliche Begeisterung für das, was hier gebaut worden war, und sah ein, dass er mich so nicht rausbringen konnte. Er meldete nach oben, dass ich es ganz gemütlich hätte und gab mir ein Telefon, das sonst in der Bergwerkrettung eingesetzt wird. Oben war es an einen Lautsprecher angeschlossen, was die Kommunikation erleichterte, doch die Nerven der Polizei strapazierte, denn ich hatte unten ein Baustellenradio mit 35 Remixen der Tetris-Melodie. Während der Räumung habe ich viermal die Batterien gewechselt, es lief gefühlt eineinhalb Tage lang, bis meine Kontaktperson mich anflehte, die Musik auszumachen, denn andauernd pfiff oder summte jemand von der Polizei die Melodie.

Währenddessen schritt die Räumung voran und sie bauten Stück für Stück das Küchengebäude über mir ab, um dort einen eigenen Zugang zu mir zu graben, den sie mit Betonringen von zwei Metern Durchmesser verstärkten. All das dauerte seine Zeit und auch die letzte kletternde Person, die eineinhalb Tage lang in den Bäumen ausgeharrt und mit

---

Unternehmen musste den Betrieb der Mine wegen der Aktionen vorübergehend einstellen.

Erfrierungen zu kämpfen hatte, war geräumt. Zwischenzeitlich unterbrach die Polizei wiederholt den Kontakt zwischen mir und meiner Kontaktperson, um zu schauen, ob ich nicht doch irgendwann anfinge, direkt mit ihnen zu reden. Aber spätestens nach vier Stunden wollten sie dann doch immer wieder wissen, wie es mir ging. Einmal gab es Panik oben, weil sie nichts mehr von mir hörten. Doch auch ich musste mal schlafen. Auch meine Kontaktperson hatte zwischenzeitlich Unterstützung bekommen, sodass die Menschen oben sich abwechselnd ausruhen konnten.

Mit einem Audiolot wurde gemessen, wo sie den Schacht zu mir graben konnten. In den Medien haben sie immer wieder stolz berichtet, dass sie zur Sicherheit einen Meter neben mir graben würden, damit die Betonringe nicht auf mich drauf fallen bzw. die Tunneldecke eindrücken könnten. Als sie dann meinen Raum erreichten, stellte sich heraus, dass sie falsch gemessen hatten. Die Betonringe lagen mit einer Kante 20 cm über dem Kopfende meines Raumes. Da habe ich auch das erste mal wieder Tageslicht gesehen. Es war der vierte Tag der Räumung. Ich winkte allen und rief ihnen zu, dass es mir gut ging und wir uns bald wiedersehen würden. Die Grubenwehr verschloss das Loch noch einmal mit Brettern, damit nicht noch mehr Erde zu mir herunterfiel.

Das war der Moment, in dem ich mir überlegte, was ich noch weiter machen könnte. In den meisten Medien konnte die Polizei die Räumung des Tunnels völlig unwidersprochen als »Rettungsaktion« darstellen. Deshalb wollte ich die Räumung weiter erschweren, um der Öffentlichkeit klarzumachen, dass ich nicht »gerettet« werden musste (und schon gar nicht wollte). Ich packte meine Sachen, überdeckte mit einer Isomatte eine Kamera, die im Gang aufgestellt war, und verschwand zurück in den Gang.

Als sie die Luke zum Raum wieder öffneten, gab es den nächsten Schreck: »Er ist weg!« Dann rannten sie von beiden Seiten in den Gang, um mich zu suchen. Sie fanden mich schnell, doch ich befand mich an der engsten Stelle, an der sie mich nicht herausziehen konnten. Es wurden von beiden Seiten Kameras auf mich gerichtet und der Gang aus der Richtung meines Raumes erweitert, um die Bergungsarbeiten fortführen zu können.

Dies war politisch ein wichtiger Moment. Er zeigte den Medien, dass ich mich nicht retten lassen wollte. Die Polizei kam in Erklärungsnot. Der Polizeipressesprecher meinte, ich müsse »verrückt« sein, wenn ich da nicht freiwillig herauskommen wollte. Das war ein schmaler Grad, denn

Im **Dezember 2011** gab das indische Energieunternehmen NSL Power bekannt, das geplante Talanchankadu-Kohlekraftwerk mit 1.320 MW Leistung in Tamil Nadu »wegen des heftigen Widerstands der örtlichen Bevölkerung« nicht zu bauen. Vorangegan-

zum einen bot sich hier die Möglichkeit, vielen Menschen die Inhalte der Bewegung zu verdeutlichen, und zum anderen bestand die Gefahr, dass die Medien dem Märchen der Polizei glauben schenkten, ich würde »durchdrehen«. Meine Flucht in den Tunnel verlängerte die Räumung um einen halben Tag. Am Ende sind sie immer näher gekommen und haben mich durch die Gänge herausgezogen. Oben angekommen, haben sich erst einmal fünf oder sechs von der Bereitschaftspolizei auf mich gestürzt und mich festgehalten. Ich lag regungslos da. Es wurde gefragt, ob ich normal oder gesondert abgeführt werden sollte. Der Vorgesetzte meinte nur entkräftet: »normal«. Ich wurde, mit einem Bettlaken von den Medien abgeschirmt, in ein Sanitätszelt getragen. Hier habe ich in vielen Gesichtern die Erleichterung gesehen, dass es endlich zu Ende war. Als der Einsatzleiter zu mir ins Zelt kam, sagte ein Polizist: »Hier ist der Mann, nach dem sie so lange gesucht haben«, wobei er sich das Lachen verkneifen musste. Auch ich musste schmunzeln und der Einsatzleiter schrie mich an: »Das ist nicht zum Lachen!«

Aber ich wusste: Sie würden mich nicht so lange festhalten können wie sie für die Räumung gebraucht hatten. Diese hatte insgesamt 90 Stunden gedauert, und die anschließenden Aufräumarbeiten kosteten sie einen weiteren Tag.

Ich wurde in die Gefangenensammelstelle (Gesa) nach Köln gebracht. Zuvor war mir der Gang zur Toilette verwehrt worden, weil sie »zu weit weg sei«, ich aber auch nicht einfach in den Wald pinkeln dürfe. Auf dem Weg nach Köln gab es eine kleine Verfolgungsjagd von Leuten, die sich solidarisch mit mir zeigen wollten. So dauerte der Weg länger bis zur Gesa und ich erleichterte mich im Gefangenentransporter.

In der Gesa wunderten sich die Beamten, was ich hier noch sollte, weil ich drei Tage später als alle anderen ankam. Sie haben sich alles Mögliche ausgedacht, um mich lange drin zu behalten, aber fanden nichts, was sie mir vorwerfen konnten. Sie haben es mit »Widerstand« versucht, doch ich hatte mich komplett passiv verhalten. Dann mit Nötigung, aber wen sollte ich genötigt haben? Ich war von allen weit genug entfernt. Zum Thema Hausfriedensbruch meinten sie, sie müssten überprüfen, ob das Gelände umfriedet sei. Natürlich nicht. Es war ein öffentlicher Wald. Wälder müssen frei zugänglich sein und alle haben das Recht, einen Wald zu betreten.

Ich war sichtlich erschöpft, ließ alles mit mir machen und ging am Ende in die Zelle. Ein Aktivist gab mir mal den Rat, die Gesa als Ruheort zur Erholung anzusehen und um Kraft zu tanken. Das habe ich beher-

gen waren jahrelange Massenproteste der Fischer*innen und Bewohner*innen der betroffenen Dörfer.

Der Eingang zum Hambi-Tunnel 2012, BN: Hubert Perschke

zigt und mich am nächsten Morgen regungslos zur ED-Behandlung*
tragen lassen. Dort haben sie erst versucht, mir während ich flach auf
dem Bauch am Boden lag, die Fingerabdrücke zu nehmen, was nicht
klappte. Dann haben sie mich auf einen Bürostuhl gesetzt, und nach
mehreren Versuchen hatten sie schließlich meine Fingerabdrücke.
Anschließend schoben sie mich vor die Kamera, um Fotos zu machen.
Da mein Kopf immer hing, haben sie ihn mit Händen hochgehalten.
Das müssen schöne Fotos gewesen sein. Größe und Gewicht zu messen,
haben sie gleich aufgegeben. Dann kam ein Anruf, dass mein Anwalt
da sei. Sie sagten, so könnten sie mich nicht zum Anwalt lassen. Wie
von Geisterhand stand ich auf, wusch mir am Waschbecken die Tusche
von den Fingern, verlangte meine Brille und konnte zum Anwalt gehen.
Dann war ich auch bald aus der Gesa draußen, wo ich herzlich von solidarischen Menschen in Empfang genommen wurde.

Am **20. Dezember 2011** besetzten Zehntausende Anwohner*innen der südchinesischen Provinz Guandong eine Autobahn, um gegen ein bestehendes und ein im Bau
befindliches Kohlekraftwerk zu demonstrieren. Die Behörden gaben wegen der anhaltenden Proteste die Pläne für ein weiteres Kraftwerk in der Region auf.

Die Presse schätzte die Kosten der Räumung später auf 800.000 Euro. Die Polizei sagte, dass sie aus taktischen Gründen nicht sagen dürfe, wie viel der Polizeieinsatz gekostet hat. Aber allein die Kosten der Rettungskräfte gaben sie mit 246.000 Euro an.

Ich werde häufig gefragt, ob ich es wieder machen würde. Es war auf alle Fälle eine wichtige Erfahrung, die ich machen wollte und die ich auch gerne teile, weil ich die Aktionsform sehr effektiv finde. Doch ich würde einiges verbessern, um noch ein bisschen mehr Sicherheiten zu haben. Und ich finde es traurig, dass es so eine große Aktion braucht, um ein bisschen Aufmerksamkeit zu bekommen, für ein Thema wie die Zerstörung unseres Klimas und unseres Planeten. Bei der Räumung merkte ich, dass der dritte Tag entscheidend war, um auch mehr in die bundesweiten und internationalen Medien zu kommen. Demgegenüber arbeiten Bürgerinitiativen seit Jahrzehnten an dem Thema und schaffen es meist nicht über die lokale Presse hinaus. Und auch wenn ich alleine in dem Tunnel war, braucht es viele, um solch eine Aktionsform durchzuführen. Und viele kleine Nadelstiche können auch einen Riesen bewältigen.

Leseempfehlung

Infos zu Aktionen unter der Erde gibt es auf dem Blog Maulwurf in Action, betrieben von der Person, die auch im Hambi im Tunnel saß: http://mia.blogsport.de/.

Auch ein Video des Hambacher Tunnels findet sich dort.

Im **August 2011** wurde in Marokko ein Protestcamp an der damals größten Mine Afrikas, dem Silberbergwerk Imider errichtet. Die Mine vergiftet die Umgebung und beeinträchtigt die Selbstversorgung der Anwohner*innen. Die Aktionen vor Ort verminderten die Produktivität der Mine über zwei Jahre lang um bis zu 40 %. Ent-

// EXKURS //
Zu leben, ein Versuch nach mehreren Anläufen
Klassismus auf einer Waldbesetzung

Ich starre das Open-Office-Dokument an, die leere weiße Seite scheint spöttisch zurückzustarren. Seit Tagen habe ich eine fette Schreibblockade. Habe ich denn nicht schon andernorts alles zu diesem Thema gesagt, was es zu sagen gibt? Dennoch versuche ich aufs Neue, die verschiedenen Dinge über Klassismus in der Ökoszene aufzuschreiben, aber alles Mögliche andere, was ich machen könnte, wirkt sinnvoller. Beim ersten Anlauf diesen Text zu verfassen, lief im Hintergrund ein OI-Sampler, er drückte meine Wut viel besser und mutiger aus als meine ganze Schreiberei. Nun ist es zwar still hier, aber gleichzeitig kommt eine große Müdigkeit auf, denn der Versuch, die komplexen Zusammenhänge so aufzudröseln, dass ein Außenstehender sie verstehen kann, ist auch emotional anstrengend.

Klar, ich bin in die Welt meiner Herkunft zurückgegangen und werde wohl mit einer gewissen Wahrscheinlichkeit auch im Handwerk arbeiten. Versteht mich nicht falsch, ich liebe das Handwerk, und ich merke, dass es mich glücklich macht, wenn ich etwas Kreatives zu schaffen habe. Aber die Arbeitsbedingungen und der Lohn sind in manchen Betrieben einfach unterirdisch, und so sind es die realen Lebensbedingungen, welche in mir Zukunftsängste auslösen. Das ist nämlich die traurige Wahrheit über die verschiedenen sozialen Schichten. An den Barrikaden sind wir vermeintlich Genoss*innen. Im Grunde leben wir aber in verschiedenen Welten, und selbst an den Barrikaden gibt es nur wenige Gemeinsamkeiten. Es sind die feinen Risslinien zwischen unseren Möglichkeiten und Perspektiven, die uns trennen. In der Gesellschaft und im Aktivismus sind wir wie Kreise im Sand, deren Flächen

scheidungen des Protestcamps wurden gemäß indigener Traditionen in einer Vollversammlung getroffen.

sich nur bruchstückhaft überlappen. Ein Beispiel: Wenn ich meinen Wagen, der mir auf der Waldbesetzung als Unterkunft diente, heizen wollte, wurde groß darüber debattiert, ob es in Ordnung ist, einen Privatraum zu heizen. Einigen Leuten war wohl nicht klar, dass ich – im Gegensatz zu ihnen – keinen warmen Raum in der Gesellschaft hatte. Ich konnte also nicht mal eben ein gut geheiztes WG-Zimmer aufsuchen oder zu meinen Eltern fahren, um mich dort ein paar Monate lang auszuruhen. Ein weiteres Beispiel: Im Winter gab es manchmal wochenlang fast nur Kohl und gespendeten Tofu zu essen. Ich hätte gerne auch mal was anderes gegessen, aber die Spendengelder sollten auf keinen Fall für »Luxusgüter« ausgegeben werden. Während andere außerhalb der Waldbesetzung ohne Probleme Zugang zu ausgewogener Ernährung hatten oder sich von ihrem privaten Geld beim Supermarkt im Dorf was holen konnten, traf das auf mich nicht zu.

Neben der fast schon asketischen Weltsicht, die sich im Verzicht auf »Luxusgüter« widerspiegelt, ist das zugrundeliegende Problem, was das Heizen und Essen betraf, das gleiche. Eine Besetzung existiert nicht in einem sozial luftleeren Raum, sondern verschiedene Menschen bringen auch verschiedene Ressourcen und Privilegien mit, die nicht einfach verschwinden, bloß weil wir vielleicht im gleichen Baumhaus schlafen. Unsere Vergangenheit formt uns und macht aus uns, wer und was wir heute sind. So sind für einige von uns besetzte Wälder oder andere Räume wirkliche Lebensräume, da sie nicht wissen, wohin sie sonst sollen, und die Gesellschaft nicht mehr als Gewalt zu bieten hat, und es jede Menge Mumm braucht, um sich der gefühlten Hilflosigkeit gegenüber einer gewaltvollen und mitunter auf kafkaeske Weise diskriminierenden Gesellschaft zu stellen. Mit dem Hintergrund dieser Erfahrungen lebt man anders an besetzten Orten.

Aktivismus war für mich eine Strategie, um der gesellschaftlichen Gewalt, der ich nichts entgegenzusetzen hatte, wenigstens teilweise zu entkommen, und eben kein alternatives Abenteuer für das obligatorische »Gap year« nach dem Abitur. Im Nachhinein frage ich mich manchmal, ob ich mir damit nicht mein Leben ruiniert habe. Denn ihr, die Zugang zu einer Welt habt, in der intellektuelle Arbeit mehr zählt als handwerkliche, könnt die Zeit, die ihr mit politischem Engagement verbracht habt, um einiges profitabler »vermarkten«. So konnte z.B. eine Freund*in von mir ihre Zeit im Hambi für eine erfolgreiche Bewerbung auf ein Stipendium nutzen, und ein anderer Mensch, der im Hambi Pressearbeit gemacht hat, nutzte die dadurch erworbenen Fähigkeiten

2011 streikten organisierte Arbeiter*innen im Distrikt Bombali in Sierra Leone immer wieder gegen Trinkwassermangel, Diskriminierung und Ausgrenzung durch den Konzern Addax Bioenergy aus der Schweiz, der dort mit der Unterstützung von Entwicklungsbanken auf riesigen Plantagen Agro-Treibstoffe für Europa produziert.

und Kontakte als Sprungbrett für eine lukrative Stelle bei Greenpeace. Für mich, die ich aus prekären Lebensverhältnissen komme und meine Zeit im Hambi auch mit viel Repro-Arbeit wie Kochen und Hüttenbauen verbracht habe, ist das schwieriger.

Zwar gibt es bestimmt auch ein paar nette Betriebe, die mich mit meinem Erfahrungsschatz sicherlich gut gebrauchen könnten. Jedoch merke ich, dass einige alte Wunden erst richtig heilen müssen, bis ich solcherart Arbeitsbedingungen wieder gewachsen bin. Von außen betrachtet, denke ich mir, dass Geistesarbeit da um einiges barriereärmer ist und der Zugang zu dieser Art von Arbeit vielleicht mehr Geld einbringt und etwas mehr Komfort, etwas, das ich mir im Moment sehnlichst wünsche. Dennoch, die Zeit im Wald hat meine Welt sehr bereichert. Ich habe dort sehr viel gelernt. Allerdings sind die Möglichkeiten, meine Fähigkeiten außerhalb der Besetzung profitabel anzuwenden, begrenzt.

Deswegen denke ich voller Angst über eine Zukunft nach, in der ich vermutlich bald 40% meines Lohnes für Wohnraum ausgeben muss, und die Lebenshaltungskosten stärker steigen als die Löhne, denn die Arbeits- und Lebensbedingungen für die Arbeiter*innen und die Unterschicht verschlechtern sich zusehends. Im Endeffekt arbeitet man also nicht für ein schönes Leben, sondern schuftet nur der basalen Dinge wegen. Ein reales Problem, welches die Mittelschicht mit ihren Geistesarbeitern und den entsprechend höheren Löhnen noch nicht so heftig trifft. Solche Panoramablicke über die gesellschaftliche Landschaft sind für mich ein starker Auslöser, in eine gedrückte Stimmung zu verfallen.

Wenn ich nun auf die Zeit der Waldbesetzung zurückblicke, muss ich mir eingestehen, dass ich damals Alkohol als Bewältigungsstrategie für meine Probleme eingesetzt habe, da mir die Mittel fehlten, sie auf nachhaltigere Weise zu bearbeiten. Es ging zwar um andere Probleme als heute, aber entstanden sind sie in denselben gesellschaftlichen Strukturen. Als mein damaliges Ich, mit der Flasche fest verwachsen, zur Besetzung kam, wurde ich direkt mit Kritik an meinem Konsumverhalten konfrontiert.

Mein Gefühl in Bezug auf die Drogenkritik in der linken Szene war und ist bist heute, dass nicht der Drogenkonsum an sich das eigentliche Problem darstellte. Sondern vielmehr Menschen aus der Unterschicht und anderen prekären Situationen aussortiert und ausgegrenzt wurden, weil sie die falschen Sachen auf die falsche Weise konsumierten. Oft sprechen privilegierte Menschen als »Stellvertreter*innen« für andere, die mit Drogenkonsum traumatische Erfahrungen haben, und möchten

Am **3. Januar 2012** verurteilte ein ecuadorianisches Berufungsgericht den Ölkonzern Chevron, der Teile des Amazonas mit Millionen von Litern Rohöl u.ä. vergiftet hatte, zur Zahlung von 8,6 Milliarden Dollar Schadensersatz an 30.000 indigene Klä-

den Konsum, inklusive derjenigen, die eine drogengetränkte Vergangenheit haben, aus ihrem Umfeld verbannen. So wurden bei den Waldbesetzungen Räume und Flächen, in oder auf denen Drogen konsumiert werden konnten, häufig in der hintersten Ecke zwischen den Bäumen versteckt. Dies ähnelt dem Versuch, Obdachlose aus der Fußgänger*innenzone zu vertreiben. Aus dem Bedürfnis nach der Abkehr von einem destruktiven Konsumverhalten, wird so eine Doppelmoral, die ihre zweifelhaften Maßstäbe an uns anlegt, um uns nach guten, weniger guten oder schlechten Besetzer*innen zu sortieren.

Sicherlich, Abgrenzung bei Suchtproblemen ist wichtig, schon allein als Selbstschutz. Allerdings tut sich hier ein krasser Interessenkonflikt um Räume auf. Die»Stellvertreter*innen« konfrontierten mich mit einem unmöglichen Paradoxon. Ich wollte Zugang zu diesen Räumen, um zu lernen, wie man Teil einer solchen Gemeinschaft wird. Es hätte mich gefreut, interessanten politischen Gesprächen zu lauschen und Menschen zuzuhören, die manche Dinge besser wissen als ich. Stattdessen erhielt ich keinen Zugang, keine Lernmöglichkeit – die Stellvertreter*innen schickten mich weg, um andere vor mir zu schützen.

Wie also lernen und wo? Es ist, als würde man barfuß vor einem Schuhladen stehen, aber der Türsteher lässt nur Menschen mit Schuhen rein. Diese soziale Ausgrenzung hat mein Selbstwertempfinden massiv gestört, und auch nach Jahren fühle ich noch einen dumpfen Druck in der Brust, wenn ich an jene Situationen denke. Was ich in dieser Zeit lernen wollte, lernte ich erst Jahre später, als mir Türen geöffnet wurden. Dieses Verhalten im Umfeld der Hambi-Besetzung hat meine schon bestehenden Probleme verstärkt. Denn wenn mensch ständig Ablehnung entgegenschlägt, klassistische und patriarchale Gewalt erfährt, und das über Jahre hinweg, geht das an das Selbstwertgefühl. Insbesondere dann, wenn man einer solch massiven Ablehnung wie teilweise im Hambi gegenübersteht.

Es wird noch eine Weile dauern, bis das Selbstwertgefühl wieder hergestellt ist, und es fühlt sich an, als müsste ich ein vom Sturm gebeuteltes Haus reparieren. Aber es geht voran. An manchen Stellen hängt es noch schief in den Seilen, ist wackelig, aber zumindest sind die meisten morschen Pfosten schon mal ausgetauscht.

Wenn ich das im Nachhinein überdenke, gibt es vieles, was ich mir für zukünftige Bewegungen wünsche. Zu meiner persönlichen Utopie zählen nachhaltigere Strategien zu Community-Care, statt höherer Barrikaden. Ich würde mir eine soziale Anwaltschaft wünschen, die Betroffene

---

ger*innen. Chevron weigerte sich jedoch zu zahlen und das Urteil wurde 2018 von anderen Gerichten aufgehoben.

gegenüber der Gesellschaft vertritt und sie dabei unterstützt, wieder in die Spur zu kommen. Mir geht es um gewaltfreie und selbstbestimmte Perspektiven, statt Entzugsklinik und Obdachlosenheim. Dies sollte nicht vom direkten sozialen Umfeld gestemmt werden, sondern von Profis, die sich auf einen Dialog in Augenhöhe verstehen. Vor allem will ich euch laut zurufen:»Schluss mit der Segregation!«. Wenn wir nur in unserem durch Ausschluss geschaffenen Sumpf verharren müssen, wie sollen wir uns dann integrieren und uns ändern?

Am Ende geht jede*r zurück in ihre*seine Welt. Ich zurück in meine Schicht, ihr in eure. Strukturell ist es auch gar nicht vorgesehen, dass sich unsere Welten dauerhaft überschneiden, und um das nicht hinterfragen zu müssen, gibt es diese soziale Blindheit. Dann kann man prima sagen, dass alle Ökolebensmittel essen sollen, auch wenn das bei einem Lohn wie meinem gar nicht vorgesehen ist. Als ich vor ein paar Jahren auf dem Klimacamp an einer Diskussion teilnahm, sagte jemand ernsthaft, dass Lebensmittel mit einer Ökosteuer belegt werden sollten. Eine super Idee. Wer das Geld hat, bezahlt die hohen Preise, und ich esse Nudeln ohne alles, da ich mir nichts anderes mehr leisten kann.

Die Welt macht sich ein Bild von einem, von mir. Ich mache mir ein Bild von der Welt, von euch. Und das beinhaltet nicht nur die Klimaszene, sondern auch in gesamtgesellschaftlicher Hinsicht die Links-grün-urbane-white-collar-Bubble. Der grundlegende und fatale Unterschied ist: Euch stehen die wichtigen Türen in der Gesellschaft offen, sei es Bildung, Arbeit oder Wohnen.

Sicherlich kennen einige Leser*innen die nachfolgenden Gedanken über Eigenwahrnehmungen und die Verzerrungen, die entstehen, wenn man zu oft Mikroaggressionen* oder Diskriminierungen im Alltag ausgesetzt ist. Ich denke, dass das Bild, das ihr von mir habt, nicht zu meinem Vorteil ist und sich seltenst ändert. Ich übe mich in mentaler Selbstverteidigung und überlege, ein sexy Foto von mir aufzunehmen. Das sähe so aus: Ich posiere lasziv auf einem Fliesentisch, gekleidet in einer Arbeitshose, Fred-Perry-Hemd und Springerstiefeln. Vor mir ein voller Aschenbecher, in der Hand eine Dose Billigbier, im Mund eine Zigarette und hinter mir eine politische Fahne (in ganz extremen Momenten ist auch ein Irokesenschnitt oder eine Stoppelfrisur inklusive Oi-Tätowierung auf dem Hinterkopf nicht ausgeschlossen). Ich benutze also ein gesellschaftliches Stereotyp, um andern den Spiegel vorzuhalten. Jedes Mal wenn ich mich irgendwo vorstellen soll oder zu einer Besetzung gehe, schicke ich das Foto vorneweg. Dieses Vorgehen wäre einfacher

---

Am **6. Januar 2012** blockierten Tausende die Schienen- und Straßenverbindungen zum geplanten Kohlekraftwerk von 1.980 MW in Odisha, Indien. Die Betroffenen wehrten sich schon seit zwei Jahren gegen das Projekt, da es ihre Felder verschmutzen und das Wasser beanspruchen würde, das sie für die Landwirtschaft brauchen.

für alle. Dann müsste ich mich nicht mehr verstellen und so tun, als
wäre ich kompetent, um dann schräge Komplimente für meine Bildung
trotz meiner sozialen Herkunft zu bekommen. Wobei ich mich ernsthaft frage, was zur Hölle meine soziale Herkunft mit meiner Bildung
zu tun hat. Früher bekam ich beim Schnorren hin und wieder Sprü-
che wie diesen an den Kopf geworfen:»Also mit dir kann man sich ja
gut über Politik unterhalten«. Nachdem erst mal besonders langsam
und besonders freundlich mit mir gesprochen wurde. Sodass ich jetzt
anmerken muss, ein betrunkener Straßenpunk ist kein Schocker mehr
für die Gesellschaft, aber ein Straßenpunk, der liest, um so mehr. Bildung ist eine emanzipatorische Rebellion, insbesondere dann, wenn
das Gegenüber davon ausgeht, dass man eh zu besoffen zum Lesen ist.
Wegen dieser Projektionen fürchte ich, dass ich meine Kompetenz nur
als Fassade vor mir hertrage, die jederzeit zusammenbrechen könnte,
und man dahinterkommt, dass meine Bildung nur Tarnung ist. Innerlich
bin ich immer noch dieselbe dödelige Dreckszecke, nur etwas sauberer
und mit einem Fremdwörterlexikon in der Tasche. Dieses Phänomen
wird in Fachkreisen auch Hochstapler*innen-Syndrom genannt. Meine
Umwelt macht sich ein Bild von mir und dadurch schließen sich Türen.
Aber noch stärker als diese Bild, ist das Bild, dass ich mir aufgrund der
jahrelangen Diskriminierung von mir selbst gemacht habe, bis ich eine
Karikatur eurer Vorurteile wurde, womit ich mir auch manchmal selbst
im Weg stehe.

Leseempfehlung

Textsammlung von und mit von Klassismus betroffener Menschen. In einem der
Texte wird auch über Erfahrungen auf einem Klimacamp berichtet: Seeck, Francis
/ Theissl, Brigitte (Hg.): Solidarisch gegen Klassismus – organisieren, intervenieren,
umverteilen. Münster: Unrast Verlag 2021.

Im **Januar 2012** demonstrierten lokale Gemeinden aus Taolagnaro, Madagaskar,
gegen den von der Weltbank geförderten Sandabbau des britischen Bergbau-Konzerns
Rio Tinto, für den die Menschen vertrieben werden, der ihnen ihr Trinkwasser raubt
und eine Region mit größter Artenvielfalt zerstört.

Wie »Mike« einen neuen Namen fand

Geschichte einer Personalienverweigerung

Wenn man sich heutzutage auf einem Klimacamp oder einer Waldbesetzung bewegt, dann ist es fester Bestandteil der Szene-Kultur, dass viele Aktivisti sich selber Spitznamen geben. Teils Namen, die auch auf jedem deutschen Standesamt gebräuchlich sind, teils werden die Aktivisti kreativer und benennen sich nach Bäumen, Gegenständen oder schlicht »Gott«.

Diese Spitznamen dienen dazu, gegenüber anderen und vor allem gegenüber der Polizei anonym zu bleiben. Die konsequente Fortführung besteht dann darin, dass Aktivisti bei Aktionen ihren Personalausweis zuhause lassen und teils sogar Untersuchungshaft in Kauf nehmen, um anonym zu bleiben. Was heute in der deutschen Klimagerechtigkeitsbewegung selbstverständlich zu sein scheint, war vor einigen Jahren noch kaum bekannt bzw. zählte nicht zur gängigen Praxis.

Anonymität ohne Grenzen

Wie bei vielen Bewegungsgeschichten, lässt sich im Nachhinein nicht immer mit hundertprozentiger Genauigkeit zurückverfolgen, wo eine Praxis letztlich herkommt. Ein Klimaaktivist aus dem Hambi berichtete, dass er beim No Border Camp 2010 in Brüssel zum ersten Mal von Personalienverweigerung gehört hat. Dort seien alle dazu aufgerufen worden, ihre Persos bei den Aktionen und der Großdemo auf dem Camp zu lassen. Dafür gab es eine Gruppe, die sich darum kümmerte, die Persos zu nummerieren und diese im Camp aufzubewahren. Die Persos wurden also nummeriert und im Camp gelassen. Das stellte eine praktische Form der Solidarität mit Geflüchteten dar, von denen viele keine

Am **10. Januar 2012** blockierten in Mosambik Hunderte Familien Kohlezüge des brasilianischen Bergbaukonzerns Vale. Die Anwohner*innen des Kohlebergbaus kämpfen um ihre Möglichkeiten der Selbstversorgung und wehrten sich mit dieser Aktion gegen Umsiedlungen und den Raub ihres Trinkwassers.

anerkannten Dokumente hatten. Denn wenn alle keine Persos dabei haben, dann gehen diejenigen, die keinen (gültigen) Personalausweis besitzen, leichter in der Menge unter.

Auch in Frankreich in der ZAD (»zone à défendre« / »zu verteidigende Zone«), im Gebiet Notre-Dame-des-Landes, einem seit 2007 besetzten Gelände auf dem ein Flughafen gebaut werden sollte, war es gängige Praxis, die Personalien zu verweigern. Gerüchteweise ist es auch unter Anarchist*innen in Spanien verbreitet gewesen, Personalien zu verweigern. Zumindest kursierte diese Geschichte eine Zeitlang im Hambi – im Nachhinein ließ sich aber keine belegbare Quelle dafür finden.

Anonymität in der deutschen Klimabewegung – Anfänge
Bei der Waldbesetzung im Hambi fand ein reger Austausch mit Aktivisti aus Frankreich, Spanien und anderen Ländern statt. Internationals waren also an den Kämpfen im Hambi beteiligt, und Aktivisti aus Deutschland nahmen an Besetzungen in anderen Ländern teil.

Die »autonome Zone« im Hambi bot eine gute Grundlage, um besser herauszufinden, wie die Polizei auf Personalienverweigerung in Deutschland reagieren würde. Denn an einem Ort, an dem Aktivisti aus den unterschiedlichsten Regionen zusammenkommen, bietet das ganz andere Möglichkeiten, als wenn du in einer Kleinstadt wohnst und damit rechnen musst, dass die lokalen Bullen dich und deine handvoll Freund:innen schon an der Nasenspitze erkennen. So konnte sich im Hambi zeitweise eine ganz eigene Anonymitätskultur entwickeln. Statt Pronomen oder Namen von Aktivisti zu verwenden, wurden einfach alle, die in einem bestimmten Barrio zusammenwohnten, als »Mike« bezeichnet. Der ehemals männlich konnotierte Name, entwickelte sich zu einer geschlechtsneutralen Personenbezeichnung und wird teils noch heute von nicht-binären Menschen als Pronomen benutzt. Zur Entstehungsgeschichte von »Mike« gibt es mehrere Versionen: Einige behaupten, es gäbe ein »Ur-Mike«, nach dem sich alle anderen benannt haben. Andere meinen, dass es zwei Mikes gegeben hätte, die immer als »die Mikes« bezeichnet wurden, und von ihnen kommend, hätte sich die Bezeichnung ausgebreitet.

Parallel zur Entwicklung im Hambi fanden die Massenaktionen von Ende Gelände ab 2015 jedes Jahr immer größeren Zulauf. Auch hierbei brachten Internationals diese Idee ein, zumal diese Aktionsform ein perfektes Umfeld für Personalienverweigerung bot. Im ersten Jahr noch zögerlich vorgetragen, wurden die Empfehlungen von EG zur Perso-

---

Am **5. März 2012** wurde Jimmy Liguyon, indigener Anführer der Lumad auf den Philippinen und vehementer Gegner des großflächigen Goldabbaus, erschossen. Er hatte sich geweigert, eine Bergbauzertifizierung für 52.000 Hektar Land zu unterzeichnen. Nach seinem Tod unterzeichnete der neue Dorfvorsteher die Papiere.

nalienverweigerung jedes Jahr eindringlicher. Denn mehrere tausend zumeist anonyme Menschen konnten in so kurzer Zeit schlicht nicht identifiziert werden.

Für die Polizei war meist nicht mehr möglich, als eine Fast-ID durchzuführen. Statt einer umfangreichen erkennungsdienstlichen Behandlung mit Fotos, Angaben zu Größe, Tattoos und vollständigen Fingerabdrücken, wurden nur halbherzig Bilder gemacht oder versucht, ein, zwei verklebte Finger zu scannen. Teils wurden ganze Aktivistigruppen einfach ohne Identifizierungsversuche in Reisebusse gedrängt und in der Pampa ausgesetzt. Ausgehend von den Ende-Gelände-Aktionen und dem Hambi verbreitete sich diese Strategie und wurde dann bei zahlreichen anderen Aktionen der Klimagerechtigkeitsbewegung mit mehr oder weniger Erfolg auch in anderen Städten Deutschlands erprobt.

Umstrittene Taktik
Wenn man Personalien angibt, kann man damit manchmal eine kurzfristige Ingewahrsamnahme verhindern; mit Personalienverweigerung sind die Chancen recht gut, Repressionsmaßnahmen langfristig zu vermeiden. Diese Wahl haben allerdings nur Personen mit offiziellem Wohnsitz in Deutschland. Gerichte argumentieren, dass bei Menschen ohne deutschen Pass oder festen Wohnsitz die sogenannte »Fluchtgefahr« größer ist. Daher landen sie auch mit Personalienangabe öfter in Untersuchungshaft. Eine Aktivistin aus dem Hambi, die mit Personalienverweigerung in U-Haft landete, erzählt: »Wenn ich euch meine Identität sage, komme ich hier raus. Also werden viele von euch denken, ich bin selbst schuld, dass ich hier sitze. Meine Identität ist nicht das, was auf einem Stück Papier steht. Meine Identität ist das, was mich als Mensch ausmacht, mein Wesen, meine Seele, alles, was ich in diesem Wald gelernt habe, alles, was mir die Menschen dort gezeigt haben. Ich will das ungerechte und ungerechtfertigte Privileg eines deutschen Passes nicht nutzen. Ich bin ein Mensch und ich kämpfe für den Erhalt dieser Erde. Alles andere ist unwichtig« (Offener Brief einer unbekannten Gefangenen nach der Räumung 2018).[1]

Bei den Protesten von Ende Gelände hatte Personalienverweigerung noch eine weitere strategische Facette: In den ersten Jahren hatte RWE zahlreiche Aktivisti durch Unterlassungserklärungen dazu verpflichtet, ihr Gelände nicht mehr zu betreten und bei Zuwiderhandlung hohe Geldstrafen angedroht. Die Chancen, dem durch Personalienverweigerung zu entgehen, standen gut. Auch diverse Anzeigen und Gerichtspro-

---

Am **11. März 2012** protestierten 10.000 Einwohner*innen der südchinesischen Inselprovinz Hainan gegen den geplanten Bau des Kohlekraftwerks Yinggehai. Gebäude der örtlichen Regierung wurden angegriffen. Die Menschen befürchteten,

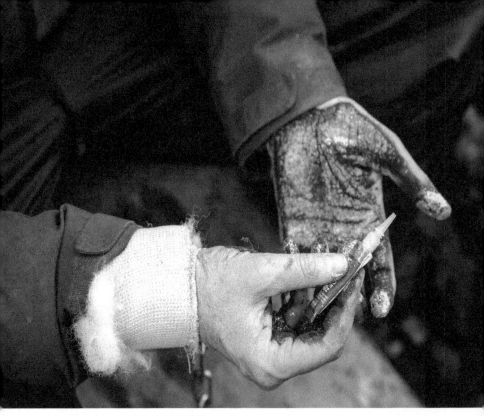

Identitätsverschleierung bei Blockade des Kohlekraftwerks Neurath 2021,
BN: Tim Wagner

zesse konnten so vermieden werden. Die kamen dann aber umso hefti-
ger und geballter auf einzelne Aktivisti zu, wenn diese nach mehreren
Jahren doch noch identifiziert werden konnten.

Auch in anderen Teilen der linken Szene wurde die Taktik kontrovers
diskutiert. In der Mitgliederzeitschrift der »Roten Hilfe«, einer bewe-
gungsübergreifenden Anti-Repressionsorganisation, erschienen mehrere Pro- und Contra-Artikel zur Personalienverweigerung. Ein Flyer
zur Personalienverweigerung wurde zuerst gedruckt und dann wieder
zurückgerufen, weil einige Personen der Roten Hilfe Bedenken gegen
diese Taktik hatten. Dabei könnte Personalienverweigerung auch als
ein konsequentes Weiterdenken der Aussageverweigerungskampagne
»Anna und Arthur halten's Maul« betrachtet werden.

Auch die Langzeiteffekte werden in der Bewegung diskutiert. So heißt
es in einem Text auf dem Crimethinc-Blog: »Nach mehreren Jahren des

---

dass das Kohlekraftwerk das Meer verschmutzen und ihre Fischerei und ihr Ackerland vergiften würde.

Experimentierens mit der Verweigerung der Personalienangabe werden einige der Langzeiteffekte sichtbarer: Diejenigen, die von der Polizei erkannt wurden, stehen manchmal allein vor Gericht, weil die anderen Menschen aus der früheren Bezugsgruppe Angst haben, kontrolliert und doch noch auch verfolgt zu werden. Menschen leben in Angst, andernorts erkannt zu werden. Kommunikation zwischen Aktivist*innen und Gruppen wird komplizierter, da Menschen ihre Namen oft wechseln. Das macht es schwieriger, langfristige Beziehungen und Kooperationen aufzubauen.«[2]

Polizeiliche Ermittlungen

Polizei und Staat versuchen indes auf verschiedenen Wegen Menschen dazu zu bewegen, ihre Personalien preiszugeben oder diese im Nachhinein zu ermitteln. So landen immer wieder Menschen direkt von der Aktion aus in Untersuchungshaft. Die verschiedenen Änderungen des Polizeigesetzes wurden in vielen Bundesländern auch dafür genutzt, die Befugnisse der Polizei bei Personalienverweigerung zu erweitern. So können in NRW seit 2018 Polizist:innen Personen nicht mehr nur zwölf Stunden zur Personalienfeststellung festhalten, sondern gleich eine ganze Woche. Diese Gesetzesverschärfung wurde als »Lex Hambi« bekannt und fand erstmals im Februar 2019 Anwendung, als Aktivisti für die Blockade eines Baggers im Tagebau Garzweiler mehrere Tage zur Identitätsfeststellung in Gewahrsam landeten. Erschwert wird die Personalienverweigerung in Zukunft auch dadurch, dass seit 2021 die Fingerabdrücke verpflichtend in den Chips der Personalausweise gespeichert werden.

Zum Teil ermitteln auch einzelne Bullenwachen sehr engagiert bei der Identitätsfeststellung, sodass es ihnen gelingt, manche Identitäten nachträglich festzustellen. Einer der Beamtis der »Ermittlungskommission Hambach« in Aachen wurde bei einem Gerichtsprozess gegen Hambi-Aktivistis als Zeuge vernommen und erzählte, dass er im Büro eine komplette Pinnwand mit Fotos von anonymen Hambi-Aktivistis angebracht habe. Nach der Blockade des VW-Werks in Wolfsburg 2019, schickten die Bullen Fotos von Aktivistis bundesweit an andere Polizeiwachen. Darüber wurden einige Aktivistis erkannt, die in anderen Städten aktiv sind. Ebenfalls von den Polizistis in Wolfsburg wurden Handydaten von den Smartphones ausgewertet, die die Aktivisti mit in Aktion genommen hatten. Doch das ging schief. Statt der beteiligten Aktivisti wurde fälschlicherweise einer der Journalisten angezeigt, der

---

2012 begannen in Pakistan die Proteste von Anwohner*innen gegen den Bau eines großen Straßentunnels zwischen Islamabad und Haripur. Der Tunnel sollte durch den Margalla Hills-Nationalpark führen und hätte Flora und Fauna geschädigt. Die Kampagne verhinderte den Bau schließlich mit Aufklärungsarbeit und Demonstrationen.

die Blockade fotografisch dokumentiert hatte. Die Polizei hatte ihn über die Handydaten ermittelt und auf den Fotos mit einem der Angeketteten verwechselt.

Letztendlich sollte man sich aber auch von einzelnen engagierten Bullen nicht abschrecken lassen. Die Polizei ist erstaunlich schlecht vernetzt – gerade über mehrere Bundesländer hinweg. Selbst Aktivisti, die in einer Stadt schon bekannt wie bunte Hunde sind, konnten in anderen Städten oder bei Massenaktionen verweigern, ohne je erkannt zu werden. Viele Verfahren verjährten auch oder wurden nicht weiterverfolgt, wenn die Polizei bereits einen Sündenbock hatte, den sie vor Gericht zerren konnte. Die bisherigen Ermittlungsaktivitäten haben der Personalienverweigerung bislang jedenfalls kein Ende bereitet, sie ist immer noch eine verbreitete und in vielen Fällen erfolgreiche Praxis. Aktivistis finden viele Methoden, um ihre Identifizierung zu erschweren: Fingerspitzen werden aufgeritzt und verklebt, und gegen Fotos helfen bunt bemalte Tattoos und Gesichter.

Quellenangaben

1. Winter (2018): Brief #1 von Winter / Letter #1 from Winter, [online], URL: https:// abcrhineland.blackblogs.org/2018/09/24/brief-1-von-winter/ [20.04.2022].
2. o.V. (2021): Die Waldbesetzungsbewegung in Deutschland. Taktiken, Strategien und Kultur des Widerstands, [online], URL: https://de.crimethinc.com/2021/03/10/ die-waldbesetzungsbewegung-in-deutschland-taktiken-strategien-und-kultur-des-widerstands [20.04.2022].

Vom 10. April bis 8. Mai 2012 blockierten über 1.500 Menschen in Arauca, Kolumbien die Industrieanlagen des Caño Limón-Ölfeldes auf dem Land der Uwa und der Sikuaní. Sie forderten Wiedergutmachungen für die ökologischen, sozialen und humanitären Verbrechen des Staates und der Ölkonzerne an den Indigenen.

Und täglich grüßt der »Dirk«
Räumungen im Hambi

Content Note:
Erwähnung von
Gerichtsprozessen,
Tod eines Aktivisten,
Auseinandersetzungen
mit Polizei und dem
Sicherheitsdienst

Im Laufe der Jahre gab es im Hambi diverse Räumungen. Die Besetzung begann 2012 und die erste Räumung folgte noch im selben Jahr. Diese zog sich wegen eines durch Aktivisti gebauten Tunnelsystems zwar über mehrere Tage hin, war aber für die Polizei insgesamt überschaubar. Denn es gab damals nur fünf Baumhäuser und noch keine jahrelange Eskalationsdynamik.

Kurz nach der ersten Räumung bot der Anwohner Kurt Classen den Besetzer*innen eine Wiese am Waldrand als Basislager an. Auf juristischem Wege wurde zwar immer wieder versucht, ihn zu enteignen und die Bauten auf der Wiese entfernen zu lassen, aber dank seiner Hartnäckigkeit gibt es die Wiese bis heute [Frühjahr 2022]. Ein Vorteil bei den jahrelangen Rechtsstreits: wurde ein Bauwerk für illegal erklärt, waren vor Ort meist schon ganz andere Hütten entstanden oder die alten waren umgesetzt worden. Die Gerichtsentscheidungen galten aber jeweils nur für bestimmte frühere Hütten, also musste der ganze Prozess nochmal von vorne aufgerollt werden.

Von Kurt Classens Wiese aus erfolgte bald die nächste Waldbesetzung. Wurden dann Baumhäuser im Wald geräumt, riefen die Besetzer*innen den »Tag X« aus – ein Motto, was bereits beim Anti-Atom-Widerstand benutzt wurde, um den Fahrttag der Castoren anzukündigen. Im Wald hieß es dann »Tag X+4«, was bedeutete, dass genau vier Wochen nach jeder Räumung wieder besetzt werden sollte. Dieser Kreislauf aus (Teil-)Räumung und Wiederbesetzung am Tag X+4 wiederholte sich mehrfach. Im Sommer war es meist ruhiger, im Winter meist konfliktreicher, weil RWE von Oktober bis Ende Februar Bäume roden durfte. Den Rest des

Am **16. April 2012** solidarisierten sich Anwohner*innen in Bumbuna, Sierra Leone, mit den Streiks von Arbeiter*innen gegen Diskriminierung, Misshandlung und sexueller Ausbeutung durch die britischen Bergbau-Projekte in der Region. Tanzend blockierten sie Lastwagen, was die Polizei mit massiver, teils tödlicher Gewalt beantwortete.

Jahres war das aus Vogelschutzgründen nicht erlaubt. Über die Jahre hinweg schaukelte sich die Situation im Wald immer weiter hoch. Es gab vermehrt Übergriffe von Securitys. Um sich dagegen zu wehren und einen sicheren Freiraum im Wald zu erhalten, nutzte ein Teil der Besetzer*innen zunehmend militante Mittel.

Da die lokalen Behörden in Kerpen und Düren überfordert waren, wechselte die Zuständigkeit im Sommer 2016 nach Aachen. Federführend geleitet wird der Einsatz seitdem von Dirk Weinspach, dem Aachener Polizeipräsidenten. Im Hambi kursiert seither »Dirk« als geflügeltes Schimpfwort für jegliche Polizist*innen. Als bekennendes Mitglied der Grünen Partei ließ er verlauten, dass er es ja ganz toll fände, wenn junge Leute sich für die Umwelt engagierten, aber bitte nicht mit solch gewaltvollen Mitteln.

Mit einer Taktik aus Zuckerbrot und Peitsche versuchte er die Besetzung zu befrieden. Regelmäßige Polizeieinsätze im Wald zur Räumung von Barrikaden und schmerzhafte Aufenthalte in der Polizeiwache wechselten sich ab mit Besuchen der neuen Kontaktbullen Hinterecker und Mitschke. Diese fielen vor allem durch ihr bemüht väterlich-freundliches Verhalten auf, ebenso wie dadurch, dass sie immer wieder falsche Informationen unter den Aktivist:innen verbreiteten.

Unklar bleibt, ob die anderen Bullen die beiden schlecht informierten oder sie gar strategisch belogen, oder ob sie die Aktivist:innen bewusst über Vorhaben der Polizei anlogen. Vermutlich eine Mischung aus all dem.

Der Kampf um den Wald war auch ein Kampf um die Deutungshoheit. Dirk Weinspach bemühte sich, die Aktivist*innen als verantwortungslose Gewalttäter*innen darzustellen. Bei einer Pressekonferenz präsentierte er den anwesenden Journalist*innen Gegenstände, die über mehrere Jahre hinweg bei Razzien im Wald eingesammelt worden waren. Mit dabei: eine Axt und ein Küchenmesser. Nicht erwähnt wurde, dass die Aktivist:innen mit Holz heizten und selbst das Essen über dem offenen Feuer kochten. Legendär war auch das angebliche Tunnelsystem. Eine anonyme Polizeiquelle verriet 2018 der Lokalzeitung Rheinische Post, dass sich unter dem Wald ein Tunnelsystem befände, welches als »Schmuggelroute [diene], um Waffen und Krawallmacher in den Forst zu bringen. Die Tunnel erinnern an die unterirdischen Anlagen während des Vietnamkriegs«. Die Besetzer:innen reagierten mit Humor auf diese absurden Behauptungen und veröffentlichten eine Skizze des geheimen Tunnelsystems, welches vom Wald zur nächsten Tankstelle, aber auch

Am **26. April 2012** wurde Chut Wutty in Kambodscha von der Polizei ermordet. Daraufhin kam es zu Protesten von Umweltschützer*innen im ganzen Land. Der Aktivist hatte gemeinsam mit Indigenen illegal vom Unternehmen Timber Green geschlagenes Holz verbrannt und Rodungen im Bezirk Thma Bang fotografiert, wo

nach Kurdistan und zum autonomen Zentrum Rote Flora in Hamburg reichte.

Die Räumungen gingen zunehmend ins Geld, und im Herbst 2016 probierten die von RWE angestellten Securitys eine neue Strategie aus – die Zermürbungstaktik. Direkt an der Rodungskante wurde eine kleine Holz-Plattform, welche von Aktivist:innen in die Bäume gezogen und besetzt gehalten wurde, mit Flutscheinwerfern und Zäunen umstellt und damit versucht, die Person darauf auszuhungern. Als »Lockmittel« platzierte die Security dann noch einen Essenskorb unter dem Baum. Doch der Plan misslang. Einer entschlossenen Gruppe Aktivist:innen gelang es, die Zäune zu überwinden und im daraus entstandenen Chaos die Person auf der Plattform durch eine andere auszutauschen. Am Ende musste RWE doch die Polizei rufen, um das Baumhaus zu räumen.

Die meisten Räumungen waren für die Polizei wie die erste im Jahr 2012 – überschaubar. Die Polizei war auch immer mal wieder im Wald, um Kompostklos, Freiluftküchen und Barrikaden zu entfernen. Die aber meist schnell wieder errichtet wurden. Bis 2016 stagnierte die Besetzung ungefähr in derselben Größe. Eine handvoll Baumhäuser, aufgeteilt auf zwei bis drei Barrios. Während der halbjährlichen Skillshare-Camps waren auch mal bis zu 100 Personen da, aber im Alltag blieben es eher zehn bis 30 wechselnde Besetzer*innen. Ab 2017 wuchs die Zahl der Aktivist:innen bei den Besetzungen dann immer stärker. Sicherlich haben einige Besetzer*innen, die immer wieder auf Werbetour in verschiedenen Städten unterwegs waren, dazu beigetragen, dass es immer mehr Menschen in den Wald zog.

Die Hambi-Räumung 2018 nahm dann eine bis dahin nicht erreichte Dimension an. Es gab mehrere Barrios im Wald, über 70 Baumhäuser und diverse Gruppen, die mit unterschiedlichen Aktionsformen agierten. Von Ende Gelände, Aktion Unterholz und den Bürgerinitiativen waren mehrere hundert bis Tausende Leute am Boden unterwegs. Aktion Unterholz war eine Kampagne, die dazu aufrief, in den Wald zu kommen und sich der Räumung und Rodung in den Weg zu stellen. Die Polizei versuchte zu verhindern, dass Leute in den Wald kamen, doch trotzdem gelang es Tausenden Menschen durchzubrechen. Es gab Leute, die einfach in ihren Baumhäusern saßen und sich räumen ließen, andere machten sich mit Lock-Ons am Baum fest, wieder andere kletterten bis in die Kronen hinauf. Das machte die Situation für die Bullen unberechenbar und schwer kontrollierbar. So wurde der sich über fünf Wochen hinziehende Polizeieinsatz zu einem der größten, die es in den letzten

ein organisiertes Netzwerk aus korrupten Behörden und Holzunternehmen Wälder vernichtet.

Polizei versucht ein Tripod im Hambi zu räumen 2018, BN: Sophie Reuter

Jahren in NRW gegeben hat. Trotz des großen Aufgebots, war den Bullen anzumerken, dass sie von der Dynamik der Situation immer wieder überfordert waren. Um den Hambi schon vor der eigentlichen Rodung räumen zu können, bemühte sich die Landesregierung NRWs unter Führung von Ministerpräsident Armin Laschet und Innenminister Herbert Reul um ein aberwitziges Rechtskonstrukt. Auf ihre Anweisung hin attestierte das Bauamt den Baumhäusern Brandgefahr und befahl eine Entfernung derselben, um die Aktivist:innen vor Lebensgefahr zu schützen. Was schon damals nach einem schlechten Scherz klang, wurde ein Jahr nach der Räumung offenkundig: Armin Laschet räumte ein, dass er nur nach einem Vorwand für die Räumung gesucht hatte – nicht ahnend, dass er bei diesem Gespräch heimlich gefilmt wurde. Ein Aktivist klagte gegen die Räumung seines Baumhauses, und drei Jahre später wurde die Räumung für illegal erklärt. Der Rechtsstreit darüber ist noch nicht abschließend geklärt, aber womöglich können Aktivist*innen, deren Sachen bei der Räumung zerstört wurden, Schadensersatz einfordern.

Die Tag X-Strategie, die bei den vorherigen Räumungen ein nützliches Werkzeug gewesen war, erwies sich bei der Räumung 2018 als Herausforderung. Dieses Mal sollte nicht wie vorher zu einer Wiederbesetzung aufgerufen werden, sondern direkt ab dem ersten Tag der Räumung, dem Tag X, sollten alle mit voller Kraft in den Wald mobilisieren, um die Räumung zu stoppen, bevor die Polizei damit fertig sein würde. Das Problem dabei: Menschen haben nicht endlos Zeit und Kapazitäten. Wird beim erstbesten Streifenwagen im Wald Tag X ausgerufen, kommen

Am **1. Mai 2012** wurde Francisco P. Canayoung auf den Philippinen ermordet. Er hatte gegen den Chromit-Bergbau in der Gemeinde Carapdapan gekämpft. Unter anderem hatte er Blockaden organisiert und Klagen eingereicht, da seine Gemeinde massiv von den verheerenden Gesundheits- und Umweltauswirkungen betroffen ist.

sie zu früh und müssen vielleicht schon wieder los, bevor die Polizei ernsthaft versucht, die Baumhäuser zu räumen. Wird Tag X zu spät ausgerufen, ist vielleicht schon der halbe Wald geräumt, bevor es genügend Menschen hineingeschafft haben. Am Ende wurde sich darauf geeinigt, Tag X auszurufen, sobald die ersten Bäume gefällt oder Baumhäuser zerstört werden. Dies änderte aber nichts daran, dass sich die Räumung über mehrere Wochen hinzog und über den ganzen Zeitraum hinweg mobilisiert werden musste.

Unterstützung für den Hambi gab es von vielen auch unerwarteten Seiten. Am ersten Tag der Räumung ließ sich eine Gruppe Priester von einer Sitzblockade auf einer Waldzufahrt räumen. Die monatlichen Waldspaziergänge, die der Waldpädagoge Michael Zobel und Eva Toller seit 2014 anboten, fanden nun wöchentlich statt – es kamen nun nicht mehr mehrere Dutzend Besucher:innen, sondern mehrere Hundert bis hin zu Tausend. Eltern gingen mit ihren Kindern im Wald spazieren und Hunderte von Menschen mussten immer wieder am Boden und in den Wipfeln geräumt werden. Die Gefangenensammelstellen quollen über, und Unterstützer*innen campten 24/7 vor der Polizeiwache, um Aktivist*innen nach der Entlassung mit warmem Tee und Keksen zu empfangen. Während der Räumung blockierten zudem mehrere Kleingruppen unter dem Motto »NiederAUSmachen« das Kohlekraftwerk Niederaußem mit Lock-Ons und Tripods. Das Kraftwerk musste heruntergefahren und für die Räumung der Aktivist*innen technische Polizeieinheiten aus dem Wald abgezogen werden, die dort nicht mehr räumen konnten.

Der 19. September 2018, der Tag, an dem der Journalist Steffen Meyn aus den Bäumen stürzte und starb, bleibt wohl allen von uns in trauriger Erinnerung. Steffen war in ein Baumhaus geklettert, um weiterzufilmen, während andere Journalist*innen am Boden, von der Polizei des Ortes verwiesen wurden. Abgelenkt von den Schreien, Motorsägengeräuschen und Hundegebell stürzte er durch eine morsche Konstruktion einer Hängebrücke und starb.

Die Räumung wurde für wenige Tage unterbrochen. Nach dieser Tragödie hofften einige auf einen endgültigen Räumungsstopp. Stattdessen versuchte Innenminister Reul, den Tod zu instrumentalisieren und ließ verkünden, dass das Verhalten der Aktivist*innen Schuld an Steffens Tod gewesen sei. Als die Eltern von Steffen seiner am Ort des Todes Gedenken wollten, fanden sie einen Wald in Kriegsatmosphäre vor. Überall patrouillierte Polizei. Die eingerichtete Gedenkstätte wurde kurz nach dem

---

Am **15. Juni 2012** räumte schwerbewaffnete Polizei in Curuguaty, Paraguay mit brutaler Gewalt ein Stück Ackerland, das landlose Bäuer*innen zuvor besetzt hatten, um sich ernähren zu können. Die Polizei richtete ein Massaker an, bei dem elf der

Aktivist*in hat sich mit Lock-On in einem Auto fixiert 2018,
BN: Sophie Reuter

Besuch, von RWE-Mitarbeiter*innen weggeräumt, und die Räumung des Waldes ging einfach weiter, als wäre das Leben eines jungen Menschen für Polizei und Landesregierung lediglich ein vertretbarer Kollateralschaden. Die offizielle Pressemitteilung der Polizei über den Fortgang der Räumung kam erst Stunden nachdem sie bereits mit der Räumung des Barrios »Kleingartenverein« begonnen hatte. Spätestens zu diesem Zeitpunkt muss auch der Letzten klar geworden sein, dass diese gefährliche, unsinnige Räumung, die nun sogar ein Menschenleben gefordert hatte, um jeden Preis durchgezogen werden sollte.

Eine besondere Rolle nahmen die NGOs während der Räumung ein. Nachdem diese in den Jahren zuvor ein eher distanziertes Verhältnis zur teils militanten Besetzung gewahrt hatten, schienen sich nun alle auf den Hambi zu stürzen wie Wespen auf ein Stück Kuchen. Wieder zeigte sich ein typisches NGO-Muster: Sobald ein Kampf breit genug in den

---

Besetzer*innen starben. Die Bäuer*innen verteidigten sich und töteten ihrerseits sechs Einsatzkräfte.

Medien vertreten ist und verspricht erfolgreich zu werden, kommen sie dazu. Denn erfolgreiche, große Kämpfe treiben nun mal die meisten Spenden ein. Greenpeace' erste Aktion vor Ort bestand dann darin, einen Container für Pressearbeit direkt an den Weg zum Wald zu stellen. Dort durften auch ausgewählte Besetzer*innen arbeiten und erste Kontakte für die zukünftige Karriere bei Greenpeace knüpfen. Campact tat sich dadurch hervor, dass die NGO es schaffte, in einer mehrseitigen Petition für den Erhalt des Waldes mit keinem Wort zu erwähnen, dass es dort auch noch diese erstaunliche Besetzung gab. Kann ja jedem mal passieren.

Nichtsdestotrotz haben auch die NGOs dazu beigetragen, öffentliche Aufmerksamkeit zu erregen und den Druck auf die Behörden zu erhöhen. Der Bund für Umwelt und Naturschutz Deutschland (BUND) hatte 1997 eine Wiese im Tagebauvorfeld erworben, um diese als Grundlage für Klagen gegen die Rodung des Hambacher Forstes zu nutzen. Er klagte immer wieder – in Teilen erfolgreich – gegen die Rodungen und den Tagebau, weil im Hambacher Forst die Bechsteinfledermaus und das Große Mausohr leben, der Wald somit als Flora-Fauna-Habitat, also als Schutzgebiet, anerkannt werden müsste und deshalb nicht gerodet werden dürfte. Auch während der Großräumung 2018 war eine Klage im Gange. Diese eröffnete dem Gericht einen formalen Grund, um auf den starken öffentlichen Druck zu reagieren. Und der gemeinsame Widerstand gegen die Räumung erhöhte den Druck so stark, dass der Richter dem Eilverfahren stattgab und einen vorläufigen Rodungsstopp verhängte, damit vor Ende des Verfahrens keine nicht rückgängig zu machenden Tatsachen geschaffen werden könnten. Denn trotz aller beschworenen Neutralität, sind auch die Gerichte von der öffentlichen Stimmung abhängig. Gegen Ende der Räumung ging alles Schlag auf Schlag: Die Polizei behauptete, am 2. Oktober das letzte Baumhaus geräumt zu haben. Am 5. Oktober wurde die Rodung des Waldes vom Oberverwaltungsgericht Münster vorläufig untersagt, und am 8. Oktober zog die Polizei wieder aus dem Wald ab.

Am Tag nach dem Rodungsstopp veranstalteten die NGOs eine Großdemo und bauten riesige Bühnen am Waldrand auf. Zu dieser Demo kamen über 50.000 Menschen aus ganz Deutschland. Auf den großen Bühnen spielten bekannte Mainstream-Bands, statt der Straßenmusiker*innen, die sonst im Hambi am Lagerfeuer aufspielten. Statt der Küche für Alle* (KüfA) mit containerten und veganen Lebensmitteln gab es eine Würstchenbude.

Im **Juli 2012** blockierten 200 Frauen in Yenagoa, Nigeria, die Hauptstraße in Koroama aus Protest gegen Anlagen und Pipelines von Shell in ihren Gemeinden. Sie forderten die Bereitstellung grundlegender Gesundheits-, Wasser- und Stromversorgungseinrichtungen und Jobs für Jugendliche, die Shell vor dem Bau der Anlagen versprochen

Die Waldbesetzer*innen hingegen begannen direkt nach dem Abzug der Bullen mit dem Wiederaufbau der alten Strukturen. Im folgenden Frühjahr gab es schon wieder fast 40 Baumhäuser im Wald. Der Wald blieb stehen, aber es war ein anderer. Viele der früheren Waldbesetzer*innen waren nach der Räumung ausgebrannt oder traumatisiert und kamen (vorerst) nicht wieder zurück. Fluktuation hatte es im Hambi immer gegeben, aber während der Räumung ging diese so schnell vonstatten, dass Gepflogenheiten und Umgangsweisen, die vor der Räumung normal waren, verloren gingen. Einigen, die neu dazu kamen, ging es primär um den Umwelt- und Klimaschutz. Dass der Wald auch ein anarchistischer Freiraum gewesen war und was das für das Zusammenleben bedeutete, geriet dabei zunächst in den Hintergrund.

Seither gab es keine weiteren Räumungsversuche, und im Januar 2020 wurde von der Bundesregierung endgültig entschieden, dass der Hambacher Wald bleiben und der Kohleausstieg bis 2038 abgeschlossen werden soll. Trotzdem ist der Wald bis heute besetzt. Denn das man sich nicht auf Versprechen von Politiker*innen verlassen kann, hatte die jahrelange Erfahrung im Hambi gezeigt. Und auf Dauer blieben dann doch diejenigen im Wald, die den liebgewonnen Freiraum erhalten wollten.

Leseempfehlung

Die Gruppe Aktion Unterholz hat sehr aktiv für die Räumung mobilisiert und eine Broschüre darüber veröffentlicht: Aktion Unterholz: Mama, dieser Stock auch? – Von Barrikaden, Waldschützer*innen und Antikapitalismus. 2018.

hatte. Stattdessen hat Shell der Region nur Umweltverschmutzung und soziale Benachteiligung gebracht.

Erinnern bedeutet kämpfen

Tod in der Klimagerechtigkeitsbewegung

An alle meine Unbekannten
Freunde, Geliebte,
mit denen ich zusammen rannte,
die sie an meiner statt kriegten
[...]
An alle meine Unbekannten
Geschwister und Nachbarn,
die um ihr Leben rannten
und es doch nicht geschafft haben
»Arbeitstitel Tortenschlacht«: An alle meine Unbekannten

Content Note:
Erwähnung von
Rassismus und
Ermordungen

Der Weg hin zu einer besseren Welt wurde in der Geschichte immer wieder mit unterschiedlichen Ansätzen gesucht. Wenn wir heute politisch aktiv sind, sollten wir das in dem Bewusstsein tun, dass wir uns in diese Kämpfe einreihen. Genauso wie wir an die, die nach uns kommen, denken sollten – nicht umsonst geht es gerade beim Thema Klimagerechtigkeit auch um die Generationen vor und nach uns –, dürfen wir die, die vor uns kamen, nicht vergessen. Viele Menschen haben bei ökologischen, anarchistischen und anderen linken Kämpfen ihr Leben gelassen. Einige waren ihr Leben lang aktiv, bis sie an Altersschwäche starben, andere wurden jedoch getötet oder kamen durch Unfälle bei einer Aktion um. Wieder andere hielten der psychischen Belastung nicht stand. Viele derjenigen, die ihr Leben in den Kämpfen verloren, lebten vor unserer Zeit. Doch einige zählten auch zum engsten Freund*innenkreis einiger der Autor*innen dieses Buches. Die meisten der Ermordeten lebten und kämpften an Orten außerhalb Europas. Laut »Global Witness« wurden allein im Jahr 2019 weltweit 212 Land- und Umweltverteidiger*innen aufgrund ihres Engagements ermordet, und ihre Zahl steigt jährlich. Die meisten der Ermordeten kamen aus Kolumbien, Bra-

Am **15. August 2012** installierte eine Person mit privilegiertem Zugang zu den Rechnern des staatlichen saudischen Ölkonzerns Saudi Aramco einen Computervirus. Dieser löschte die Daten auf drei Vierteln der PCs des Unternehmens. Saudi Aramco

silien und den Philippinen. Diese Menschen riskierten im Wissen um die härtesten Repressionen und größten Gefahren, denen sie ausgesetzt waren, ihr Leben. Ihre Namen werden häufig totgeschwiegen oder aus der Geschichte getilgt, obwohl sie einen unglaublich großen Anteil des globalen Umweltaktivismus auf ihren Schultern trugen und mit dem Leben bezahlten. Aktivist*innen des Globalen Südens, indigene und Schwarze Kämpfer*innen wurden und werden massiv durch staatliche Repression und Racheaktionen durch Großunternehmen angegriffen. Trotz alledem kämpften Menschen wie Homero Gómez González, Raúl Hernández Romero, Liviu Pop, Raducu Gorcioaia Angelicá Ortiz und Tausende weitere für eine bessere Welt und ließen dabei ihr Leben.

Das Leid und der Tod der Menschen, die weltweit unter der Politik Europas leiden und in Umweltkämpfen ihr Leben lassen, verdienen unsere Aufmerksamkeit. Im Folgenden haben wir uns dennoch entschieden, insbesondere an unsere ermordeten und verunglückten Freund*innen zu erinnern.

Unsere drei Freund*innen fügen sich in die Reihe der Umgekommenen ein, und wir erzählen heute ihre Geschichte, ganz einfach weil wir sie kannten, mit ihnen diskutierten, mit ihnen Baumhäuser besetzten und an Lagerfeuern saßen und die Erinnerung an sie aufrecht erhalten wollen. Manchmal ist es schwer, auf Todesnachrichten zu reagieren, gerade wenn es um Menschen geht, die wir »nur« bei Aktionen gesehen oder als Nachrichtenmeldung in linken Medien wahrgenommen haben. Dann bemerken wir häufig, dass wir von der Gesamtperson nur einen kleinen Ausschnitt kennengelernt haben.

In dem losen Netzwerk von Klimagerechtigkeitsbewegten ist es unmöglich zu überblicken, wer sich wo aufhält und in welcher persönlichen Situation die jeweilige Person ist, sofern sie nicht zum engeren Freundeskreis gehört. Wir können hier also nicht alle Menschen nennen, die in den letzten Jahren bei verschiedenen Aktionen der Klimagerechtigkeitsbewegung ihr Leben gelassen haben. Doch einige von ihnen sind uns näher bekannt, weil sie Teil unserer Bezugsgruppen, Freundeskreise und Beziehungsnetze waren. Am Beispiel der drei unten aufgeführten Menschen wollen wir uns ins Gedächtnis rufen, dass wir Wege fortsetzen, die die Umgekommenen vor uns und mit uns gebahnt haben. Alle Umgekommenen sind Teil der Geschichte der Klimagerechtigkeitsbewegung und gehören somit zumindest beispielhaft in dieses Buch. Noch mehr allerdings gehören sie in unsere Herzen und Erzählungen, mit denen wir an sie erinnern.

ist der Konzern, der weltweit die meisten CO_2-Emissionen verursacht und gilt an der Börse als das wertvollste Unternehmen der Welt.

Steffen Meyn, auch Sonne genannt, war ein kreativer, mitfühlender und vielseitiger junger Mann. Sein ökologisches Bewusstsein und seine Verbundenheit mit der Natur führten ihn in den Hambacher Forst, wo er enge Verbindungen zu den Besetzer*innen des Waldes aufbaute. Als Student der Kunsthochschule für Medien in Köln begann er ein Videoprojekt, um die Entwicklung der Besetzung des Waldes aufzuzeichnen und digital zugänglich zu machen. Im Jahr 2018 zeichnete sich ab, dass die Polizei den besetzten Wald räumen würde, und Steffen beschloss, seinen Freund*innen auf seine Weise zu helfen: Da er auch als professioneller Journalist tätig war, nahm er eine dokumentierende Rolle während der Räumung ein – im Wissen, dass staatliche Kräfte unter Beobachtung durch die Presse häufig weniger gewalttätig und willkürlich agieren. Aufgrund der Einschränkungen der Pressefreiheit durch die Polizei – allzu oft wurden Medienvertreter*innen außer Sichtweite gedrängt – begab Steffen sich auf die Bäume, um seine Arbeit weiterhin ausführen zu können. Am 19. September überquerte er eine Hängebrücke, um näher an das Räumungsgeschehen zu gelangen. Durch die nächtelange Beleuchtung und Beschallung durch die Sicherheitskräfte bereits schwer belastet, stürzte er ab und erlag kurz darauf seinen Verletzungen.

Steffens Tod löste sowohl große Trauer bei seiner Familie und seinen Freund*innen aus als auch starke Betroffenheit bei vielen Sympathisant*innen des Hambacher Waldes. Um an ihn zu erinnern und Zuneigung und Kraft zu teilen, findet jedes Jahr an seinem Todestag eine Gedenkveranstaltung an seiner Todesstelle statt. In einem Lied von »Sanji und der Streicher*zoo«, das u.a. beim Gedenken im Jahr 2021 dargeboten wurde, singt ein Freund von Steffen:

Und im Wald da nannten sie dich Sonne
Und ich fand immer, das passt ziemlich gut
Du strahltest voll Wärme und Wonne
Und das machte uns allen viel Mut
Und das machte uns allen viel Mut
[...]'
Und ich hoff', du bleibst unsere Sonne
Und ich glaube, du fändest das gut
Denk an dich, wenn sie am Himmel steht,
wenn sie auf- und wenn sie untergeht
Und das macht uns dann wieder Mut
Und das macht uns dann wieder Mut

Am **27. August 2012** blockierten Tausende Anwohner*innen aus Navelim in Goa, Indien, einen Tag lang die Straßen und protestierten gegen die metallurgische Koksanlage des Unternehmens Sesa Goa, die ihr Trinkwasser vergiftet und die Luft und die gesamte Umgebung mit schwarzem Staub verschmutzt.

Trauerfeier im Hambi nach dem Tod von Steffen Meyn 2018,
BN: Sophie Reuter

Şahîn Qereçox / Waka / Farid Medjahed, das sind drei Namen eines inter-
nationalistischen Aktivisten und Revolutionärs aus Frankreich, der an
unterschiedlichen Orten der Welt auf unterschiedlichste Arten u.a. für
Klimagerechtigkeit, Tierbefreiung, gemeinschaftliche Werte, die Beendigung und Aufarbeitung des Kolonialismus sowie die Geschwisterlich-
keit aller Ethnien und Religionen kämpfte.

Sein Weg führte ihn über Widerstandsprojekte gegen Tagebaue wie
die Besetzungen des Hambacher Forstes und Pont Valley bis in die selbst-
verwalteten Gebiete Rojavas (Nord-Ost-Syrien). Von denen, die ihn kannten, wird er als bescheidene, wissbegierige, aufmerksame, empathische
und hart arbeitende Person beschrieben. Seine Begeisterung dafür,
gemeinsam nach einem befreiten Leben zu streben, war ansteckend.
Er besaß die Fähigkeit, seine Motivation mit anderen zu teilen. Wakas
theoretische Analysen und ideologischen Haltungen und Ansätze waren

Im **September 2012** gelang es den Frauen des Dorfes Oekopa in Biboki Tanpah,
Indonesien, das Bergbauunternehmen GEI zu vertreiben. Dieses hatte fünf Monate
lang wenige Meter neben dem Dorf versucht, eine Manganmine aufzuschließen. Die

eng mit seinen praktischen Ansätzen verwoben. Sie bereicherten sich beständig gegenseitig.

Als er im Juni 2018 nach Rojava aufbrach, hatte er sich entschieden, sich auch am militärischen Kampf gegen die dschihadistische Schreckensherrschaft des sogenannten IS zu beteiligen. Er trat den kurdischen Volksverteidigungseinheiten YPG bei und nahm den Namen Şahîn Qereçox an.

Selbst in den militärischen Auseinandersetzungen versuchte er weiterhin bedacht und so menschenfreundlich wir irgend möglich vorzugehen, um keine Nicht-Beteiligten der Kämpfe zu gefährden. Trotz allem zeigte er sich nie verbittert und handelte nie einfach nur mechanistisch. Ein wichtiges Anliegen war ihm nicht nur seine eigene Bildung. Er las sehr viel und diskutierte seine Gedanken mit seinen Genoss*innen.

Am 6. Oktober 2018 fiel Şahîn nahe Deir ez-Zor bei einem Angriff des sogenannten IS. Sein Vater äußerte sich nach seinem Tod folgendermaßen: »Waka war ein Ökologe, ein Verteidiger des Planeten und ein Fürsprecher für Tiere, ein Junge, der keine Gewalt mochte. [...] Ich hoffe nur, dass mein Sohn sofort gestorben ist, ohne seine letzten Stunden kommen zu sehen, und dass sein Opfer anderen in ihrem Leiden geholfen hat gegen diesen Krieg, der jeglicher Logik entbehrt.«

Elf widmete sein Leben dem Hambacher Forst. Nachdem Elf in jüngerem Alter viel mit Tumorerkrankungen zu kämpfen hatte, wurde es (Elf identifizierte sich als nicht-binäre Person) für geheilt erklärt und zog im Sommer 2017 in den Wald. Voller Begeisterung und Hingabe ging es förmlich in der Besetzung auf. Es lebte in verschiedenen Baumhausdörfern, organisierte Lebensnotwendiges, kümmerte sich um das Gemeinschaftsleben, beteiligte sich an der Pressearbeit. Im März 2018 wurde es zu einer tragenden Säule des ersten »Liberate-or-die«-Events, eines antispeziesistischen (also auf Tierbefreiung ausgelegten) Camps. Elf liebte den Wald wie seine menschlichen Bewohner*innen, lernte viel über Bäume und hatte zugleich immer ein offenes Ohr für andere Besetzer*innen. Bald zeichnete sich ab, dass Elf für den Erhalt des »Hambi« alles geben würde. Als im Frühjahr 2018 erneut ein Tumor im Hals diagnostiziert wurde, pendelte es gelegentlich zu Ärzt*innen, ließ sich jedoch nicht von seinem gefundenen Zuhause abbringen.

Bei der Räumung im September 2018 kettete Elf sich zweimal in Baumhäusern an, um deren Zerstörung zu erschweren. Dabei wurde es von Polizeibeamten über Stunden psychisch terrorisiert und sexistisch belästigt. In Polizeigewahrsam musste es vom Tod seines Freundes

---

Frauen verhinderten Baumfällungen und weitere Baumaßnahmen bis das Unternehmen wieder abzog.

Sonne (des Journalisten Steffen Meyn) erfahren. Diese Erlebnisse führten zu einer anhaltenden Traumatisierung.

Im folgenden halben Jahr verschlechterte sich Elfs Gesundheitszustand konstant. Psychische Belastung und physische Krankheit verstärkten einander und führten zu einer Abwärtsspirale. Enge Bezugspersonen, u.a. aus dem Wald, begleiteten Elf in diesen Zeiten, bis es am 04.02.2019 an einer Hirnwasserinfektion verstarb.

Einige Freund*innen von Elf dokumentierten die Verbindungslinien zwischen Räumungstraumata und dem Tod und veröffentlichten diese in einem Artikel auf dem Blog der Hambacher-Forst-Besetzung. Der Text endet mit den Worten: »Elfs Wunsch war es immer gewesen, im Wald zu sterben. Elf, du wärst selbst lieber wie Remus Lupin im Kampf für deine Überzeugungen gestorben als langsam an der hinterhältigen Krankheit und den Traumata. Wir hätten dir das gegönnt. Rest in Power!«

Seit **November 2012** protestieren 60 Gemeinden im Chambe-Becken in Malawi gegen die geplante Ausbeutung seltener Erden durch eine japanische Bergbaufirma. Die Anwohner*innen drohten mit sozialen Unruhen, nachdem das Oberste Gericht eine einstweilige Verfügung gegen die Genehmigungen aufgehoben hatte.

Befriedungsversuche an Runden Tischen

Meinen ersten Kontakt mit dem Format der »Runden Tische« hatte ich 2017 bei der Waldbesetzung des Hambacher Forsts. Die Räumung des Waldes war kurz zuvor abgeblasen worden, aber die Besetzung und das öffentliche Interesse am Hambacher Wald wuchsen in dieser Zeit massiv. Es war gewissermaßen ein Kampf um die mediale Deutungshoheit entbrannt, der sich durch die ständige Präsenz von Journalist*innen und Filmteams im Wald bemerkbar machte. Von der Springer-Presse bis zum WDR hatte irgendwann jedes große Nachrichtenportal seinen Anstandsbesuch gemacht und danach sein öffentliches Urteil gefällt. Auch an der Polizeidirektion Aachen ging diese Veränderung nicht spurlos vorüber, die ihrerseits eine Menge Presse- und Öffentlichkeitsarbeit machte.

Ich erinnere mich noch an meine erste Gesprächsrunde mit Anwohner*innen aus Buir, Baumbesetzer*innen und der Polizei. Im Wald war herumgefragt worden, wer als Vertretung der Waldbesetzung dazustoßen könnte. Doch niemand konnte sich das vorstellen. Die einen nicht, weil sie zu überarbeitet waren und einfach keine Kraft mehr für einen Runden Tisch hatten, mit Parteien die weiter voneinander entfernt nicht hätten sein können. Andere hätten den »Runden Tisch« wahrscheinlich lieber in Brand gesteckt als sich gemeinsam mit der Polizei an ihn zu setzen. Ich war zwar neu im Wald, aber an dem Abend hatte ich noch nichts vor, und so zog ich wenig später zusammen mit zwei anderen Besetzer*innen los in Richtung Buir.

Als wir ankamen, war der Gemeinderaum schon voll besetzt. Neben Bürger*innen von Buir waren sechs Polizisten anwesend, darunter der Polizeipräsident von Aachen und zwei Beamte, die scheinbar ausschließ-

Am **29. November 2012** weigerten sich nach jahrelangen Protesten gegen eine Kupfermine in Sagaing, Myanmar, 500 Mönche und 50 andere Aktivist*innen, ihr Protestcamp zu verlassen. 400 Polizist*innen griffen das Camp an, mehr als 100 Menschen wurden verletzt. Der Konflikt flammte auch in den Folgejahren immer wieder auf.

lich für ihre Funktion als große, böse guckende Türsteher eingeladen worden waren. Einer von ihnen murmelte hin und wieder Unverständliches in sein Headset, während er mit der einen Hand filmte und mit der anderen mit der Knarre an seinem Gürtel spielte. Unsere Bitte, das Filmen zu unterlassen, wurde geflissentlich ignoriert, sodass wir uns schließlich entschieden, die gesamte Zeit des Runden Tisches über voll vermummt im Stuhlkreis zu verbringen. Während ich noch überlegte, wie wir uns in der Runde etwas beliebter machen könnten, stellte der Aachener Polizeipräsident Herr Weinspach die Waldbesetzung in den schlimmstmöglichen Farben dar, heuchelte zeitgleich Solidarität mit den Bürger*innen von Buir und prophezeite, dass wir ihn mit unserem Verhalten in den nächsten Monaten dazu zwingen würden, mit einem Großaufgebot den Wald zu räumen.

Unnötig zu sagen, dass wir den Kampf um die Deutungshoheit bereits innerhalb der ersten fünf Minuten nach unserem Eintreffen verloren hatten. Wann immer wir versuchten, etwas zu sagen, wurden wir von einem der anwesenden Polizisten unterbrochen, und am Ende des Abends war ich einfach nur froh, endlich zurück nach Hause in den Wald gehen zu können.

Über diese Geschichte meines ersten misslungenen Runden Tisches muss ich heute noch lachen oder den Kopf über meine eigene Naivität schütteln. Auf diese Art ins kalte Wasser zu springen, hat mich aber einige Dinge gelehrt.

Den unbedarften Optimismus, die vollkommene Planlosigkeit, mit der wir drei den Raum betreten hatten, die fehlende Kommunikation, Rollenverteilung und Strategiebesprechung unter uns, verblüffen mich noch heute. Wir hatten uns vollkommen dem Skript der Polizeistrategen ausgeliefert und darin genau die für uns vorgesehene Rolle der bedrohlichen, unberechenbaren Waldbesetzer*innen gespielt.

Meine zweite Erfahrung mit Schlichtungsversuchen im Hambacher Wald machte ich einige Monate später, im Januar 2018. Neun Besetzer*innen waren bei einer Räumung der Bodeninfrastruktur in Untersuchungshaft genommen worden und die Berichterstattung verschob sich langsam aber stetig zu unseren Gunsten. Auch in diesem Fall lud uns die Bürgerinitiative »Buirer für Buir« zu einem Runden Tisch ein. Dieses Mal kamen wir mit sechs Besetzer*innen, klarer Rollenverteilung und unserer eigenen Moderatorin.

Die Polizeistrategie entsprach beinahe vollkommen der des Treffens zuvor. Weinspach stieg auch hier wieder direkt in die Diskussion ein,

---

Am **15. Dezember 2012** erschossen Auftragskiller in Kolumbien die Aktivistin Rosa Helena Bernal Pinto, die u.a. Anführerin der Bäuer*innenvereinigung von Morcote und der Provinz La Libertad war. Sie kämpfte gegen die Ölindustrieanlage Niscota

indem er das gewalttätige, irrationale Verhalten der Besetzer*innen betonte. Er wolle keinen großflächigen Polizeieinsatz, der Schutz des Waldes und der umliegenden Dörfer lägen ihm am Herzen, jedoch zwängen ihn die Besetzer*innen durch ihr gefährliches und unberechenbares Vorgehen zum Eingreifen. Die Strategie, Angst vor Regelbruch und öffentlichem Ungehorsam zu verbreiten, zeigte umgehend Wirkung. Wie schon bei unserem letzten Treffen, bemühten sich die anwesenden Polizist*innen darum, einen Graben zwischen legitimem und illegitimem Protest zu ziehen, der uns als Besetzer*innen notwendigerweise von den Anwohner*innen trennen sollte.

Solange eine solche Taktik verfängt, haben die unterschiedlichen Bewegungen wenig Chancen, sich in der gemeinsamen Sache verbunden zu fühlen, genau wie wir es bei unserem letzten Runden Tisch erlebt hatten. Dieses Mal jedoch waren wir mit mehr Leuten gekommen und vor allem besser vorbereitet.

Ich glaube, dass der entscheidende Faktor, warum dieser Schlichtungsversuch etwas anders ablief als der vorherige, das verschobene Machtverhältnis zwischen uns und der Polizei war, die durch gemeinsame Toleranz, eine Moderation aus unseren Reihen und eine Überzahl an Waldbesetzer*innen einen Teil ihrer Macht einbüßen musste. Uns ging es vor allem darum, dem Märchen von den scheinbar begründeten Polizeiübergriffen etwas entgegenzusetzen und zu zeigen, dass tatsächlich kein Zusammenhang zwischen Polizeigewalt, Räumungen und Provokationen von Seiten der Aktivist*innen bestand.

Mein Gefühl zu diesem Runden Tisch ist noch heute ein positives, denn ich habe erlebt, wie sich die Meinung der Bürger*innen über einen Abend hinweg wandelte. Die Angst vor Regelbrüchen von Seiten der Aktivist*innen, die in ihren Augen naturgegeben zu Polizeiübergriffen führen müssten, veränderte sich hin zu vorsichtiger Solidarität.

Über die Jahre hinweg hatten wir immer wieder massive Unterstützung von Seiten der »Buirer für Buir« erhalten, und das Letzte, was ich mit diesem Text will, ist ihre Kämpfe kleinzureden. Kam die Polizei ins Spiel, wendete sich jedoch schnell das Blatt, denn den Rechtsstaat infrage zu stellen und sich gegen die Exekutive zu wenden, kam für die Anwohner*innen damals nicht infrage. Umso bemerkenswerter fand ich die ungewöhnliche Verschwisterung in einem sehr bedrohlichen Moment. So schnell wie er kam, war er allerdings auch schon wieder vorbei. Zum Ende der Versammlung pickte sich Weinspach zwei Anwohner*innen heraus und indoktrinierte sie im Nebenzimmer über 15 Minuten lang,

---

von BP und Ecopetrol. 2014 wurde auch der Gemeindevorsteher José María Largo angegriffen und so sehr verletzt, dass er seitdem auf einen Rollstuhl angewiesen ist.

indem er ihnen Angst vor uns und dem Widerstand im Allgemeinen einflößte. Als sie zurückkamen, sprachen sie mit hoher Stimme und klangen regelrecht panisch.

Obwohl ich es besser hätte wissen sollen, war ich wieder enttäuscht. Aber auch ohne das Gespräch im Hinterzimmer hätte die mutige Hochstimmung unserer Runde den Abend wohl nicht überlebt. Zu stark wirken die mächtigen Narrative des Staates, seiner Herrschaftsorgane und Gewaltmonopole. Eingeübte Sozialdynamiken, Obrigkeitshörigkeit und Angst vor dem Rechtsstaat, das hatte ich an diesem Tag erneut gelernt, lassen sich nicht innerhalb eines Abends umwälzen. Vor allem dann nicht, wenn die dritte Partei am Runden Tisch die Polizei ist.

Runde Tische, wie z.b. in Polen und der DDR Ende der 1980er-Jahre, werden immer wieder als Musterbeispiele der Bürger*innenbeteiligung und Politik auf Augenhöhe gelobt. Meine Kritik richtet sich auch nicht gegen die Methode selbst, sondern vielmehr gegen den gezielten Einsatz von Runden Tischen als machtpolitisches Mittel zur Besänftigung der Opposition, deren Macht innerhalb der Gremien auf symbolische Gesten reduziert wird. Auch Christoph Kleemann, der als Bürgerrechtler und Sprecher des Neuen Forums an den Runden Tischen der DDR beteiligt war, kritisiert deren Umsetzung teilweise scharf.»Wir waren da auch relativ naiv. Wir haben geglaubt, dass der Oberbürgermeister, der mit am Runden Tisch saß, alle Probleme zur Entscheidung vorlegt. Das haben sie natürlich so nicht gemacht, sondern sie sind zweigleisig gefahren.«

Trotz der Besprechungen in Hinterzimmern, der Vorenthaltung von Informationen und des Ausnutzens eines geschmierten Politapparates, wird es wohl auch weiter Runde Tische geben. Also auch dann, wenn der teilnehmenden Bürger*innenvertretung häufig nur Symbolpolitik und irrelevante Kleinstentscheidungen bleiben.

Unterschiedliche Zugänge zu Informationen, Kontakten, Geld und ja, auch Waffen, schaffen vollkommen verschiedene Ausgangsbedingungen für Runde Tische. Was auch immer sich im Verlauf des Zusammenkommens ergibt, wird immer nur die halbe Wahrheit sein. Die andere Hälfte der Wahrheit ist, dass der Großteil der echten, politischen Entscheidungen hinter den Kulissen gefällt wird und Runde Tische vor allem eines sind: Ein genialer PR-Trick!

Freund*innen des friedlichen Zusammenkommens werden jetzt wahrscheinlich einwerfen, dass aber schließlich kein Schaden dadurch entsteht, einfach mal zusammenzukommen und sich nett mit der Gegenseite zu unterhalten. Aber genau diese Einstellung, in der sich

Ende 2012 werden im indischen Bezirk Pakur 20 Tage lang alle Arbeiten in der größten Mine im Bundesstaat Jharkhand als Reaktion auf die Vertreibung zahlreicher Familien durch den Konzern Panem Coal Mines blockiert. Dorfbewohner*innen protestieren dort schon seit vielen Jahren gegen den Kohlebergbau.

Optimismus mit dem tiefen Glauben an den Rechtsstaat verbindet, ist in meinen Augen der Grund für die erfolgreiche Manipulation von Bewegungen und die Täuschung der Öffentlichkeit durch symbolische Schlichtungsversuche. Euch, die ihr tatsächlich an den guten Willen von Polizei, Politik oder anderen Autoritäten glaubt, möchte ich fragen: Wann habt ihr jemals echte Konsequenzen im Anschluss an einen Runden Tisch erlebt? Wann hat die mächtigste Partei am Tisch – oder jene, die sie schützen sollen – jemals auf Macht, Geld oder Privilegien verzichtet, weil sie bei einem Runden Tisch nett darum gebeten wurde? Runde Tische sind vor allem ein effektives Herrschaftsinstrument, das Narrative erschafft, um uns in ein Netz einzuweben, wie eine fette Spinne es tut. Wenn wir anfangen, uns auf das Narrativ von Politik, Polizei und anderen staatlichen Organen einzulassen, ihnen an Runden Tischen entgegenzukommen und unsere Aktionsformen den »Vorlieben« der Polizeipräsident*innen, Staatschefs und Regierungssprecher*innen dieser Welt anzupassen, dann haben nicht wir, sondern sie ihr Ziel erreicht, denn dann haben wir den Kampf verloren.

Leseempfehlung

Textsammlung über Schlichtungsverfahren bei Flughafenerweiterungen, Atomenergie, Stuttgart 21 und anderen Großprojekten: Wilk, Michael / Sahler, Bernd (Hg.): Strategische Einbindung. Von Mediationen, Schlichtungen, runden Tischen ... und wie Protestbewegungen manipuliert werden. Bodenburg: Edition AV 2014.

Zwischen Dezember 2012 und Mai 2013 protestierten Tausende von Einwohner*innen von Mtwara in Tanzania gegen den Bau einer 512 km langen Pipeline in die Stadt Dar es Salaam. Nachdem die Polizei Demonstrationen angriff und Menschen

Reißen wir die Mauern ein
Aktivist*innen im Knast

If you think different or if you misbehave, they will lock you up, they will put you in a cage – so lets burn, burn the prisons down, schallt es von der Wiesenbesetzung am Hambacher Forst. Heute spielen unsere Freund*innen, die Punkband Cistem Failure, für uns. Es ist ein bewegender Abend. Wir tanzen ausgelassen. Es tut gut, Gefühle rauszuschreien und die Anspannung für eine Weile zu vergessen: *I wish I knew you were safe, but you just never know in the hands of the state.*

Content Note: enthält Berichte über physischische Gewalt im Gefängnis sowie physische Auseinandersetzungen mit einem Sicherheitsdienst

Warum Gefängnisse

Repression hat unendlich viele Gesichter: das einer strengen Richter*in, eines aggressiven Cops, und auf einer anderen, subtileren Ebene, sogar das enttäuschter Eltern und das geliebter Menschen, um die du dich sorgst oder von Freund*innen, die sich um dich sorgen. Eines davon ist das Gesicht der Schließer*in (Gefängniswärter*in), die ohne Erlaubnis in deine Zelle kommt und verachtend auf dich herabsieht.

»Sie sprechen von Freiheitsentzug, doch in Wirklichkeit entziehen sie einem das ganze Leben, alles was es lebenswert macht. Sie nehmen einem jegliche Entscheidung ab: Wann du aufstehst, isst oder duscht, was du anziehst, wo du hingehst und wie du deinen Tag verbringst. Du hörst auf als Person zu existieren. Der Willkür der Schließer*innen ausgeliefert, bist du wie ein Objekt, über das sie verfügen können, wie sie wollen. Das Einzige, was dir bleibt, ist Langeweile, zerstörerische, nicht enden wollende Langeweile. Und manchmal, manchmal nehmen sie einem auch noch die Hoffnung auf ein Leben nach dem Knast, wieder Mensch zu werden. Durch Vorstrafen und Schulden machen sie es einem so schwierig wie möglich. Fast so, als wollten sie dich am liebsten dabehalten.« (*Text einer anarchistischen Gefangenen 2017*)

Oft wird das Märchen erzählt, dass Knast die Gesellschaft vor den »bösen« Gewalttäter*innen schützt und dazu beiträgt, dass weniger

tötete, verletzte und festnahm, setzten die Protestierenden Fahrzeuge und Gebäude der Regierung in Brand.

Straftaten begangen werden. Das stimmt nicht. Knäste in Deutschland sind größtenteils mit Menschen gefüllt, die ohne Ticket gefahren sind oder kleinere Diebstähle begangen haben. Es zeigt sich, wer wenig Geld hat, landet häufiger im Knast. Ebenso Menschen, die von rassistischer Diskriminierung betroffen sind. Was 1965 als »Ausländergesetz« eingeführt wurde, heißt heute Aufenthaltsgesetz und sorgt weiterhin dafür, dass die Wahrscheinlichkeit in Deutschland im Knast zu landen, erheblich steigt, wenn jemand keinen europäischen Pass besitzt. Selbst zwischenmenschliche Konflikte und Gewalttaten lassen sich nicht dadurch lösen, dass man Menschen wegsperrt. Die Konflikte verschwinden ja nicht einfach, wenn niemand sich darum kümmert, sie zu bearbeiten. Oft verschärfen Knäste sogar Konflikte: Je härter und länger die Strafe, desto wahrscheinlicher ist es, dass jemand wieder straffällig wird.

Doch welche Funktion haben Knäste dann? Sie sind Teil des staatlichen Disziplinierungsapparats und sichern die Macht der Herrschenden. Es braucht dafür die, die aus der Gesellschaft ausgeschlossen oder an den Grenzen gar nicht erst reingelassen werden. Knäste sind wie ein Barometer, an dem die gute Bürger*in sich orientieren kann, um zu wissen, was richtig und was falsch ist. Weggesperrt wird, wer nicht gesehen werden soll: Sexarbeiter*innen, Migrant*innen, Aktivist*innen, Menschen, die auf der Straße leben oder abhängig sind von illegalisierten Drogen. Diejenigen, die beim ungehinderten, schrankenlosen und zerstörerischen Genuss des eigenen Luxus stören. Deswegen handelt es sich auch immer um »politische« Gefangene, egal was ihnen vorgeworfen wird. Knäste richten sich in erster Linie gegen die Ausgebeuteten und die Aufmüpfigen. So wurden sie auch schon immer eingesetzt, um emanzipatorische Bewegungen zu schwächen, wie auch im Zusammenhang mit der langjährigen Besetzung des Hambacher Forstes.

Aussichtslos gegen RWE und Secus

Im Zusammenhang mit der Hambi-Besetzung wurden immer wieder einzelne oder auch Gruppen von Aktivist*innen in den Knast gesperrt. In den ersten Jahren nach der Besetzung 2012 gab es nur eine kleine Gruppe von Menschen, die sich permanent im Wald aufhielt und mit einfachen Mitteln Widerstand leistete. Dennoch war es für den Konzern schwierig, die Besetzer*innen zu bekämpfen. Sich im Wald aufzuhalten, konnte nicht als Hausfriedensbruch gewertet werden, und die Strafe für das Sich-Anketten war damals noch vergleichsweise gering. Oft gingen kleinere Baustellenbagger und Wasserpumpen kaputt, ohne

Am **10. Februar 2013** setzten russische Umweltaktivist*innen in Krasnodar Baumaschinen in Brand, mit denen eine der wenigen verbliebenen Grünflächen der Stadt zerstört werden sollte. »Die Baufirmen hören nicht auf die Anwohner*innen oder auf

dass jemand dafür verantwortlich gemacht werden konnte. In der Regel musste die Polizei Aktivist*innen nach wenigen Stunden auf der Wache wieder gehen lassen. Konflikte gab es damals vorrangig mit dem von RWE engagierten Sicherheitspersonal, den sogenannten Secus, kurz für Securitys. Vor allem in diesen Auseinandersetzungen wurden Besetzer*innen, nachdem Secus sie bewegungsunfähig gemacht hatten, von Cops festgenommen. Mit dem Vorwurf der Körperverletzung wurden in diesen Jahren immer mal wieder Menschen von einigen Wochen bis zu mehreren Monaten in den Knast gesteckt. Die Gewalterfahrungen in Gewahrsam säten wiederum Wut und Hass unter uns Besetzer*innen.

Eine Person, die in dieser Zeit festgenommen wurde, war Martin:

»Es rasselt im Gang, ein weiterer Tag, der dem vorangegangen gleichen wird. Ich schlurfe zur Tür, ignoriere den Gruß der Schließer und grüße die Knastarbeiter, nehme mein Essen entgegen und lege mich wieder hin. Schlafen kann ich zwar nicht mehr, aber ich gebe den Versuch von einem winzigen Stück Selbstbestimmung nicht auf. Nach einer Weile stehe ich auf, schalte das Radio an und frühstücke. Das Warten beginnt. Warten auf gute Musik im Radio oder halbwegs interessante Beiträge. Warten auf Bücher. Warten auf Freigang, um unter Menschen zu kommen und um Auslauf zu haben. Warten auf Post. Warten auf Mittagessen. Warten auf Umschluss. Warten auf Abendessen. Warten, dass die Scheiß-Zeit verstreicht.

Warten. Warten. Warten. [...] Ich wurde in den Knast gesteckt, weil sie mich erwischt haben. Weil ich dadurch gebrochen werden sollte. Ich habe Angst davor, geistig zu verwahrlosen, meine Ideale aufzugeben und egoistischer zu werden. Dass meine Gefühle weiter abstumpfen. Dass ich mich von dieser Scheiße einschüchtern lasse, dann zwar irgendwann frei aber gebrochen bin. ... Jeder Kontakt nach draußen – ob Brief oder Besuch – macht Mut. Jedes Wissen darum, dass unsere Kämpfe draußen fortgesetzt werden. Jedes kleine Aufbegehren und Rasseln mit den Ketten gibt Kraft. Jeder Moment von Kollektivität mit meinen Leidensgenossen gibt Hoffnung. Abends, wenn die Zellen zum letzten Mal für den Tag geschlossen werden, kann mein Körper und Geist etwas von der Anspannung fallenlassen. Ein weiterer Tag fast hinter mir – der darin endet, auf den Schlaf zu warten.« (*Martin, Knasttagebuch*)

Untersuchungshaft und Solidarität mit einer wachsenden Bewegung
Die Ende-Gelände-Blockaden von Tagebauen oder anderer Kohleinfrastruktur mit Hunderten von Menschen waren ein Medienspektakel.

Sachverständige. Daher haben wir uns für die Methode der Sabotage entschieden«, hieß es in einer Aktionserklärung.

Die Tatsache, dass viele Menschen anschließend nicht zur Rechenschaft gezogen werden konnten, da ihre Personalien unbekannt blieben, war unseren »Gesetzeshüter*innen« offensichtlich ein Dorn im Auge. Gleichzeitig boten die großen Menschenmengen und die Presseaufmerksamkeit einen Schutz für die einzelnen Aktivist*innen. Bei Aktionen im Wald kamen allerdings ab 2017 reihenweise Leute wegen Personalienverweigerung in Untersuchungshaft (U-Haft), selbst mit lächerlich kleinen Straftatvorwürfen.

Im Januar 2018 wurden im Hambi elf Menschen festgenommen. Anlass war eine routinemäßige Räumung der Barrikaden auf den Waldwegen, durchgeführt von RWE und einer hilfsbereiten Hundertschaft Cops. Neun der Gefangenen wollten auch der Haftrichter*in am nächsten Tag nicht ihre Namen nennen und wurden daraufhin von ihr in den Justizvollzugsanstalten (JVA) Köln und Aachen eingesperrt. Allen wurde §113 »Widerstand gegen Vollstreckungsbeamte« vorgeworfen, selbst denen, die mit beiden Händen angekettet gewesen waren. Robin wurde nach ihrer ersten Haftprüfung nach zwei Wochen wegen »Unverhältnismäßigkeit« wieder aus dem Knast entlassen, Mesq dagegen wartete zwei Monate auf den Gerichtsprozess. Die dort verhängte Bewährungsstrafe musste aber mangels Namensnennung weiterhin an die »Unbekannte Person 2« (UP2) erteilt werden.

»Es kommt mir immer noch alles wie in einem grausamen Traum vor, und doch scheint gleichzeitig jeder Tag hier im Knast mehr Realität zu enthalten als alles, was ich in meinem bisherigen Leben erfahren habe. In was für einer absurden Welt wir doch leben! Ich spüre Wut wegen der Geschichten meiner Mitgefangenen, aber auch Angst: Angst vor dem Klacken der Schlüssel, wenn die Wärterinnen wieder einmal ungefragt in meine Zelle kommen – Angst, wenn mir klar wird, dass ich ihnen im Grunde komplett ausgeliefert bin – Angst, das hier nicht durchzuhalten. ... Jedes Zeichen, das von draußen hereinkommt, ist wie ein Sonnenstrahl, der mir wieder Mut und Kraft gibt. [...]

Heute Abend war ich beim Umschluss zu Besuch in der Zelle einer Mitgefangenen. Sie ist bereits seit zwei Jahren hier und hat noch eins vor sich. Ihre Bewährungsstrafe von vor zehn Jahren wurde in eine Haftstrafe umgewandelt, weil sie dreimal in der Straßenbahn beim Freifahren erwischt wurde. Sie hat sich gut eingerichtet in ihrer Zelle. Befördert sogar etwas Hasch aus einem Versteck und dreht uns einen Joint zum Kaffee. Sie sagt, das Gras hilft ihr sehr, nicht vollkommen verrückt zu werden an diesem Ort.

2013 blockierten Tausende Demonstrant*innen in Kumtor, Kirgisien, Straßen und unterbrachen die Stromversorgung eines Gold-Tagebaus. Die Mine schädigte die Gesundheit der Menschen über zwanzig Jahre lang und ist eine ökologische Zeitbombe, die bei einer größeren Überschwemmung riesige Landstriche vergiften würde.

Auf einmal horcht sie auf und öffnet dann das Fenster. Von weit entfernt dringt der Lärm einer Demo zu uns. Ich bin mir jetzt sicher, dass Freund*innen und Genoss*innen ganz nah sind und mich nicht vergessen werden. In mir breitet sich ein Gefühl der Aufregung und der Zuversicht aus. [...] Danach Stille – wieder allein. Ich versuche mich abzulenken. Es gelingt mir immer besser.« (*Robin, Knasttagebuch*)

»Ich wache auf. Es ist ungefähr sechs Uhr morgens, schätze ich. Sie haben mir immer noch nicht meine Armbanduhr wiedergegeben. Normalerweise wache ich nicht so früh auf, aber es ist Frühstückszeit, also höre ich Geräusche näher kommen und lauter werden: Bumm, bumm, bumm, elektronisches Piepsen. Es ist meine Zellentür »Frustuck«. Ich spreche kein deutsch, aber habe gelernt, was das heißt. Meine Wärter:innen liefern ein Tablett mit Essen, während ich nach meiner Uhr frage und erkläre, dass ich sie wiederhaben will. Sie antworten etwas auf deutsch, dass ich nicht verstehe, und schließen dann meine Tür. Ein bisschen Morgenyoga und Stretching, dann Frühstück, ein bisschen lesen und Briefe beantworten. Als nächstes gehen wir alle in den Innenhof. Von einem anderen Gefangenen, der tatsächlich eine Uhr hat, erfahre ich, dass es halb zehn ist. Er ermutigt mich, einen »Antrag« (ein Papier, dass du schreibst, um nach etwas zu fragen oder dich über etwas zu beschweren) zu schreiben. Ab jetzt schreibe ich täglich einen und gebe ihn ab. Außerdem frage ich persönlich nach meiner Uhr, jedes Mal, wenn sich die Gelegenheit dazu ergibt. Ich denke nicht, dass es etwas bringt, aber es nervt sie ziemlich, und das macht Spaß und ermutigt mich [...] Ich verbringe den Nachmittag im Hobbyraum, spiele Karten und Tischtennis, teile Tabak und Geschichten darüber, warum wir hier sind. Zurück in meiner Zelle, schreibe ich einen offenen Brief an die Menschen, die ich liebe und die sich vielleicht über meine Situation Sorgen machen. Ich erkläre, dass ich Tischtennis spiele und besser darin werde, dass das Essen gut genug ist, ich genug Zeit zum Lesen und für tägliche Sportübungen habe, um meinen Geist und meinen Körper gesund zu halten. Ich hoffe, ihnen geht es auch gut und bitte sie, sich nicht zu viele Sorgen um mich zu machen. ... Dann schreibe ich einen weiteren ›Antrag‹: ›Ich möchte die schwarze Armbanduhr, die ihr mir gestohlen habt, wiederhaben. Und beeilt euch, ich bin eine vielbeschäftigte Person!‹ Es gibt nicht viele Dinge, die ich hier tun kann, aber ich kann versuchen, auf mich selbst achtzugeben und auf die Menschen, die ich liebe. Und den Menschen, die ich hasse, so viel wie möglich auf die Nerven zu gehen.« (*Knasttagebuch Mesq*)

Am **8. März 2013** platzierten russische Umweltaktivist*innen Brandsätze auf Baufahrzeugen in einem Sandgewinnungskomplex im Bezirk Solnechnogorsk bei Moskau. Eine Planierraupe und ein Bagger wurden vollständig zerstört. Mit dem Sand aus

Haftstrafe zur Abschreckung anderer

Die Gefangennahme der »Hambi 9« löste eine breite Welle an Solidaritätsbekundungen aus, nicht nur von anderen Besetzungen oder anarchistischen Gruppen, diesmal sprachen sich auch Ortsgruppen von großen NGOs und Parteien öffentlich gegen die Festnahmen aus. Diese Reaktionen zeigten uns, dass wir mittlerweile auch mit Unterstützung aus bürgerlichen Kreisen rechnen konnten.

Während Mesq noch im Knast saß, kamen im März 2018 drei weitere vorerst unbekannte Hambi-Gefangene dazu. Sie wurden ebenfalls während einer Barrikaden-Räumung verhaftet, aber mit schwereren Tatvorwürfen. Mit einem Böller, der nicht getroffen hatte, sei eine schwere Körperverletzung versucht worden, und durch Trommeln seien andere zu Straftaten ermutigt worden. UP III (diesmal wurden römische Zahlen verwendet, um Verwechslungen zu vermeiden) blieb fünf Monate im Knast. Die Richter*in sagte im Prozess dazu, dass die hohe Strafe präventiv zur Abschreckung anderer Aktivist*innen wirken sollte, die in der kommenden Rodungssaison Widerstand leisten könnten. Die offensichtliche Ungerechtigkeit dieses Urteilsspruchs erschütterte so manch eine Hambi-Sympathisant*in, die noch an das Rechtssystem geglaubt hatte.

UP III war immer noch im Knast, als sich plötzlich alle Welt für den Hambi zu interessieren schien. Im September 2018 begann die bis dahin längste Räumungsaktion deutscher Cops. Unzählige den Cops »unbekannte« Menschen wurden in diesem Monat durch die Erkennungsdienstliche Behandlung durch die Polizeiwache in Aachen geschleust und die allermeisten auch wieder freigelassen. Im Gefängnis saßen nach der Räumung nur wenige, aber dafür teils Monate lang.

Haft als Repressionsmittel außerhalb des Hambis

Nicht nur im Hambacher Forst, sondern überall auf der Welt landen Aktivist*innen im Kampf um Klimagerechtigkeit im Knast. Besonders harte, auch lebensbedrohliche Repression erfahren Menschen aus den MAPA, die sich teils bereits seit vielen Jahrzehnten gegen klimaschädliche Konzerne und die Fortschreibung neokolonialer* Ausbeutung wehren.

In den folgenden Zeilen wird nur auf den deutschsprachigen Raum im Zusammenhang der letzten Jahre eingegangen. In der Lausitz beispielsweise waren nach Ankett-Aktionen, die parallel zur Ende-Gelände-Aktion 2016 stattfanden, mehrere Personen für Wochen in Haft. Dort wurde, anders als im Rheinland, U-Haft wegen Personalienver-

der Anlage wurde u.a. eine Autobahn gebaut, für die Teile des Chimki-Waldes gerodet wurden.

weigerung auch bei Baggerbesetzungen angeordnet, obwohl der Straftatvorwurf »Hausfriedensbruch« als vergleichsweise geringfügig gilt. Große Aufmerksamkeit wegen der absurd scharfen Repression erhielt die Besetzung der »Lausitz23« Anfang 2019. Eine andere Gruppe startete daraufhin die nächste Besetzung gleich unter dem trotzigen Motto: »Lieber Haft als Kohlekraft«.

Als die Besetzung im Dannenröder Forst geräumt wurde, landeten zunächst relativ viele Menschen kurzzeitig in Haft, etliche davon, weil sie durch Abseilaktionen Autobahnen blockiert hatten. Die Strafbarkeit dieser Aktionsform war noch nicht ganz geklärt. Auch aus diesem Grund entschieden sich, nach über einem Monat Haft, alle ihre Personalien anzugeben. Länger in Haft blieben Ella und Björn. Beide wurden wegen eines angeblich »tätlichen Angriffs« gegen Vollstreckungsbeamt*innen zu jeweils über zwei Jahren Knast verurteilt.

Ellas Fall, im Gegensatz zu Björns, erhielt viel Aufmerksamkeit. Die Vorwürfe gegen sie sind zu offensichtlich an den Haaren herbeigezogen. Auch ihre Support-Gruppe nutzt vor allem das »Unschuldsargument« für ihre Kampagne. Björn, obwohl er auch im Verlauf der Räumung verhaftet wurde, erfährt viel weniger Solidarität und Öffentlichkeit.

Auch bei anderen Auseinandersetzungen, wie der einer lokalen Waldbesetzung in Bayern im Forst Kasten oder bei Aktionen von Extinction Rebellion in Berlin, landeten Menschen wegen Personalienverweigerung im Knast. Gerade wenn kein fester Wohnsitz vorhanden ist oder ein Wohnsitz im Ausland liegt, wird Haft verhängt, denn Linke sind aus Sicht der Gerichte gut vernetzt und können überall untertauchen. Knast als Repressionsmittel ist natürlich nicht auf die Klimagerechtigkeitsbewegung beschränkt. Aktivist*innen der kurdischen Bewegung werden schon seit Jahrzehnten in Deutschland wegen ihres politischen Engagements kriminalisiert. Außerdem sind in den letzten Jahren auch vermehrt Antifaschist*innen in deutschen Knästen gelandet.

Wie Pollen im Wind

Wie viele Menschen aufgrund von Repression mittlerweile nicht mehr Teil unserer Bewegung, Freundeskreise oder Wohngemeinschaften sind, lässt sich nicht abschließend feststellen. Fest steht allerdings, dass es niemanden kalt lässt, von schwerbewaffneten Cops, gleichgültigen Schließer*innen oder Gefängnismauern umgeben zu sein. Es ist wichtig, dass wir gemeinsam Antworten auf diese Repression finden, dass wir über unsere Ängste sprechen und uns mit dem Thema auseinanderset-

---

2013 wehrten sich 100 Bewohner*innen zweier Dörfer in Duy Tien District, Vietnam, gemeinsam gegen die Umsiedlung für den Bau eines Industrieparks. Sie weigerten sich die geringen Kompensationen anzunehmen. Die Menschen wollen kollektiv handeln, um ihre Gemeinschaftsstrukturen zu erhalten.

zen, dass wir einander in der Haft unterstützen und uns so gut es geht vor Selbstzweifel und Resignation bewahren.

Dennoch würde ich abschließend sagen, dass es ihnen nicht gelungen ist, die Bewegung für Klimagerechtigkeit zu unterdrücken. In den letzten Jahren sind immer mehr Menschen der Ansicht, dass der Kapitalismus überwunden und neue Lebensweisen praktiziert werden müssen. Der Hambi ist weiterhin ein Ort des Widerstands und des kollektiven Träumens. Wie eine Pflanze, deren Samen vom Wind in alle Richtungen verstreut wurden, tauchen in den letzten Jahren immer mehr Waldbesetzungen auf – wo die das Baumhausbauen wohl gelernt haben?

Was auch passiert, ihr könnt uns nicht kleinkriegen – unsere Leidenschaft für Freiheit ist stärker als eure Gefängnisse!

Leseempfehlung

Falls du dich mehr informieren möchtest zum Alltag im Knast und Umgang mit Gefangenschaft, empfehlen wir das Buch: Wege durch den Knast (Neuauflage: 2022). Einige Kapitel findest du auch online unter: http://wegedurchdenknast.de/ oder auch: Informationen für Trans*Menschen in Haft und Freund_innen und Unterstützer_innen (2018), ebenfalls online unter: http://transundhaft.blogsport.de/

Im **April 2013** setzten sich Anwohner*innen in Liberia gegen eine riesige Palmölplantage zur Wehr, für die sie von ihrem Land vertrieben wurden und die ihr Grundwasser verseucht. Nachdem offizielle Beschwerden nichts verändert hatten, zerstörten

Schaukeln gegen die Rodung
Eine neue Blockadetechnik entsteht

Content Note: Polizeigewalt. Wird nochmals vor dem entsprechenden Abschnitt benannt

Das Bundesverwaltungsgericht hält den Bau der A49 für rechtens, obwohl der letzte Streckenabschnitt dieses Bauprojekts durch einen ca. 1.000 Hektar großes und rund 250 Jahre altes Dauer-Mischwald-Gebiet mit Flora-Fauna-Habitat-Schutzstatus und Trinkwasserschutzgebiet führt. Aufgrund des Urteils rückt die Polizei am 5. Oktober 2020 mit vielen Hundertschaften und schwerem Gerät an, um den vor 30 Jahren beschlossenen Bau zur Realität zu machen und die Rodung durchzusetzen. Doch: »Wo Unrecht zu Recht wird, wird Widerstand zur Pflicht« (Bertolt Brecht). Klimaaktivist*innen klettern auf Bäume, um die Rodung zu verhindern. Es geht ihnen nicht nur um die Bäume. Es geht ihnen um den Aufbau einer Welt, die dazu beitragen kann den ökologischen Kollaps abzuwenden, die sozial gerecht ist, also auch all diejenigen Menschen einschließt, die sonst kaum oder gar nicht gehört werden.

Während der Proteste zum Erhalt des Dannenröder Waldes ist eine neue Form von Blockadeaktionen entstanden, die eigentlich recht simpel ist: du kletterst auf einen Baum, klemmst dir eine Schaukel unter den Hintern und nennst dich SwingForce. Du brauchst also nur ein Brett, ein Seil, deinen Körper und etwas Mut. Dank dieser Aktionsform wurde es möglich, aus der Waldbesetzung (die zuvor ein paar hundert Kletterprofis vorbehalten war und ziemlich viel Material benötigte) eine kleine Massenaktion zu machen, die mit wenigen Mitteln die Rodung extrem verlangsamte und viele Menschen ermächtigte, sich ihr in den Weg zu stellen bzw. zu hängen.

Anwohner*innen und Arbeiter*innen Maschinen der Plantage und setzten Hunderte Ölpalmen in Brand.

SwingForce: Entstehung und Umsetzung

Minus zwei Grad, Schneeflocken fallen vom Himmel. Ich klammere meine Arme entschlossen um die Hainbuche und ziehe die Rettungsdecke ein Stück enger. Unter meinem Po ist nur ein schmales Brett, das mit etwas Polyprop-Seil und einem Mastwurf-Knoten am Baum festgebunden ist. Ich bewege die Beine, damit sie nicht einschlafen. Bis zum Boden sind es etwa drei Meter. Vielleicht ein bisschen mehr. »What do we want?«, schallt eine rauhe, feste Stimme aus der einen Ecke des Waldabschnitts. »Climate justice!« stimme ich in den Chor der anderen mit ein. Um mich herum sitzen etwa dreißig Menschen auf ihren Schaukeln in den Bäumen. Wir versuchen die lauten Kettensägengeräusche mit unseren Rufen zu übertönen. Rechts neben mir wird gerade eine Person von den Bullen über ein Kletterseil zu Boden gezwungen. Die Schaukel hängt nur noch an einer Seite am Baum. Das andere Ende baumelt in der Luft. »Du willst also nicht laufen?«, höre ich einen der Polizisten fragen, ehe er und andere die Person an den Armen packen und über den Waldboden zerren. Ein paar Meter weiter gibt eine Hebebühne laute Piep-Geräusche von sich und kommt dann direkt unter einem der nächsten Baumhäuser zum Stehen. »Macht ihr euch überhaupt bewusst, was ihr da tut?« Ein Kopf ragt über der Plattform des Baumhauses hervor. Mund und Nase sind mit einem Tuch verdeckt, die Kapuze ist tief über die Stirn gezogen. Trotzdem kann man die Augen dazwischen gut erkennen. Ihr Blick gilt den Kletterpolizisten, die gerade dabei sind, in die Hebebühne zu steigen. Mir schwirrt der Kopf, weil so viele Dinge gleichzeitig passieren. »When do we want it?«, ruft die einzelne Stimme erneut. Es kracht und knirscht. Der Wipfel einer jungen Buche erzittert. Dann wankt sie für einen Moment. Man hört das Zischen des Baumes, der bei seinem Fall zu Boden die Luft zerschneidet. Mit lautem Krachen schlägt er auf. »Now«, schreie ich synchron mit den anderen Menschen um mich herum, während mir Tränen in die Augen steigen.

Wie alles begann

Die jährliche Rodungssaison beginnt am 1. Oktober. Größere Waldflächen dürfen dann abgeholzt werden, sofern eine behördliche Genehmigung vorliegt. Dies galt auch für die Wälder entlang der geplanten A49 – den Dannenröder Forst (»Danni«), den Herrenwald (»Herri«) und den Maulbacher Wald (»Mauli«). Die Bürger*innen-Initiative »keine A49« setzte sich 40 Jahre lang gegen den Bau der Autobahn ein. Bis September 2019 leider mit wenig Erfolg. Doch Ende September 2019 besetzten Aktivist*innen den Dannenröder Wald, um sich mit Baumhäusern und dem

---

Am **3. Mai 2013** besetzten etwa 200 Indigene eine zentrale Baustelle des umstrittenen Belo-Monte-Staudamms im brasilianischen Amazonasgebiet. Sie forderten die sofortige Aussetzung aller Arbeiten an den Wasserkraftprojekten an den Flüssen

Aufbau einer widerständigen Besetzung der Rodung für den Autobahnbau in den Weg zu stellen. Es begann mit drei in die Bäume gebauten
Plattformen. Ein Jahr später war der Wald voll von Menschen, Baumhäusern und Barrikaden. Dass die Besetzung einmal solche Ausmaße
annehmen würde, hatte am Anfang niemand geglaubt.

Im Sommer 2020 wurde ein Camp am Waldrand errichtet – mit Zelt-
platz, Infopunkt, Bühne, großen Versammlungszelten und etlichem
mehr. Dies ermöglichte es vielen Menschen hierherzukommen, sich
zurechtzufinden und sich zu vernetzen. Das Camp war der zentrale
Knotenpunkt zwischen Waldbesetzung und Außenwelt.

Als die Rodungen im Oktober 2020 zunächst im Maulbacher und Herrenwald begannen, wurden in den ersten paar Wochen mehrere Hektar
Wald dem Erdboden gleichgemacht. Das Vorgehen bei der Rodung war
schwer berechenbar und es gab im Herri und Mauli nicht genug Baumhäuser, Plattformen, Barrikaden und Traversen, um die gesamte Trasse
vor Rodungen zu schützen.

Der Bau von Baumhäusern und anderen komplexen Widerstands-
strukturen wie z.b. Barrikaden und Tripods benötigen Zeit und einiges
an Kenntnissen und Vorerfahrungen.

Gleichzeitig kamen viele Menschen Tag für Tag neu am Wiesencamp an, verloren im Wald aber relativ schnell die Orientierung und
hatten keine Kletter- und Bauerfahrung. Dennoch versuchten sie sich
der Rodung in den Weg zu stellen. Leider hatten aber nur die wenigsten
genügend Zeit, um länger im Wald zu bleiben und sich das nötige Wissen
anzueignen. So zogen sie früh morgens als Gruppe los, starteten eine
Sitzblockade oder besetzten Living-Barricades (Barrikaden aus Holz mit
einem Hohlraum in der Mitte, in den sich Menschen setzen können).

*Früher Morgen. Die ersten Sonnenstrahlen brechen durch den Wald. Das
um mich herum aufgestapelte Totholz riecht modrig. Ich schließe die Augen
und der Duft des Waldes steigt in meine Nase, holzig-herb und lebendig.
Dann rücken sie an. Einer der dicken Äste trifft mich hart am Kopf, als die
Barrikade um mich herum auseinandergezogen wird. Kurz darauf werde
ich unsanft weggeschleppt.»We have come so far, we will not turn around.
We fight for climate justice. We are freedom bound«. Der tiefe und ruhige
Gesang der Frau, die eben noch neben mir gesessen hat, liegt mir noch in
den Ohren. Nichtmal eine halbe Stunde haben sie gebraucht, um uns zu
räumen. Kopfüber hänge ich zwischen den vier Polizisten, die mich weg-
tragen. Ich werfe einen letzten Blick auf die Bäume, die kurz darauf hinter
mir zu Boden fallen.*

Xingu, Tapajós und Teles Pires. Ungeachtet der Proteste wurde der Staudamm 2020
fertiggestellt.

Wie ist es möglich, sich Rodungen effektiv in den Weg zu stellen, wenn die meisten der vielen Angereisten keine Kletter- und Bauskills haben, sich aber dennoch nicht innerhalb von fünf Minuten aus einer Sitzblockade räumen lassen wollen? Kennst du das Gefühl, wenn du durch einen besetzten Wald läufst, hoch in die Baumwipfel schaust und über dir ein paar Menschen von einem Baum zum nächsten springen? Du fühlst dich klein. Hätte ich doch auch nur klettern gelernt und die nötige Ausrüstung. Dann wär' ich jetzt auch dort oben und könnte zeigen, dass ich mit dem Bau dieser bekackten Autobahn nicht einverstanden bin. Aus diesem Gefühl der Machtlosigkeit, entstand die Idee der SwingForce. Eigentlich total simpel, aber trotzdem recht effektiv: Menschen klettern auf Bäume, die vom Boden aus erreichbar sind (Freeclimbing), auf etwa zwei bis drei Meter Höhe. Und da es schon mal vorkommen kann, dass man einen halben Tag auf dem Baum verbringt, wird eine Schaukel mitgebracht, festgebunden und sich daraufgesetzt. Um eine Person herunterzuholen, die sich auf über 2,5 m (untere Fußkante) in der Höhe befindet, muss eine Sondereinheit mit Ausrüstung oder Hebebühne anrücken. Schon bei einer Gruppe von nur 20 Menschen braucht das seine Zeit. Und du brauchst dafür fast nichts – nichts als deinen Körper und um den Tag möglichst ohne schmerzende Beine zu überstehen, ein Brett und ein Seil. Es kann ein überaus bestärkendes Gefühl sein, auf einem Baum zu sitzen und zu wissen, dass durch deinen Einsatz der Bau einer sinnlosen Autobahn teurer, langsamer und schwieriger durchsetzbar wird.

Besonders in den ersten Tagen nach der Entstehung der SwingForce konnte man die Überraschung, Verärgerung und Überforderung in den Gesichtern der Polizist*innen deutlich ablesen. Schließlich saßen während der gesamten Rodungszeit jeden Tag aufs Neue Menschen mit Schaukeln in den Bäumen. Manchmal zogen mehr als 50 Aktivist*innen früh morgens in den Wald. Da an mehreren Stellen gleichzeitig gerodet wurde, saßen auch wir an mehreren Stellen gleichzeitig. Die Baumhäuser und anderen Strukturen konnten von der Gegenseite vorher angeschaut und einkalkuliert werden, die Menschen auf den Schaukeln blieben eine Überraschung.

Ich sitze auf meiner Schaukel in dem Waldabschnitt, der als nächstes gerodet werden soll.»Haut ab! Haut ab! Haut ab!«, schallt es zu mir herüber. Die Polizei ist also schon da, auch wenn ich sie noch nicht sehen kann. Zwei von ihnen tauchen in der Nähe meines Baums auf und bleiben stehen. Einer mit einem Klemmbrett in der Hand. Sie notieren die Hindernisse und Men-

---

Am **28. Mai 2013** wurde das Schweröl-Kraftwerk Clifton Pier auf den Bahamas von Unbekannten sabotiert. Die Bahamas Electricity Corporation teilte mit, dass die Reparatur Hunderttausende Dollar kosten würde. Schweröl ist ein Abfallprodukt aus

Räumung im Danni 2020, BN: Tim Wagner

schen in den Bäumen. Sie schauen die Trasse entlang. Ich folge ihrem Blick. Durch das noch dichte Grün der Bäume sind unscharf die Silhouetten weiterer schaukelfreudiger Wesen zu erkennen. Einer der Polizisten schnaubt durch die Nase und verzieht sein Gesicht: »Okay hier brauchen wir heute gar nicht erst weiter zu machen«. Sie drehen um und gehen.

Die Perfektionierung des Schaukelns

Anfangs war die SwingForce eher unkoordiniert. Wo wird als nächstes gerodet? Okay, wir brauchen Schaukeln und dann geht's los! Mal schauen, was passiert. Rückblickend gesehen vielleicht etwas unverantwortlich. Doch mit der Zeit entwickelte sich das Konzept der SwingForce weiter: Jeden Abend kam eine Gruppe am Wiesencamp zusammen, um Neuangekommenen die wichtigsten Infos dazu mitzugeben. Abends wurde gescoutet, um herauszufinden, wie weit die Rodung gekommen

Erdöl-Raffinerien. Seine Verbrennung geht mit besonders hohen Ruß- und Schwefelemissionen einher.

war und einen Plan zu schmieden, wo am nächsten Tag am effektivsten blockiert werden könnte.

Am frühen Morgen traf man sich, besprach nochmal die wichtigsten Details und zog los, um Bäume zu besetzen. Tagsüber wurden Schaukeln gebaut und Aktionstrainings abgehalten. Darüber hinaus fand ein intensiver Austausch mit den Sanitäter*innen statt und eine Rettungsübung wurde durchgeführt. Denn gerade der Ausbau der Erste-Hilfe- und Rettungsstrukturen ist bei dieser Aktionsform sehr wichtig. Du begibst dich ungesichert in die Höhe, und das innerhalb einer Protestsituation, in der dein Puls noch höher schlägt und deine Gedanken oft schon beim kommenden Räumungsversuch der Bullen sind. Auch wenn die Aktionsform sehr simpel und leicht nachzumachen ist, macht es Sinn, sich Zeit für die Vorbereitung zu nehmen und nicht leichtsinnig in die Aktion zu gehen. Das Aktionstraining bestand sowohl aus rechtlichen Informationen als auch aus einem Input zu Baum-, Kletter- und Knotenkunde. Wie erkenne ich einen Baum, an dem ich gut hochklettern kann? Wie erkenne ich morsche Äste? Worauf muss ich beim Hochklettern und beim Sitzen in der Höhe achten? Wie binde ich die Schaukel ein? Wie setze ich mich am sichersten auf die Schaukel?

Wir stehen am Waldrand zwischen den Bäumen. Ich sehe meinen fröstelnden Fingern dabei zu, wie sie mit Seilresten Knoten üben. Ein paar Meter weiter klettern ein paar Füße die Astgabeln einer jungen Buche hinauf und pressen sich dabei nah an den Stamm. Der Regen der letzten Wochen hat das Moos auf der Baumrinde rutschig gemacht. Die Schaukel hängt schräg über dem Rücken. »*We need trees, no industries* « *Die farbigen Buchstaben, die sich vom Brett abheben, sind ein wenig verwischt. Eine*r der Teilnehmenden des Aktionstrainings grinst mich an.* »*Ihr habt das Schaukeln in den letzten Wochen ganz schön perfektioniert.*«

Unser aller Kampf um den Wald – Hierarchien abbauen
Allein für das Aktionstraining braucht es eine Organisationsstruktur: Menschen, die sich im Vorfeld mit den Themen auseinandersetzen und einen Rahmen schaffen, um dieses Wissen weiterzugeben. Rechts-, Baum-, Kletter- und Knotenkunde – für manche ist es nichts Neues, andere hören die Infos zum ersten Mal. Es braucht also Menschen, die eine Struktur aufbauen und tragen, um andere dort abzuholen, wo sie gerade stehen.

Im Danni waren viele Menschen zum ersten Mal in Aktion oder bei einer Waldbesetzung. Sie waren jedoch genauso entschlossen, sich den

---

Im **Juli 2013** musste das Zueitina-Ölterminal in Lybien aufgrund von Protesten mehrmals seinen Betrieb einstellen. Einmal stürmten nur wenige Stunden nach der Beendigung eines Streiks bewaffnete Arbeitslose die Anlage, um versprochene Beschäftigun-

Rodungen in den Weg zu stellen. Es ist eine große Herausforderung, diesen Menschen Vertrauen in die Strukturen zu geben und gleichzeitig keine Abhängigkeit entstehen zu lassen. Denn Wissenshierarchien können schnell zu Dominanz führen. Wichtig ist, das immer wieder zu reflektieren, um Hierarchien ab- und Selbstermächtigung aufzubauen. Du willst schnell handeln, weil schnell gerodet wird. Aber wichtig ist, sich Zeit zu nehmen, Menschen Wissen an die Hand zu geben, vielfältige Angebote, Beteiligungs- und Entscheidungsmöglichkeiten offen zu halten. Wir kämpfen für eine hierarchiefreie und anti-patriarchale Gesellschaft, also muss unsere interne Struktur umso mehr auf diesen Prinzipien aufgebaut werden. Viel zu wenige Aktionsgruppen setzen sich mit Wissenshierarchien und deren Abbau auseinander. Und erst recht ist das bei Massenaktionen der Fall. Gleichzeitig ist das natürlich nicht einfach. Wie schaffst du es, eine große Gruppe von Menschen abends um 20 Uhr, wenn es schon kalt und dunkel ist, so vorzubereiten, dass sie dir morgens um fünf Uhr nicht blind hinterherstapft, sondern sich über ihre eigenen Grenzen, Wünsche, Beweggründe und Handlungsspielräume bewusst ist? Ein richtiges Aktionstraining, Ehrlichkeit bezüglich der Umstände vor Ort, mögliche Repression und vor allem viel Zeit und Energie für die Vorbereitung und den Austausch, sind ein erster Schritt, um den Kampf um den Wald zu unser aller Kampf um den Wald werden zu lassen.

Eine Bewegung wird erst stark, wenn sie ein bunter Flickenteppich ist
Ist diese Aktionsform wirklich so simpel wie oben beschrieben? Die SwingForce wäre wohl nicht möglich gewesen, wenn es nicht so viele komplexe Strukturen im Hintergrund gegeben hätte: das Camp als angemeldete Versammlung (für Aufenthalt, Übernachtung, Grundversorgung und Infos), von wo aus man in Aktion gehen konnte, den EA* (für Rechtsfragen und die Leute in Polizeigewahrsam), den Gesa-Support (die sich um die Menschen kümmerten, die aus den Gefangenensammelstellen kamen), die Sanitäter*innen, kurz Sanis (die Verletzte versorgten), das Presseteam (das die politischen Forderungen und das Geschehen im Wald nach außen trug) und viele, viele mehr. Und nicht zuletzt konnten wir auf dem 40 Jahre langen Widerstand der Bürger*innen-Initiative aufbauen; und weiter gefasst, auf den ganzen Wissens- und Solidarstrukturen einer Bewegung, die sich für eine sozial und ökologisch gerechte Welt einsetzt. Vor diesem Hintergrund wurden Autobahnen blockiert, Waldspaziergänge organisiert, Baustellen besetzt, bei Aktionen getrommelt, Baumhäuser gebaut, eine Kinderdemonstration gestartet und die

gen einzufordern. Die Ölproduktion des ganzen Landes und mehrere Gaskraftwerke mussten wegen der Aktionen gedrosselt werden.

Reifen von Rodungsmaschinen zerstochen. Wenn du mit einem Brett unterm Po in den Baumwipfeln sitzt, geht es nicht darum, andere Aktionsformen zu delegitimieren. Es geht darum, ein Aktionslevel zu finden, das für dich passt. Das mögliche Aktionslevel und seine Form hängen nicht nur von Fertigkeiten und Wissen ab, sondern auch von deiner Positionierung innerhalb der Gesellschaft. Wenn die Polizei für dich schon im Alltag eine Instanz der Repression, Gewalt und Lebensgefahr darstellt, wirst du dich umso schwerer in einen Wald begeben können, in dem es nur so von Helmen und Schlagstöcken wimmelt. Eine Bewegung wird erst dann richtig stark, wenn sie zu einem bunten Flickenteppich geworden ist.

Content Note: enthält Schilderungen von Polizeigewalt

No justice – No peace! Abolish the police!

Als die Polizei kam und anfing, den Danni zu räumen, wurde am südlichen Ende des Waldes eine Festung aus Containern, Bauzäunen und Nato-Stacheldraht errichtet. Schlägertrupps der Polizei zogen durch den Wald, zerstörten Bauten am Boden, nahmen wahllos Personalien auf oder verprügelten Menschen. Und sie scheuten nicht davor zurück, Seile von Skypods* und Traversen zu kappen, auf denen sich Aktivist*innen aufhielten. Das führte in fünf Fällen zu sehr schweren Verletzungen, von denen drei im Krankenhaus behandelt werden mussten. Wir hatten Angst, dass irgendwann ein Mensch tödlich verletzt würde. Die Polizei versuchte, den Aktivist*innen Straftaten anzuhängen, die sie nicht begangen hatten, wie »Beleidigung«, »Körperverletzung« oder »Landfriedensbruch«. Die Rodungsarbeiten wurden direkt neben Menschen durchgeführt, ohne dass der erforderliche Sicherheitsabstand eingehalten wurde. Aktivist*innen wurden ohne Sicherung von Bäumen gezogen. Ein Mensch in einem Lock-On wurde gar von einer BFE-Polizeieinheit angepinkelt. Sie besprühten Toilettenpapier mit Pfefferspray. Sie hielten Menschen an, die auf dem Weg zum Camp (einer angemeldeten Versammlung) waren, und stellen ihre Personalien fest. Sie steckten Menschen willkürlich in Untersuchungshaft, und in der Gesa »behandelte« ein*e Ärzt*in verklebte Fingerkuppen mit Aceton. Und nicht zuletzt setzten sie Wasserwerfer, Pfefferspray und Taser ein. Viele Aktivist*innen wurden traumatisiert und erlitten Panikattacken, ebenso wie Handgelenkschmerzen oder Rippenprellungen durch Polizeieinsätze. Das alles

Im **Juli 2013** wurde bekannt, dass sich der Bau des Java Tengah-Kohlekraftwerks mit 1.900 MW Leistung in Batang, Indonesien, verzögern würde, weil rund 75 Anwohner*innen sich weigerten, ihr Land zu verkaufen. Der Baubeginn wurde zunächst um zwei Jahre verschoben. 2021 war das Kraftwerk noch immer nicht fertig gestellt.

waren keine Einzelfälle. Während der gesamten Rodungszeit verging fast kein Tag, an dem es nicht zu Verletzungen durch Polizeikräfte kam. Lässt sich danach immer noch in Aktionstrainings sagen, dass die SwingForce eine niedrigschwellige Aktionsform ist? An sich, ja. Es sei denn, die Polizei eskaliert ihren Einsatz.

Wir sitzen eng nebeneinander am Lagerfeuer. Ein paar Funken steigen aus der roten Glut auf, vermischen sich erst mit unseren Atemwolken und verlieren sich dann im kalten, dunklen Abendhimmel. Wir versuchen den Tag hinter uns zu lassen, doch in unseren Köpfen klingen immer noch die lauten Motorsägengeräusche, die Schreie und das Krachen der Bäume nach. Schon wieder war ein Seil von einem Polizisten durchtrennt worden. Die Person in der Traverse war unüblicherweise rückgesichert, krachte somit »nur« in einen Pendelsturz und überlebte vermutlich nur dadurch den Sturz. Als uns diese Nachricht erreichte, blieb in unserem Inneren alles stehen. War es eine der Aktivist*innen, die wir kannten, die wir heute morgen noch in den Wald begleitet hatten?

Letztlich macht das für die Wut gegenüber der Polizei und dem Staat und für die Sorge um diesen Menschen aber keinen Unterschied. Doch auch, wenn sich alle selbst dafür entscheiden, in Aktion zu gehen, bleibt ein kleines Gefühl von Verantwortung an dir kleben, wenn du die Aktionen gemeinsam organisierst und durchführst.

»Ich weiß nicht, ob ich das noch lange aushalte.« Wiesel spricht genau die Worte aus, die mir gerade durch den Kopf gehen. Ich wärme meine Hände an der rußigen Teetasse. Bewaffnete Polizeitrupps, schwere Maschinen – wir stellen uns ihnen mit nichts als unseren Körpern entgegen, unseren Körpern und der Hoffnung auf eine bessere Welt. Wie viel an körperlichen und psychischen Schäden ist eine Regierung bereit in Kauf zu nehmen, um einen Autobahnbau durchzusetzen, der einen Teil der Lebensgrundlage derzeitiger und zukünftiger Generationen zerstören wird? Und wie schaffen sie es dabei, uns als die rücksichtslosen Gewalttätigen darzustellen? Ein komischer Gefühlscocktail macht sich in mir breit. Alles in mir zieht sich zusammen. Ich habe Angst, fühle mich machtlos und hilflos. Gleichzeitig verspüre ich eine wohlige Wärme, die die physischen Grenzen meines Körpers überschreitet, sich ausdehnt und mich mit dem Boden unter mir und den Zweigen über mir verbindet. Ich bin dankbar und erstaunt und bewegt von dem Mut und der Kraft all der Menschen, die trotz dieses Vorgehens des Staates nicht aufgeben und sich Tag für Tag erneut in die Bäume setzen. Schweigend blicken wir ins Leere, während die Schatten des Feuers in unseren Gesichtern tanzen.

Am **19. August 2013** stand fest, dass die Nyamgiri-Bewegung in Odisha, Indien, endgültig den Aufschluss einer riesigen Bauxit-Mine verhindert hatte. Vorangegangen waren jahrelange Kämpfe der Dongria Kondh, mit kleineren und größeren Blockaden, Demonstrationen und juristischen Auseinandersetzungen.

**Care-Revolution – Manchmal auch Klos putzen
und miteinander reden, statt nur auf Bäumen sitzen!**
Wir leben in einer Gesellschaft, die von kapitalistischen und patriarchalen Denkmustern und Werten durchzogen ist. Auch wir sind nicht frei davon. Nach der Hälfte der Rodungssaison waren die Klos dreckig und das Awareness-Team unterbesetzt, während gleichzeitig 50 Menschen am Tag in den Wald zogen, um Bäume zu besetzen. Wo lebe ich die Ungleichheiten dieser Gesellschaft in meinem eigenen Aktivismus weiter? In was für einer Welt möchte ich eigentlich leben? Ich will mir Zeit zur Reflexion nehmen, Werte aufbrechen und neu leben. Manchmal auch Klos putzen, statt auf den Bäumen zu sitzen! Über Versäumnisse nachdenken und feststellen, dass in der gesamten Rodungszeit kein einziges SwingForce-After-Action-Treffen organisiert wurde. Genauso wichtig, wie gemeinsam in Aktion zu gehen, ist es aber, einen Raum zu schaffen, in dem wir uns gemeinsam über Erfahrungen austauschen und gegenseitig auffangen können. Was hat die Konfrontation mit der Polizei mit mir gemacht? Wie habe ich mich gefühlt, als um mich herum die Bäume zu Boden stürzten? Wenn ich keinen Raum für einen solchen Austausch habe, für Achtsamkeit, Tiefe, körperliche und psychische Regeneration und soziale Interaktion, kann ich auch nicht langfristig aktiv sein. »It is equally our duty to care as it is to fight!« Ich möchte nicht in einer Welt leben, in der ich mich vor den Trümmern dieser Welt verschließen muss, um weiterleben zu können. Und dies bedeutet nun einmal, mich mit Repression und Gewalt eines Staates zu konfrontieren, die sonst andere treffen würden – aber eben auch nicht daran zu zerbrechen, sondern innerlich stark zu bleiben für die Auseinandersetzung. Das geht nur, wenn ich weiß, dass es ein Netzwerk gibt, das mich auffängt, und wenn ich Methoden gelernt habe, um mit diesen Situationen umgehen zu können.

Wir sitzen zusammen und schauen zurück auf die letzten Monate. Die müden Blicke erzählen von Erschöpfung – körperlichen Verspannungen und Bildern, die manche von uns nachts schlecht schlafen lassen. »Was sind eure schönsten Erinnerungen an die Zeit im Wald?«, fragt Tatze auf einmal. Das Feuer prasselt im Kamin. Wir kuscheln uns ein wenig enger aneinander und fangen an zu erzählen. Mit jeder Geschichte leuchtet ein kleiner Funke in unseren Blicken auf. Wir müssen lachen. Wir denken an all die Begegnungen der letzten Monate; Menschen – jung und alt, mit viel Aktionserfahrung oder wenig – aber alle entschlossen, sich der Rodung der Wälder in den Weg zu stellen. Es ist verdammt anstrengend, auf einem schmalen Stück Holz

Im **September und Oktober 2013** kam es in Nord-Cotabato auf den Philippinen nach mindestens zwei Sabotageakten, bei denen Hochspannungsmasten zu Fall gebracht wurden, zu Stromausfällen. Die erste Aktion wurde mit Sprengstoff ausge-

einen Tag lang zu sitzen, Wind und Wetter ausgesetzt zu sein und dich kaum bewegen zu können. Doch an jedem Tag saßen Menschen aufs Neue in den Bäumen und waren glücklich darüber, dort zu sitzen. War es das Gefühl, das Richtige zu tun? Zu wissen, dass es nicht nur um die Bäume geht? Teil von etwas Größerem zu sein? Und trotzdem eigenständig die Entscheidung getroffen zu haben, dort zu sitzen?

Mit dieser Aktionsform war es möglich, die Waldbesetzung zu etwas Anschlussfähigem zu machen – vielen Menschen etwas Simples an die Hand zu geben, um die eigene Wut und Hoffnung zum Ausdruck zu bringen. One struggle, one fight! Vergesst nicht, dass wir viele sind!

Leseempfehlungen

Im Danni wurden spannende neue technische Blockaden erprobt. Anleitungen und Analysen gibt es im Zine Technische und taktische Erfahrungen im Danni, 2021, englisch und deutsch, von einigen Besetzer*innen

Auch Kritik an Herrschaftsverhältnissen und Machtdynamiken innerhalb der Besetzung gab es. Lohnt sich auf jeden Fall zu lesen, da viele der Kritikpunkte auf andere Teile der Klimagerechtigkeitsbewegung zutreffen. Veröffentlicht im Zine Troubles in Danni – Critical reflections with the Danneröder forest occupation,(2021, englisch, von eins Besetzeri

Beide Zines sind zu finden unter: waldstattasphalt.blackblogs.org

führt, die zweite mit einer schlichten Metallsäge, und zwar durch eine Einzelperson, die fliehen konnte als Militärangehörige eintrafen.

Leben am Grubenrand

Lakoma: Der fast vergessene Kampf um ein Dorf in der Lausitz

Lakoma war ein Dorf am Tagebau Cottbus Nord, das in den letzten Jahren der DDR umgesiedelt wurde. 1992 wurde es besetzt, dann legal bewohnt, und von 2003 bis 2007 nach und nach geräumt und Stück für Stück zerstört. Um die Zerstörung aufzuhalten, erfolgten zunächst mehrere Hausbesetzungen und schließlich die erste größere Baumbesetzung in Deutschland. Eine Person, die dabei war, erzählt:

Als die Einwohner*innen von Lakoma 1988 / 89 umgesiedelt wurden, gab es zunächst noch relativ wenig Widerstand. Aber wiederum genug, dass die Stasi vorbeugend auf Dorfversammlungen erschien. Letztlich haben die Leute immerhin durchgesetzt, dass sie alle gemeinsam im Nachbardorf Wilmersdorf neue Einfamilienhäuser bekamen, was damals eher ungewöhnlich war. Normalerweise wurden alle in einen einzigen Plattenbau verfrachtet. Außer der Braunkohle besaß die DDR kaum andere nennenswerte Energieträger. So führte das Ende der DDR zu einem großen Bruch in der Lausitz: 1989 arbeiteten rund 100.000 Menschen in der Kohleindustrie, gegenüber ca. 8.000 Beschäftigten heute. Ein großer Teil der Dissident*innen in der DDR kamen aus dem Umweltbereich, und kurz nach der Wende sind eigentlich alle davon ausgegangen, dass bald auch Schluss sei mit der Braunkohle.

Im Mai 1992 wurden die leerstehenden Häuser in Lakoma besetzt. Vor allem von Schüler*innen des niedersorbischen Gymnasiums, von Studierenden der Uni Cottbus und weiteren Umweltschützer*innen. Die Besetzung wurde 1993 legalisiert. Der Verein Lacoma e.V. wurde gegründet, um die Häuser zu mieten. Intern wurde das Dorf ab dann Lacoma (mit c statt k) geschrieben – als Zeichen des Neubeginns.

Baumhaus-Plattform in Lakoma 2005, BN: Hanna Poddig

Von 1992 bis 2003 gab es immer wieder Ansätze kollektiven Lebens in Lacoma. Jedes Jahr wurde ein großes Dorffest organisiert und in der Kulturscheune fanden Konzerte statt. Vor allem aber war es ein Anlaufpunkt alternativer Kultur für die Leute aus der Umgebung, vornehmlich für Leute aus Cottbus / Chóśebuz. Zudem war die Besetzung auch ein Experiment, um die niedersorbischen Sprache zu erhalten, denn dort haben sich die Leute getroffen, die sie noch gesprochen haben, gerade auch Jugendliche. In Lacoma wurde ein Alltagsleben geführt, das es in anderen Dörfern schon nicht mehr gab. Und für andere war es eine Art Ökotopia, es wurden Schafe gehalten und es wurde sich über erneuerbare Energien Gedanken gemacht, deswegen sind auch viele hergekommen, die umweltfreundlicher leben wollten, in Tipis, Jurten oder Bauwagen. Es gab auch eine Künstler*innenfraktion und später auch autofahrende Punks, es war ein sehr gemischter Haufen. 40–50 Menschen haben dauerhaft dort gelebt, aber es kamen eben auch immer viele von außerhalb, auch aus Berlin. Leute aus der Hausbesetzer*innen-Szene sind immer mal wieder vorbeigekommen. Lacoma war einfach das einzige besetzte Dorf in der Zeit.

Ab 2003 begann die heutige LEAG mit den Abrissen im Dorf. Die Mietverträge des Vereins für die Häuser liefen nach und nach aus, und die ersten Leute waren schon weggezogen. Als schließlich die Kulturscheune geräumt werden sollte, haben wir sie mit ein paar hundert Leuten zusammen besetzt. Das war der Startschuss für eine sehr viel widerständigere Protestbewegung, die auch durch das Klimathema befördert wurde und z.B. Studierende aus Berlin und Dresden anzog. Ich war ab 2002 dabei, weil ich fand, dass das, was da passierte, eine riesige Sauerei war. Über Jahre hinweg wurden immer wieder einzelne Häuser geräumt und zerstört. Wenn die Polizei kam, sind die Leute einfach in ihren Häusern geblieben, manche sind auch auf die Dächer gestiegen und haben sich von dort räumen lassen. Es gab Sitzblockaden, es wurde alles Mögliche versucht. Wir haben für jedes bedrohte Haus neu mobilisiert, und auch viele Klagen eingereicht, um alle Möglichkeiten auszuschöpfen. Ab 2005 kamen auch Baumbesetzungen dazu. 2007 wurde das letzte bewohnte Haus geräumt, aber ein paar Monate später haben wir noch mal 25 Bäume besetzt, um die Vernichtung der Teiche aufzuhalten. Das war die bis dahin größte derartige Aktion in Deutschland. Die Räumung der Bäume hat zwei volle Tage gedauert.

Die Besetzer*innen waren Leute von der aktionsorientierten NGO Robin Wood, freie Aktivist*innen und Leute wie ich aus der Region, die dafür klettern gelernt hatten. Durch Robin Wood kam neues aktivistisches Know-how dazu, dadurch haben wir viel gelernt, auch für die Zeit danach. So haben wir später aus der Lausitz kommend auch andere Aktionen unterstützt, wie 2009 die Baumbesetzungsaktion gegen die Moorburg-Fernwärmetrasse in Hamburg.

Ich war ab 2003 einer der Sprecher*innen der Initiative »Freunde von Lakoma«, weshalb ich viel Pressearbeit gemacht und auch Verhandlungen mit der Polizei geführt habe. Unsere Hauptargumente waren die Erhaltung der Teichlandschaft und der Schutz des Grundwassers. In der Teichlandschaft lebten geschützte Arten wie die Rotbauch-Unke und der Eremitenkäfer. Die Hoffnung war, dass das Gebiet endlich als Flora-Fauna-Habitat anerkannt würde. Wir argumentierten also in ähnlicher Weise, wie es später auch in Bezug auf den Hambacher Wald getan wurde. Das hat die Leute in der Region nicht kalt gelassen. Zum Beispiel gab es eine Polizistin, die sich geweigert hat, bei der Räumung mitzumachen. Aber wir waren damals wohl auch ein bisschen naiv, denn wir dachten wirklich, dass wir die Räumung des Dorfes verhindern könnten. Wir hatten zig Klagen in Gang gesetzt, doch sie haben alle nichts gebracht. Uns war damals nicht wirklich klar, um welche Milliardenbeträge es dabei ging.

Uns ging es um das Dorf an sich und das Leben dort, um die niedersorbische Kultur, um den Grundwasser- und den klassischen Naturschutz. Und dann kam das Klimathema auf, was für mich damals auch eher neu war. Das ist dann auch im Dorf immer prominenter geworden.

Am **7. November 2013** traf der Taifun Haiyan die philippinische Insel Leyte. Haiyan war einer der stärksten tropischen Wirbelstürme, die je beobachtet wurden. Die Behörden schätzten die Anzahl der Toten auf rund 10.000. Allein in den beiden Provinzen Leyte und Samar wurden etwa 4,3 Millionen Menschen obdachlos.

Es bestehen auch heute noch Verbindungen zwischen den Leuten, die damals aktiv waren. So feiern wir im Juni 2022 wieder ein Dorffest, dreißig Jahre Besetzung! Auch als die Klimacamps in der Lausitz anfingen, sind Leute aus Lacoma und den anderen betroffenen Dörfern hingegangen. Lacoma war und bleibt unser gemeinsamer Kampf, ein Ort, an dem sich viele interessante Leute ausleben konnten.

Und natürlich gab es Kontinuitäten in Bezug auf spätere Besetzungen, wie die des Kelsterbacher Walds oder des Hambis. In Lacoma sind Sachen ausprobiert worden, die dann woanders weiterentwickelt wurden. Daran haben wir damals aber nicht gedacht. Wir wollten kein Vorbild für den Widerstand anderswo sein, sondern einfach den Tagebau stoppen. Wir waren im Bündnis »Zukunft statt Braunkohle« organisiert und kannten auch die Leute, die in den anderen Revieren um die bedrohten Dörfer kämpften. Diese Vernetzungen gab es bereits.

2015 wurde der Tagebau Cottbus Nord dichtgemacht, die Förderbrücke gesprengt. Da wäre ich gerne dabei gewesen. Die Fläche, auf der das Dorf stand, ist zum Teil erhalten, ein einziges Haus steht noch und auch ein Ortsschild.

Nach der letzten Räumung 2007 wurde ich erst mal in Gewahrsam genommen. Danach bin ich längere Zeit gar nicht mehr hingegangen und heute nur noch selten. Das ist jetzt eine andere Welt. Aber an einem Betonpfeiler hängt immer noch ein Kletterseil von der Räumung – nach 14 Jahren. Mich bewegt das immer noch, wenn ich dran denke. Ich habe die Räumung und die Gefährdung von Freund*innen durch die Polizei nie richtig aufgearbeitet, habe das lange Zeit ausgeblendet. Viele der Leute werde ich beim Lacoma-Fest im Juni 2022 wiedersehen, und sicherlich wird eine Mischung aus Freude und Traurigkeit dabei aufkommen.

Eine lokale Demonstration am **31. Januar 2014** mit 300 Teilnehmenden reihte sich ein in eine Welle des Protestes gegen geplante Ölbohrungen im Virunga Nationalpark in der Demokratischen Republik Kongo. Nach Veröffentlichungen über Menschen-

//EXKURS//
Aktivismus, Anarchie und Alltag
Ein anderes Leben wagen

Es ist doch nicht des Habens wegen,
dass man lebt,
sondern des Wünschens, des Wagens,
des Spielens wegen,
dass man lebt.

B. Traven: Das Totenschiff

Content Note: kurze Erwähnung von Sexismus, Rassismus und Transfeindlichkeit

Politische Handlungen finden nicht nur in Bereichen statt, die klassisch mit dem Stempel »Aktivismus« versehen werden. Die Unzufriedenheit mit den gesellschaftlichen Verhältnissen durchzieht unseren Alltag. Und anarchistische Organisierung wird nicht aus dem Nichts oder erst dann entstehen, wenn die »große Revolution« da ist. Vielmehr geht es darum, einen anarchistischen Umgang miteinander schon im Kleinen zu erproben. Anarchie bzw. Anarchismus ist ein großer Begriff, mit dem von verschiedenen Seiten die unterschiedlichsten Ideen und Erwartungen verknüpft sind. Einen guten ersten Zugang zu »Anarchie« gewinnt man schon über die Wortherkunft. Im Altgriechischen bedeutet »ἀρχία« (»archía«) »Herrschaft«, das »ἀ(ν)« (»a(n)«) davor ist eine verneinende Vorsilbe. Also bedeutet Anarchie – altgriechisch »ἀναρχία« (»anarchía«) – so viel wie »Herrschaftslosigkeit«. In der Praxis kann Anarchismus dabei als der Versuch verstanden werden Hierarchien abzubauen und Netzwerke zu knüpfen, die auf freiwilligen Vereinbarungen basieren.

Waldbesetzungen, direkte Kleingruppenaktionen, Massenaktionen, Bewegungskonferenzen und Klimacamps sind dafür ein ausgezeichneter Experimentierraum. Eine temporäre utopische Blase, in der wir unsere Unzufriedenheit reflektieren und praktisch ausprobieren können, wie Zusammenleben anders funktionieren kann. Die Erfahrungen daraus sind wiederum ein wichtiger Baustein für unseren Alltag zu Hause. Erst wenn emanzipatorische Verhaltensweisen und Denkmuster zu unserer Normalität werden, und wir es auch schaffen, unser Umfeld wie WGs, Bekannte usw. mit einzubeziehen, können wir auch Verände-

rechtsverletzungen im Zusammenhang mit den Bohrungen wurden die Planungen vorerst eingestellt.

rungen bewirken. Ich möchte verschiedene Facetten davon beleuchten, wie ein praktisch gelebter Anarchismus im Alltag aussehen kann. Die Wege zu einem kollektiveren Leben sind zahlreich. Wir müssen nur losgehen und dabei nicht vergessen, aufeinander zu achten und die Schönheit in entstehenden Gemeinschaften auch wahrzunehmen. In kleinen Schritten können wir versuchen, die alten Muster aufzubrechen. Sind wir dazu bereit? Und welche Ansätze gibt es, um das anzugehen?

Am Anfang war die Sozialisation – Ver_lernen was uns der Kapitalismus beibringt
Die Normen, Regeln, Vorbilder, die unser Aufwachsen prägen, hinterlassen Spuren. Die Glaubenssätze, die wir dabei lernen, beeinflussen, wie wir die Welt sehen und mit ihr umgehen. Wenn wir eine andere Welt wollen, müssen wir erst mal all das erkennen und ver_lernen, was uns in dieser Gesellschaft an Ballast mitgegeben wurde.

Es ist dabei weder ein realistisches noch ein erstrebenswertes Ziel, zu Heiligen zu werden, die keine Fehler machen und bei jedem Thema wissen, dass sie recht haben. Doch allzu häufig wird genau das erwartet. Personen, die sich mit linken Themen beschäftigen, sollen bis ins letzte Detail konsequent sein. Dabei werden solche Erwartungen und Ansprüche nicht nur von unseren Gegner*innen an uns herangetragen. Auch Freund*innen, politische Verbündete und die linke Szene im Allgemeinen sind gut darin, unrealistische Maßstäbe an »perfekte« Aktivist*innen zu setzen. Solch überzogene Erwartungen können ganz schön viel Stress erzeugen. Anstatt neue Normen für alle Aktivist*innen aufzustellen, sollten wir uns damit auseinandersetzen, wie wir eigentlich leben möchten: Welche Rollen möchte ich einnehmen? Wofür habe ich Kapazitäten? Was wünsche und brauche ich für ein gutes Leben? Wie möchte ich mit anderen umgehen und zusammenleben?

Allein machen sie dich ein – Gemeinsam organisiert in der Bezugsgruppe
Die Bezugsgruppe ist eine Organisierungsform in politischen Aktionen – von Demonstrationen, über ungehorsame Aktionen, bis hin zu militanteren Formen. Manchmal besteht sie aus nur drei Menschen, manchmal vielleicht auch aus dreizehn oder mehr. Bei Aktionen behalten Menschen einer Bezugsgruppe sich und ihre Bedürfnisse untereinander im Blick und versuchen sich – sofern es sie gibt – mit anderen Bezugsgruppen zu koordinieren. Doch Bezugsgruppen können auch über die Aktion

Im **April 2014** besetzten 400 Gemeindemitglieder der Chuka in Kenia drei Wochen lang den Chuka-Wald, um ihn gegen illegale Rodungen zu schützen. Dabei wurden die Ältesten festgenommen und wegen Hausfriedensbruchs angeklagt. Auch andere

Szene von der Besetzung im Danni 2020, BN: Tim Wagner

hinaus bestehen. Oft finden sich Bezugsgruppen über Freund*innen-schaften und soziale Verbindungen. Die Beteiligten verbringen auch im täglichen Leben viel Zeit miteinander. Das hat Vorteile in verschiedene Richtungen: bei Aktionen, weil meist schon ein Grundvertrauen und -verständnis füreinander besteht. Und abseits der großen politischen Schauplätze können wir uns im Alltag gegenseitig unterstützen, weil uns das gemeinsame politische Kämpfen zusammenschweißt. Eine solche Bezugsgruppe kann eine Alternative zur Kernfamilie darstellen und dich auffangen, wenn es dir schlecht geht.

Was hat das nun aber mit Anarchie zu tun? Die einfache Antwort lautet: Eine Bezugsgruppe ist nicht hierarchisch organisiert. Sie arbeitet nach dem Konsensprinzip, das heißt, Entscheidungen werden mit allen Beteiligten getroffen, es gibt keine Bestimmer*innen und kein Bedürfnis Einzelner wird übergangen. Auch nach außen hin, in der Arbeit mit

Gemeindemitglieder wurden terrorisiert. Trotzdem kämpften die Chuka weiter gegen die Holzfirmen und zwei riesige Hotelanlagen in ihrem Wald.

anderen, ist die Bezugsgruppe niemandem unterstellt. Oft funktioniert das auch genau so in der Realität – und oft genug auch nicht. Die Idee der Bezugsgruppe stammt aus dem späten 19. Jahrhundert, aus der spanischen anarchistischen und Arbeiter*innen-Bewegung. Dort trafen sich gute Freund*innen in Cafés, um die nächsten Aktionen zu planen und politische Diskussionen zu führen. Ab 1888 entwickelten sich diese »tertulias« (Kaffeekränzchen) zur Basis der spanischen anarchistischen Bewegung.

Kochen, Kinder und Klimaschutz – Das Private ist politisch
Reproduktive Arbeiten sind alle Aufgaben, die notwendig für unseren Alltag sind, aber eben im Gegensatz zu »produktiven« Arbeiten, die verkürzt gesprochen in der Fabrik statt zuhause stattfinden, kein »Produkt« hervorbringen, wie z.b. ein neues Fahrrad oder eine Software. Klassischerweise fallen darunter Aufgaben wie Kochen, Spülen, Wäsche waschen – also Haushaltsarbeit. Aber auch Sorgearbeit, z.b. die Pflege von älteren oder jüngeren Menschen und die emotionale Unterstützung durch Gespräche, kann dazu gezählt werden. Trotz jahrzehntelanger feministischer Kämpfe werden diese Aufgaben oft immer noch anhand traditioneller Geschlechterrollen zugewiesen bzw. übernommen. Wer denkt, dass die Klimagerechtigkeitsbewegung in Abgrenzung zur Gesamtgesellschaft bereits von inneren Machtbeziehungen befreit ist und temporär schon im Hier und Jetzt das gute Leben für alle bereitstellt, ist schief gewickelt. Diese Position verkennt, dass die Machtstrukturen, die wir durch unsere Sozialisation tief verinnerlicht haben, auch in unseren Projekten und Aktionen fortbestehen. Deswegen sind solche alltäglichen Aufgaben auch ein guter Ansatzpunkt, um Genderrollen zu hinterfragen und aufzubrechen. In der WG und bei politischen Aktionen sollte es unser Anspruch sein, dass diese Arbeiten von allen Beteiligten gleichermaßen getragen werden. Achtet doch mal in euren Gruppen darauf, wer mit welchem Gender welche Aufgaben übernimmt.

Ein anarchistischer Umgang mit Geschlecht
kann unterschiedlich aussehen
Hierarchien zwischen Geschlechtern können abgebaut werden, Geschlechterrollen hinterfragt und Menschen mit ihrer Geschlechtsidentität und Selbstbezeichnungen ernst genommen werden. Aus diesen Ansätzen erwachsen in der Praxis der Klimagerechtigkeitsbewegung verschiedene Umgangsformen. So ist es bei Vorstellungsrunden üblich,

Am **11. Mai 2014** protestierten Tausende in Hangzhou, China, gegen den Bau einer Müllverbrennungsanlage. Die Menschen blockierten eine Autobahn. Die Polizei griff die Demonstration brutal an, tötete drei Personen und verletzte mehrere. Die Demonstrant*innen wehrten sich und griffen ihrerseits Polizeifahrzeuge an.

vom jeweiligen Gegenüber nicht einfach ein Geschlecht anzunehmen, sondern zu fragen, ob das Gegenüber mit einem bevorzugten Pronomen angesprochen werden möchte.

Sich im Alltag einmischen – Scheiße nicht einfach geschehen lassen

Es gibt Momente, in denen man sich einmischen kann. Ob wir miterleben, dass trans* Personen mit falschem Pronomen angesprochen werden oder ein Verwandter rassistische Stammtischparolen benutzt. Es geht darum, nicht einfach wegzuschauen, wegzuhören und bestimmte Aussagen nicht unwidersprochen stehen zu lassen, sondern den Betroffenen unsere Solidarität auszudrücken. Sich einzumischen, bedeutet, die kapitalistische Vereinzelung zu durchbrechen.

Die Grenze ist dabei fließend: Was für den einen noch erträglich scheint, ist für die andere schon inakzeptabel. Sich einmischen zu können, ist immer auch ein Privileg, weil man die Entscheidungsfreiheit hat und sich auch dagegen entscheiden kann. Wenn man selbst direkt von einem Übergriff oder einer Diskriminierung betroffen ist, dann geht das nicht so einfach. Natürlich gibt es auch Initiativen und Einzelpersonen, die sich gegen Diskriminierung einsetzen, sich aber nie als Anarchist*innen bezeichnen würden – obwohl ihre jeweiligen Handlungen als »anarchistisch« gewertet werden könnten. Die Identität als »Anarchist*in« ist vor allem eine Selbstbeschreibung. Als Anarchist*innen beschäftigen wir uns bewusst mit Herrschaft als Problem.

Herrschaft findet nicht im luftleeren Raum statt, sondern umgibt uns und wird durch uns und die Gesellschaft reproduziert – also wiederholt und damit gefestigt. Das heißt, dass es immer konkrete Anwendungsbeispiele gibt, in denen wir uns verschiedene Fragen stellen müssen: Wo sind Unterdrückungsmuster? Warum haben nicht alle Menschen die gleichen Mitgestaltungsmöglichkeiten? Warum werden bestimmte Bedürfnisse immer wieder von einer Person(engruppe) übertreten? Wie kann sich das ändern? Wir analysieren Strukturen, die Hierarchien hervorrufen, und versuchen aktiv, sie abzubauen. Und damit müssen wir in unserem gemeinsamen Alltag anfangen.

Leseempfehlung

Darüber wie ein anarchistisches und widerständiges Leben langfristig aussehen kann, haben sich die Autor*innen dieser Broschüre Gedanken gemacht: Stay Rebel. Wie bleiben wir widerständig? (Neuauflage 2021)

Am **13. Mai 2014** kam es im türkischen Steinkohlebergwerk von Soma zu einem schweren Grubenunglück mit 301 Toten. Gewerkschafter*innen sprachen wegen Sicherheitsmängeln vom »größten Mord am Arbeitsplatz« in der Geschichte der

Der Kampf um die Garzweiler-Dörfer
Neue Bündnisse schmieden

Seit Anfang der 2010er-Jahre führt die Klimagerechtigkeitsbewegung eine intensive Auseinandersetzung mit dem Energieriesen RWE im rheinischen Braunkohlerevier. Nachdem Anwohner*innen bereits in den 1980er-Jahren gegen den Aufschluss der Tagebaue protestiert hatten, gewann der Konflikt mit dem Eintritt der Klimabewegung eine neue Dynamik. Allerdings waren die Bewohner*innen der rheinischen Dörfer bis vor wenigen Jahren in dieser »neuen Phase« nur sehr sporadisch an den Auseinandersetzungen beteiligt. Abgesehen von wenigen Ausnahmen wie der Bürgerinitiative »Buirer für Buir« am Hambacher Forst, fanden sie keinen Platz in der Bewegung. Die Strategie der von außerhalb kommenden Aktiven wurde ohne sie festgelegt.

Heute, im Jahr 2022, hat sich das grundlegend geändert: Mit »Alle Dörfer Bleiben! (ADB) Rheinland« als Teil des gleichnamigen bundesweiten Bündnisses, existiert am Tagebau Garzweiler eine basisdemokratische Gruppe, die von lokalen Anwohner*innen maßgeblich mitgeprägt wird. In ihr sind Umsiedlungsbetroffene und Bewohner*innen der Grubenranddörfer, aber auch Unterstützende aus der Klimagerechtigkeitsbewegung aktiv.

Mit der Zeit haben sich die Grenzen zwischen den Untergruppen, verwischt, sodass sich viele nun beiden zugehörig fühlen, was vor allem durch ein Klima des gegenseitigen Verständnisses und der Konsensorientierung ermöglicht wurde. Durch geduldige Arbeit und einen langen Atem haben wir erreicht, dass heute fünf von sechs Dörfern als gerettet gelten, und der Erhalt von Lützerath, dem letzten, in greifbarer Nähe scheint.

türkischen Republik. Es folgten landesweite Massenproteste, die den Rücktritt der Regierung Erdoğans forderten.

Der Grundstein für diese Erfolgsgeschichte wurde durch Anwohner*innen zusammen mit dem Klimacamp im Rheinland gelegt. Obwohl der »Hotspot« der Bewegung im Hambacher Forst lag, fand das Camp immer wieder am Garzweiler-Tagebau statt. Dort konnten erste dauerhafte Kontakte zueinander geknüpft werden. Das Camp 2018 im Laheye-Park bei Erkelenz bot dann den Anlass für erste regelmäßige Treffen: Gemeinsam wurde ein Programm »Von Anwohnenden – für Anwohnende« ausgearbeitet.

Durch die Zusammenarbeit mit den »Locals« konnten aus Sicht der Klimagerechtigkeitsbewegung verschiedene strategische Ziele erreicht werden: Zum einen würde die Rettung der Dörfer zugleich den beinahe sofortigen Stopp des Tagebaus bedeuten, und damit eine Chance, das 1,5-Grad-Ziel an dieser Stelle zu verteidigen. Zum anderen gelang ein politischer Brückenschlag, durch den die teils konservativen, teils grün geprägten Dorfbewohner*innen hautnah erfahren konnten, dass linke Aktivist*innen zuverlässig auf ihrer Seite stehen. Dieses Zusammenwirken kann auch in der Zeit »nach der Kohle« wichtig werden: Denn die Landesregierung möchte das Rheinland zu einem Baustein im grünen Kapitalismus machen, was langfristig andauernden Widerstand erfordert.

Nach dem Klimacamp 2018 setzte die Planungsgruppe des Programms »Von Anwohnenden – für Anwohnende« ihre Arbeit fort. So entstand auf den monatlichen Treffen im Grubenranddorf Holzweiler der Plan, das Bündnis »Alle Dörfer Bleiben!« zu gründen, das für alle Menschen aus der Region offen war. Das war umso wichtiger, da die Zeit drängte, der Tagebau voranschritt und immer mehr Bewohner*innen ihre Häuser aufgaben und die Dörfer verließen, weil sie keinerlei Hoffnung mehr auf einen Politikwechsel hatten.

Bis dahin waren die Stimmen der direkt Betroffenen im Konflikt kaum gehört worden. Doch nun füllte ADB diese Leerstelle mithilfe einer professionellen Pressearbeit, Social-Media-Accounts und öffentlichen Aktionen. Die Klimagerechtigkeitsbewegung erkannte unsere Gruppe sehr schnell als Vertretung der Dörfer an, und unterstützte unsere Aktionen – regelmäßig beteiligten sich Hunderte Aktive von außerhalb daran. Selbst die Kommunalpolitik betrachtet ADB mittlerweile als Ansprechpartner in der Region. Durch die örtliche Zusammenarbeit wurde außerdem der Kampf gegen die Klimakrise in der lokalen Bevölkerung verankert, mit durchschlagendem Erfolg. Es wurde bis heute nicht versucht, den Kampf um das eigene Zuhause vom Kampf zur Rettung des Weltklimas zu trennen. Und nicht zuletzt konnte im Anschluss an die Rettung des

---

Am **29. Juni 2014** wehrten sich wütende Anwohner*innen in der südostchinesischen Provinz Fujian gegen die Polizei, die versuchte, die mehrtägige Sitzblockade einer Paraxylenanlage durch Tausende von Menschen zu räumen. Ein Jahr zuvor

Hambis in den Dörfern ein neuer Kristallisationspunkt für die wachsende Bewegung geschaffen werden. Hier können wir uns versammeln, und neue Aktive können die Auswirkungen von fossilem Kapitalismus und staatlicher Repression selbst erfahren.

Am 23. März 2019 fand nach mehr als einem halben Jahr Vorbereitung die erste große Mobilisierung durch ADB statt. Ein »Sternmarsch«, der von ähnlichen Demonstrationen im Lausitzer Revier inspiriert worden war. 3.000 Menschen sammelten sich an sechs Startpunkten in verschiedenen Dörfern und Städten und zogen dann in Sternschweifen zum bedrohten Dorf Keyenberg, das in der ersten Linie vor dem Tagebau steht. Für die Organisation der Startpunkte wurden Bewohner*innen der jeweiligen Ortschaften angesprochen, von denen auch danach viele aktiv blieben und die Basis von ADB verbreiterten.

Natürlich entwickelte sich die Initiative nicht durchgehend harmonisch. Die politischen Gegensätze entzündeten sich mehrmals und führten zum Austritt einzelner Aktiver. Ausschlaggebend waren dabei jedoch selten Konflikte um das praktische Handeln der Gruppe. Das konnte durch eine sanfte Streitkultur und die Etablierung von Konsensprozessen verhindert werden. Allerdings entstand bei einigen Dorfbewohner*innen Misstrauen, wenn radikale politische Haltungen Einzelner an anderer Stelle offenbar wurden.

Zum Beispiel war die Zusammenarbeit mit sogenannten Kommunisten für manche, hauptsächlich ältere Menschen, auch ein emotionales Problem. Die Gruppe als Ganzes geriet dadurch jedoch nie in Gefahr – die Mehrheit der Locals verteidigte in solchen Situationen die Weggefährt*innen von außerhalb. Dass sich die »Externen« in Richtungsentscheidungen der Gruppe im Zweifel stets zurücknahmen, trug dazu bei. *Nach den ersten größeren Demos ging es darum, den Protest in den Dörfern zu verstetigen. Schließlich war absehbar, dass er über viele Jahre hinweg nötig bleiben würde. Zuerst wurden sogenannte Dorfspaziergänge monatlich, dann zweimonatlich durchgeführt, angelehnt an ähnliche Veranstaltungen von Dorfbewohner*innen in den Jahren davor. Um die Dörfer lebenswert zu erhalten und verbliebene Einwohner*innen zum Bleiben zu motivieren, gab es immer öfter auch Kulturveranstaltungen. Das erste Beethoven-Konzert im Juni 2020, auf kreative Weise trotz Corona-Pandemie durchgeführt, lockte Hunderte Musikbegeisterte auf einen Hof in Keyenberg.*

Stand ADB zu Beginn noch fast allein als kohlekritische Kraft im Garzweiler Raum da, bildete sich über die Jahre hinweg eine widerstän-

---

hatte es eine große Explosion im Werk gegeben. Die Bewohner*innen der Halbinsel Gulei hatten bereits seit Jahren gegen die riesige Chemiefabrik protestiert.

Demonstration »Alle Dörfer Bleiben« im Rheinland 2019, BN: Tim Wagner

dige Region heraus. Im September 2020 besetzten Aktive der Klimage-rechtigkeitsbewegung die Motte, ein Waldstück bei Keyenberg, und errichteten dort ein Baumhausdorf, das bis heute besteht. Und ebenfalls 2020 begann die dauerhafte Präsenz von Dorfschützer*innen im bedroh-ten Dorf Lützerath, in dem der letzte verbliebene Bewohner gegen seine Enteignung klagt. Ohne die Begleitung und Unterstützung durch Aktive von ADB wären diese Schritte nicht möglich gewesen.

*Die Initialzündung für dieses Wurzelschlagen der Bewegung in der Region war die Sperrung und der Abriss der Landstraße 277 durch RWE im Juli 2020. Bis dahin war die Straße eine »natürliche« Schutzlinie zwischen den Dörfern und dem Tagebau, und zudem eine wichtige Verkehrsader des Landkreises. Mit verschiedenen Demonstrationen und Blockaden wurde vergeblich versucht, den Abriss zu verhindern. Doch erstmals blieben Dut-zende, ja Hunderte Unterstützer*innen für mehr als einen Tag an der Seite*

Mitte 2014 entdeckten Geolog*innen an den Küsten von Hawaii Gebilde aus geschmolzenen Kunststoffen, Sand und weiteren Sedimenten, die sie wegen ihrer Festigkeit als Plastiglomerat, also als eine eigene Art Gestein bezeichneten. Die Ver-

der Locals. Eine Mahnwache am Rand des beinahe leeren Dorfs Lützerath wurde und wird bis heute weitergeführt. Mit ihr begann die dauerhafte Wiederbelebung des Ortes.

ADB entwickelte sich in der Zwischenzeit zu einer großen politischen Gruppe mit einem ausgefeilten System von Arbeitsgruppen. Während sich die Tätigkeiten der Presse- und der Finanz-AG vielleicht von selbst erklären, versucht die Lebenswert-AG mit Hilfestellungen und Angeboten, die Bewohner*innen in den halbentvölkerten Dörfern zu unterstützen. Die Abstandhalter-AG plant Aktionen und Demonstrationen gegen die von RWE durchgeführten Zerstörungen, die bereits vor den noch bewohnten Dörfern stattfinden – wie die der erwähnten Landstraße oder im beinahe leerstehenden Dorf Lützerath. Gleichzeitig organisieren andere Arbeitsgruppen weiterhin regelmäßig stattfindende Dorfspaziergänge und bereiten Treffen vor, um die nächsten Schritte der Gruppe zu planen.

Zum Jahreswechsel 2020/2021 änderte sich die politische Großwetterlage: Die neue Leitentscheidung der Landesregierung verschob den Abriss aller Dörfer außer Lützerath auf 2026. Das Bundesverfassungsgericht rügte das damalige Klimagesetz der Regierung, weil es zukünftige Generationen nicht genügend berücksichtige. Und mit dem Aufschwung der Grünen mehrten sich die Zeichen für einen vorgezogenen Kohleausstieg. Im August 2021 fand eine Großdemonstration für den Erhalt der Dörfer mit mehreren tausend Menschen am Tagebau statt, und das Kultur-ohne-Kohle-Festival belebte die ganze Region mit vielen Ausstellungspunkten eine ganze Woche lang. Viele Locals sahen zum ersten Mal eine reale Chance für den Erhalt ihres Zuhauses.

Und tatsächlich erkämpfte die Bewegung nach der Bundestagswahl im Herbst, dass der Erhalt von fünf Garzweiler-Dörfern (ohne Lützerath) im Koalitionsvertrag der neuen Regierung festgeschrieben wurde.

Allerdings: RWE trieb den Abriss von Lützerath voran und leitete rechtliche Schritte ein, um im Winter auch den letzten unbeugsamen Landwirt dort enteignen zu können.

Nachdem sich abzeichnete, dass der juristische Kampf nicht zu gewinnen war, verkaufte Eckardt Heukamp mit Wirkung zum 1. September 2022 seinen Hof. Tausende Aktive sind während der Drucklegung dieses Buches jedoch nach wie vor entschlossen, das Widerstandsdorf zu verteidigen, und die bevorstehende Landtagswahl in NRW birgt noch immer die Möglichkeit für realpolitische Erfolge. Die Entscheidung über das endgültige Schicksal von Lützerath steht also noch aus. Und auch

---

schmutzung vor allem der Meere durch Plastikmüll gilt als eine der fünf planetaren Belastungsgrenzen, die bereits weit überschritten sind.

in den übrigen Dörfern steht ADB trotz deren Rettung weiterhin vor großen Aufgaben: Ein Großteil der Häuser befindet sich im Eigentum der RWE, die diese wohl profitabel verwerten will. Die Rückgabe an die ursprünglichen Bewohner*innen muss politisch erkämpft werden. Und die Landesregierung propagiert einen Strukturwandel »von oben« mit neuen Großprojekten für die Region, was nur schwierig abzuwenden sein wird. Für all das braucht »Alle Dörfer Bleiben!« weiterhin sowohl die Verankerung in der Region, als auch die Hilfe durch Aktionsgruppen und Unterstützer*innen von außen.

Leseempfehlung

Aktuelle Information zum Kampf um die Dörfer finden sich auf der Homepage von ADB: alle-doerfer-bleiben.de

Seit **Juli 2014** führen die Samin-Frauen im Kendeng-Gebige auf Java, Indonesien, eine Basiskampagne zur Rettung ihrer Berge vor den Zementwerken der indonesischen Tochter von Heidelberg-Cement. Bei Blockaden betonieren manche der Samin

Pödelwitz:
Ein Dorf zum Bleiben

Ähnlich wie am Tagebau Garzweiler entwickelte sich auch die Situation im Braunkohlerevier im Leipziger Land. Dort wehrten sich Anwohner*innen ab 2011 letztendlich erfolgreich gegen die Umsiedlung des Dorfes Pödelwitz, das dem Tagebau Vereinigtes Schleenhain weichen sollte. Die 2013 gegründete Bürger*inneninitiative »Pro Pödelwitz« schloss sich 2017 mit Leipziger Klimagruppen zum Bündnis »Pödelwitz bleibt!« zusammen. Im November 2018 wurde dann, zusammen mit Betroffenen aus den anderen Braunkohlerevieren im Rheinland und der Lausitz, das bundesweite Bündnis »Alle Dörfer Bleiben!« gegründet. Der Kampf für den Erhalt von Dörfern gegen den Braunkohleabbau hatte damit eine überregionale Ebene angenommen. Die Betroffenen aus den drei Revieren besuchten sich während der Protestaktionen und verstärkten gegenseitig ihre Öffentlichkeitsarbeit.

Der Einsatz hat sich gelohnt: Pödelwitz bleibt! Seitdem stellt sich die Frage, wie zusammen eine neue Dorfgemeinschaft aufgebaut werden kann. Denn auch wenn die Kohle unter Pödelwitz in der Erde bleibt, sind die meisten der ehemaligen Bewohner*innen weggezogen und 80% des Dorfes befindet sich in Privateigentum der Mibrag. Der Konzern hat nicht nur die Erde aufgerissen, sondern auch die Dorfgemeinschaft erodiert und zerstreut. Als im Januar 2021 offiziell bekannt gegeben wurde, dass Pödelwitz bleiben kann, wohnten gerade noch 35 Menschen im Dorf.

Trotzdem halten heute viele den Kampf nicht mehr für nötig und machen es den Herrschenden leicht, die sagen: »Ihr habt doch gewonnen, das Dorf bleibt stehen, was wollt ihr denn?«

---

ihre Füße ein, und eine Vertreterin klagte den Konzern bereits bei seiner Jahreshauptversammlung in Deutschland an.

Unterwegs zur Blockade des Kohlekraftwerks Lippendorf 2018,
BN: Tim Wagner

Doch wir haben immer für mehr als »nur« den Erhalt eines Dorfes gekämpft. Im Sommer 2018 fand das erste Klimacamp »Leipziger Land« mit 1.000 Teilnehmenden mitten im Dorf statt, und am Ende dieses Jahres zogen wir, ein paar Klimaaktivist*innen nach Pödelwitz, um die Dorfbewohner*innen zu unterstützen. Wir wohnten erst im alten Bahnhof und später im Garten der Pfarrerin und gründeten das Projekt »Aufstand am Abgrund« (AAA). Dort betreiben wir u.a. einen Permakultur-Gemeinschaftsgarten und bieten einen Raum, in dem sich Aktivist*innen von Aktionen und Repression erholen können. Wenn wir Pödelwitz gemeinsam mit den Alteingesessenen mit neuem Leben füllen, wollen wir versuchen, dort eine andere als die kapitalistische Realität zu leben. Zwar herrscht in Pödelwitz kein Machtvakuum, aber die Maschinerie ist kurz ins Stocken geraten. So existiert ein Freiraum, wenn auch ein kleiner.

Am **6. August 2014** stürmten bewaffnete Dorfbewohner*innen die Kurumbukari-Mine in Papua-Neuguinea, beschädigten die Ausrüstung und erzwangen einen Stopp des Betriebs. Dabei wurden fünf Arbeiter*innen verletzt. Die Mine ist Teil des

Es war Widerständigkeit, die Pödelwitz gerettet und seine Geschichte davor bewahrt hat, in Staub und Abraum aufgelöst zu werden, wie die Bodenschichten, die den Ort tragen und die Kohle zudecken. Und Widerständigkeit bildet den Nährboden für das, was jetzt aus Pödelwitz wachsen kann: Ein Ort, in den das Bewusstsein über die zerstörerische Kraft des Kapitalismus und die Erfahrung eines erfolgreichen Kampfes eingeschrieben ist. Pödelwitz kann zu einem Ort werden, der zukünftigem Widerstand Kraft gibt. Wenn wir Gegenmacht aufbauen, beginnt das meistens in kleinen Zusammenhängen auf lokaler Ebene. Dass es heute in Pödelwitz Alteingesessene gibt, die über globale Klimagerechtigkeit sprechen und für sie kämpfen, zeigt dass die Klimabewegung Fortschritte macht, dass wir es schaffen, uns mit anderen zu verbünden.

In Pödelwitz versuchen wir, Verbindungen aufzubauen zwischen verschiedenen gelebten Realitäten: Es ist ein Versuch der Selbstverwaltung im scheinbaren Widerspruch dörflicher Lebensweisen, traditioneller Bergbaukultur, Leerstand in Verwilderung und der Hoffnung einiger auf ein Tourismusressort an den Ufern eines riesigen Sees. Ein Versuch der Wieder-Vergesellschaftung dessen, was heute niemandem mehr gehört, anstelle der Enteignung dessen, was immer allen gehört hatte. Ein Versuch, ein resilientes Dorf zu werden, ein Dorf des Alltagsanarchismus, der in so vielen Dörfern weltweit in Vergangenheit und Gegenwart gelebt wurde und wird.

Ramu-Nickel-Projekts chinesischer Konzerne, das jährlich 31.000 Tonnen Nickel und 3.000 Tonnen Kobalt produziert.

// E X K U R S //
Psychische Gesundheit und politischer »Aktivismus«

Positionierung und Content Note: Ich schreibe diesen Text als *weiße* trans* Person mit Psychiatrieerfahrung, die in ihrem Leben alles Mögliche an pathologisierenden Scheiß-Diagnosen bekommen hat. Die Erfahrungen mit Depression, Angst, Panik und Trauma, die ich hier beschreibe, sind meine persönlichen, subjektiven Erlebnisse.

In den ersten Jahren meiner Politisierung gefiel mir der Begriff Aktivismus sehr gut – ich habe mich gerne als Aktivist_in gesehen. Dabei hatte ich ein sehr starkes Empfinden von Selbstwirksamkeit: dass ich etwas in der Welt verändern kann. Dieser Aktivismus hat für mich Kraft ausgestrahlt und den Willen, etwas zu gestalten. Erst viel später habe ich die Problematik in diesem wording für mich entdeckt, nämlich zu dem Zeitpunkt, zu dem ich nicht mehr in diese Kategorie gepasst habe, aber dazu komme ich noch.

Mit der Zeit hat sich mein Gefühl von Selbstwirksamkeit immer mehr abgetragen. Zu Beginn konnte ich das kompensieren, indem ich entweder noch mehr Zeit in Politarbeit steckte oder mir mehr Fähigkeiten aneignete oder mich mit radikaleren Aktionsformen vertraut machte. Doch auch danach bin ich immer wieder auf die Erkenntnis zurückgefallen, dass mein / unser Aktivismus nie genügte, dass Veränderung wenn überhaupt nur langsam vorangeht, dass Dinge, die erreicht wurden, wieder zurückgenommen werden, und dass sich die politischen Verhältnisse während meines Lebens nicht so stark verändern werden können, dass sie nach meiner Vorstellung auch nur annähernd gut genug wären.

Ich habe mir jedoch gesagt, dass ich trotzdem viel tun kann und mich politisch einbringe, weil ich es für richtig halte, auch wenn ich die Ergebnisse meines »Aktivismus« nicht direkt kontrollieren kann. Meine Motivation habe ich daraus gezogen, andere Menschen zu kennen, die ähnliche Vorstellungen wie ich hatten, mit denen ich mich austauschen und organisieren und mit denen ich auch einfach mal Spaß haben konnte. Gleichzeitig war da immer wieder diese Stimme in meinem Kopf, die

Am **7. August 2014** vertrieben Ka'apor-Indigene in Maranho, Brasilien, Holzfäller, bemächtigten sich ihrer Ausrüstung und verbrannten ihre Lastwagen. Die Holzfäller hatten zuvor das Dorf Gurupi terrorisiert, die Ältesten verprügelt, die Kinder verängstigt und auf drei Menschen geschossen.

mir sagte, ich würde nicht genug machen. Viele Jahre später kam es zu einem sehr starken Bruch in meinem Leben. Die Welt um mich herum zersplitterte komplett und ich fand mich in einer ganz anderen als der mir bis dahin bekannten Realität wieder. Ich traute mich nicht mehr auf die Straße, fühlte mich ständig bedroht. Ich konnte nicht mehr anknüpfen an die Hoffnung und Motivation, die ich früher hatte. Die Welt war für mich zu einem kalten und einsamen Ort geworden, an dem die Menschen voneinander isoliert und entfremdet leben. Ich wollte nicht mehr aufstehen, wollte nichts mehr mitbekommen von dem grauen Sog da draußen. Binnen weniger Wochen hatte alle Kraft meinen Körper verlassen. Ich konnte keine Gabel mehr halten, weil das schon zu anstrengend war. Ich wollte nichts essen und ich konnte mich kaum noch bewegen. Ich hatte das Gefühl, dass die ganze Last der Welt auf meinen Schultern saß. Wenn ich es dennoch geschafft habe, meine Wohnung zu verlassen, wurde ich von der Außenwelt rücksichtslos überschwemmt und weggerissen. Jedes noch so kleine Geräusch prasselte auf mich ein und alles verschwamm zu einem lauten Dröhnen. Ich konnte mich nicht mehr orientieren, meine Hände zitterten, mein Brustkorb zog sich zusammen und ich konnte nicht mehr atmen. Ich habe weder mir noch anderen Menschen mehr vertraut, mir selbst vielleicht am allerwenigsten, und es gab keinen Ort, an dem ich mich noch sicher fühlte. Ich zog mich aus allen politischen Kontexten zurück, weil es sich so anfühlte, als gäbe es dort keinen Raum für meine Hoffnungslosigkeit. Ich wusste nicht mehr, wie ich Menschen sagen sollte, dass ich nicht glaubte, dass wir etwas verändern könnten und die Welt für mich ein so grausamer Ort war, dass ich sie und mich aufgegeben hatte. Anfangs hatte ich noch Angst, meine Negativität auf andere zu übertragen, aber irgendwann war mir selbst das egal.

Ich konnte sowieso keine Aufgaben mehr übernehmen, war nicht mehr »funktional« genug, um politisch zu arbeiten. So entfernte ich mich immer weiter von meinem sozialen Umfeld und zog mich zurück. Wie konnte ich mich, da ich nicht mal aus dem Bett aufstehen konnte, noch als Aktivist*in definieren? Was war ich noch wert, wenn ich mich nicht mehr für meine politischen Vorstellungen einsetzen, keine Supportperson für Menschen aus meinem Nahumfeld mehr sein konnte, wenn ich keine Diskussionen mehr führen konnte, keine interessanten Denkanstöße beitragen, wenn ich keinen Glauben mehr daran haben konnte, dass die Welt ein guter Ort ist oder das jemals sein könnte? Und parallel zu diesen Gedanken, habe ich mich dafür fertiggemacht, dass

Im **September 2014** protestierten 20.000 Menschen mit Sitzblockaden und einem Hungerstreik gegen den Ausbau des Kohlekraftwerks Huaneng Yueyang in Hunan, China. Schüler*innen schlossen sich mit einem Schulstreik an. Eins ihrer Transparente trug die Aufschrift: »Lieber verhungern, als zu Tode vergiftet werden«.

ich neoliberale Ideologie reproduzierte, indem ich anscheinend nur glaubte, Menschen seien wertvoll, wenn sie etwas »leisteten«, und habe mich dafür noch mehr gehasst. Ich habe lange gebraucht, um zu verstehen, dass Menschen (ob in Krisen oder nicht) voller Widersprüche sind. Und dass das nicht bedeutet, dass sie nicht hinter ihren Überzeugungen stehen würden oder sogar unehrlich sind, sondern dass das ein Teil der Emanzipation von all den menschenverachtenden Einstellungen, die wir gelernt haben, ist. Nur weil wir etwas auf einer rationalen Ebene reflektiert haben, heißt das nicht, dass wir es auch auf allen Ebenen unseres emotionalen Erlebens verstanden haben und umsetzen können. Und je tiefergehend die diskriminierenden Erfahrungen, die wir gemacht haben, waren, umso mehr Gewalt wir erlebt haben und je weniger Ressourcen wir hatten, das zu verarbeiten, desto schwieriger ist es, sich von verinnerlichten Gewalterfahrungen zu lösen.

Mir ist wichtig, darauf aufmerksam zu machen, dass psychische Krisen sehr häufig indirekte oder direkte Folgen der Gewalt sind, die sich in unserer Gesellschaft in so vielen verschiedenen Formen manifestiert, und dass Politgruppen, die sich nicht kritisch mit ihren Gruppendynamiken, Ansprüchen, Leistungsvorstellungen und Erwartungen auseinandersetzen, einen großen Teil politischer Arbeit und Verantwortung komplett übergehen.

Ich bin sicher nicht dankbar für das, was ich durchgemacht habe, aber ich habe einiges aus meinen Erfahrungen gelernt. Ich weiß jetzt, wie schwer es ist, sich in Krisen zu befinden und politisch zu arbeiten, und dass politische Arbeit sehr viel mehr ist, als das, was nach außen hin sichtbar wird. Für einige von uns ist unsere bloße Existenz politische Arbeit, weil sie von so viel Diskriminierung betroffen sind, dass allein schon ihr Alltag angefüllt ist mit politischer Arbeit, ob sie nun wollen oder nicht. Das bedeutet, dass nicht unbedingt auch noch ausreichend Kapazitäten vorhanden sind, um auf die nächste Demo zu gehen oder sich irgendwo anzuketten.

Meine Existenz an sich ist systembedrohend für das Idealbild einer geschlechter-binären Gesellschaft, in das ich nie passen werde. Ich habe es mir nicht ausgesucht, aus dieser Norm zu fallen, ich hatte einfach keine Wahl. Das heißt aber auch, dass es politische Arbeit ist, wenn ich mich am Leben erhalte in einer Umgebung, in der mich viele Menschen am liebsten ausradieren würden, weil ich nicht in ihr Bild einer guten Gesellschaft passe. »Anders« zu sein, kostet Menschen ihr Leben. Und ich kann mir einfach nicht mehr anhören, wie *weiße*, privilegierte, Hetero-

---

Am **7. Oktober 2014** zerstörten Mapuche in La Auracania, Chile, drei Lastwagen und zwei Bulldozer einer Baufirma durch Brandstiftung und hinterließen ein Transparent, dass die Aktion als Vergeltung für den Tod eines Mapuche bei einer Landbesetzung sechs Tage zuvor erklärte.

Cis-Typen, die auch sonst von keiner Diskriminierung betroffen sind, sich über andere erheben, weil sie sich in ihrer Freizeit mit politischer Theorie beschäftigen, und als Aktivisten gar nicht verstehen können, warum nicht alle Menschen ihr ganzes Leben einer Waldbesetzung oder sonst was, verschreiben. Ich habe auch gelernt, dass ich dieselben beschissenen Erfahrungen, die ich mein Leben lang gemacht habe, in der autonomen Bewegung (was auch immer das genau bedeutet), wieder erleben musste. Dass es auch dort Gewalt gegen mich gibt, dass ich auch hier gedemütigt und entmündigt worden bin. Und dass es sehr viel schwerer ist, in einer Umgebung darüber zu sprechen, in der das angeblich nicht passiert, weil ja alle queerfeministisch sind und sich »Nein heißt Nein« patches auf ihre Shirts nähen. Damit sage ich nicht, dass alle so sind und sich kein mensch ernsthaft mit gesellschaftlichen Positionierungen beschäftigt. Aber es kommt eben trotzdem in verschiedenen Formen zu Gewalt, und es muss möglich sein, darüber zu sprechen. Und damit meine ich nicht, jeden Vorfall nur auf einer politischen Ebene in der Gesamtgruppe zu analysieren und sich nach außen hin zu positionieren, sondern Betroffenen zuzuhören, ihnen mit Empathie und Solidarität zu begegnen und mit ihnen und nach ihren Bedürfnissen diese Gespräche zu führen, statt alles anzuzweifeln, was sie sagen. Erniedrigt und gedemütigt zu werden und mich trotzdem nicht aufzugeben, ist die schwierigste Aufgabe, die ich in meinem Leben bewältigen muss. Mir einen Wert zuzugestehen, wo ihn mir andere abgesprochen haben, und mich als Menschen zu sehen, wo mich andere entmenschlichen. Das ist politische Arbeit. Und das ist der Kampf um mein Überleben, den ich mir nicht ausgesucht habe und den ich trotzdem führen muss. Während ich diesen Text schreibe, merke ich, dass viel Wut und Frustration in mir ist. Doch mit diesen Gefühlen möchte ich diesen Text nicht abschließen. Ich möchte Personen ansprechen, die etwas Ähnliches erlebt haben oder irgendwo an meine Erfahrungen anknüpfen können und ihnen zeigen, dass sie nicht alleine damit sind. Und dass uns ein Raum zusteht, um über diese Erfahrungen und Gefühle zu sprechen, und dass wir jedes Recht haben, uns diesen Raum zu nehmen. Ich hatte und habe ehrlich gesagt oft immer noch Schwierigkeiten darüber zu sprechen, wie es mir geht, weil ich Angst habe, den Fluss unserer Politarbeit zu unterbrechen oder die Gruppe mit meinen Emotionen aufzuhalten.

Keine Person kann in ihrem psychischen Erleben von anderen Menschen gerettet werden, und ja, Menschen sind für sich selbst verantwortlich und müssen lernen, ihre Bedürfnisse zu äußern, ihre Grenzen

---

Am **14. Oktober 2014** begannen Saharawi-Frauen ihre monatelangen Proteste gegen die Offshore-Bohrungen vor Westsahara. Immer wieder zogen sie in Kleingruppen durch die Straßen und verbreiteten Videos ihrer Aktionen im Internet. Der marok-

Dannenröder Wald 2020,
BN: Sophie Reuter

zu ziehen und auf sich aufzupassen. Aber das ist nicht für alle Personen gleich leicht oder im gleichen Ausmaß möglich, und ebenso stark davon abhängig, ob Personen sich in einer Gruppe sicher fühlen. Gerade im politischen Kontext fällt es uns oft besonders schwer, uns nicht zu übernehmen und unsere Grenzen zu sehen, weil eine starke Identifizierung mit dem, für was wir uns einsetzen, stattfindet. Viele politisch Aktive leiden unter hohen Ansprüchen, Stress und Druck. Ich wünsche mir, dass Politgruppen sich mehr mit der Frage beschäftigen, was Personen in ihrer Gruppe brauchen, um sich wohlzufühlen. Und das ist meiner Meinung nach nicht getan mit einer »Wie-gehts-mir-Runde« vor einem Treffen, in dem alle eine Minute lang erzählen, wie es ihnen gerade geht und im Anschluss direkt zur Tagesordnung übergegangen wird. Es braucht einen regelmäßigen Rahmen in Politgruppen, in dem sich Personen darüber austauschen können, wie es ihnen geht, in der Gruppe und außerhalb der Gruppe, was sie sich wünschen, was sie brauchen, was sie gerade können. Denn sonst bleibt es oft an den Personen hängen, diese Räume zu schaffen, denen es so schlecht geht, dass sie das nicht mehr thematisieren können. Politisch aktiv zu sein, heißt auch auf sich aufzupassen, solidarisch zu sein und sich gegenseitig zu unterstützen. Denn letztlich bedeutet unser Wunsch »ein gutes Leben für alle« doch auch, dass es uns selbst gut gehen soll.

Leseempfehlung
Luthmann, Timo: Handbuch Nachhaltiger Aktivismus – politisch aktiv sein und bleiben. Münster: Unrast Verlag 2018.

In diesem Buch geht es darum wie Aktivismus gelingen kann ohne daran auszubrennen. Und das sowohl auf einer individuellen wie auch kollektiven Ebene gedacht.

kanische Staat finanziert mit Konzessionen an Internationale Öl-und Gaskonzerne mutmaßlich die militärische Unterdrückung von Westsahara.

Lützerath:
Utopien am Abgrund

Content Note:
Erwähnung
rassistischer Gewalt
und struktureller
Diskriminierung

Wer Anfang 2022 in die kleine rheinische Ortschaft Lützerath am Braun-kohletagebau Garzweiler fährt, blickt auf gelbe Widerstands-Xe, Stra-ßenbarrikaden und bunt bemalte Hoffassaden. Baumhäuser thronen über frisch gezimmerten Hütten und Türmen, Wohnwagen verstecken sich zwischen Birken und Pappeln. Menschen spazieren am besetzten Paulahof und wiedereröffneten Häusern vorbei, es wird gehämmert und gesägt. Am Hof des letzten örtlichen Landwirts Eckardt Heukamp hängt weithin sichtbar das große gelbe Transparent »1,5 Grad heißt: Lützerath bleibt«.

Lützerath ist ein Ort widerständiger Utopien und direkter Aktionen. Hier protestiert seit Sommer 2020 eine breite Bewegung mit kreativen Aktionen, direkten Blockaden und Besetzungen gegen den Abriss des Ortes und der Nachbardörfer, gegen die weitere Verfeuerung der Braun-kohle und für Klimagerechtigkeit. Doch der Kampf um Lützerath wäre undenkbar, ohne die vielen hundert Menschen, die den Ort und die Region über Jahre hinweg belebt, aufgebaut und unterstützt haben. Wir, Noura und Jakob, haben drei von Ihnen zu einem Gespräch eingeladen.

**Ein Strategiegespräch über die Bedeutung und das Leben
im Widerstandsdorf Lützerath**

Noura: Danke, dass ihr da seid, willkommen Lakshmi, Alex und Hajo. Wir sprechen heute über ein kleines Dorf im Rheinland, über Lützerath. Erst mal vielleicht für alle, die das noch nicht kennen: Was hat es mit Lützerath eigentlich auf sich?

Im **Oktober 2014** erzwangen monatelange Proteste in Guatemala die Aufhebung des sogenannten »Monsanto-Gesetzes«, das Landwirten verbieten sollte, Saatgut privati-sierter Sorten zu vermehren. Zuvor hatten Bäuer*innen u.a. einige der wichtigsten Stra-ßen des Landes blockiert. Auch Schüler*innen beteiligten sich an den Protestaktionen.

Noura hat in Lützerath 2021 die »Kultur ohne Kohle« und die BIPoC Klima Konferenz mitorganisiert und ist Teil von »Ende Gelände goes Lützerath«.

Lakshmi: Als Klimaaktivistin würde ich sagen: Lützerath ist zurzeit ein zentraler Kristallisationspunkt der deutschen Klimabewegung. An der Kante des Braunkohletagebaus ist »Lützi« eine letzte Bastion gegen eine der größten CO_2-Schleudern Europas. Und Lützi steht auch symbolisch für alle Proteste gegen Extraktivismus weltweit.

Lakshmi ist als Klima- und Gesundheitsaktivistin seit einem halben Jahr Bewohnerin von Lützerath. Als Tochter von Geflüchteten aus dem Krieg gegen die Tamilen auf Sri Lanka setzt sie sich für eine inklusive, dekoloniale und antirassistische Klimabewegung ein.

Noura: Wann warst du das erste Mal in Lützi?

Lakshmi: Zum »Kultur ohne Kohle«-Festival im Sommer 2021 als Referentin und Panelistin. Der Ort an sich hat mich schon fasziniert. Doch als eher städtische Aktivistin war ich besonders beeindruckt zu sehen, was für Strukturen Menschen in einer Art Niemandsland gemeinsam aufbauen können.

Hajo: Ich bin im Sommer 2020 mit dem Beginn der Mahnwache und den Protesten gegen die Zerstörung der L 277 (ehemalige Verbindungsstraße zwischen Keyenberg und Lützerath und eine rote Linie der Protestbewegung) in das Dorf gekommen.

Noura: Was hat dich motiviert zu bleiben?

Hajo: In Lützi habe ich fantastische Menschen kennengelernt, die eine Utopie verbindet. Es geht dabei um das gute Leben für alle, eine Gesellschaft ohne Ausbeutung und Unterdrückung. Diese Utopie wird in Lützerath versucht zu leben. Dazu gehört auch ein achtsamer Umgang mit der Natur und dem gesamten Leben in Lützerath. Es gibt in Lützi Dutzende Baum- und Straucharten, über vierzig Vogelarten, 14 Säugetierarten. Für mich ist Lützi ein faszinierender Hotspot der besonderen Art – so vielfältiges Leben, das sich hier in unterschiedlichen Formen an einem Punkt zusammenfindet. Deshalb bin ich hier und bei der Mahnwache geblieben.

2014 wurde eine Blei-Schmelzanlage des indischen Unternehmens Metal Refinery EPZ zum Recycling alter Autobatterien in Mombasa, Kenia, geschlossen. Vorangegangen waren jahrelange Proteste der Anwohner*innen, von denen mindestens 15 Erwachsene und 100 Kinder an den Folgen von Bleivergiftungen gestorben waren.

Hajo ist Rentner und im Naturschutz und der Klimagerechtigkeitsbewegung aktiv. In Lützerath trägt er dazu bei, den Ort mit seinem vielfältigen Leben zu erhalten.

Noura: Was hat aus eurer Sicht den Kampf um Lützerath möglich gemacht? Was musste passieren, damit heute so viele Menschen in Lützerath nicht nur gegen den Tagebau kämpfen, sondern auch etwas Neues aufbauen?

Alex: Für unser Bündnis »Alle Dörfer Bleiben« war es auch aus strategischen Gründen wichtig, dass wir für den Erhalt eines Dorfes kämpfen, wenn ein*e der Bewohner*innen bleiben will. Hier ohne diese lokale Legitimation für Klimagerechtigkeit zu kämpfen, wäre sehr viel schwerer geworden. Und als Eckardt auf einmal gesagt hat: »Ich will nicht gehen, ich will meinen Hof nicht verkaufen«, war das überraschend, aber es war der entscheidende Punkt.

Und das Zweite war der Abriss der Straße im Juli 2020. Plötzlich gab es eine Mahnwache in Lützerath. Und wir haben uns gefragt: Schaffen wir das eine Woche lang? Dann wurden zwei Monate, ein Jahr daraus. Ich glaube, beides hat sich gegenseitig bestärkt: Wenn Eckardt nicht gewesen wäre, wären die Leute nicht geblieben. Wenn die Leute nicht gekommen wären, weiß ich nicht, wie entschlossen Eckhard geblieben wäre. Da sieht man, wie wichtig Solidarität ist – und dass wir hier vor Ort nicht alleine sind. Natürlich gab es viele Jahre lang Demos und das Klimacamp im Rheinland im Sommer.

Aber dieses Feste, dieses Kontinuierliche, das hat bei mir und bei den Menschen aus den umliegenden Dörfern etwas verändert. Wir dachten: Krass, die bleiben wirklich, die bauen da was Neues auf. Das hat in der Dorfbevölkerung eine andere Akzeptanz bewirkt. Und viele Dorfbewohner*innen, die nicht zu ADB oder auf eine Demo gehen würden, haben an der Mahnwache auch einen Anlaufpunkt gefunden.

Alex ist Bewohnerin eines »geretteten« Nachbarorts. Seit ihrer Kindheit wehrt sie sich mit ihrer Familie gegen die Zerstörung durch den Tagebau. Für das Bündnis »Alle Dörfer Bleiben« gibt sie Interviews, hält Reden, organisiert Aktionen und das ADB Café in Lützi.

Jakob: Für mich ist der Kampf um Lützerath eine Geschichte, die schon vor über 10 Jahren begonnen hat. Das heutige Lützerath als Spitze einer

---

Am **17. Oktober 2014** paddelte eine Gruppe von Pacific Climate Warriors, unterstützt von Hunderten Australier*innen, in Kajaks aufs Meer, um den größten Kohlehafen der Welt in Newcastle, Australien, zu blockieren. Acht Kohleschiffe wurden an

Graswurzelbewegung wäre nicht denkbar ohne »Alle Dörfer Bleiben«, ohne die Beziehungen, das Vertrauen, die Organisierung, die wir über Jahre in der Region aufgebaut haben. Und unser Bündnis wäre ohne den Erfolg im Hambacher Forst nicht entstanden. All das baut auf den starken Netzwerken und den langjährigen Erfahrungen direkter Aktionen im Rheinland auf. Ich war 2015 das erste Mal in Lützerath, beim sechsten Klimacamp im Rheinland, hier auf Eckardts Wiese, wo jetzt das Hüttendorf steht. Von diesem Camp aus ist Ende Gelände 2015 das erste Mal mit 1.500 Menschen in die Grube gezogen – mit der Botschaft: »Wir kommen wieder, bis jeder Bagger stillsteht.«

Jakob ist seit 10 Jahren in der Klimagerechtigkeitsbewegung im Rheinland aktiv. Er kocht im Lützerather Kochkollektiv und engagiert sich im Bündnis »Alle Dörfer Bleiben«.

Noura: Wie lebt es sich in Lützerath?

Lakshmi: Was unser Dorfleben besonders attraktiv macht, ist tatsächlich nicht der Matsch (lacht). Was mich fasziniert, sind vor allem die Gemeinschaft und die Menschen, die hier zusammenkommen. Mit der Vision von Klimagerechtigkeit. Die herausfinden wollen, was es heißt, wenn wir diesen Kampfslogan wirklich ernst nehmen.

Wenn wir damit experimentieren. Wenn wir nicht nur draußen theoretisch über die Bedeutung nachdenken. Was heißt es, intersektional zu denken? Was heißt eigentlich transformative Gerechtigkeit? Was heißt es, füreinander da zu sein? Was heißt »abolish the police« und welche Schlüsse ziehen wir daraus?

Diese Fragen kommen zusammen in Lützerath und werden aktiv angegangen. Ich sehe Menschen, die Verantwortung übernehmen für Dinge, mit denen wir da draußen komplett alleine dastehen würden, wie z.b. sexualisierte Gewalt oder rassistische Anfeindungen. Ich sehe, wie versucht wird, diesen Menschen viel Raum und was sie an Unterstützung brauchen zu geben, um Klimagerechtigkeit oder auch sozialer Gerechtigkeit näherzukommen. Und das ist etwas sehr, sehr Faszinierendes.

Jakob: Welche Bedeutung hat das, was in Lützerath an Prozessen, Organisierung und Zusammenleben passiert, für euch und die Klimagerechtigkeitsbewegung?

---

diesem Tag am Ein- und Auslaufen gehindert. Die Pacific Climate Warriors fordern Klimagerechtigkeit, da ihre Inseln zu versinken drohen.

Nachtwache in Lützerath 2021, BN: Tim Wagner

Alex: Für mich steckt in Lützerath eine total große Chance! Ich wünsche mir – wenn Lützerath wirklich stehenbleibt –, dass Menschen hier bleiben und das, was sie aufgebaut haben, so weiterleben können. Dass es dann eine Ortschaft im Rheinland gibt, die das dörfliche Leben mit anderen Inhalten füllt. Die es schafft, die umliegenden Dörfer mitzunehmen, weil hier Menschen mit anderen Visionen und Praktiken leben. Das ist eine krasse Herausforderung, aber ich glaube, wir können voneinander lernen. Zum Beispiel finde ich die solidarische Landwirtschaft, die aktuell entsteht, eine super Idee.

Noura: Für mich ist eine prägende Erfahrung dieses Ortes, mich immer wieder, wenn ich zu Besuch komme, an die Kante zu stellen. Und dabei zu überlegen, was es bedeutet, in einer Gesellschaft zu leben, die solche Löcher in die Erde und in ihre Kultur gräbt. Mir klarzumachen, wie

Am **14. November 2014** versuchte das kanadische Bergbauunternehmen Ivanhoe Mining vergeblich, in Mokopane, Südafrika 154 Ahnengräber der Masehlaneng- und Ndebele-Vaaltyn-Völker für eine Edelmetallmine zu verlegen. Die nachfolgenden Pro-

dieses Loch eigentlich mit Löchern in anderen Teilen unserer Gesellschaft zusammenhängt. Paradigmen der Kolonisierung, des Leben-verwertbar-machens-und-bis-auf-den-Boden-auskratzens, des Nach-uns-die-Sintflut, die mir krachend entgegen schlagen, wenn ich mich nicht von den funkelnden Bagger-Leuchten blenden lasse. Dieses Loch zuzuschütten, vielleicht sogar irgendwann etwas Schönes dort anzupflanzen, brauch so viel mehr Herrschaftsüberwindung als nur den Kohleausstieg. Deshalb ist es mir wichtig, eine andere Kultur am Rande der Kante zu leben. Die Machtverhältnisse zu verändern ist nicht leicht und geschieht nicht von allein.

Es gibt viele Menschen, mutige Einzelpersonen und Gruppen, die sich immer wieder stark machen, um feministische, antirassistische, antifaschistische Awareness nach Lützerath zu bringen, sodass diese dort alltägliche Praxis werden kann.

Lakshmi: Lützerath ist ein Ort der Begegnung. Hier kommen Menschen mit ganz verschiedenen Geschichten und Biografien, Diskriminierungserfahrungen, Schmerzen und Verletzungen, die sie durch die Gesellschaft erlitten haben, zusammen. Mit so vielem, das immer noch viel zu wenig Aufmerksamkeit bekommt. Lützerath ist für mich auch ein ganz klar linker Ort, ein Ort des Clashes:

Hier kommen junge Klimaaktivist*innen und eine eher ältere Dorfgemeinschaft zusammen, radikal Linke und bürgerlich Konservative. Wir alle wissen, dass es eine radikale Transformation braucht. Viele da draußen in der »normalen Welt« können sich nicht vorstellen, wie eine solche Welt aussehen könnte. Hier werden wir gezwungen, unglaublich viel zu lernen und auf den Geschmack zu kommen, eben weil es auch ein Ort des Clashes ist. Wir müssen uns hier mit diesen Unterschiedlichkeiten auseinandersetzen.

Das ist etwas, was ich an linken Bewegungen sehr vermisse: Dass sie viel für und in der eigenen Szene machen, statt sich mit Menschen auseinanderzusetzen, die nicht eins zu eins dieselben Analysen, Methoden oder auch Wünsche ans Leben teilen. Das ist etwas sehr Wichtiges an Lützerath: dass wir miteinander reden müssen. Das ist genau die Auseinandersetzung, die es braucht, um so eine radikale Transformation überhaupt irgendwann zu schaffen.

Noura: Fällt es euch manchmal auch richtig schwer, den Glauben an Lützerath und das, was ihr da tut, zu behalten?

---

teste und Klagen der betroffenen Gemeinden verzögerten die Baumaßnahmen um mehr als ein Jahr.

Hajo: Das ist ein schwieriges Thema für mich. Ich erlebe an der Mahnwache Menschen mit sehr unterschiedlichen Motivationen, Hintergründen und Auffassungen, die nicht immer die gleichen Ziele haben. Das kommt mir manchmal wie eine Art Machtkampf vor, der in Auftreten und Rhetorik durchscheint. Ich finde es doof, wenn ältere Menschen so tun, als hätten sie die Weisheit für sich gepachtet. Ich trete dafür ein, dass sie jüngeren Menschen richtig zuhören. Auf der anderen Seite erwarte ich auch, dass junge Menschen ebenso zuhören. Dass älteren Menschen nicht automatisch unterstellt wird, sie hätten sich völlig an das Gesellschaftssystem angepasst. Denn das gilt so weder für mich noch für viele andere, die ich aus der Bewegung kenne. Da wünsche ich mir mehr Wertschätzung, Anerkennung und Nachfragen.

Lakshmi: Ich merke, dass mir von allen Kämpfen, der gegen die Klimakrise am schwersten fällt. Einfach dieser Fakt an sich. Wir propagieren das zwar immer wieder, jeden Tag, dass wir mitten in der Klimakatastrophe sind und es unglaublich viele Menschen gibt, die jetzt schon ihre Lebensgrundlage dadurch verlieren. Trotzdem ist es für mich in Zeiten von Krieg, von Pandemie – und für mich als von Rassismus betroffene Person in Zeiten von rassistischen Anschlägen wie Hanau – einfach unglaublich schwer, in diesem Dorf zu sitzen und mich auf diese Aushandlungen mit all den Menschen einzulassen. Es fällt nicht leicht – angesichts der alltäglichen strukturellen Diskriminierungen, die Menschen erfahren, und den konstanten Menschenrechtsverletzungen, ob an der polnisch-belarussischen Grenze, in Afghanistan, Mali, Jemen, Ukraine oder Sri Lanka (Tamil Eelam, wo meine Eltern herkommen) –, mir immer wieder bewusst zu werden, wie dringlich die Klimakrise ist. Für mich ist Klimaaktivismus viel deprimierender als viele andere Kämpfe. Dabei zeigt sich, wie sehr alles miteinander zusammenhängt. Wie die Pandemie ist die Klimakatastrophe ein Brennglas für alle anderen Missstände in unserer Gesellschaft.

Gerade der Anblick des Baggers, der jeden Tag weiterbaggert, verbildlicht, wie unglaublich mächtig dieser rassifizierte Kapitalismus, diese kolonialen Strukturen und die *weiße* Vorherrschaft sind. Aber es gibt mir Hoffnung, dass viele in Lützerath versuchen zu verstehen, wie beispielsweise ein rassistischer Anschlag wie in Hanau mit der Klimakatastrophe, mit diesem Bagger vor uns, verlinkt ist. Ich merke, dass immer mehr Menschen erkennen, wie wichtig es ist, als Bewegungen stärker zusammenzurücken und sich dagegen zu organisieren, auch wenn das

Am **31. Dezember 2014** zerstörten Mapuche auf ihrem Gebiet in Wallmapu, Chile, einen Hubschrauber der Mininco Forestry Inc. Dieses und andere Holzunternehmen rauben den Mapuche ihr Land, vergiften die Luft und die Flüsse und vernichten die

Gemälde auf Asphalt in Lützerath 2021, BN: @tomaido

manchmal schwerfällt. Es macht es leichter zu sehen, dass wir nur ein kleiner Teil eines größeren Kampfes sind.

Noura: Word! Am 28. März 2022 hat das Oberverwaltungsgericht Münster geurteilt: Lützerath kann doch zerstört werden. Dennoch oder gerade deshalb: Was ist deine Vision? Was bleibt dir noch zu hoffen?

Alex: Ich bin erst mal glücklich, dass jetzt so viele Menschen in Lützerath sind. Ich habe so viele Jahre darauf gewartet, dass dieser Widerstand wächst. Für mich ist es immer noch unglaublich, was wir in den letzten drei Jahren geschafft haben. Mit so starkem Rückhalt werden RWE, Politik und Polizei sich dreimal überlegen, ob sie Lützerath wirklich räumen – die wollen keinen Hambi 2.0. Ich bin jedem Menschen dankbar, der mitmacht. Ich wünsche mir aber, dass wir bei allen Neuerungen und neuen Ideen, die Menschen aus den Dörfern nicht vergessen.

----

natürliche Flora und Fauna der Region, die den Mapuche als Nahrung und Medizin dienen.

Hajo: Unabhängig von der Gerichtsentscheidung hege ich trotzdem die Hoffnung, dass Lützerath als Ort bleibt. Diese Großdemo hier im Oktober 2021 mit 5.000 Menschen, das war vor einiger Zeit noch unvorstellbar. Wenn diese Basis noch größer wird, sehe ich die Chance, dass Lützerath trotzdem bleibt. Und ich sehe auch eine Zukunftsperspektive. Es gibt die besetzten Höfe, offizielle WGs, eine solidarische Landwirtschaft und Ansätze, den Ort zu verschönern. Daraus kann sich viel entwickeln, das langfristig dem Dorfleben und der Region etwas bringt.

Jakob: Ich habe ein wehmütiges Hoffen, dass wir als eine soziale Bewegung hier materiell gewinnen können. Das miserable Gerichtsurteil und die aktuell hochkochenden energiepolitischen Debatten zeigen, dass es Aufgabe einer sozialen Bewegung ist, nicht auf die Politik und die Gerichte zu hoffen, sondern selbst Klimagerechtigkeit zu erkämpfen. Das Gerichtsurteil sagt genau das: Es gibt kein Gesetz für Klimagerechtigkeit, nach dem sie urteilen können – sondern nur nach dem uralten Bergrecht und dem Energiemarkt. Mit Massenprotesten, Blockaden und Klagen werden wir Lützerath entschlossen verteidigen. Alles bleibt offen, solange wir kämpfen.

Lakshmi: Was Lützerath ausmacht, ist die Gemeinschaft, die hier entsteht – nämlich eine Vernetzung, die über diese Grenzen von Nationen, von Möglichkeiten in unseren Köpfen hinausgeht, über das hinaus, was »Klima« sein soll: Eine gesamtgesellschaftliche, internationale Vernetzung und Solidarität. Auch wenn das Dorf Lützerath irgendwann nicht mehr sein sollte, werden diese Menschen wissen, zu was sie fähig sind.

Leseempfehlung
Aktuelle Informationen zur Situation in Lützerath gibt es auf der Homepage: luetzerathlebt.info

Zwischen Januar und Mai 2015 blockierten Jugendliche und streikende Minenarbeiter*innen Eisenbahnen und Minen im Phosphat-Bergbaugebiet Gafsa in Tunesien. Die Proteste führten zur vorübergehenden Schließung des Phosphatwerks Metaloui, einer Fabrik des staatlichen Monopolunternehmens CPG.

Einen Platz in der Bewegung finden

Aus dem Funken wurde Feuer

Der Aufschwung der Klima-bewegung in Deutschland

Als ich im Herbst 2018 vom Hambi zu meiner WG fuhr, war ich von den tagelangen Aktionen gegen die Räumung erschöpft. Nach stundenlanger, ruckeliger Quer-durchs-Land-Fahrt stieg ich aus dem Zug und war ziemlich perplex, direkt wieder den Hambi vor Augen zu haben: Von einer der Nachrichtentafeln der Bahn strahlten dichte, grüne Bäume und eine Hebebühne auf mich herab. Kurz stiegen mir Freudentränen in die Augen. Denn dieses Bild bedeutete, dass ein Thema, für das ich jahrelang gekämpft hatte und das kaum jemanden aus meinem Alltag außerhalb der Klima-Szene interessiert hatte, plötzlich in der breiten Gesellschaft angekommen war. Damit steht der Hambi wohl sinnbildlich für die Klimabewegung in Deutschland, die sich 2018 von einer Nischenbewegung zu einer breit diskutierten Massenbewegung entwickelte. Doch wie kam es dazu? Warum gelang es bei der Klimabewegung aus dem kleinen Funken ein Feuer zu entfachen, während andere politische Bewegungen kaum gesehen verglühen?

Schaut man sich die Lage von 2018 an, wirkt es auf den ersten Blick offensichtlich, warum die Klimabewegung ausgerechnet in diesem Jahr aus allen Nähten platzte. An dieser Stelle spreche ich von Klimabewegung statt Klimagerechtigkeitsbewegung, weil der Gerechtigkeitsaspekt durch das schnelle und starke Wachstum der Bewegung vorerst in den Hintergrund rückte. Der Sommer 2018 brach einen traurigen Rekord: Der Zeitraum von April bis Juli 2018 galt als der wärmste in Deutschland seit Beginn der regelmäßigen Wetteraufzeichnungen 1881.[1] Es war heiß. Es war trocken. Es war schwül. Und das nicht irgendwo anders, sondern im eigenen Vorgarten – wo Menschen entweder horrende Was-

---

Am **24. Februar 2015** begannen in Algerien die Ain-Salah-Aufstände: In der Oasenstadt demonstrierten rund 40.000 Einwohner*innen gegen die Fracking-Gas-Projekte von Halliburton und Total vor Ort. Nach Polizeigewalt und

serrechnungen produzieren oder den Tomaten beim Verwelken zusehen konnten. Die Prognose der Forscher:innen lautete, dass dies nicht der einzige Sommer dieser Art bleiben würde, wenn wir nicht deutlich gegensteuern, indem wir den CO2-Ausstoß verringern und die Erderwärmung unter 1,5 Grad bleibt. Die Analyse der Wissenschaftler:innen lautete, dass dies möglich sei. Sofern wir schnell handeln. Diesem dringenden Handlungsbedarf gegenüber stand die globale Situation: Erst vor wenigen Jahren war das Pariser Klimaabkommen verabschiedet worden. Die USA, angeführt von Donald Trump, hatten bereits 2017 gedroht, wieder aus dem Abkommen auszusteigen. Während der brasilianische Staatschef Bolsonaro alles daran setzte, den Regenwald seines Landes möglichst schnell und gewinnbringend zu zerstören.[2] Unterdessen versuchte die deutsche Regierung sich als globales Vorbild in Sachen Klimaschutz zu inszenieren. Das Deutschland im globalen Vergleich einen irrsinnig hohen und langfristig völlig untragbaren CO2-Ausstoß hat, wurde unter den Tisch gekehrt. Konnte die deutsche Regierung doch mit dem Finger auf USA und China zeigen, weil diese einen noch höheren Gesamtverbrauch aufweisen. Dem Klima sind solche Ausreden nur leider egal. Unter dem wachsenden Druck der Klimabewegung wurde eine Kommission eingerichtet, die den Kohleausstieg sozial verträglich planen sollte, aber von der sich viele Menschen aus der Klimabewegung nicht viel erhofften.

Kurz: Die Lage erschien dringend, Menschen in Deutschland spürten die Folgen der Klimakrise am eigenen Leib, Wissenschaftler:innen ermahnten zur Dringlichkeit, und das Vertrauen, dass die Politik das schon regeln wird, sank. Es verwundert nicht, dass in dieser Gemengelage viele Menschen aktiv wurden und die Klimabewegung wuchs. Daraus könnte man schließen, dass 2018 ein wirklich besonderes Jahr gewesen sein muss. Aber das wäre zu kurz gegriffen. Schaut man sich einen größeren Zeitabschnitt an, so wird klar: Schon seit mehreren Jahrzehnten treiben Menschen aus dem Globalen Norden Umweltzerstörung, Extremwetterereignisse und Klimaschäden voran. Ebenso begleiten uns die Mahnungen der Wissenschaftler:innen schon länger. Bereits 1972 brachte der Club of Rome seinen bekannten Bericht über die Grenzen des Wachstums heraus. Auch der Widerstand gegen die Zerstörung unseres Planeten in Form der Anti-Atom-Bewegung und der Umweltbewegung hat in Deutschland eine lange Tradition. Die Frage, warum die Klimabewegung ausgerechnet 2018 größer wurde, bleibt also letztendlich offen. Aber auch, wenn wir über die Ursachen nur speku-

---

vielen Festnahmen schlugen die Menschen militant zurück und zerstörten die lokale Infrastruktur der Polizei.

lieren können, so lohnt es sich diese Dynamik anzuschauen. Ist es doch etwas, was sich in vielen Bewegungen wiederholt. Wenn ein Thema den gesellschaftlichen Mainstream erreicht, dann beteiligen sich plötzlich deutlich mehr Personen an der dazugehörigen politischen Bewegung. Auch die lokalen Gruppen, die schon viele Jahre lang Solidaritätsarbeit mit und für Geflüchtete gemacht hatten, bekamen 2015 mit einem Schlag großen Zulauf, als es das Thema anlassbedingt in die breiteren Medien schaffte. Wenn wir auf dem Schirm haben, dass solche – in Teilen abrupten – Wachstumsdynamiken existieren, dann können wir uns auch damit beschäftigen, welcher Nutzen und welche Risiken für eine politische Bewegung darin stecken. Doch zuerst möchte ich einen Blick darauf werfen, wie die Klimabewegung sich 2018 entwickelt hat. 2018 geschah vieles parallel, aber letztendlich hat Geschichte immer mehr als einen Strang, und wo in der einen Stadt die autonome Klimagruppe in diesem Jahr besonders großen Zulauf hatte, da war in der anderen Stadt der große Zulauf von 2016 oder 2017 schon wieder am abflauen. Was jedoch schon eine Besonderheit des Jahres darstellte, war, dass die Klimabewegung sich in diesem Jahr deutlich verbreiterte und viele neue Strömungen und Gruppen dazu kamen. Ende 2018 keimten in vielen deutschen Städten Ableger der von Greta Thunberg aus Schweden inspirierten Fridays for Future (FFF) Bewegung auf. Innerhalb kürzester Zeit gab es in fast jeder Stadt einen Ableger dieser Gruppen. FFF zählte zu Hochzeiten ungefähr 700 aktive Gruppen alleine in Deutschland. Auch Extinction Rebellion (XR), eine aus England stammende Protestbewegung, wuchs in Deutschland. XR und FFF trafen auf einen fruchtbaren Boden für Klimapolitik und ermöglichten es vielen Menschen aktiv zu werden, die sich in der bisherigen Zusammensetzung der linken Klimabewegung nicht wiedergefunden hatten. Über Fridays for Future politisierten sich viele junge Menschen und Extinction Rebellion war offen für Menschen aus vielen gesellschaftlichen Spektren, die sich zwar fürs Klima einsetzen wollten, aber sich weder in der linksradikalen Szenekultur noch in klassisch organisierten Vereinen und Umweltverbänden, die das Klimathema bisher dominiert hatten, wohl fühlten. Dass die Bewegung größer und breiter wurde, zeigte sich auch im Wechselspiel aus Medien und Bewegung. Die Medien sind auf alles angesprungen, was (junge) Menschen zum Thema Klima gemacht haben. Die Verschiebung des öffentlichen Diskurses war auch in der Werbung sichtbar. Greenwashing-Kampagnen gab es zwar schon länger, aber je präsenter das Klima-Thema im Diskurs wurde, desto mehr versuchten Firmen ihre

---

Am **16. März 2015** gab Shell bekannt, die Planungen für Fracking in der Halbwüste Karroo, Südafrika aufzugeben. Vorangegangen waren jahrelange Proteste der lokalen Bevölkerung. Die beiden anderen interessierten Konzerne, Bundu und Falcon, verkündeten wenig später das Gleiche.

Produkte als klimafreundlich darzustellen. Was leider immer noch zu wenig in der breiten Öffentlichkeit angekommen ist, ist der Aspekt der Klimagerechtigkeit. Da dieser Text sich auf die breite gesellschaftliche Diskussion bezieht, wurde hier der Fokus auf Klimaschutz gelegt. Klar ist aber, dass wir als Schreibende dieses Textes und viele andere Klima-Aktivist*innen den Anspruch haben, um Klimagerechtigkeit zu kämpfen. Auch für die bereits seit einigen Jahren stärker vernetzte und etablierten autonome Klimagerechtigkeitsbewegung entstanden Herausforderungen, wenn innerhalb kurzer Zeit viele neue Leute dazukamen. Schon vor 2018 gab es einen Wachstumstrend in der Bewegung. Eine Herausforderung bestand darin, für frisch politisierte Menschen einen Einstiegspunkt in radikalere und aktionsorientiertere Strukturen zu bieten. Eine andere darin, die Strukturen so zu organisieren, dass Menschen auch langfristig dabeibleiben können und nicht nach einer kurzen Phase des Engagements wieder aufhören. Niedrigschwellige Anlaufpunkte für frisch politisierte Menschen boten die jährlichen Massenaktionen von Ende Gelände, bei denen frischgebackene Aktivist*innen das volle Aktionspaket aus Essensversorgung, Unterkunft, Aktionstraining, Pressegruppe und Rechtsberatung bekamen. Auch die Klimacamps, die in vielen Städten erstmalig organisiert wurden, waren für viele ein Einstieg. Ebenso die Waldbesetzung im Hambacher Forst, wo seit 2012 Strukturen aufgebaut und Erfahrungen mit direkten Aktionen gesammelt wurden. Ein wichtiger Aspekt neben diesen Großereignissen der Klimagerechtigkeitsbewegung waren die lokalen (Bezugs-)gruppen. In einigen Städten gab es Gruppen, die schon seit mehreren Jahren zusammenarbeiteten und bereits Aktionserfahrung hatten, in anderen gründeten sich neue Gruppen. In diesen lokalen Gruppen kann man sich auf ganz anderen Ebenen begegnen. Trifft man sich nur in der Grube, sind dort alle anonym unter weißen Anzügen und Staubmasken verborgen. Zuhause hingegen, kann man sich gegenseitig kennenlernen, sich verbindlicher miteinander organisieren und sich auch als Menschen mit all den dazugehörigen Wünschen, Ängsten und Hoffnungen begegnen, und nicht nur als gesichtslose Aktionsteilnehmer*innen. Auch wenn Menschen wegen einer Aktion noch emotionalen Stress verarbeiten müssen, braucht es dafür einen Raum. »Out of Action«-Gruppen – ein Netzwerk an Gruppen, die emotionalen Support nach Aktionen anbieten – auf dem Camp sind ein wertvoller erster Anlaufpunkt, aber können über die Aktionstage hinausgehende Unterstützung oft nicht stemmen. Dafür ist es wichtig, dass Menschen lokal angebunden sind und nicht nur für

2015 bestiegen Jugendliche aus ganz Afrika den Berg Kilimandscharo in Tansania, um von dort aus ein Verbot des Uranabbaus in Afrika zu fordern. 40 Jahre zuvor wollte die tansanische Regierung führend im Uranbergbau werden. Der Widerstand dagegen war so massiv, dass Erkundungen oft nur unter Polizeischutz stattfinden konnten.

eine einzelne – aus ihrem restlichen Alltag völlig losgelöste – Aktion dabei sind.

Das Fazit ist: Große politische Bewegungen entstehen nicht aus dem Nichts – auch wenn es von außen betrachtet oft so wirkt. Im Gegenteil: Sie sind umso schlagkräftiger, wenn sie von jahrelang gesammelter Aktionserfahrung profitieren können. Gerade wenn wir möchten, dass der Diskurs zu einem Thema sich weiter nach links verschiebt, und nicht – wie es bei Corona leider passiert ist – von rechten »Schwurbler*innen« dominiert wird, ist es sinnvoll, bei vielen Themen schon mal einen Fuß in der Tür zu haben, bevor diese »groß« werden und im Mainstream ankommen. Es ist auch fraglich, ob das Klima-Thema überhaupt in der Öffentlichkeit so stark aufgegriffen worden wäre, wenn es nicht schon in den Jahren davor immer wieder Aktionen und lebendige Waldbesetzungen gegeben hätte. Mir hat es jedenfalls geholfen, mir nochmal klarzumachen, wie wichtig auch die langatmige oft frustrierende Basisarbeit ist. Bevor das Klimathema so hochkochte, hatte ich einige Phasen, in denen ich am Einfluss meiner Aktionen gezweifelt habe. Aber letztendlich hat es sich gelohnt, auch in diesen Phasen dabeizubleiben. Dieser langfristige Blick auf Bewegungen kann auch helfen, wenn die Hochphase wieder am abflauen ist. Wenn man weiß, dass dies einfach der normale Zyklus von Bewegungen ist, dann ist man vielleicht weniger enttäuscht, wenn es wieder weniger wird. Denn die nächste Hochphase kommt bestimmt und wenn der Funke aufglüht, dann brennt es umso leichter, wenn das Brennholz lange Zeit zum Trocknen hatte.

Quellenangaben

1. Karlsruher Institut für Technologie (2018): Hitzesommer 2018 brach Rekorde. Vier Monate waren so warm wie nie und Dürre traf 90 Prozent des Landes, [online], URL: https://www.scinexx.de/news/geowissen/hitzesommer-2018-brach-rekorde/ [14.01.2020].
2. Vgl. Götze, Susanne: Donald (2018), der erfolglose Aufwiegler, [online], URL: https://www.klimareporter.de/international/donald-der-erfolglose-aufwiegler [20.04.2022]; Kern, Verena (2018): »Desaster für den Klimaschutz«, [online], URL: https://www.klimareporter.de/international/desaster-fuer-den-klimaschutz [20.04.2022].

Leseempfehlung

Das anarchistische Kollektiv Crimethinc hat Menschen interviewt, die an verschiedenen Aufständen weltweit beteiligt waren, und gefragt, was passiert wenn die Hochzeiten vorbei sind und was daraus gelernt wurde. Auf englisch ist der Text online After the Crest – The Life Cycle of Movements, auf deutsch zu finden im Buch Writings on the wall (2018) von CrimethInc.

Seit **Juni 2015** verteidigen vietnamesische Kleinbäuer*innen ihr Land gegen das Luxusprojekt »Eco Park – Satellite City« in Van Giang nahe Hanoi. In einem der größten Landnutzungskonflikte in Vietnam wehrt sich die ländliche Bevölkerung gegen die urbane Elite, die von dem Infrastrukturprojekt profitiert.

Ein Herz für Hannelore
Die Geschichte der Kohlekommission

Eine Faustregel der Herrschenden zum Umgang mit wachsenden sozialen Bewegungen lautet: Zunächst einmal ignorieren, wenn das nicht hilft, bekämpfen, und wenn sie dann immer noch weiter wachsen und Aufmerksamkeit erhalten: einbinden. Wenn das gelingt, wenn Bewegungen sich darauf einlassen, dann haben sie verloren. Der gesellschaftliche Konflikt um die Kohleverstromung war irgendwann zu groß geworden, um ihn aussitzen zu können. Da sich die Bundesregierung durch eine Entscheidung nicht selbst in die Nesseln setzen wollte, musste eine »Kommission« her. Kommissionen sind toll. Entweder sie bestehen aus »Expert*innen«, dann ist alles, was dabei herauskommt »alternativlos«, und wer damit unzufrieden ist, hat schlicht keine Ahnung. Oder sie beteiligen bestimmte zivilgesellschaftliche Gruppen »binden alle Positionen mit ein« und am Ende kann ein »Konsens« präsentiert werden. Die Politik setzt dann, bescheiden wie sie ist, den »gesellschaftlichen Willen« nur noch um.

Die sogenannte Kohlekommission wurde im Sommer 2018 ins Leben gerufen und hieß eigentlich ganz anders. Nämlich »Kommission für Wachstum, Strukturwandel und Beschäftigung«. Und angesichts dessen hätten wir auch schon misstrauisch werden können. Waren wir auch. Denn wie schon am Titel, ließ sich auch an der Zusammensetzung unschwer erkennen, worauf das Ganze hinauslaufen sollte.

Die Kommission bestand aus 31 Personen mit einem Altersdurchschnitt von 57 Jahren. Menschen aus den MAPA, Kinder und Jugendliche oder andere Gruppen von Klimawandel-Betroffenen waren nicht beteiligt und wurden auch nicht angehört. Drei Mitglieder waren nicht

Im **August 2015** erreichten die Anwohner*innen von Timehri, Guyana, dass der Ausbau eines Flughafens so abgeändert wurde, dass statt 2.500 Menschen nur 19 Haushalte umgesiedelt wurden. Davor waren die Anwohner*innen jahrelang unter Druck gesetzt worden und mehrmals hatten Bulldozer Häuser und Felder zerstört.

stimmberechtigt, die meisten anderen gehörten einer Partei an, davon fast alle den Kohleparteien CDU/CSU, SPD und FDP. Drei der vier Vorstandsmitglieder waren erklärte Kohlefans, einer davon, der ehemalige sächsische Ministerpräsident Tillich, wechselte ein paar Wochen nach dem Ende der Kommission in den Aufsichtsrat des Braunkohlekonzerns Mibrag. Ansonsten mit dabei: Die wichtigsten Kapitalist*innen-Verbände sowie die Gewerkschaften IG BCE und Ver.di und deren Dachverband DGB.

Letztere sind sich bekanntlich mit ihren Tarifgegner*innen einig, für ein paar tausend nicht ganz beschissen bezahlte, gesundheitsschädliche Industriejobs die Zerstörung unserer Lebensgrundlagen so lange wie möglich festzuschreiben. Außerdem beteiligt war Hans Joachim Schellnhuber, der damalige weithin bekannte Chef des Potsdam-Instituts für Klimafolgenforschung, sowie vier weitere Wissenschaftler*innen. Diese kamen aus verschiedenen Fachgebieten und vertraten unterschiedliche umweltpolitische Positionen.

Schließlich die drei Chefs der NGOs Greenpeace, BUND und Naturschutzring, sowie Lokalpolitiker*innen aus dem Rheinland und der Lausitz und zwei Vertreter*innen der vom Tagebau Betroffenen. Eine davon war Antje Grothus, die im engen Kontakt mit Menschen aus der Klimabewegung stand und sich die Entscheidung, an diesem Theater teilzunehmen, nicht leicht gemacht hatte. Sie wollte die Position der Bewegung in die Kommission einbringen und arbeitete dafür eng mit Aktivist*innen zusammen. Genau wie Antje versicherten auch die NGOs, mit denen ebenfalls ein regelmäßiger Austauschprozess mit Menschen aus der Bewegung vereinbart worden war, dass ihre Mitarbeit in der Kommission vorläufig sei, und sie diese bei unannehmbaren Entwicklungen wieder aufkündigen würden.

»Unannehmbare Entwicklungen« ließen natürlich nicht lange auf sich warten: Anfang September 2018 machte die Polizei in NRW sich bereit, den Hambi zu räumen. Aber die Kommission weigerte sich, die Fortsetzung ihrer Beratungen von einem »Moratorium«, also einem Rodungs- und Abrissstopp für den Wald und die Dörfer bis zu einem Verhandlungsergebnis, abhängig zu machen. RWE behauptete dreist, die Rodung sei sofort notwendig, um den Tagebau überhaupt weiterbetreiben zu können, was offensichtlich völliger Unsinn war. Doch auch die NRW-Landesregierung wollte die Besetzung um jeden Preis loswerden und die Polizei begann mit der Räumung. Antje wurde von Teilnehmer*innen einer IG BCE-Demo vor ihrem Haus bedroht, und

---

Seit **2015** führt Saudi-Arabien, drittgrößter Erdölproduzent der Welt, Krieg im Jemen. 300.000 Menschen starben seitdem, Millionen leiden Hunger. Bis 2018 wurde Saudi-Arabien direkt, und bis 2020 indirekt, mit Waffen aller Art, auch Panzern und Kampfflugzeugen, aus Deutschland beliefert.

dennoch verließ kein Mensch aus der Kohle-kritischen Minderheit die Kommission.

Damit wurde schon zu einem ziemlich frühen Zeitpunkt offensichtlich, dass unsere Verbündeten eine ganze Menge Zumutungen hinnehmen würden, ohne das Ding platzen zu lassen. Es ist davon auszugehen, dass dies auch von der Kohlelobby sehr genau registriert wurde und sie mit zu den weiteren Dreistigkeiten ermutigte, die sich im Ergebnis deutlich niederschlugen (auch, wenn nicht davon auszugehen ist, dass sie so raffiniert waren, diesen Testballon absichtlich steigen zu lassen). Und was machte die Bewegung so in der Zwischenzeit? Wir waren ziemlich ausgelastet mit der Verteidigung des Hambi, verfolgten aber natürlich auch gespannt die Verhandlungsrunden in Berlin. In den geäußerten Erwartungshaltungen zeigte sich aber auch einmal mehr der Unterschied zwischen Klimaschutz und Klimagerechtigkeit. Viele Klimaschützer*innen waren froh, dass endlich »der klimapolitische Stillstand beendet würde«, und wollten von der Kommission ein »Paris-kompatibles« Ergebnis sehen.

Das war für uns als Klimagerechtigkeits-Aktivist*innen viel zu wenig. Denn Klimagerechtigkeit heißt unter anderem, dass die historischen Emissionen zum Maßstab genommen werden, also geschaut wird, welche Länder im Laufe der Industrialisierung sehr viel CO_2 ausgestoßen haben und dadurch reich geworden sind, und welche Länder diese Chance nicht hatten. Dieser Ansatz würde bedeuten, dass Deutschland bereits vor vielen Jahren aus der Kohleverbrennung (und anderen klimaschädlichen Aktivitäten) hätte aussteigen müssen, beziehungsweise, da sich in der Vergangenheit bekanntlich schlecht Politik machen lässt, sofort. Das stand in der Kommission natürlich nie zur Debatte, und so hatte auch ein großer Teil unserer Bewegung von Anfang an klargestellt, dass kein akzeptables Ergebnis zu erwarten sei, und wir weiter darauf setzen würden, mit Aktionen und Öffentlichkeitsarbeit den Druck zu erhöhen.

Die Kommission tagte und vertagte sich immer wieder. Ursprünglich hatte sie zur UN-Klimakonferenz in Katowice in Polen im November 2018 einen Fahrplan liefern sollen, wie Deutschland seinen internationalen Verpflichtungen nachkommen wolle. Irgendwann hieß es dann, sie wolle Anfang 2019 zum Ende kommen. Aber bis zu den letzten beiden Sitzungen im Januar 2019 hatte die Kommission noch nicht ein einziges Mal über den Ausstiegsplan geredet, sondern über »Bund-Länder-Hilfen für den Strukturwandel«, und immer wieder darüber, welchem Koh-

---

Am **15. August 2015** verbarrikadierten etwa 100 Menschen im Dorf Daraban im irakischen Teil Kurdistans die Hauptstraße mit Holzstämmen, um die Erkundungsbohrungen im Shawre-Tal durch ExxonMobil zu verhindern. Ab 2013 leisteten 30 Dörfer in

lekonzern wie viele Milliarden hinterhergeschmissen werden sollten. Jetzt auf den allerletzten Metern sollte dann mal eben geklärt werden, worum es eigentlich im Kern hätte gehen sollen: Wann wie viele Kraftwerke abgeschaltet werden. Was dann nach einer Sitzung bis zum Morgengrauen präsentiert wurde, war nicht nur viel schlimmer als alles, was wir befürchtet hatten, es war auch in keiner Weise »Paris-kompatibel«: Zwei Drittel der deutschen Kohlestromkapazitäten sollen noch bis 2030, und ein Drittel sogar bis 2038 laufen dürfen. So steht es im 336-seitigen Abschlussdokument, in dem das Thema Klimaschutz ganze fünf Seiten einnimmt. Dazu sagten 27 der 28 stimmberechtigten Mitglieder »Ja«.

Und unsere Verbündeten? Die haben die Verhandlungen nicht nur nicht platzen lassen, sie haben sich auch nicht enthalten, sondern ausdrücklich zugestimmt. Die einzige Gegenstimme kam nicht von Antje oder einem der Chefs der Umweltverbände, und auch nicht von Hans Joachim Schellnhuber, sondern von Hannelore Wodtke, einer brandenburgischen Lokalpolitikerin aus der CDU, die ihr Mandat, dafür zu sorgen, dass das Dorf Proschim am Tagebau Welzow-Süd nicht abgebaggert würde, ernst nahm. Im Gegensatz zu ihr stimmten die Wissenschaftler*innen trotz besseren Wissens zu, obwohl die Ergebnisse »sicher nicht ausreichend« seien. Und die Menschen, die sich auch als Vertretung der Klimabewegung in dieser Runde sahen, knüpften ihre Zustimmung an ein »Sondervotum«, dass das Beschlossene nicht geeignet sei, die (ohnehin unzureichenden) deutschen Klimaziele zu erreichen. Was für eine hilflose Wortklauberei angesichts dieses Desasters. Die Bundesregierung konnte jedenfalls zufrieden sein. Die Kanzlerin bedankte sich freundlich und versprach, dass das alles bald in ein hübsches Gesetz gegossen würde.

Es soll hier nicht darum gehen, im Nachhinein »Wir haben es ja gleich gesagt!« zu rufen, oder irgendwen zu bashen. Es ist viel mehr ein Versuch zu verstehen, wie es dazu kommen konnte, dass in dieser Situation der größtmögliche Schaden angerichtet wurde.

Denn genau das ist passiert. Der größtmögliche Schaden. Hier wurde nicht nur ein unfassbar schlechtes Verhandlungsergebnis erzielt, sondern viel mehr zerstört. Der Outcome »Kohleausstieg 2038« ist dabei gar nicht mal so relevant, denn letztlich dürften niedrige Strompreise für ein früheres Abschalten der letzten Kraftwerke sorgen.

Viel schlimmer ist, dass durch die Zustimmung der Kohlegegner*innen (und zwar ganz besonders der Wissenschaftler*innen) der Öffentlichkeit einmal mehr der fatale Eindruck vermittelt wurde, dass die

---

der Gegend Widerstand gegen den Konzern, der sich daraufhin 2016 aus der Region zurückzog.

Politik die Klimakatastrophe schon irgendwie managen würde. Und die Signalwirkung an die Herrschenden in den anderen Kohleländern ist sogar noch katastrophaler: In Polen, Tschechien, Australien, China und den USA konnten sich die fossilen Fraktionen erst mal entspannt zurücklehnen, nachdem Deutschland die Latte so tief gelegt hatte.

Der Schlag ins Gesicht der Aktivist*innen des Globalen Südens, vor allem derjenigen, die mit den deutschen NGOs zusammengearbeitet hatten, hätte kaum härter sein können. Und auch die Bewegung in Deutschland wurde gespalten: Für den symbolischen »Erhalt des Hambacher Waldes« (er wird nicht abgebaggert, sondern stirbt, weil der Tagebau ihm das Wasser abgräbt) wurden die Dörfer am Tagebau Garzweiler geopfert.

Was trieb die bewegungsnahen Mitglieder dazu an, trotz aller Warnungen von Aktivist*innen, der Kommission beizutreten und dieser vergifteten Pseudo-Beteiligung damit gesellschaftliche Legitimität zu verleihen? Zuallererst natürlich der Eindruck, dass nach jahrelanger Blockade endlich ein tatsächlicher politischer Fahrplan für einen Kohleausstieg erstellt werden sollte. Ein Fahrplan, der umso unzureichender zu werden drohte, wenn er ohne diejenigen ausgehandelt würde, die ihn überhaupt grundsätzlich wollten. Soweit so schlecht, wie verständlich. Bezüglich der NGOs als spendenabhängigen Quasi-Unternehmen war allerdings auch von vorneherein klar, dass sie die Gelegenheit, prominent in der »Realpolitik« aufzutreten, nicht verstreichen lassen würden. Ebenso klar war, dass die Bundesvorsitzenden (selbstverständlich *weiße* Männer) die Verhandlungen führen würden und nicht etwa diejenigen Mitglieder, die sich am besten mit der deutschen Energiepolitik auskennen. Bei Menschen wie Antje, die wir als jahrelange verlässliche Verbündete auch heute noch schätzen, ist die Teilnahme bis zum bitteren Ende wohl vor allem mit einem Grundvertrauen in den Staat zu erklären und der Vorstellung, dass dieser tatsächlich einen neutralen Rahmen für gleichberechtigte Aushandlungsprozesse schaffen würde. Was die Beweggründe der Wissenschaftler*innen angeht, allen voran Hans Joachim Schellnhubers, all das über den Haufen zu werfen, wofür sie jahrzehntelang eingetreten waren? Keine Ahnung.

Sich mit Regierungen, Konzernen und Verbänden zusammenzusetzen, um etwas auszuhandeln, ist immer riskant, und ab irgendeinem Punkt scheint es keine politische, sondern vielmehr eine psychologische Frage zu sein, warum sich dabei praktisch alle, die es probiert haben, über den runden Tisch ziehen ließen. Menschen neigen dazu, von sich

Am **26. September 2015** wurde in Ostjava, Indonesien, der 46-jährige Umweltschützer Salim Kancil von mehr als 30 Männern ermordet. Tosan, ein anderer Aktivist, wurde in seinem Haus überfallen und gefährlich verletzt. Drei Tage zuvor war die Sandindustrie in der Region durch eine Blockade Dutzender Lastwagen gestört worden.

auf andere zu schließen. Freundliche, wohlmeinende Menschen können sich kaum in jemanden wie den damaligen Bundeswirtschaftsminister Peter Altmeier oder einen beliebigen Industrielobbyisten hineinversetzen, die in den größten und korruptesten Machtapparaten Karriere gemacht haben. Außerdem sind die allermeisten Menschen harmoniebedürftig. Kaum eine*r von uns würde einer solchen Übermacht von feindlichen Taktierer*innen standhalten und im entscheidenden Moment das Richtige tun, zumal wenn um vier Uhr nachts gemeinsam Pizza bestellt wird. Wer selbst eine gute und einvernehmliche Lösung eines Problems anstrebt, wird sich kaum ausreichend bewusst sein, dass die Gegenseite daran nicht im Geringsten interessiert ist, sondern allein an der größtmöglichen Ausbeute. All dies sind Gründe, weshalb mit Kapitalist*innen und Regierungen zunächst einmal gar nicht verhandelt werden sollte. Denn es gibt dabei selten etwas zu gewinnen, und viel zu oft alles zu verlieren. Leider gibt es zur Genüge Beispiele, wie sich soziale Bewegungen den Wind aus den Segeln nehmen ließen, als sie sich auf Schlichtungs- oder Beteiligungsverfahren einließen, anstatt die Konflikte weiter zuzuspitzen.

Im Fall der Kohlekommission kam hinzu, dass alles Wesentliche überhaupt erst in den letzten paar Stunden eines Prozesses, der ein halbes Jahr gedauert hatte, besprochen wurde. Ob das Zufall oder Strategie der Gegenseite war, lässt sich kaum abschätzen, aber es dürfte in jedem Fall, so banal es auch scheint, sozialen Druck aufgebaut haben, die Sache nicht nach so viel gemeinsamer Arbeit ohne Ergebnis zu beenden.

Trotz aller grundsätzlichen Vorbehalte, hätte die Beteiligung an der Kommission nicht unbedingt ganz falsch sein müssen, wenn sie an glasklare und öffentlich kommunizierte Ausschlusskriterien geknüpft gewesen wäre. Dazu hätten klare Absprachen der Kohlegegner*innen untereinander gehört, an welchem Punkt die Mitarbeit in der Kommission aufgekündigt wird. So gab es mehrere Situationen, in denen es nur folgerichtig gewesen wäre, die Kommission platzen zu lassen. Und spätestens als sich die Ergebnisse abzeichneten, hätte es gar keine andere Option mehr geben dürfen. Ein noch schlechteres Ergebnis wäre dabei kaum herausgekommen, denn nach einem Austritt der Kohlegegner*innen hätte die Kommission für die Bundesregierung ihren Sinn verloren, weil ihre »Empfehlungen« nicht mehr als »Konsens« hätten herhalten können.

Diesen einzigen Trumpf auszuspielen, war von der Bewegung immer wieder eingefordert worden. Doch die Kommissionsmitglieder wollten

In Mosambik griffen am **9. November 2015** Anwohner*innen eine Tantalmine des kanadischen Unternehmens Pacific Wildcat Resources an und setzten Gebäude und die Ausrüstung in Brand. Es sei ein Schaden von zehn Millionen Dollar entstanden, hieß es. Tantal wird u.a. bei der Herstellung von Handys und Computern verwendet.

Altmaiers Abfuhr auf FFF-Demo zum Abschluss der Kohlekomission 2019,
BN: Hubert Perschke

sich nicht von der Gegenseite vorwerfen lassen, Ergebnisse als unver-
handelbar vorwegzunehmen, sie wollten lieber »konstruktiv« auftreten,
als sich dem Vorwurf auszusetzen, »Maximalforderungen« zu stellen.

Im Januar 2019 war noch nicht abzusehen, dass die Fridays es in den
Folgemonaten schaffen würden, das Klimathema gesellschaftlich so
groß zu machen. Eine »Kohlekommission« ganz ohne Beteiligung der
Generation, die die Folgen auch erleben wird, wäre schon im Frühsom-
mer desselben Jahres sicherlich nicht mehr denkbar gewesen. Auch,
dass die Klimakatastrophe so bald und so massiv auch über die Verur-
sacherländer hereinbrechen würde, war im Bewusstsein der meisten
noch nicht wirklich angekommen, bevor dem Dürresommer 2018 in
Deutschland zwei weitere folgten und riesige Waldgebiete abstarben.

Aber mindestens einen völlig realpolitischen Grund dafür, die Kommission spätestens kurz vor dem Ende doch noch platzen zu lassen, gab

Am **21. November 2015**, während der UN-Klimakonferenz in Paris, gab es in Bargny,
Senegal, eine Massendemonstration gegen ein neues Kohlekraftwerk und ein bestehendes Zementwerk in den Außenbezirken der Stadt. Die Bewohner*innen Bargnys
fordern eine regenerative Energieversorgung statt neuer fossiler Projekte.

es schon damals: Das Abschlusspapier sah genau wie das spätere Aus-
stiegsgesetz vor, dass von 2019 bis 2022 nur Überkapazitäten abgeschaltet werden sollen (also Kraftwerke die ohnehin kaum laufen, weil sie alt
sind und zu wenig Geld bringen) und zwischen 2022 und 2030 praktisch
keine weiteren Kraftwerke vom Netz genommen werden sollen. Es hätte
also noch jede Menge Zeit für Neuverhandlungen gegeben, die sicherlich
bessere Ergebnisse gebracht hätten, weil sie durch die sich zuspitzenden
klimatischen Bedingungen auch unter anderen gesellschaftlichen Voraussetzungen stattgefunden hätten.

Wenn sich also irgend etwas aus diesem Trauerspiel lernen lässt,
dann, dass wir uns niemals unter Druck setzen lassen sollten. Ob auf
der Straße, bei einer Blockade oder gegenüber der »großen Politik«:
Wenn wir eine Situation geschaffen haben, die uns ein kleines bisschen
Gegenmacht verschafft, können wir uns ruhig auch mal zurücklehnen,
den Herrschenden auf den Tisch scheißen und die Zeit für uns arbeiten
lassen.

Letztendlich geht wahrscheinlich sowieso keine*r der Kohlelob-
byist*innen, bei denen nach der Kommission sicherlich die Korken
knallten, davon aus, dass irgendein Kohlekraftwerk noch bis in die späten 1930er-Jahre laufen wird. Sie haben es einfach geschafft, auf den letzten Drücker noch mal so richtig viel Geld herauszupressen, für etwas,
das (hoffentlich) sowieso passieren wird.

Aber schlimmer geht immer im Kapitalismus: Schon ein paar Monate
nach dem »historischen Kompromiss« fühlten sich Regierende und Konzerne selbst an diesen miesen Kompromiss nicht mehr gebunden: Die
Steag klagte dagegen, Uniper schloss mit Datteln IV ein neues Kraftwerk
ans Netz und alle paar Tage forderte irgendwer aus den Regierungspar-
teien, dass der Ausstieg »verschoben werden müsse«, weil er die »Menschen nicht mitnähme« oder »den Standort gefährde«.

Die Bewegung reagierte auf die Beschlüsse klassisch: Mit Bagger-
blockaden in allen Braunkohlerevieren. Eine Besetzung in der Lausitz
zierte ein Transpi mit der Aufschrift »We ♥ Hannelore!«

Am **29. November 2015** erklärte das Volk der Wampis in Peru die Bildung der
ersten autonomen indigenen Region. Diese vereint 100 Wampis-Gemeinden mit
über 10.000 Menschen, die in Subsistenzwirtschaft leben und ihr Territorium gegen
Bergbau- und Ölfirmen, illegalen Holzeinschlag und Palmölplantagen verteidigen.

//EXKURS//
Aktivismus mit Rollstuhl
Barrieren überwinden
auf Camps und in Köpfen

Ich schreibe hier als engagierte*r Aktivist*in für Klimagerechtigkeit. In diesem Text geht es mir nicht darum, mich zu beschweren, sondern meine Erfahrungen mit euch zu teilen. Ich, als Mensch im Rollstuhl, möchte diese Gelegenheit nutzen, um eine größere Sensibilisierung zu erreichen. Wobei ich meine individuelle Perspektive darstelle, die sich auf ein Leben im Rollstuhl bezieht, andere Formen von Behinderung aber nicht ausreichend repräsentieren kann.

Ableismus, also Diskriminierung von Menschen mit Behinderung, wird in meinen Augen auch in der Klimagerechtigkeitsbewegung zu wenig thematisiert. Da ist noch viel Luft nach oben. Mit diesem Text möchte ich dazu ermuntern, in einen Austausch zu kommen, um die Scheu oder Unsicherheit gegenüber Menschen mit Behinderung abzubauen. Auch möchte ich auf bestimmte Verhaltensweisen aufmerksam machen, die mir im Alltag aber auch in aktivistischen Zusammenhängen immer wieder begegnen. Diese Verhaltensweisen sind teilweise sehr unangenehm und verhindern, dass ich ganz ich selbst sein kann.

Bei den verschiedenen Aktionen und auf den Camps fühle ich mich in der Bewegung im Allgemeinen recht wohl und bin gerne Teil davon.

Zu diesem Wohlbefinden hat insbesondere beigetragen, dass in verschiedenen Situationen auf den Camps und zum Teil auch während der Aktionen auf meine Bedürfnisse eingegangen wurde und ich nach entsprechenden Absprachen mit Material und Hilfe unterstützt wurde.

Jedoch sind mir auch einige unzufriedenstellende Verhaltensweisen aufgefallen, die dem Selbstverständnis der Bewegung nicht gerecht werden. Zum Beispiel wurde ich bei einer Demonstration als Rollstuhlfah-

Am **16. Februar 2016** stellte sich die Bevölkerung der Kulon-Progo-Küste auf Java, Indonesien, dem Baubeginn des internationalen Flughafens Yogyakarta entgegen. Zuvor hatten sich Hunderte der rund 11.500 Betroffenen Bäuer*innen und Fischer*in-

rer*in gefragt, ob Bengalos zünden für mich okay sei, aber nicht die zu Fuß neben mir gehende Asthmatikerin.

Ich erlebe auch immer wieder, dass Menschen mit offensichtlicher Behinderung gefragt werden, ob das Tempo der Demonstration in Ordnung sei. Warum werde speziell ich gefragt? Woher kommt die Annahme, dass mich Bengalos oder ein zu hohes Tempo mehr stören würden als andere? Dieses Verhalten ist ein gutes Beispiel für unbewussten Ableismus und ist super unangenehm. Es macht deutlich, dass am Äußeren festgemacht wird, welche Bedürfnisse Menschen haben. Aufgrund meines Rollstuhls bin ich immer wieder mit verschiedensten Zuschreibungen konfrontiert. Wenn gefragt wird, ob das Tempo oder die Bengalos okay sind, dann können doch alle gefragt werden, nicht nur die offensichtlich behinderten Menschen. Die Absprache, nicht zu rennen, könnte auch schon genügen. Es könnte eventuell auch eine Lösung sein, ab und zu eine Einladung an ALLE auszusprechen, dass Rückmeldung gegeben werden kann, wenn etwas nicht passt.

Wenn wir (erfreulicherweise) auf die körperlichen Bedürfnisse von einigen Menschen achten, warum dann nicht auf die von allen? Lasst uns versuchen, die unterschiedlichen Voraussetzungen aller mitzudenken und nicht nur derjenigen bei denen es scheinbar offensichtlich ist.

In meinen Augen sollte angestrebt werden, Regeln und Verhaltensweisen zu entwickeln, die möglichst alle Menschen mitnehmen, und nicht darum, Extrabehandlung von Menschen im Rollstuhl zu etablieren. Anknüpfend daran ist mir aufgefallen, dass es bei einer Aktion, an der ich teilgenommen habe, besonders wichtig war, dass alle Menschen am Ziel ankommen. Für meine Bezugsgruppe mit zwei Rollies wurden extra zwei Bezugsgruppen vor und hinter uns als Support »eingesetzt«, falls es beim Durchfließen von Polizeiketten zu Gedränge kommen würde. Dabei ist doch klar, dass bei Aktionen nie garantiert werden kann, dass alle am Ziel ankommen.

Wieso sollte also mir das garantiert werden? Es ist mit Sicherheit spannend, herauszufinden, wie und ob Menschen mit unterschiedlichen Arten der Fortbewegung Ketten durchfließen können. Den Gedanken, alle mitzunehmen, finde ich grundsätzlich gut, aber ich hatte das Gefühl, dass mir abgesprochen wurde, dass ich selber meine Rolle in der Aktion finden kann. Dabei muss ich selber nicht unbedingt ankommen. Wichtig ist mir, dass die Aktion insgesamt ihr Ziel erreicht. Bei mir kam der Eindruck auf, dass es schwer fiel, dies zu akzeptieren bzw. zu integrieren.

---

nen der Umsiedlung verweigert. Polizei und Militär reagierten mit brutaler Gewalt und der Flughafen wurde gebaut.

Fürsorge ist toll! Aber der Grat zur Bevormundung oder Übergriffigkeit ist manchmal sehr schmal. Ich erlebe auf Camps und Demos auch immer wieder übergriffiges Verhalten. So gab es auf einem Camp einen Menschen, der eine gewisse Verantwortlichkeit für Rollstuhlfahrer*innen zu verspüren schien. Allerdings fühlte es sich eher so an, als würde er sich in diese Verantwortlichkeit um seiner selbst Willen hineinsteigern. Mehrfach kam er an und teilte ungefragt mit, dass er ja wisse, was ich brauche, er habe ja auch schon in dem Bereich gearbeitet usw. Ich hatte das Gefühl, dass dieser Mensch eigentlich Kontakt sucht und das Thema Behinderung nur zur Selbstdarstellung nutzt, was mir und auch anderen Rollstuhlfahrer*innen super unangenehm war. Ich möchte nicht auf Grund meiner Behinderung das Bedürfnis nach Verantwortungsübernahme anderer Menschen auffangen müssen. Ich kann mich von solchen Annäherungsversuchen abgrenzen, aber es gibt sicher auch Menschen, die das nicht so einfach können. Eine weitere Situation war folgende: Ich stand mitten auf der Campfläche, umgeben von Hunderten anderen Menschen. Da kam von hinten ein Mensch an und rief ziemlich laut: »Da, die*den kenne ich, das ist die*der Schlimmste, und immer in ... mit dabei!« Das ist ja nicht nur super unangenehm, sondern auch noch sicherheitsrelevant! Genau wie bei allen anderen geht es doch niemanden etwas an, wo ich noch so aktiv bin und wer mich woher kennt. Auch da fühlte ich mich dazu benutzt, sich selbst in den Vordergrund zu spielen, dabei geht es aber oft gar nicht um mich als Person, manchmal nicht mal um das Thema, sondern um den anderen Menschen.

In solchen Fällen diene ich anscheinend öfter nur als Plattform zur Selbstdarstellung nach dem Motto:»Bevor es um dich geht, geht es erst mal um deine Behinderung bzw. eigentlich nur um mich selbst!«. Und das ungefragt und unfreiwillig, und oft ohne Chance, mich dem zu entziehen. Auch wenn ich neue Leute kennenlerne, werde ich oft als erstes ausgiebig zu meiner Behinderung bzw. meinem Leben mit Rollstuhl ausgefragt, bevor wir uns als Menschen kennenlernen können. In diesen Momenten fühle ich mich nur noch als ein Mensch im Rollstuhl wahrgenommen, reduziert auf meine Behinderung. Darüber hinaus kommt es im Alltag, und selbst auf Demos, immer wieder vor, dass ich ungefragt über den Kopf gestreichelt, an der Wange getätschelt, auf den Kopf geküsst, kurz gesagt, ohne mein Einverständnis angefasst werde.

Außerdem werden wirkliche oder scheinbare Begleitpersonen regelmäßig über mich ausgefragt, anstatt dass die Menschen mich direkt ansprechen, wenn sie mich kennenlernen wollen. Den Menschen, mit

Am **17. Februar 2016** wurde die Pipeline zwischen den irakisch-kurdischen Ölfeldern von Kirkuk und dem türkischen Hafen Ceyhan sabotiert, was den Export von rund sieben Millionen Barrel Öl nach Europa verhinderte. Die europäischen Raffinerien

Blockade der Kohlezufuhr des Kraftwerks Neurath 2021, BN: Tim Wagner

denen ich bei Demos oder Aktionen unterwegs bin, wird manchmal auch Verantwortungslosigkeit vorgeworfen, weil sie mich zu solchen Veranstaltungen mitnehmen würden. Als ob ich nicht selbst entscheide würde, wohin ich gehe und wohin nicht.

Bei Restaurantbesuchen mit Freund*innen kommt es hin und wieder auch vor, dass die komplette Rechnung ungefragt von völlig unbekannten Menschen bezahlt wird. Fast immer besteht dann keine Kontaktmöglichkeit mehr, weil diese Menschen das Restaurant schon verlassen haben, und es ist nicht mehr möglich, über deren Motiv zu sprechen. Aufgrund von anderen Erfahrungen ist jedoch zu vermuten, dass dahinter ein schräges Bild von Menschen mit Behinderung steht. Zum Beispiel eine allumfassende Hilfsbedürftigkeit, und dass es für meine scheinbaren Begleitpersonen eine große Leistung oder Aufopferung ist, Zeit mit mir zu verbringen.

---

profitierten zu dieser Zeit stark vom billigen Öl aus der kurdischen Autonomieregion im Nordirak.

Es geht mir mit den Beispielen nicht darum, euch zu schockieren oder Mitleid zu erzeugen. Aber wenn ihr diese oder ähnliche Verhaltensweisen das nächste Mal bei euch oder anderen beobachtet, fällt es euch vielleicht leichter, sie einzuordnen und anzusprechen bzw. euer eigenes Verhalten zu ändern.

Neben der Änderungen einzelner Verhaltensweisen ist es toll, dass es Strukturen gibt, von denen aus weitergedacht, ausprobiert und weiterentwickelt werden kann, und dass es Menschen gibt, die sich und die Strukturen um sich herum ändern wollen! In dieser Hinsicht hatte ich in den letzten Jahren viele positive Erlebnisse.

Zum Beispiel ist zu beobachten, dass in meinem aktivistischen Umfeld das Thema Barrieren immer mehr mitgedacht wird, und Rampen, Rollstuhltoiletten und warme Schlafplätze in selbstverständlicherweise organisiert werden. Das freut mich sehr.

Gleichzeitig wünsche ich mir, dass sich die Menschen an anderen Orten Gedanken zu diesem Thema machen und z.b. den Ort des Plenums barriereärmer gestalten, bevor Menschen diesen Bedarf äußern müssen.

Wobei mir aufgefallen ist, dass es in unseren Bewegungsstrukturen wie dem Legal Team*, den Polizeikontakten, Sanis usw. kaum Wissen über z.b. den Umgang von Polizei und Gerichten mit Rollstuhl nutzenden Aktivist*innen gibt, und auch über die speziellen Bedürfnisse von Aktivist*innen mit Behinderungen, weshalb sie uns oft nicht gut beraten und unterstützen können. Ich musste mir mühsam selbst Infos beschaffen und erst selber gewisse Erfahrungen machen. Ich würde mir sehr wünschen, dass diese Infos mal gebündelt und für Strukturen und zukünftige Aktivistis zur Verfügung gestellt werden.

Es ist alles ein Prozess, und ich danke euch, dass ihr diesen Text gelesen habt. Die Formen von Barrieren sind sehr zahlreich und vielfältig. Damit müssen wir uns auseinandersetzen, um sie abzubauen. Aber auch Verhaltensweisen müssen wir uns anschauen und verändern.

Alle Menschen sind dazu angehalten, sich mit den verschiedenen Arten der Diskriminierung auseinanderzusetzen, gerade dann, wenn sie nicht davon betroffen sind. Damit Menschen mit Diskriminierungserfahrungen nicht immer bei Null anfangen müssen.

Im **März 2016** streikten die Arbeiter*innen der Bauxit-Minen auf dem Kaboyé-Plateau in Guinea zum wiederholten Mal für besseren Arbeitsschutz. Die lokale Bevölkerung unterstützte den Streik, da sie unter den Vergiftungen der Umwelt durch den Bauxit-Abbau für die chinesische Aluminiumindustrie leidet.

Anarchistische Perspektiven auf Fridays for Future

Wir können die Welt nicht retten, indem wir uns an die Spielregeln halten. Die Regeln müssen sich ändern, alles muss sich ändern, und zwar heute.
Greta Thunberg, 2018

Am 20. August 2018 weigerte sich die damals 15-jährige Greta Thunberg angesichts der Klimakrise, weiter zur Schule zu gehen. Drei Wochen lang saß sie täglich mit dem Schild »Skolstrejk för klimatet« (»Schulstreik für das Klima«) vor dem schwedischen Reichstagsgebäude. Daraus entstanden freitägliche Schulstreiks, die bald von Millionen Schüler:innen weltweit aufgenommen wurden. In Deutschland wurde das erste Mal im Dezember 2018 gestreikt.

Bei den Demos von Fridays for Future dominiert das Bild von jungen Menschen und selbstgebastelten Plakaten. Die Erzählung der FFF-Aktivist*innen: Wir müssen unseren Planeten, der von den älteren Generationen langsam aber sicher zerstört wird, retten, um die Aussicht auf eine lebenswerte Zukunft zu behalten. An dieser Erzählung gibt es aber auch intern Kritik.

Nicht beachtet werden historisch gewachsene soziale Unterschiede in dieser Welt. (Neo-)koloniale jahrhundertelange Ausbeutungsverhältnisse sind die Ursache dafür, dass den davon profitierenden Staaten und Menschen des Globalen Nordens auch für die Klimakatastrophe die größte Verantwortung zukommt. Darüber hinaus bedroht und zerstört der Klimawandel bereits heute die Existenz von Millionen von Menschen in den MAPA und ist nicht »nur« eine abstrakte Bedrohung in der Zukunft. Deswegen müsste es vielleicht eher Fridays For Now oder Fridays For Past heißen. Die unterschiedlichen Strömungen innerhalb von FFF sind nach außen hin nicht gleichermaßen sichtbar. Dieser Text soll linksradikale, anarchistische und autonome Aktivist:innen bei FFF sichtbarer machen.

2016 verhinderten Umweltschützer*innen in Kenia das TARDA-Mumias-»Entwicklungs«-Projekt im Tanadelta. Dort wollte die Regierung Anlagen für Treibstoffpflanzen und die Ausbeutung von Titan, Erdöl und Gas errichten, was die Felder indigener Bäuer*innnen und unzählige Tier- und Pflanzenarten vernichtet hätte.

Der Staat versucht durch seine Verfassungsschutzorgane (VS) den Kampf von Linksradikalen für Klimagerechtigkeit systematisch zu denunzieren, indem behauptet wird, dass »Klimaschutz« für sogenannte Linksextreme nur ein Vorwand sei, um sich bei FFF einzuschleichen. Angeblich ginge es uns nur darum, das bei Bürger:innen beliebte Thema zu vereinnahmen, neue Anhänger:innen zu gewinnen und Menschen gegen »das System« aufzuhetzen. Allein der vom VS verwendete Begriff des Linksextremismus ist problematisch, weil er nach der sogenannten Hufeisentheorie so tut, als ob linke und rechte Ideologien sich zwar gegenüberstehend, aber nahe beieinander liegen würden. So setzen sie Linke, die z.B. SUVs anzünden, gerne mit Rechten gleich, die Flüchtlingsheime anzünden. Linke, die den Kapitalismus kritisieren, werden also gleichgesetzt mit Nazis, die vom Führerstaat träumen. Zudem spricht dieser Denunziationsversuch linken Menschen nicht nur ein ernsthaftes Interesse an Klimaschutz ab, sondern unterstellt auch FFF-Aktivist*innen nicht in der Lage zu sein, selbstständige Entscheidungen treffen zu können, und deshalb vor den »bösen« Linksradikalen »geschützt« werden zu müssen.

Hierbei spielt auch eine Rolle, dass viele Erwachsene, FFF-Aktivist*innen aufgrund ihres jungen Alters nicht als vollwertige Gesprächspartner:innen behandeln, sondern als erziehungsbedürftige Jugendliche. Und dass es, angesichts des Nicht-Handelns seitens der Politik gegenüber der sich vollziehenden Klimakatastrophe, nur naheliegt, auch direktere Protestformen zu wählen, wie beispielsweise diese:

Unter dem Motto »everyday and night for Future« fackelten junge Menschen im Porschezentrum in Köln-Ehrenfeld vier fabrikneue Porsche Cayenne ab. In der Aktionserklärung dazu heißt es, dass sie dies als praktische Maßnahme zum erreichen der Klimaziele betrachten würden und dadurch verhindern wollten, dass die Erwachsenen ihr Engagement einfach »wegtätscheln«, und schrieben: »Wir fordern Euch auf, möglichst viele SUV (Selten Unsinnige Vehikel) kaputt zu machen (egal wie: Ayran in den Innenraum, Lack zerkratzen, Scheiben einschlagen, Reifen abstechen, Besprühen, Bauschaum in den Auspuff oder einfach anzünden). [...] Um die Verwirklichung unserer Ziele sozial verträglich zu gestalten, schlagen wir vor, uns auf SUV der Kategorie 50.000 Euro zu konzentrieren«. Auch in anderen Kämpfen beteiligen sich Menschen, die über FFF politisiert wurden. Um die Ende-Gelände-Aktionen 2019 zu unterstützen, organisierten die FFF-Aktivist:innen eine große Samstagsdemo, die zeitgleich zur Aktion von Ende Gelände im Revier statt-

Am **10. März 2016** nahm die indigene Gemeinde Mayuriga im peruanischen Amazonasgebiet acht Beamte als Geiseln, um die Zentralregierung zu zwingen, die Schäden von zwei großen Lecks an Ölpipelines zu beseitigen. Tausende Barrel Öl hatten zuvor

fand. Selbst in der Grube waren einige junge Menschen, die sich über FFF politisiert hatten, unter dem neuen Label »Anti-Kohle-Kids« dabei. Da verwundert es nicht, dass auch Anarchist:innen bei FFF mitmischen. Ich habe mich mit der FFF-Aktivistin R. unterhalten, die in Deutschland quasi von der ersten Stunde an dabei war und sich selber als Anarchistin verortet. Wir sprachen darüber, welches anarchistische Potenzial in FFF steckt, wie es gelingen kann, über 700 Ortsgruppen basisdemokratisch zu organisieren, und warum es bisher so schwer war, die Diversität von FFF nach außen sichtbar zu machen. Es ist Januar 2021. R. betont vor dem Interview, dass sie nur für sich selber spricht und keine offiziell abgestimmte FFF-Meinung vertritt.

Die FFF-Bewegung ist seit ihrem Start stark gewachsen. Zu eurer bisher größten Demo im September 2019 habt ihr es geschafft, in Deutschland 1,4 Millionen Menschen auf die Straße zu bringen. Gleichzeitig hat die Bundesregierung ein ziemlich mickriges Klimapaket beschlossen. Da stellt sich die Frage: Was habt ihr bisher erreicht?

R: FFF hat bis hierhin für keine größeren Veränderungen gesorgt, außer dass jetzt überall über Klimawandel gesprochen wird und fast alle Politiker*innen uns loben. Realpolitisch gab es nur kleine Erfolge, z.B. dass der Kohleausstieg jetzt bis 2038 und nicht bis 2040 vorgesehen ist.

Wie wollt ihr mit dieser Situation umgehen?

R: Es gibt einen Streit darüber, wie es weitergehen kann. Streiken bringt nicht mehr den gewünschten Erfolg bzw. hat ihn eigentlich noch nie so richtig gebracht. Wir müssten einen Step weitergehen, damit Politiker*innen endlich das einhalten, was wir fordern.

Ich glaube, da steckt FFF in einem Dilemma. Euer Motto ist ja »Wir streiken, bis ihr handelt.« Gleichzeitig ist aber klar, dass die Politiker*innen eure Forderungen gar nicht erfüllen können, weil konsequenter Klimaschutz eine Abkehr vom Kapitalismus und dessen Wachstumszwang bedeuten würde. Warum setzt ihr immer noch auf die Politik?

R: Das Problem ist, dass beim Klimaschutz schnell gehandelt werden muss. Auch wenn die Chancen nur bei knapp zehn Prozent stehen, setze ich bei Schnelligkeit eher Hoffnung in Politiker:innen als in eine Revolu-

---

ihr Land und ihr Wasser vergiftet, ohne dass ihre Gemeinde in den Notfallplan aufgenommen worden war.

tion. Beim Chaos einer Revolution kann es passieren, dass es schiefgeht und dass es erst einmal zu lange braucht, um eine neue Ordnung zu finden.

Und wie eine friedliche Revolution aussehen könnte, weiß ich leider nicht. Dafür müsste ein Großteil der Menschen das System stürzen wollen, und das sehe ich gerade leider noch nicht.

Was können wir dafür tun, dass mehr Menschen das System stürzen wollen? Und ist es vorhersehbar, wer sich radikalisiert?

R: Mehr Aufklärungsarbeit. Ich denke, dass nicht in jedem Menschen ein Radikalisierungspotenzial steckt. Mit manchen sind die Diskussionen eher anstrengend. In meiner Ortsgruppe gab es schon immer ein paar Menschen, die lieber darauf gesetzt haben, auf Plastikstrohhalme zu verzichten.

Und es gab immer ein paar Menschen, die sagten, sie wollten das kapitalistische System stürzen. Ersteres kam klassischerweise von Kindern, die in einem großen Familienhaus aufgewachsen waren und auf's Gymnasium gingen. Das andere eher von den Menschen, die sich »nachhaltige« Produkte nicht leisten können.

Ihr könntet da auch zu einer Diskursverschiebung beitragen, wenn ihr z.b. dazu aufrufen würdet, Kohlegruben zu blockieren, dann könnte das doch dazu beitragen, dass so eine Aktion einen eher bürgerlichen Anstrich bekommt, oder?

R: Es ist recht anstrengend, Menschen überhaupt zu den Großstreiks zu mobilisieren. Je radikaler wir werden, desto weniger Schüler*innen kommen. Viele waren Anfangs nur dabei, weil es gerade hip und cool ist und alle das machen – nicht unbedingt, weil sie sich ernsthaft mit dem Thema beschäftigt haben. Da wäre es sehr schwer, Menschen davon zu überzeugen, dass es jetzt »hip« ist, Kohlegruben zu besetzen. Dennoch habe ich bei Ende Gelände einen Großteil der FFF-Delis gesehen, aber die Menschen sind im Tagebau dann halt lieber mit Antifa- als mit FFF-Flagge unterwegs, da sie wissen, dass bei FFF solche Aktionen keinen Konsens finden würden.

Es würde dem Grundprinzip widersprechen, dass FFF offiziell nicht selber radikal ist und sich eher an Politiker*innen wendet. Das Ziel dabei ist es, ein Bürgi-Image aufrechtzuerhalten.

Am **17. März 2016** wurde die autonome Föderation Nordsyrien (Rojava) ausgerufen. Ihr Gesellschaftsvertrag grenzt sich scharf von Konzepten wie Staatlichkeit und Nation ab, und die Bewegung will eine pluralistische, multiethnische, ökologische, geschlechtergerechte und demokratische Selbstverwaltung aufbauen.

Viele FFF-ler*innen gehen also eher anonym in die Kohlegruben. Die wenigen, die versuchen, Karriere in der (Partei)Politik zu machen, sind in den Medien leider deutlich präsenter. Wie stehst du dazu?

R: Die offizielle Stimmung ist: Wenn Leute in die Parlamente gehen, dann dürfen sie keine FFF-Arbeit mehr machen. Sobald klar ist, dass jemand kandidiert, muss dieser Mensch von allen FFF-Ämtern zurücktreten und offiziell werden alle Verbindungen gekappt. Wir solidarisieren uns nicht mit diesen Leuten. Der Mensch darf keine Reden mehr auf den Demos halten und ist nicht mehr offiziell bei FFF.

Dennoch werden die zukünftigen Abgeordneten sicherlich von ihrer Prominenz durch FFF profitieren.

R: Klar profitieren sie davon, aber mal ehrlich: Sobald irgendwelche Koalitionsverhandlungen anstehen, habe ich lieber einen FFF-ler mit drinsitzen als einen konservativen Grünen. Linke Menschen machen da vielleicht einen Unterschied, denn sie haben Ahnung von Klimaschutz, waren oftmals sogar bei Ende Gelände dabei und vertreten eigentlich meist radikalere Ansichten als sie im Wahlkampf zeigen können. Diese Radikalität wird aber nach außen hin wegzensiert, weil Altgrüne radikale Menschen nicht wählen würden.

Welche Dynamiken tragen noch dazu bei, dass radikalere FFF-ler*innen weniger in den Medien präsent sind?

R: Es ist leichter, mit Parlamentarismus in die Medien zu kommen als mit Radikalität. Uns wäre es auch lieber, wenn weniger über die FFF-ler*innen in den Parlamenten berichtet werden würde – aber die Presse berichtet halt gerne über Parlamente. Bei radikaleren Aktionen ist es hingegen eher so, dass FFF aktiv auf Presse zugehen muss.
 Es wird nicht leichter dadurch, dass radikale Menschen weniger gewillt sind, ihr Gesicht in eine Pressekamera zu halten als zukünftige Bundestagsabgeordnete.

Und am Ende sind die Gesichter von Luisa Neubauer und Jakob Blasel in den Medien deutlich überrepräsentiert, obwohl die Bewegung an sich durchaus inhaltlich divers ist. Versucht ihr, dieser Dynamik entgegenzuwirken, und wie organisiert ihr eure Pressearbeit?

Im **März 2016** blockierten lokale Gemeinschaften am Lake Turkana in Kenia Zufahrtsstraßen zur Baustelle eines der größten Windparkprojekte Afrikas. Der Windpark wurde illegalerweise auf indigenem Land gebaut, obwohl Klagen anhängig

R: Es ist den Ortsgruppen überlassen, wer Pressearbeit macht. Anfragen an die Bundesorganisation werden von der Presse-AG gemacht. Diese bietet auch Presse-Trainings an, die die Voraussetzung dafür sind, dass du Pressearbeit machen darfst.

Das Problem ist, dass die Presse-AG oft übergangen wird und Luisa Neubauer die meisten Anfragen privat bekommt. Sie stand beim ersten Streik von FFF Berlin als offizielle Ansprechpartnerin unter der Pressemitteilung. Daher hatten viele Journalist*innen ihren Kontakt, ihr Gesicht war von Anfang an in den Medien präsent und die Dynamik hat sich verselbstständigt.

Warum versteifen die Medien sich so sehr auf einzelne Personen?

R: Presse möchte nun einmal Geschichten erzählen und das funktioniert schlecht, wenn das Gesicht immer wieder wechselt. Deswegen stellen viele Medien die Forderung, dass entweder Luisa oder ein anderes bekanntes Gesicht redet oder es eben kein Interview gibt. Soweit es geht, wird aber versucht, andere Menschen hinzuschicken.

Die FINTA*-Repräsentation klappt ganz gut. People of Colour (PoC) hingegen sind leider kaum präsent. Es gibt durchaus PoC, die Lust haben, Pressearbeit zu machen – die dann aber von der Presse abgelehnt werden, weil diese wieder nach altbekannten Gesichtern verlangt.

Wie geht ihr mit diesem Druck um?

R: Wir stehen da vor einem Dilemma: Entweder gibt keine*r ein Interview oder es wird nur von den bekannten Gesichtern gemacht. Gerade während Corona ist der Druck diesbezüglich größer geworden, weil das Thema Klima nicht mehr so stark im Fokus steht. In dieser Presseflaute nehmen wir dann das, was wir kriegen können.

Natürlich gehört zur Pressarbeit nicht nur der sichtbare Teil eines Interviews – es geht auch darum, sich intern zu einigen, welche Inhalte präsent sein sollen, Pressemitteilungen zu schreiben und Kontakte zu Journalist*innen zu pflegen.

Wie ist euer Verhältnis zu anderen politisch aktiven Gruppen, die z.B. auch mit euch zusammenarbeiten wollen, da gab es auch durchaus schon Vereinnahmungsversuche. Wie stellt ihr euch eine gute Zusammenarbeit auf Augenhöhe vor?

---

waren. Er ist ein Beispiel für schädliche »Clean Development Mechanism«-Projekte, mit denen sich Konzerne im globalen Norden Emissionsrechte erkaufen können.

R: Wenn Gruppen mit uns zusammenarbeiten wollen, dann sollen sie uns einfach schreiben. In der jeweiligen Ortsgruppe diskutieren wir dann, was wir uns gemeinsam vorstellen können, und treffen uns mit den Menschen zum Kennenlernen. Auf Bundesebene gehen alle Anfragen an die Kampagnen-AG. Diese sortiert dann schon einmal aus: Mit Firmen arbeiten wir grundsätzlich nicht zusammen, auch wenn diese uns manchmal Produkte für Camps und Kongresse schicken.

Wird eine Zusammenarbeit mit einer Gruppe in Erwägung gezogen, dann bauen Ansprechpartner*innen gezielt Kontakt zu den Menschen auf und wir diskutieren darüber, wie eine Zusammenarbeit aussehen könnte.

Ich stelle es mir schwierig vor, mit über 700 Ortsgruppen gemeinsame Entscheidungen zu treffen. Was ist die Grundlage eurer Entscheidungsfindung?

R: Der Beginn der bundesweiten Organisierung war wohl die Power-On-Konferenz, die am 1. März 2019 in Berlin stattfand. Damals gab es gerade einmal 30 oder 40 Ortsgruppen. Bei der Konferenz haben sich alle das erste Mal im echten Leben gesehen. Davor kannte ich viele nur telefonisch. Dort ist dann das erste Strukturpapier entstanden. Die Grundlage sollte sein, dass die Ortsgruppen die Basis für die Entscheidungsfindungen sein müssen. Im Strukturpapier sind die Grundsätze von FFF festgehalten. Die Ortsgruppen können autonom agieren, müssen sich aber ans Strukturpapier halten. Besonders wichtig sind die Kernpunkte »anti-kapitalistisch« und »überparteilich«. Das heißt, wir kooperieren mit keiner Partei so, dass diese davon einen Nutzen hat – aber es heißt nicht, dass wir gar nicht mit Parteien reden.

Wie funktioniert die Kommunikation zwischen den Ortsgruppen?

R: Jede Ortsgruppe stellt drei Delegierte für eine bundesweite wöchentliche Telefonkonferenz (TK). Die Ortsgruppen können frei entscheiden, wer das sein soll – viele rotieren ihre Delis, aber bei kleineren Ortsgruppen von drei bis vier Personen ist eine Rotation kaum praktikabel. Die einzige Vorgabe ist, dass mindestens ein Platz von einer FINTA-Person besetzt sein muss. Die Delis haben keine Entscheidungsmacht, sondern dürfen nur das weitertragen, was vorher in der Ortsgruppe abgestimmt wurde. Bei Entscheidungen kann jede Ortsgruppe ein Veto einlegen.

Am **1. April 2016** wurde auf dem Gebiet der Lakota in den USA das Sacred Stone Camp errichtet. Es war Anlaufpunkt für Tausende, die den indigenen Kampf gegen die North Dakota Access Pipeline unterstützten. Eine weltweite Protestwelle und Divest-

FFF bei Großdemo gegen die IAA in Frankfurt 2019, BN: anonym

Daneben gibt es ein Netz aus Arbeitsgruppen, deren Handlungsspielraum und Aufgaben in der Delegierten-TK festgelegt werden.

Klingt so, als ob es viel Zeit bräuchte, sich in diese Strukturen einzuarbeiten. Hast du den Eindruck, dass es gut funktioniert?

R: Man muss für ein Veto nicht in der Deli-TK anwesend sein, daher fällt der Zeitaspekt hier nicht so sehr ins Gewicht. Mein Eindruck ist, dass durch diese Struktur der basisdemokratische Anspruch gut umgesetzt werden kann. Es gibt bei jedem Plenum meiner Ortsgruppe mehrere Diskussionen über bundesweite Entscheidungen, und wenn Anträge gestellt werden, dann erfahren wir das rechtzeitig und können mit abstimmen.

Letztendlich passiert ein Großteil der wichtigen Entscheidungen in den Ortsgruppen. Bundesweite Entscheidungen werden oft auch ignoriert, nicht so wichtig genommen oder übergangen.

---

ment-Kampagnen führten Ende 2016 zunächst zum Baustopp, den die Trump-Regierung jedoch wieder aufhob.

Es ist schade, dass diese basisdemokratischen Prinzipien kaum nach außen hin präsent sind. Es wäre ein gutes Beispiel dafür, wie hierarchie-ärmere Organisierung auch in größerem Maßstab funktionieren kann. Was ist dein Eindruck, wie FFF von außen wahrgenommen wird?

R: Die Öffentlichkeit erwartet eher handzahmere Positionen von uns. Uns erreichen viele Anfragen von Einzelpersonen, die auf persönlichen Konsum setzen und von uns wissen wollen, wie sie nachhaltig leben und ihr eigenes Shampoo herstellen können.

Es besteht kein Verständnis dafür, dass es für viele Menschen eben nicht einfach ist,»nachhaltig« zu konsumieren, sondern dass Menschen aus reicheren Haushalten da einfach Privilegien haben. Ich sage nicht, dass»nachhaltiger« Konsum nicht auch wichtig ist – aber wir können Menschen nicht vorwerfen, dass sie etwas nicht tun, wenn sie schlicht nicht die finanziellen Möglichkeiten dazu haben.

Es ist ableistisch, rassistisch und klassistisch, bestimmte Sachen zu fordern. Du kannst den Klimawandel nicht allein dadurch aufhalten, dass du aufhörst Tierprodukte zu essen.

Deswegen sollten Sachen, die persönlich Geld kosten, nicht zu einer Forderung von FFF werden. Das müsste zumindest gekoppelt sein an Forderungen nach einer Erhöhung des Hartz-IV-Satzes, damit Menschen sich ökologisches Verhalten leisten können. Es sind nicht die Menschen alleine dafür verantwortlich, sondern Politiker*innen und Konzerne sollten so handeln, dass wir eine garantierte Zukunft haben. Aber das passiert halt nicht.

Das stimmt. Von Seiten der Politik kommen kaum Reaktionen. Anstatt eure Forderungen umzusetzen, wird regelrecht versucht, FFF wegzuloben. Gibt es bei euch Menschen, die angesichts dessen resignieren und einfach aufhören?

R: Ich habe nicht erlebt, dass Menschen resigniert sind. Es gab aber schon Menschen, die ein Auslandsjahr gemacht haben oder wegen privatem Stress zwischenzeitlich nicht aktiv waren, oder die gemerkt haben, dass die Gruppe nicht so zu ihnen passt, und dann lieber z.B. zu den Students for Future gegangen sind.

Frustriert sind natürlich trotzdem viele von der Regierungspolitik. Aber ich kenne mehr Menschen, die sich entscheiden, in Kleingruppen unterwegs zu sein als aufzuhören.

Am **8. April 2016** fanden in neun Städten Grönlands Demonstrationen gegen Uranabbau statt. In Nuuk nahmen über 400 Menschen teil. Da der Eisschild Grönlands dahinschmilzt, werden viele Bodenschätze erreichbar und die internationalen Berg-

Alles in allem klingt das so, als wäre FFF-Aktivist*in ein ziemlicher Vollzeitjob. Wie achtet ihr bei dem Arbeitspensum in der Gruppe aufeinander?

R: Es gab nicht wenige Menschen, die sich hart überarbeitet haben und Burnout hatten. Dem versuchen wir mit erzwungenen Pausen entgegenzuwirken: Menschen, die Abi-Klausuren schreiben, dürfen keine Aufgaben mehr übernehmen. Teils werden auch bewegungsweite Pausen nach Großstreiks eingeplant, wobei es jeder Ortsgruppe selber überlassen ist, ob sie die umsetzen. Auch Corona hat anfangs für Erholung gesorgt, auch wenn es insgesamt scheiße für die Bewegung war. Es ist schwieriger, neue Menschen über Zoom einzuarbeiten. Die Hürde, alleine Online-Sachen zu machen, ist höher, als wenn Leute direkt helfen können den Lauti zu schleppen.

Was hast du sonst noch für Entwicklungen in der Gruppe bemerkt?

R: Wir haben uns über die Zeit mehr Skills angeeignet. Das Design der Logos hatten am Anfang Medien-Student*innen übernommen, inzwischen haben sich auch mehr jüngere Menschen solche Skills angeeignet.

Es gibt inzwischen weniger Diskussionen, weil Menschen sich radikalisiert haben. Früher gab es zum Teil größere Diskussionen, ob wir mit dieser oder jener Gruppe kooperieren können. Inzwischen wird vieles direkt einstimmig angenommen. Das liegt auch daran, dass wir inzwischen in einer kleineren Gruppe sind. Die Menschen sind teils schon seit über zwei Jahren gemeinsam aktiv, dadurch haben sich feste Abläufe und Insider-Witze etabliert.

Ich bin auf jeden Fall sehr gespannt, wie sich eure Bewegung in den nächsten Jahren weiterentwickelt! Danke dir für das Gespräch.

Leseempfehlung

Der Kampf gegen den Klimawandel aus anti-kolonialer Perspektive betrachtet, von einer FFF-Aktivistin aus Uganda:

Nakate, Vanessa: Unser Haus steht längst in Flammen – Warum Afrikas Stimme in der Klimakrise gehört werden muss. Hamburg: Rowohlt 2021.

---

baukonzerne drängen auf die Insel. Nach der Wahl einer indigen geführten Partei 2021 besteht Hoffnung, dass die Rohstoffe in der Erde bleiben.

//EXKURS//
Rassismus in der Klimabewegung

Rassismus in der Klimabewegung? Kann es das überhaupt geben? Kann es in »linken« Kreisen überhaupt rassistische Vorfälle geben? Man ist doch eigentlich reflektiert? Zumindest sensibilisiert? Oder etwa doch nicht?

Ja klar, die meisten Menschen, die in Deutschland aufgewachsen sind, wurden rassistisch sozialisiert. Kein Zweifel, wir sind mit Stereotypen und natürlich auch mit Schubladendenken aufgewachsen. Ich schreibe »wir«, weil wir alle in rassistischen gesellschaftlichen Strukturen sozialisiert wurden, egal ob *weiß* oder BIPoC. Es war für mich zum Beispiel als Kind normal, dass außer in Form von stereotypen Rollen, BIPoC nicht in Serien oder Filmen vorkamen. Als kleines Kind habe ich das nicht hinterfragt. Die rassistischen Strukturen in Europa und Deutschland reichen tief in die Geschichte zurück, haben ihre Wurzeln in der Kolonialzeit und bestehen bis heute fort. Deutschland wehrt sich seit Jahrzehnten gegen eine wirkliche Aufarbeitung seiner Geschichte und unternimmt kaum etwas Substanzielles gegen diese Strukturen.

Verhalten wir uns also im Grunde alle immer wieder rassistisch, und zwar abgekoppelt davon, ob wir *weiß* oder BIPoC sind? Jein. Diese Frage ist tatsächlich nicht so einfach zu beantworten. BIPoC, die hier aufgewachsen sind, sind zwar auch innerhalb rassistischer Strukturen sozialisiert worden, aber im Gegensatz zu *weißen* sind sie von Rassismus betroffen und wissen dementsprechend viel, viel mehr über den allgemeinen, aber vor allem auch über den versteckten, getarnten Rassismus. Genau dieser kommt nämlich auch in linken Kreisen vor. Rassismus ist nicht nur expliziter Rassismus. Nicht nur das Nutzen von bestimmten

Im **April 2016** blockierte eine Gruppe von Müttern in Kongoussi, Burkina Faso, eine Nationalstraße, um sich darüber zu beschweren, dass das Unternehmen Bissa Gold ihnen ihr Land weggenommen hatte, ohne Einheimische zu beschäftigen. Die

Beleidigungen wie dem N- oder M- Wort, ist rassistisch. Nein. Viele *weiße* Linke denken immer noch, es gäbe eben nur diesen »konkreten« Rassismus. Und genau das ist auch eines der größten Probleme sowohl der Gesamtgesellschaft als auch von linken Bewegungen.

Linke Bewegungen werden hier explizit aufgeführt, weil *weiße* Linke sich gerne »überschätzen«. So sehr, dass manche denken, sie könnten dieselbe Deutungshoheit für sich beanspruchen wie Betroffene, weil sie ja Bücher gelesen oder sich mit Rassismus »beschäftigt« haben. Dass sie aufgrund ihrer politischen Ansichten automatisch davor gefeit wären, rassistisch zu handeln. Dass sie sogar die Position einnehmen können, Betroffenen abzusprechen, rassistisch behandelt worden zu sein. So etwas darf jedoch nicht zugelassen werden, weil *weiße* Linke den Schmerz von Betroffenen nicht nachvollziehen können.

Dass man als BIPoC rassistisches Verhalten von Linken eigentlich nicht erwartet, ist einer der Gründe, wieso Rassismus, der von Linken ausgeübt wird, besonders schmerzt.

Weil Rassismus so verbreitet und tief verankert ist, muss er benannt werden, um ihn dekonstruieren zu können, und das unabhängig davon, wann, wo und von wem er ausgeht. Ob am Arbeitsplatz durch Vorgesetzte oder durch Freund*innen beim Kneipenabend. Ob in Aktionen oder in einer Telefonkonferenz. Am besten ist es, immer so schnell wie möglich zu handeln und Rassismus zu benennen. So erspart man BIPoC weitere Belastungen oder Retraumatisierungen.

Dass die Klimabewegung in Deutschland hauptsächlich aus *weißen*, finanziell privilegierten Menschen besteht, ist sicher kein Geheimnis. Man muss sich Aktivismus leisten können, finanziell aber auch zeitlich.

Aktuell ist der größte Teil der deutschen Klimabewegung *weiß*. Dementsprechend kommt es oft zu rassistischen Ereignissen in der Bewegung, wie zum Beispiel bei Fridays for Future Deutschland.

Schließlich ist es so wie bei fast allen unterdrückenden Verhältnissen: Wenn man als Teil der Nichtbetroffenen die Situation hinterfragt und etwas gegen dagegen unternehmen will, muss man Privilegien abgeben. Und wer will das schon? Wer will freiwillig Macht abgeben?

Je bequemer man es sich als Nichtbetroffene*r macht, desto unbequemer wird es für Betroffene.

Deshalb ist es zum Beispiel dazu gekommen, dass bei Fridays for Future Deutschland der Safe Space von BIPoC auf Bundesebene, der als offizieller Teil der AG-Strukturen bei Veröffentlichungen ein Vetorecht hatte, aufgelöst wurde. Und das ist leider bei weitem nicht alles. Dass

Blockade war Teil einer kontinuierlichen Mobilisierung mit Demonstrationen, Blockaden und Petitionen gegen den Goldbergbau in der Region.

BIPoC beleidigt, angegangen, übergangen oder gemobbt werden, ist zum Beispiel bei Fridays for Future Deutschland mittlerweile »normal«.

Ein paar Beispiele wie BIPoC durch die Klimabewegung zum Schweigen gebracht wurden, sind öffentlich bekannt: Tonny Nowshin wurde bei Protesten am Kohlekraftwerk Datteln als einzige BIPoC auf einem Foto herausgeschnitten, Ferat Ali Koçak und der Rapper Chefket wurden für Bühnenprogramme auf FFF-Demos erst ein- und im letzten Moment wieder ausgeladen. Diese Vorfälle wurden in gewissem Rahmen in der Bewegung thematisiert. Doch die vielen alltäglichen Verletzungen von nicht-prominenten BIPoC in der Bewegung werden kaum wahrgenommen und anerkannt. Solche Geschehnisse sind vor allem problematisch und schlimm, weil Klimagerechtigkeit eigentlich ein Kampf von Indigenen und Schwarzen Menschen ist, und *weiße* erst später aufgesprungen sind und nun sogar BIPoC ausschließen.

Ja, das alles passiert wirklich. Rassismus und rassistische Strukturen sind so tief verankert, dass es zum Teil sogar zu offener Täter-Opfer-Umkehr kommt. So wurde eine PoC, die in einer Chatgruppe auf Diskriminierungen hingewiesen hatte mit den Worten »Alter du wirst nicht als BIPoC diskriminiert, sondern weil du dich oft wie ein Arschloch verhältst! Jede deiner Nachrichten ist eine Provokation und wenn Leute dann aggressiv werden, spielst du den Unschuldigen«, beleidigt und angeprangert. Von den anderen *weißen* Gruppenmitgliedern kam keine Unterstützung für die PoC.

Wenn BIPoC einen rassistischen Vorfall benennen, reagieren *weiße* oft gekränkt oder verlangen von den Betroffenen, dass sie »sachlich« und »unaufgeregt« argumentieren. Das sind Beispiele für white fragility und tone policing. Beides sind Strategien, um Perspektiven von BIPoC zu unterdrücken. Und das natürlich völlig ohne Konsequenzen, weil *weiße* sich meistens gegenseitig schützen.

Bekannte Gesichter der Bewegung schauen weg, obwohl sie über diese Ereignisse Bescheid wissen. Sie ignorieren sie. Sehr bewusst.

Und genau deshalb kann es zu massenhaften Fällen von Machtmissbrauch gegenüber BIPoC kommen, ohne das etwas passiert.

Wieso sollte man sich denn auch mit Rassismus beschäftigen, wenn man ihn auch ignorieren kann? Wieso sollte man sich für die eigenen Privilegien interessieren und anderen helfen?

Wir merken: Rassismus ist tief verankert in Deutschland und kommt auch in der vermeintlich »aufgeklärten« *weißen* Klimabewegungen sehr oft vor. Sehr oft und sehr schmerzhaft. BIPoC werden zum Schweigen

---

Am **21. April 2016** verhinderten über 1.000 wütende Einwohner*innen von Fuleni, Südafrika, eine Ortsbesichtigung der Bergbaubehörde mit Sitzblockaden und brennenden Barrikaden. In ihrem Tal sollte eine neue Kohlemine aufgeschlossen werden,

gebracht und fertiggemacht. Und das in einer »reflektierten« Bewegung, die nach außen wie eine »harmlose« Schüler*innen-Bewegung wirkt. Die Vertreter*innen der *weißen* Klimabewegung müssen endlich anfangen, sich zu hinterfragen. Sie müssen anfangen ihre Privilegien wahrzunehmen. Sie müssen rassistischen Strukturen entgegenwirken. Sie müssen anfangen, Rassismus entgegenzuwirken. Solange Leute in Machtpositionen, aber auch berühmte Gesichter der Bewegungen, wegschauen und Grenzüberschreitungen tolerieren, wird sich nichts ändern. BIPoC müssen endlich den Platz in der Klimagerechtigkeitsbewegung bekommen, der ihnen zusteht. Klimagerechtigkeit ohne antirassistische und antikoloniale Perspektiven ist keine Klimagerechtigkeit!

---

und das nachdem viele der ansässigen Familien bereits 1963 von ihrem damaligen Land vertrieben worden waren.

Extinction Rebellion
Das Enfant terrible
der Klimabewegung

Extinction Rebellion (XR) – oder auch »Aufstand gegen das Aussterben« wurde 2018 in Großbritannien gegründet. Es brauchte kein Jahr, bis der deutsche Ableger von XR auf der Bildfläche erschien und weithin bekannt wurde. Doch schon wenig später klappten dem»Global Support« von XR die Kinnladen herunter, als Roger Hallam, einer der Gründer*innen, den Holocaust relativierte. Die Aktivist*innen von XR Deutschland grenzten sich schnell ab.

In Teilen der Klimagerechtigkeitsbewegung genießt XR aber nicht nur wegen der Entgleisungen dieses Mannes einen zweifelhaften Ruf. Viele haben ein prototypisches Bild von XR-Protesten im Kopf: XR-Aktivist*innen ketten sich irgendwo an, oftmals vor allem, um Pressebilder zu erzeugen oder sogar um sich von Politiker*innen, denen sie vorher die Schlüssel geschickt haben, befreien zu lassen. Das ist in sofern kritikwürdig, als damit radikale Aktionsformen verwendet werden, ohne radikale Inhalte vermitteln zu wollen. Immer wieder bedankten sich XR-Aktivist*innen bei den Cops, wenn sie nach ihrer Räumung eingesperrt wurden. Räumungen und Festnahmen wurden beklatscht und die Aktivist*innen wie Held*innen gefeiert. In der Regel hält ein*e Sprecher*in zum Schluss noch eine fatalistische Rede über das Aussterben schlechthin und den Weltuntergang.

Keine Gruppierung der Klimagerechtigkeitsbewegung in Deutschland hat derartig viel Ablehnung provoziert wie XR. Und kaum jemals wurde Ablehnung in der Bewegung so deutlich und teilweise unsolidarisch vermittelt wie den XR-Aktivist*innen. Nicht ohne Grund, wie geschildert wurde, aber oft leider auf ganz ähnliche Weise wie schon

2016 blockierten am ersten Tag der Bauarbeiten am Bengkulu Kohlekraftwerk auf Baai in Teluk, Indonesien, Hunderte Einheimische die Straße zum Kraftwerk. Sie hatten sich bereits jahrelang gegen das Kraftwerk gewehrt, das Luft, Meer und Ackerland

einige es in linksradikalen Kontexten erlebt haben: Wer sich nicht an Szeneregeln hält oder sich nicht radikal genug äußert, ist auch nicht besser als die Bürgerlichen und hat in echten politischen Räumen nichts verloren. Dabei ist es durchaus beachtlich, dass XR Deutschland quasi von heute auf morgen zu einer riesigen Bewegung wurde, die mit kreativen Aktionen etliche Menschen motivierte mitzumachen.

Es ist nicht zu erwarten, dass all diese Menschen von heute auf morgen politisch radikal agieren werden. Die Aktionen von XR füllen eine Leerstelle aus, weil sie über bloßen Protest leicht hinausgehen und dabei äußerst anschlussfähig bleiben. Zum Beispiel wäre die Aktionsform des »Swarmings« zu nennen: Menschen betreten die Fahrbahn an einer Ampel und geben diese für eine oder mehrere Ampelphasen nicht mehr frei, um »den gewohnten Alltagsfluss zu unterbrechen«.

Auf der anderen Seite besteht das grundlegende Problem, dass es sich bei dieser »Bewegung« nicht um eine organisch gewachsene handelt, sondern um ein Konstrukt, das von ein paar wenigen Initiator*innen sozusagen am Reißbrett entworfen wurde – auf der Basis von soziologischen Studien, die einen prototypischen Verlauf von politischen Kämpfen vorhersagen. Dieser Hintergrund einer Organisierung von oben war vor allem in der Anfangszeit am Stil vieler Aktionen spürbar, die nicht von den Menschen mitgeplant wurden, die letztlich dafür auf die Straße gingen und zum Teil dafür festgenommen wurden.

Die meisten von uns sind sich darüber einig, dass die Klimagerechtigkeitsbewegung eine gewisse gesellschaftliche Breite braucht, um erfolgreich sein zu können. Wir wollen anschlussfähig sein und möglichst viele sollen mitmachen. Trotzdem sollten emanzipatorische Ideen und radikale Forderungen nicht auf der Strecke bleiben, im Tauschhandel gegen die schnelle Zustimmung der Vielen. Hier sollte solidarische Kritik an XR ansetzen und hat tatsächlich auch schon einiges bewegt.

Zu Beginn hatte XR Deutschland noch den Anspruch, dass wirklich jede*r bei ihnen mitmachen kann und unternahm vielerorts nichts gegen rechte Ökos auf ihren Aktionen und offenen Plena (während gleichzeitig Aktivist*innen von Aktionen ausgeschlossen wurden, die der Polizei gegenüber verbal ausfällig auftraten). Zwei Jahre später setzte sich XR mit antifaschistischer (und anderer) Kritik auseinander, stellte öffentlich klar, dass Rassist*innen und Sexist*innen nicht willkommen sind und bot Workshops zur Unterwanderung ökologischer Bewegungen durch Faschist*innen an. Auch militante Aktionsformen werden nicht mehr rundheraus verteufelt: 2021 sprach XR Deutschland bereits

verschmutzt. Zur Einweihung 2020 entrollten sie in Anwesenheit des indonesischen Präsidenten ein riesiges Protestbanner über der Bucht.

»Red Rebels« von XR bei Rebellionweek in Berlin 2019, BN: anonym

von »friedlicher Sabotage«, nachdem XR London gezielt die Fenster einer Bank entglast hatte. Vielleicht wird sich im Weiteren zeigen, was »friedliche Sabotage« darüber hinaus sein könnte?

Bisher wartet XR allerdings weiterhin vor allem mit niedrigschwelligen Einstiegsangeboten für Aktivist*innen auf, wie der auf die Corona-Pandemie zugeschnittenen »Rebellion of One« – bei der etliche Menschen jeweils alleine mit Schildern auf die Straße gingen und teilweise versuchten, diese zu blockieren. Vermutlich konnten sie dadurch Leute ansprechen, die z.B. für Aktionen von Ende Gelände oder gar für autonome Kleingruppenaktionen kaum zu mobilisieren wären.

Wie bei vielen niedrigschwelligen Taktiken sollten wir auch in Bezug auf die XR-Aktivist*innen hoffen, dass möglichst viele dem ersten Schritt weitere folgen lassen, und nicht nur gegen »das Aussterben«, sondern auch gegen die diversen Ungerechtigkeiten zuvor rebellieren werden.

Leseempfehlung
Wie Extinction Rebellion so tickt und wie und warum sie aktiv werden. Mit diversen Beiträgen von Aktivist*innen aus der Bewegung:
Extinction Rebellion (Hg.): Wann wenn nicht wir*. Frankfurt am Main: S. Fischer Verlage 2019.

Am **1. Juli 2016** wurde Gloria Capitan, 57 Jahre alt, ermordet. Sie war eine der Anführerinnen der Bewegung für ein kohlefreies Bataan auf den Philippinen. Sie hatte u.a. gegen die Kohlemine in ihrem Dorf gekämpft. »Der Mord wird andere Akti-

//EXKURS//
Nun sag, wie hast du's mit der Gewalt?

Content Note: verschiedene Formen struktureller und individueller Gewalt werden erwähnt, jedoch kaum beschrieben

Frankreich, Juni 2020: Das geplante neue »Sicherheitsgesetz«, das eine weitreichende Überwachung durch die Polizei ermöglichen soll, löst landesweite Proteste aus. In den Vororten von Paris brennen die ganze Nacht lang Barrikaden. Eine Aktivistin wird bei einer Pressekonferenz mit der Frage konfrontiert: »Warum zündet ihr Autos an?« Worauf sie erwidert: »Wärt ihr sonst etwa hier?«

Kaum eine Unterscheidung wird im Zusammenhang mit politischem Widerstand so häufig getroffen wie die in »gewalttätig« und »gewaltfrei«. Diese Begriffe werden tagtäglich und oft mit Nachdruck verwendet. Meistens wird unter »Gewalt« etwas beabsichtigt Böses verstanden. Andere wiederum neigen dazu, Gewalt zu glorifizieren und zu verharmlosen. Alle scheinen zumindest genau zu wissen, was damit gemeint ist. Aber ist dem wirklich so?

Was alles Gewalt ist

Der Begriff »Gewalt« leitet sich aus dem Verb »walten« ab und bedeutet so viel wie Kraft haben oder über etwas verfügen. Im wissenschaftlichen Diskurs wird zwischen verschiedenen Arten von Gewalt unterschieden. So wird unter anderem von körperlicher, psychischer, verbaler, ökonomischer und sexualisierter Gewalt gesprochen. Diese Formen der Gewalt können nicht nur von Einzelpersonen, sondern auch von Einrichtungen wie beispielsweise Strafgerichten, Abschiebebehörden oder psychiatrischen Kliniken ausgeübt werden. Allerdings wird insbesondere diese institutionalisierte Form der Gewalt von privilegierten Menschen zumeist kaum als solche wahrgenommen.

vist*innen nicht zum Schweigen zu bringen!«, so Valentino De Guzman, ein Aktivist der philippinischen Bewegung für Klimagerechtigkeit.

In unserer Gesellschaft liegt das Gewaltmonopol beim Staat. Er und seine Behörden haben eine solch fundamentale Macht inne, dass sie kaum hinterfragt wird. Unter anderem auch deshalb, weil institutionalisierte Gewalt in vielfacherweise verschleiert wird. Wie beispielsweise durch komplizierte und nur bedingt durchschaubare bürokratische Vorschriften und Akte, die nicht selten als schiere Willkür daherkommen, was besonders häufig in der Ablehnung von Asylanträgen offen zutage tritt. Aber auch, wenn Lehrer*innen in der vierten Klasse über die Zukunft von Kindern entscheiden, ist das eine Form institutionalisierter Gewalt, um nur zwei Beispiele zu nennen. Gewalt und Macht sind eng miteinander verknüpft. Meist braucht es eine Form der Gewalt, um Macht über Menschen zu erlangen oder zu erhalten. Im demokratisch verfassten bürgerlichen Staat soll die »Gewaltenteilung« den »Machtmissbrauch« verhindern, was nur sehr eingeschränkt zu funktionieren scheint. Aber nicht nur aktive Handlungen können gewalttätig sein, sondern auch das Verwehren von Zugängen zu sozialen, kulturellen und ökonomischen Ressourcen. Hier spricht man von struktureller Gewalt.

Nach diesem »weiten« Verständnis von Macht und Gewalt, das auch jene weniger offensichtlichen Formen mit einschließt, leben wir in einer gewaltvollen politischen Ordnung. Und um diese zu verändern, braucht es eine entsprechende Gegenmacht. Auch in diesem Zusammenhang kann dann wieder von Gewalt gesprochen werden, wenn man berechtigterweise davon ausgeht, dass Macht letztlich nicht ohne Gewalt auskommen kann.

Ein »enges« Verständnis von Gewalt bezieht sich meist ausschließlich auf physische Angriffe. Je nach Kontext werden auch psychische und verbale Gewalt als solche verstanden. Unsicherheiten scheint es auch hinsichtlich der Frage zu geben, ob im gleichen Sinne von »Gewalt« die Rede sein kann, wenn sie sich nicht gegen Menschen, sondern gegen Gegenstände richtet. Von »gewalttätigen Ausschreitungen« ist beispielsweise die Rede, wenn bei einer Demonstration gegen die Räumung eines besetzten Hauses Müllcontainer angezündet werden, wohingegen der staatlich legitimierte Gewaltakt der Räumung von Menschen aus ihrem Zuhause nicht als solche gesehen wird.

Ein weiterer unscharfer Begriff in diesem Zusammenhang ist der der »Selbstverteidigung«. Hiermit wird die Abwehr von Angriffen jeglicher Art auf einen selbst bezeichnet. Mit dem Begriff wird Betroffenen von Gewalt im engeren Sinne sowohl moralisch als auch auf juristischer Ebene das Recht zugesprochen, sich zu wehren, um sich zu schützen.

Im **Juli 2016** blockierten Oromo-Bäuer*innen in Sendafa, Äthiopien, ein Gelände, auf dem die Regierung eine neue Mülldeponie für jährlich Hunderttausende Tonnen Müll aus der Hauptstadt Addis Abeba einrichten wollte. Die Blockade, der mona-

Dass dafür wiederum eine Form von Gewalt angewandt werden muss, wird als gerechtfertigt angesehen.

Wir sind also ständig von Formen der Gewalt umgeben, wenn auch nicht unbedingt selbst als unmittelbar Betroffene. Undifferenzierte Betrachtungen, die eine Handlung entweder gewaltfrei und damit als »gut« oder gewalttätig und damit als »schlecht« charakterisieren, scheinen bei einem solch komplexen Thema demnach wenig angemessen zu sein. Die Bedeutung des Gewaltbegriffes scheint vom jeweiligen Kontext, der durchaus auch Zeit und Ort einbeziehen kann, abhängig zu sein. Wer entscheidet also letztlich darüber, was als gewaltvoll oder gewaltfrei bezeichnet wird und warum?

Der Gewaltbegriff als Herrschaftsinstrument

Welche Stimmen in einem Diskurs gehört werden und welche nicht, ist eine Frage von Macht. Bestimmte gesellschaftlich konstruierte Kategorien, wie race, Geschlecht, Klasse, Alter oder ability, hierarchisieren Menschen und ihre Äußerungen, ermöglichen ihnen Zugang zu bestimmten Räumen und Positionen. Egal ob in Führungspositionen der großen Medienkonzerne oder politischen Parteien, Professuren an der Universität oder Lobbyarbeit für Konzerne, in der Regel befinden sich dort Menschen mit ähnlichen strukturellen Privilegien.

So sind es vor allem ihre Stimmen, die in den Medien Verbreitung finden, die politische Entscheidungen beeinflussen und zum großen Teil die institutionalisierte Wissenschaft dominieren. Personen in diesen Positionen folgen, ob bewusst oder unterbewusst, in aller Regel ihrem Interesse, diese Privilegien nicht zu verlieren und die gesellschaftliche Ordnung im Sinne kapitalistischer Lebensverhältnisse beizubehalten. Demzufolge setzen sie sich selten mit emanzipatorischen Perspektiven auseinander, die in den herrschenden Medien eine kaum zur Geltung kommende Mangelware darstellen. Außerdem bewegen sie sich üblicherweise in einem sehr homogenen sozialen Umfeld, das sie in ihren Ansichten bestärkt. Aus dieser Perspektive hat es sich als effektive Gegenstrategie erwiesen, konsequenten politischen Protest als »gewalttätig« zu bezeichnen, um ihm seine Berechtigung abzusprechen. Statt den ursächlichen Grund für den Protest zu diskutieren, wird auf die Gewaltfrage fokussiert. Dies führt bei einem Teil der Protestierenden häufig zur Distanzierung von anderen politischen Gruppen und dadurch zur beabsichtigten Schwächung des Widerstands, da viele Menschen sich nicht auf der Seite der »Gewalt« sehen wollen.

---

telange Proteste der marginalisierten Oromo vorausgegangen waren, führte zum Abbruch des Vorhabens.

Marginalisierte Gruppen dagegen nutzen den Gewaltbegriff im weiten Sinne, um verschiedene Arten von Diskriminierung beschreibbar zu machen. Besonders die Anerkennung struktureller und institutionalisierter Gewalt ist ein wichtiger Schritt, um die Funktionsweise von Unterdrückung und Ausbeutung zu verstehen. Dieses Verständnis des Gewaltbegriffs kritisiert die durch Gewaltausübung geprägten Verhältnisse mit dem Ziel, die Welt zu einem von Diskriminierungen freien und friedlichen Ort zu machen. Durch diese weite Definition wird die Komplexität gewaltsamer gesellschaftlicher Strukturen und die Notwendigkeit ihrer Überwindung deutlich. So ergeben sich unter anderem auch Fragen wie die folgenden: Wessen Leid findet gesellschaftliche Anerkennung und wessen nicht? Wer »darf« in welcher Form auf seine eigene Lage oder die anderer aufmerksam machen?

Gewalt(-freiheit) als politische Strategie

In der hiesigen Linken und besonders in der Klimagerechtigkeitsbewegung sind die sogenannten Gewaltfreien stark vertreten. Auch wenn dies zumeist nicht explizit erläutert wird, beziehen sie sich immer auf ein enges Verständnis von Gewalt. Das heißt, sie lehnen sowohl physische Angriffe auf Menschen, aber meist auch auf Gegenstände, also Sachbeschädigung, und immer wieder auch Selbstverteidigung wie beispielsweise gegen Cops, grundsätzlich ab. Als Vorbilder gelten ihnen die von Mahatma Gandhi und Martin Luther King Jr. propagierten Protestformen. Dass die Erfolge sowohl der indischen Unabhängigkeitsbewegung als auch der US-amerikanischen Bürgerrechtsbewegung auch durch starke militante Strömungen erkämpft wurden, wird in der »gewaltfreien« Version der Geschichte meist ausgeblendet. Extinction Rebellion als prominente Vertreterin der »gewaltfreien« Teile der Klimabewegung schreibt in ihrem Rebellionskonsens: »Wir sind strikt gewaltfrei in unserem Handeln und unserer Kommunikation mit der Öffentlichkeit, der Polizei sowie auch untereinander«. Ein solches Paradigma kann strategisch sinnvoll sein, um Hemmungen bestimmter Menschen sich einer Protestaktion anzuschließen zu verringern. Denn für viele kann es aus wichtig sein zu wissen, dass von ihrem Demonstrationsblock keine Eskalation ausgeht, weil sie beispielsweise die polizeiliche und staatliche Repression fürchten. Gleichzeitig wird dieses Paradigma aber auch als Abgrenzung gegenüber anderen Protestformen oder gar zu deren Verunglimpfung eingesetzt. Mit dem Label »gewaltfrei« wird versucht, sich auf eine moralisch höhere Stufe und die »richtige« Seite

---

Im **Sommer 2016** erkrankten in Sibirien zum ersten Mal seit 75 Jahren Menschen und Rentiere an Milzbrand. Ein Kind und Tausende Rentiere starben. Das Auftauen der Permafrostböden setzt nicht nur gigantische Mengen Treibhausgase frei, son-

zu stellen. Dadurch wird notwendigerweise immer auch eine »falsche« Seite konstruiert und andern Formen des Protestes die Legitimation abgesprochen. Das mutet auch deshalb seltsam an, weil es sich zum Beispiel bei den XR Gruppierungen in Deutschland mehrheitlich um *weiße*, von der Klimakatastrophe bisher vergleichsweise wenig betroffene Mitglieder handelt. Im Gegensatz zu vielen Migrant*innen und deren Herkunftsländern sind sie bislang also keineswegs unmittelbar existenziell bedroht. Sie haben einen leichteren Zugang zu verschiedensten Medien, erreichen so eine größere mediale Aufmerksamkeit und müssen nicht unbedingt drastische Aktionen durchführen, um auf ihre (berechtigten) Anliegen aufmerksam zu machen.

Aus einer solch eurozentristischen Position ist eine strikte Forderung nach Gewaltfreiheit jenseits anderer Fragen von Militanz von vornherein recht einfach. Diese Forderung wird auch oft von sogenannten Nichtregierungsorganisationen (NGOs) erhoben, die immer auch auf private Spenden und oft auf staatliche Zuschüsse angewiesen sind, und daher großen Wert darauf legen, der steuerrechtlichen Kategorie der »Gemeinnützigkeit« zu entsprechen. So wird die Angst der NGOs, ihre Gemeinnützigkeit durch militanten Protest womöglich zu verlieren, indirekt an politische Bewegungen weitergegeben, sodass diese dann wiederum teilweise nur »gewaltfreien« Protest unterstützen und sich von »gewalttätigen« Aktionen distanzieren.

Räumt man andererseits die Legitimität und Notwendigkeit militanter Aktionsformen ein, muss doch auch gesehen werden, dass es ebenfalls Personen und Zusammenhänge gibt, die die Bejahung der Gewaltfrage als identitätsstiftend auffassen. Das heißt, sie betrachten physische, zumeist gegen Sachen gerichtete Gewalt als Selbstzweck oder Lifestyle, womit im Endeffekt eine ähnliche Polarisierung aufgemacht wird wie von den »Gewaltfreien«. Allerdings ist diese Position im deutschsprachigen Raum nur wenig verbreitet.

Zusammengefasst lässt sich sagen, dass es strategisch durchaus sinnvoll sein kann, sich zu konkreten Anlässen auf bestimmte Aktionsformen festzulegen. Problematisch wird es, wenn daraus eine Ideologie gemacht wird, in deren Zentrum die Gewaltfrage steht. Die Wahl unserer Mittel sollte abhängig vom gesellschaftlichen Kontext und unseren individuellen Möglichkeiten (die immer auch von unserer gesellschaftlichen Positionierung abhängen) erfolgen, und nicht zu einer Weltanschauung ideologisiert werden. Dieser Diskussion über die Legitimität verschiedener Aktionsformen liegt selbstredend die fundamentale Frage zu

dern auch Bakterien und Viren, die zum Teil jahrhundertelang in der gefrorenen Erde überleben können.

Grunde, mit welchen Mitteln sich emanzipatorische gesellschaftliche Veränderung überhaupt erreichen lässt?

Gesellschaftliche Veränderung

Ein häufiges Argument der »Gewaltfreien« ist, dass eine friedliche Welt niemals mit Gewalt erreicht werden könne. Diese Vorstellung beinhaltet die Auffassung, dass es möglich wäre, die Profiteur*innen des aktuellen Systems von der Notwendigkeit einer Veränderung zu überzeugen und freiwillig auf ihre Privilegien zu verzichten. Da hierbei immer auch (identitätsstiftende) Machtpositionen und Lebensweisen fundamental infrage gestellt werden und letztlich aufgegeben werden müssen, scheint es nur schwer vorstellbar, dass dies allein mit guten Worten möglich sein könnte. Die Geschichte zeigt zudem das genaue Gegenteil, denn in der Regel führten erst militante Aufstände und Kämpfe zum Ende grausamer Unterdrückung und zu emanzipatorischen Veränderungen. Angefangen vom Spartacus-Aufstand mit der Befreiung von über 100.000 Sklaven im römischen Reich, den Bauernkämpfen des 16. Jahrhunderts in Deutschland oder dem Ende der Versklavung von Hunderttausenden von Menschen in Nordamerika oder den Kolonialgebieten. Aber auch die Novemberrevolution 1918, die der Monarchie den Todesstoß versetzte und dadurch die Entstehung demokratischer Formen in Deutschland ermöglichte, oder die Kämpfe der Suffragetten in England für das sogenannte Frauenwahlrecht sind nur wenige von zahlreichen historischen Beispielen. Es scheint eine Grundeigenschaft emanzipatorischen Widerstands zu sein, dass er oft erst in der Zukunft gesellschaftliche Legitimation erhält.

Das bedeutet nicht, dass alle Aktivist*innen, die physische Gewalt anwenden, automatisch von der Geschichte freigesprochen werden würden. Militante Aktivist*innen mit linksradikalem oder anarchistischen Anspruch sind gefordert, die Legitimität physischer Gewalt von Aktion zu Aktion immer wieder neu selbstkritisch zu prüfen. Auch besteht die Gefahr, dass militante Aktionen zu Avantgarde-Ansprüchen der jeweiligen Gruppen führen und dadurch zur Loslösung von Teilen der Bewegung, die mit anderen Mitteln, für gleiche Ziele kämpfen. Auch können militante Aktionen zu nicht einkalkulierbaren kollektiven Repressionsmaßnahmen führen, die unter Umständen größeren Schaden anrichten als die Aktion an Nutzen gebracht hat.

Der Gewaltbegriff ist keine feste Kategorie, seine Bedeutung ist umkämpft. Um grundlegende Veränderungen zu bewirken, dürfen wir

Am **22. September 2016** entschied der britische Konzern Petrofac nach neunmonatigen Protesten, Sabotageakten, Massenmilitanz und einer zweimonatigen Sitzblockade der Bevölkerung, die Gasförderung auf den Inseln des Kerkennah-Archipels in Tunesien einzustellen.

uns aber nicht von herrschenden Diskursen vorschreiben lassen, was richtig oder falsch, was »gewalttätig« ist und was nicht, bzw. wann und in welcher Form »Gewalt« für wen gerechtfertigt ist. Denn sie wollen uns beispielsweise auch weismachen, dass das Ertrinkenlassen von Migrant*innen im Mittelmeer keine Gewalt sei, militanter Schutz vor Abschiebung hingegen schon. Erst mit einem erweiterten und differenzierten Verständnis von Gewalt, das auch strukturelle und institutionalisierte Formen einbezieht, können ungerechte Verhältnisse und Herrschaftsstrukturen aufgezeigt werden. Durch ein solch komplexes Verständnis von Gewalt lässt sich auch die zumeist aufgeladene Diskussion um die Gewaltfrage entschärfen, weil so deutlich wird, dass es sich dabei nicht um eine Ja-Nein-Frage handelt.

Mit einem solidarischen Blick über den eigenen Tellerrand hinaus, können wir uns auch besser gegen Spaltungsversuche wehren. Gerade weil moralische Kategorien nicht einfach unhinterfragt übernommen werden sollten, müssen wir uns immer wieder selbstkritisch mit unseren Aktionsformen auseinandersetzen und mit anderen darüber ins Gespräch kommen. Dies sollte eine konstruktive Diskussion sein, in der darauf Rücksicht genommen wird, dass es Machtunterschiede und unterschiedliche Betroffenheiten auch innerhalb politischer Bewegungen gibt. Gerade in der Vielfalt unserer Perspektiven liegt unsere Stärke, um gemeinsam für ein gutes Leben für alle zu kämpfen!

Leseempfehlung
Kritik am Dogma der Gewaltfreiheit und Überlegungen dazu, welche Kriterien abseits von Gewaltfreiheit eine Bewegung »erfolgreich« sein lassen: Gelderloos, Peter: The failure of nonviolence. Seattle: Detritus Books 2015.

Anfang Oktober 2016 traf der Hurrikan Matthew die Karibik. Ganze Städte wurden zerstört, allein in Haiti starben mehr als 1.000 Menschen. Unzählige verloren ihre gesamte Habe. Zehntausende Häuser wurden vernichtet.

Kohle ist nicht alles im Leben

Räumung aus den Anlege-Tauen eines Kreuzfahrtschiffes in Kiel 2019,
BN: anonym

»Lass mal was gegen ... machen!«

Als die Klimabewegung 2018 sprunghaft wuchs, zeigte sich dies auch in der breiteren thematischen Aufstellung. Zunächst war durch die eingesetzte Kohlekommission und die bis dahin erfolgten Aktionen der Klimabewegung insbesondere das Thema »Kohle« in den Medien präsent. Denn es eignete sich sehr gut dafür, die verfehlte Klimapolitik Deutschlands zu thematisieren, da die Kohlekraftwerke einen großen Anteil an Deutschlands CO_2-Ausstoß haben. Damit öffnete sich aber auch der Aufmerksamkeitskorridor der Medien, sodass weitere Klimathemen leichter platziert werden konnten. Proteste gegen Autobahnbau, Zementindustrie, Flughäfen, Kreuzfahrtschiffe und Flüssigerdgas wurden präsenter.

Zum einen konnte die Bewegung bezüglich einiger dieser Themen bereits auf eine lange Protesttradition zurückblicken, zum andern nahm sie Themen neu in ihr Repertoire auf. In diesem Kapitel versuchen wir, einen möglichst breiten Überblick über die Themen und Aktionsformen zu geben. Aber: Eine vollständige Geschichtsschreibung kann und wird es nicht geben. ;)

Am **12. November 2016** forderten die Nande in der Demokratischen Republik Kongo vor dem UN-Sicherheitsrat ein Tribunal zur Aufklärung der Massaker und unvorstellbaren Grausamkeiten in der Region Beni. Viele Nande wurden seit 2014 von

Das Verhältnis der Klimabewegung zur Tierindustrie

Die Klimabewegung in Deutschland ist mit dem Fokus auf den Energiesektor, insbesondere den der Kohle, groß geworden. Doch inzwischen hat sie sich längst weiteren emissionsintensiven Produktionsbereichen und darüber hinaus Fragen der Klimagerechtigkeit zugewandt. Das ist auch unbedingt nötig, denn die Klimakrise ist komplex, und wir müssen die gesamte Bandbreite ihrer Ursachen und Folgen im Blick haben und bekämpfen. Erst so schaffen wir die Voraussetzungen für einen Systemwandel.

Konkretere Vorstellungen wie die »Nutztierbestände« reduziert werden können und wie eine umfassende Agrarwende vonstatten gehen sollte, wurden von der Klimabewegung jedoch bislang kaum entwickelt. Dies hat unterschiedliche Gründe. Zum einen herrscht noch immer ein verbreitetes Unwissen über die katastrophalen ökologischen und sozialen Auswirkungen der Tierindustrie vor.

Zum anderen gibt es Berührungsängste gegenüber den Themen Tierrechte und Tierethik. Vor allem aber wird oft der Frage ausgewichen, wem die Agrarflächen ebenso wie die lebensmittelverarbeitenden Betriebe gehören sollten und wie die Produzent_innen in die Verantwortung zu ziehen wären. Stattdessen wird die Frage nach einer saisonalen, regionalen, veganen oder vegetarischen Ernährungsweise oft individuell beantwortet.

Das trifft nicht nur, aber vor allem auf die Klimabewegung zu, ist aber auch in der gesamten Linken ein zumeist unterbelichtetes Thema. Das ist ein großes Defizit – denn die Tierindustrie trägt maßgeblich zur Klimakrise bei und ist für enorme Ungerechtigkeiten verantwortlich.

Ihren Ländern vertrieben und ermordet, um Platz zu schaffen für den Abbau von Coltan, Kobalt, Diamanten, Gold und Öl.

Das Problem Tierindustrie

Laut IPCC-Report verursacht die Landwirtschaft ein Viertel aller Treibhausgase (THG) und somit fast genauso viel wie der Energiesektor. Die größte Emissionsschleuder im Bereich Landwirtschaft ist die Tierhaltung. Laut der Ernährungs- und Landwirtschaftsorganisation der Vereinten Nationen (FAO) ist sie für 14,5 % der globalen THG verantwortlich. Verursacht werden diese vor allem durch den Methanausstoß aus der Verdauung der »Nutztiere« und durch Umwidmung von Feucht- und Waldgebieten zu Futtermittelfeldern und Tierweiden.

Im Globalen Norden dominieren wenige milliardenschwere Konzerne die Tierhaltung, sie sind global immer mehr auf dem Vormarsch, sowohl in der Schaffung von neuen Produktionsstandorten als auch in der Erschließung neuer Absatzmärkte. Sie verdrängen kleinbäuerliche Landwirtschaft mit weniger energieintensiven Produktionsformen.

Dabei handelt es sich um riesige Industriekomplexe mit einer durch und durch ausbeuterischen Praxis. Ihre Vorsitzenden und Lobbyist*innen beeinflussen politische Entscheidungen maßgeblich. Neben den desaströsen Folgen für das Klima wartet die Tierindustrie mit weiteren Negativfolgen an jeder Stelle der Produktionskette auf. Für den Hunger nach Futtermitteln in Form von Soja werden in den Ländern des Globalen Südens riesige Waldflächen abgeholzt oder gar abgebrannt, traditionelle und indigene Gemeinschaften vertrieben. Dort, wo die Tierindustrie in natürliche Ökosysteme vordringt, springen Zoonosen wie Covid-19 schneller auf »Nutztiere« und den Menschen über. Bei dreiviertel aller Infektionskrankheiten handelt es sich um Zoonosen. Die Arbeit in den industriellen Aufzucht-, Schlacht- und Zerlegebetrieben ist fast überall auf der Welt gefährlich, schlecht bezahlt und arbeitsrechtlich katastrophal. Nicht selten sind es migrantische Arbeiter_innen, die diese ausbeuterischen Jobs übernehmen.

Die Tierindustrie verursacht eine Reihe von weiteren Gesundheits- und Umweltschäden wie etwa Antibiotika-Resistenzen, eine hohe Nitratbelastung des Grundwassers sowie Feinstaubbelastung. Und nicht zuletzt ist die Situation der »Nutztiere« verheerend und endet mit einem frühen und in der Regel schmerzhaften Tod.

Anfänge einer Vernetzung

Vor dem Hintergrund des Aufschwungs der Klimabewegung fand Ende 2015 einem offenen Aufruf folgend eine erste Vernetzung zum Thema Tierproduktion und Klima statt. Neben Einzelpersonen aus unterschied-

Im **November 2016** nutzten Anwohner*innen von Beni Oukil in Marokko einen Informationsstand auf der 22. Klimakonferenz in Marrakesh, um auf den ökologischen Kampf ihres Dorfes gegen den Sand- und Kiesabbau hinzuweisen, der ihr Land austrocknet, wogegen sich die Menschen mit Sitzstreiks und Straßenblockaden wehren.

lichen sozialen Bewegungen kamen organisierte Aktivist_innen aus der Klimagerechtigkeits- und der Tierbefreiungsbewegung zusammen. Darunter einige, die bereits Erfahrungen mit Aktionen und Kampagnen gegen große Fleischkonzerne hatten. Daraus entstand unsere Gruppe Animal Climate Action (AniCA). Wir verstanden uns von Beginn an als Klimagerechtigkeitsgruppe und setzen uns in diesem Sinne schwerpunktmäßig mit dem Beitrag der Tierproduktion in Deutschland zur Klimakrise auseinander. Zu unserer Arbeit gehört u.a. das Studieren aktueller Fachliteratur, das Halten von Vorträgen und das Verfassen von Artikeln und Texten. Als aktivistische Gruppe führen wir aber auch eigene Aktionen durch oder beteiligen uns an Aktionen der Bewegung. Dabei ist es uns wichtig, herauszustellen, dass die Tierindustrie – ebenso wie alle anderen Industrien, gegen die sich widerständige Bewegungen überall auf der Welt wehren (Atom, Kohle, Rüstung usw.) – durch die kapitalistische Produktionsweise bedingt ist.

Breitere Bündnisse

Immer wieder versuchen wir Brücken zu schlagen, um die unterschiedlichen Bewegungen, die gegen die Tierindustrie aktiv sind, zusammenzubringen. Bei den Climate and Justice Games, die wir anlässlich der Euro-Tier-Messe im November 2018 in Hannover organisiert haben, haben wir erste Erfahrungen mit Bündnisarbeit gemacht. Mehrere Tage wurde die weltweit größte Tierhaltungsmesse durch Kleingruppenaktionen – vorbereitet von verschiedenen Zusammenhängen – begleitet und gestört.

Dies motivierte uns, ein größeres und breiter aufgestelltes Bündnis gegen die Tierindustrie zu gründen. Im Juli 2019 veranstalteten wir dazu eine Aktionskonferenz. Tatsächlich folgten knapp 100 Aktivist_innen aus der Klimagerechtigkeits-, Tierrechts-, Landwirtschafts-, und Arbeitsrechtsbewegung unserem Aufruf. Nach zwei Tagen intensiver Diskussion beschlossen wir, im Folgejahr einen wichtigen Player der Fleischindustrie mit einem Camp und einer offen angekündigten Massenaktion zivilen Ungehorsams in die Bredouille zu bringen. So entstand das Bündnis »Gemeinsam gegen die Tierindustrie«.

Corona und eine erste Massenaktion gegen die Tierindustrie

Wegen der Corona-Krise musste die Massenaktion um ein Jahr auf 2021 verschoben werden. Trotz der unvorhergesehenen Hürden hat es das junge Bündnis geschafft, zu wachsen und sich politisch und strategisch breiter aufzustellen.

Am **19. November 2016** wurde in Myanmar die 22-jährige indigene Aktivistin Naw Chit Pandaing, die sich öffentlich gegen die Heinda-Mine ausgesprochen hatte, erstochen. Die Zinnmine steht in direktem Zusammenhang mit Zwangsumsiedlungen, Umweltkatastrophen und gewaltsamer Eindämmung von Protesten.

Am 15. Juli 2021 war es dann soweit: Gemeinsam mit 200 Aktivist*innen blockierten wir zehn Stunden lang die Firmenzentrale und das Futtermittelwerk des größten deutschen Geflügelkonzerns PHW/Wiesenhof in Rechterfeld bei Vechta. Parallel zur Aktion veranstalteten wir ganz in der Nähe ein mehrtägiges Camp als Ort der Vernetzung und des Austauschs zum Thema Klimagerechtigkeit, Tierrechte und Landwirtschaft.

An einem der deutschen Hotspots der Tierindustrie konnten wir so Sichtbarkeit in den Medien und in der lokalen Bevölkerung für das Thema schaffen. Viele Anwohner_innen der Region besuchten das Camp und diskutierten mit uns über landwirtschaftliche Alternativen zur Tierindustrie und Perspektiven für die Region.

Andere kamen vorbei, um lautstark und aggressiv ihren Unmut über die großteils angereisten Aktivist_innen kundzutun. Auch in den sozialen Medien gab es größere Diskussionen zwischen Landwirt_innen, Aktivist_innen und Anwohner_innen. Das Camp als sichtbarer Anlaufpunkte sorgte für einen Bruch in der Normalität und führte dazu, dass sich sehr unterschiedliche Leute mit den Folgen der Tierindustrie auseinandersetzen mussten. Die Aktion war die erste angekündigte Massenaktion gegen die Tierindustrie in Deutschland. Angesichts der Dringlichkeit und der immensen Bedeutung, die die Tierindustrie für die Klimaerwärmung hat, fiel die Aktion dennoch viel zu klein und unauffällig aus. Wir verstehen sie jedoch als wichtigen Schritt auf dem Weg zu einer großen internationalen Bewegung, die in der Lage sein wird, der Tierindustrie Einhalt zu gebieten, um die Tierbestände drastisch zu reduzieren. »Gemeinsam gegen die Tierindustrie« plant bereits weitere Aktionen im Oldenburger Münsterland und anderen Regionen.

Aber es geht auch in kleinen Gruppen gegen die Tierindustrie

Das zeigen uns seit vielen Jahren immer wieder Kleingruppenaktionen wie z.B. die zwölfstündige Tönnies-Schlachthofblockade in Kellinghusen vom 21.10.2019 durch die Gruppe »Tear down Tönnies«. Rund 30 Aktivist*innen verhinderten mit ihrer Blockade den regulären Schlachtbetrieb und somit das Töten von mehreren tausend Tieren. Eine Gruppe besetzte das Dach, zwei weitere Gruppen blockierten die beiden Laderampen, über die die Schweine in den Schlachthof getrieben werden, und mehrere Personen waren mit Lock-Ons aneinandergekettet oder schlossen sich mit Fahrradschlössern an den Gittern der Laderampe fest. Tönnies stellte daraufhin eine Strafanzeige wegen Nötigung und Hausfriedensbruch. Bis auf ein Verfahren

---

Am **27. November 2016** versammelten sich über 1.500 Farmer*innen aus 19 Städten in Thibaw/Hsipaw, Myanmar, um gegen den Upper Teywa Damm zu demonstrieren. Der Damm hat massive Auswirkungen auf die Wasserökologie und Fischwanderun-

Blockade von Tönnies in Kellinghusen 2019, BN: Pay Numrich

wurden alle anderen wegen fehlenden öffentlichen Interesses bezüglich der Strafverfolgung eingestellt.

Doch im Sommer 2020 erhielten neun Aktivist*innen einen Brief der Kanzlei Eversheds Sutherland, in dem Tönnies Schadensersatz in Höhe von 40.000 Euro forderte. Bereits in drei Verfahren wurden daraufhin Aktivist*innen der Gruppe zur Zahlung des Schadensersatzes und einem Betretungsverbot des Schlachthofs in Kellinghusen verurteilt. Bei mehreren Verfahren in Berufung zu gehen, war aus finanziellen Gründen nicht möglich, und deswegen musste der Schadensersatz gezahlt werden. Für die Gruppe steht jedoch fest: »Wir werden uns von Tönnies und anderen Konzernen nicht davon abhalten lassen, weiter für unsere Forderungen zu kämpfen. Egal was noch kommt. Es bleibt dabei: »Tönnies niederreißen – Klimagerechtigkeit erkämpfen – Herrschaft überwinden!«

gen. Die Demonstrant*innen forderten einen Baustopp und Mitbestimmung über die Nutzung ihrer natürlicher Ressourcen.

Food for People, not Crops for Profit

Die Kampagne »Free the Soil« verbindet den Kampf der Klimagerechtigkeitsbewegung gegen fossile Brennstoffe mit der industriellen Landwirtschaft und steht für eine ökologisch angepasste und damit bessere Produktion unserer Lebensmittel für alle. Dabei schlägt Free the Soil eine Brücke zwischen Klimaaktivist*innen, kleinbäuerlichen Bewegungen und den Landwirt*innen, die bereits durch ihre Anbaumethoden daran arbeiten, Lösungen für die Klima-, Biodiversitäts- und Lebensmittelkrise zu finden.

Viele aus dem Bündnis Free the Soil waren und sind auch unermüdlich im Einsatz gegen die Kohleindustrie und gegen Gasbohrungen (Fracking). Denn klar ist, fossile Brennstoffe müssen im Boden bleiben. Mit der Zeit kam die Erkenntnis, dass wir mit der Kohleverbrennung aufhören müssen, langsam auch in den Köpfen etlicher Politiker*innen an. Bis zum wirklichen Ausstieg ist es zwar immer noch ein weiter Weg, aber wir sahen trotzdem den Zeitpunkt gekommen, unsere Aufmerksamkeit auf das nächste Ziel zu richten. Auch, damit sich die Klimagerechtigkeitsbewegung nicht in der Diskussion um die Jahreszahl der Ausstiegsszenarien aus der Nutzung fossiler Energie verfängt, sondern weiterhin ihren Beitrag zum radikalen Umbau unserer Gesellschaft leistet.

Die industrielle Landwirtschaft ist eine der größten Verursacherinnen von Treibhausgasen, dennoch sehen viele in ihr auch den Heilsbringer, der fossile Rohstoffe einfach eins zu eins ersetzen kann: Biokraftstoffe, Biomasse, Biokunststoffe. Allerdings haben wir nur einen Planeten und daher begrenzte Anbauflächen, sodass diese Rechnung

Am **29. November 2016** blockierten in Malaysia Angehörige der Orang Asli Straßen, um die Waldrodungen im Balah Permanent Forest Reserve zu behindern. Polizei und Angehörige anderer Behörden zerstörten die Barrikaden sowie Wohnhäuser und Scheunen der Protestierenden. 47 Demonstrant*innen wurden verhaftet.

allein schon deshalb nicht aufgehen kann. Darüber hinaus erreicht der industrialisierte Anbau sogenannter Energiepflanzen nur eine sehr niedrige Energieeffizienz – ein großer Input von Energie führt zu einem nur kleinen Output, der unter Umständen sogar negativ ausfallen kann. Unberücksichtigt bleiben zudem die immensen Schäden, die der Anbau von Energiepflanzen in Bezug auf die Zerstörung der Böden, ihrer Fruchtbarkeit, der Artenvielfalt und der Verseuchung des Wassers und der Luft durch hohen Düngemittel- und Pestizideinsatz anrichtet. Und nicht zuletzt müssen die knappen landwirtschaftlich nutzbaren Flächen der Produktion von Lebensmitteln vorbehalten bleiben.

Auch beobachteten wir, dass bisherige Kampagnen zur Landwirtschaft zumeist einen sehr engen Fokus auf die Tierproduktion legten oder auf das Konsumverhalten einzelner Verbraucher*innen reduziert blieben. Wir wollen jedoch systemkritisch arbeiten und diejenigen herausfordern, die das System zementieren und dadurch am meisten profitieren, nicht die einzelnen Landwirt*innen oder Verbraucher*innen. Diese Überlegungen halfen uns dabei, ein logisches Ziel für unsere Kampagne zu identifizieren: Die Kunstdüngerindustrie. Der Einsatz von Kunstdünger lässt die Böden verarmen, die Humusschicht verschwinden und zerstört somit die natürlichen Grundlagen der Bodenfruchtbarkeit, wodurch er wiederum die Möglichkeiten einer nachhaltigen landwirtschaftlichen Produktion untergräbt. Die Herstellung von Kunstdünger verschlingt Unmengen fossiler Rohstoffe und Energie und wird von wenigen großen multinationalen Unternehmen dominiert. Gleichzeitig agieren sie bisher unter dem Radar der breiten Öffentlichkeit – viele mögen Pestizid- und Saatguthersteller*innen wie etwa Bayer, BASF oder Dow Chemical kennen, aber nur wenige kennen die Namen der Kunstdüngemittelhersteller*innen.

Als Ziel der Aktionen von Free the Soil wählten wir daher YARA, den größten Stickstoffkunstdüngerhersteller weltweit. Der Konzern ist ein norwegisches Staatsunternehmen und gleichzeitig neokolonialer Lobbyist. YARA unterhält viele Projekte im Globalen Süden, durch die Kleinbäuer*innen in die Abhängigkeit von Stickstoffkunstdünger gezwungen werden, und dies üblicherweise als Verbesserung der Ernährungssicherheit dargestellt wird.

Mit Free the Soil wollen wir eine Plattform für Klimaaktivist*innen schaffen, durch die sie von den Widerstandsformen und Lösungen der kleinbäuerlichen Bewegungen wie beispielsweise La Via Campesina (Der bäuerliche Weg) erfahren und diese sich wiederum von den Methoden

---

Am **12. Januar 2017** demonstrierten fast 1.000 Einwohner*innen von Nouadhibou, Mauretanien, gegen die Fischmehl-Industrie in ihrer Stadt, die sie krank macht. Die Behörden wurden gezwungen, eine große Anzahl von Unternehmen zu schließen und bei vielen weiteren die Einhaltung von Mindeststandards zu kontrollieren.

Blockade der Düngemittelfabrik von YARA bei Brunsbüttel 2019,
BN: Pay Numrich

der Klimagerechtigkeitsbewegung inspirieren lassen können, um daraus eine starke Allianz gegen die Gigant*innen der industriellen Landwirtschaft aufzubauen.

Strategische Überlegungen und ein Plan

Uns wurde schnell klar: Um ein neues Kampfthema in der Klimagerechtigkeitsbewegung zu etablieren, braucht es Zeit. Es muss sich erst einmal ein Bewusstsein davon entwickeln, wie genau Kunstdünger und der Kampf gegen die Klimakrise zusammenhängen und warum die Kunstdüngerindustrie eine naheliegende Adressatin ist, um den industriellen Landwirtschaftskomplex zu stören.

So trafen wir uns an einem Wochenende im Herbst 2017 in kleiner Runde und erstellten einen Zweijahresplan. Nachdem wir ihn beschlossen hatten, schauten wir uns gegenseitig in die Augen: uns war bewusst, das wird ambitioniert, denn wir starten eine neue Bewegung. Eine erste Nachforschung ergab schnell, dass der relevanteste Ort für eine Massenaktion in Deutschland liegt. Hier unterhält YARA mehrere große Produktionsfabriken, und sie sind sowohl für Aktivist*innen aus Nord-

Am **16. Januar 2017** zerstörten Unbekannte in Alberta, Kanada, mit angeeigneten Baumaschinen einen Abschnitt einer Pipeline auf den Ölfeldern von Hythe. Der Schaden wurde auf über 500.000 Dollar geschätzt. Bereits in den 1980er und 90er

als auch aus Westeuropa gut zu erreichen. Wir beschlossen, dass die Aktion von einem internationalen Bündnis geplant und international dafür mobilisiert werden sollte. Unser Plan bestand aus vier Elementen: 1) Mobilisierungsmaterial entwickeln sowie das Narrativ der Kampagne herausarbeiten. 2) kleinere Aktionen von Bezugsgruppen gegen YARA durchführen, um dadurch zu mobilisieren und erste Bilder für die Bewegung zu erzeugen. 3) an Seminaren und Massenaktionen in Nordeuropa teilzunehmen, um durch Workshops und Mobimaterial Free the Soil bekannt zu machen und mit unseren Gesichtern interessierten Aktivist*innen einen ersten Anlaufpunkt zu geben. 4) eine Massenaktion und ein Klimacamp im Sommer 2019 zu organisieren.

Im Oktober 2018 hielten wir dann das erste große internationale Bündnistreffen ab. Hier wurde gemeinsam die konkretere Planung von Camp und Aktion beschlossen und der Prozess dahin in Gang gesetzt. Hierauf folgten vier weitere Bündnistreffen, bei denen sich jedes Mal 50–100 Aktivist*innen versammelten, um sowohl gemeinsam als auch in verschiedenen Arbeitsgruppen organisiert, auf unser großes Ziel Camp und Aktion im September 2019 hinzuarbeiten. Arbeitsgruppen mit weitreichender Autonomie waren essentiell für eine erfolgreiche Organisation, insbesondere da wir aufgrund unseres internationalem Hintergrundes nicht die Möglichkeit für weitere Koordinierungstreffen hatten.

Agrarwende in den Moorlandschaften – Ein Kampf voller Hoffnung
YARAs größte Stickstoffproduktionsanlage in Deutschland befindet sich bei Brunsbüttel nördlich von Hamburg. Das Klimacamp von Free the Soil selbst fand bei einem idyllischen kleinen Ort einige Kilometer entfernt der Anlage statt, in einer Gegend in der es seit den Kämpfen um die AKWs Brokdorf und Brunsbüttel keine direkten Aktionen oder radikalen Aktivismus mehr gegeben hatte. Folglich brauchte die Arbeitsgruppe »Camp« viel Kraft und Zeit, eine Beziehung zur lokalen Bevölkerung aufzubauen. Schon während des Organisationsprozesses mit all seinen (Bündnis-)Treffen wurde klar, dass das Klimacamp genauso wichtig für Free the Soil werden würde wie die Aktion gegen YARA selbst. Es sollte ein Ort des Austauschs geschaffen werden. Eine Plattform, auf der wir gemeinsam die Rolle der Landwirtschaft in der Klimakrise analysieren konnten.

Während der Aktion und dem Camp erlebten wir, dass viele engagierte Menschen gemeinsam eine echte Alternative zur industriellen Landwirtschaft erschaffen wollen. Gemeinsam erkannten wir, wie wich-

Jahren hatten Umweltschützer*innen in den Öl- und Gasförderregionen Nord-Albertas Hunderte von Sabotageakten verübt.

tig es für die Klimagerechtigkeitsbewegung ist, die Landwirtschaft als Widerstandsort gegen die Klimakrise und auch als Eckpfeiler für reelle Lösungen heraus aus der Klimakrise zu erkennen. Im Gegensatz zum Kampf gegen fossile Brennstoffe ist die Arbeit an alternativen Formen der Landbewirtschaftung eine hoffnungsvolle Säule des Kampfs ums Klima. Wir können nicht nur die Zerstörung unseres Ökosystems durch die industrielle Landwirtschaft stoppen, wir können auch Lebensmittel so produzieren, dass sie gleichzeitig dazu beitragen, die Bodenfruchtbarkeit zu verbessern, CO_2 im Boden zu speichern und Platz für mehr Biodiversität zu schaffen.

Obwohl die Kampagne in eine erfolgreiche Blockade von YARAs Produktionsstätte mündete, fühlte sich der Widerstand gegen die Produktion und den Einsatz von Kunstdünger noch wie ein neues Territorium an. Es war daher wichtiger, eine Aktion mit einem leicht verständlichen Ziel und einer breiten Beteiligungsmöglichkeit durchzuführen, als die Produktion so effektiv wie möglich zu stören. Ziel war vor allem, den Kampf gegen die Düngemittelgiganten anzustoßen und sie wissen zu lassen, dass ihr klimaschädliches Geschäft nicht länger unbemerkt bleiben würde.

Auf dem Klimacamp selbst wurde eine breite Auswahl an Workshops angeboten, die sich von einer detaillierten Einleitung in die chemischen Prozesse der Herstellung zu Stickstoffkunstdünger, über Exkursionen in ein nahegelegenes Moor sowie Seminare über YARAs Greenwashing-Programme und Lobbyarbeit im Globalen Süden, bis hin zu Präsentationen verschiedener Landwirtschaftskollektive und deren Herausforderungen und Lösungsvorschlägen lokaler Lebensmittelproduktion erstreckte. Denn es finden sich bereits eine Menge alternative Formen der Landwirtschaft mit vielen spannenden radikalen Gruppen, Kollektiven und Organisationen, die schon heute mit echten Lösungen für die Klima- und Biodiversitätskrise aufwarten und gleichzeitig starke Verbindungen in die Klimagerechtigkeitsbewegung haben. Im Gegensatz zu den Scheinlösungen, die wir im Energie- und Verkehrssektor sehen, wurden innerhalb der Landwirtschaft bereits tatsächliche dezentrale Lösungen aufgebaut, die außerhalb oder neben den etablierten zerstörenden Industrien wirken. Ein wichtiger Teil unserer Arbeit die bestehenden Strukturen aufzubrechen, besteht darin, diese Geschichten zu erzählen, um sicherzustellen, dass unser Kampf für eine bessere Welt nicht nur von Wut und Angst angetrieben wird, sondern von dem Glauben und dem Wissen, dass eine bessere Welt möglich ist.

Im **Februar 2017** kämpften Dorfbewohner*innen in der Wüste Thar in Pakistan gegen ihre Vertreibung wegen neuer Braunkohletagebaue. Einige Dörfer wurden zwangsumgesiedelt, andere wurden durch den Staub und Lärm der Abraumhalden

//EXKURS//
Bullen in der Bude
Polizeigewalt, Traumata und solidarischer Umgang

Content Note:
Im ersten Teil wird Polizeigewalt bei einer Hausdurchsuchung und ED-Behandlung geschildert. Im zweiten Teil werden der Umgang mit Traumata und Trauma-Folgesymptome geschildert.

Erster Teil: Die Hausdurchsuchung

6 Uhr morgens, Donnerstag, Februar 2020. Irgendein Idiot klingelt Sturm. Ich wache auf, schlinge mir eine Decke um und tapere schlaftrunken zur Tür. Öffne sie kaum einen Spalt, schon wird sie mit Gewalt aufgedrückt. Polizist*innen stürmen in meinen Flur. »Polizei! Hausdurchsuchung!« Ich bin schlagartig hellwach. Mein erster Reflex: Ich muss irgend wen informieren! Ich sprinte in mein Zimmer, greife nach dem Handy, wähle ... und schon stürzt sich ein Polizist auf mich, drückt mich aufs Bett und reißt mir das Handy aus der Hand.

Zugegeben, ich hätte bedächtiger reagieren können, hätte nicht gleich die Tür öffnen sollen, hätte mein Handy nicht entsperren sollen – hätte, hätte, hätte. Habe ich doch selber oft genug gehört, wie sich ein gutes Aktivisti bei einer Hausdurchsuchung verhalten sollte. Die Vorwürfe, die ich mir im Nachhinein mache, sind schwer zu ertragen. Auch wenn ich theoretisch weiß, dass in solchen Momenten nicht immer alles perfekt läuft, und das nicht meine Schuld ist.

An diesem Morgen durchsuchte die Polizei noch zwei weitere Wohnungen. Anlass war eine Hausbesetzung gleich am Anfang des Jahres. Zwar hatte die Polizei niemanden mehr im Haus vorgefunden, aber eine Nachbarin hatte den PKW meiner Mutter vor dem Haus gesehen. Dass die Polizei uns bereits von klimapolitischen Aktionen kannte, wurde genutzt, um die Durchsuchung zu legitimieren und uns als fiese Kriminelle und Wiederholungstäter*innen darzustellen. Knapp anderthalb Jahre später erhielt ich die beschlagnahmten Gegenstände zurück, und die Verfahren gegen mich und alle anderen wurden eingestellt, weil sie

unbewohnbar. Die Menschen aus zwölf betroffenen Dörfern hielten ein Sit-in ab, um ihrem Protest Ausdruck zu verleihen.

keine ausreichenden Beweise gefunden hatten. Um das Erlebte für mich zu ordnen, habe ich kurz danach ein Gedächtnisprotokoll geschrieben. Hier einige Auszüge:

Ein Polizist steht im Flur. Er blickt nervös um sich. Die ganze Zeit die Hand auf seiner Schusswaffe am Gürtel. Die meisten Polizist*innen tragen schusssichere Westen. Die Polizei drängt sich In meiner Wohnung. Zwei im Flur, drei in der Küche, drei in meinem Zimmer – mindestens. In der Küche und in meinem Zimmer werden gleichzeitig alle Schränke aufgerissen, alle Kisten geöffnet, alles durchwühlt und auf den Boden geschmissen. Ich erkläre laut, dass sie alles nacheinander und in meinem Beisein durchsuchen müssen. Mir wird erwidert, dass ja eine Zeugin da sei. Das genüge. Und ich könnte ja in beide Räume gleichzeitig gucken. Die Zeugin ist eine unscheinbare Frau in grauem Mantel.

Ich frage, wie sie heißt. Sie antwortet, dass sie dazu nichts sagen müsse. Ich frage, bei welcher Behörde sie arbeite. Sie antwortet, dass sie dazu nichts sagen müsse. Meine Fragen und die ganze Situation scheinen ihr unangenehm zu sein. Ich sage zu dem Polizisten, dass ich die Zeugin für befangen erkläre und eine andere Zeugin haben will. Sie könnte ja auch bei der Polizei arbeiten. Er erklärt, dass sie nicht bei der Polizei arbeite und ignoriert meinen weiteren Protest. Laut aktueller Rechtsauslegung dient die Anwesenheit einer Zeugin dazu, in diesem Fall mich, vor Übergriffen der Polizei zu schützen. Ich frage mich, wie dass sichergestellt werden kann, wenn eine Zeugin sich mit mir und in einer solchen Situation offensichtlich so unwohl fühlt, dass sie noch nicht mal ihren Namen nennen will.

Ein Polizist läuft unablässig durch Flur, Küche und mein Zimmer, fotografiert alles, was ihm vor die Linse kommt und was die Kolleg*innen ihm hinhalten. Irgendwann klingeln die ersten solidarischen Menschen. Wir dürfen den Türöffner betätigen, zumal die Wohnungstür eh die ganze Zeit offen ist. Aber es wird niemand in die Wohnung gelassen.

Mein Mitbewohni und ich sind weiterhin alleine mit knapp zehn latent aggressiven Bullen. Mit dem Durchwühlen sind sie fertig. Auf meinem Küchentisch stapeln sich Gegenstände in kleinen Plastiktüten. Alles wird vom Oberbullen durchnummeriert, katalogisiert. Sie nehmen mit: mehrere USB-Sticks, Festplatten, Laptops, Smartphones, ein Adressbuch, einen Kalender und eine DVD des anarchistischen Films »Projekt A«. Ich freue mich heimlich, als mir auffällt, dass das Ladekabel für den Laptop fehlt und hoffe darauf, dass der Akku vom Laptop bald leer ist. Denn sobald das geschehen ist, kann die Polizei dank der Verschlüsse-

Am **29. März 2017** stürmten Anwohner*innen eine Zyanidierungsanlage in Talodi im sudanesischen Süd-Kordofan und brannten sie nieder. In Nord- und Südkordofan wehren sich die Menschen mit zahlreichen Protesten gegen die Verwendung von

lung nicht mehr auf die Daten zugreifen. Ich setze mich zu dem Bullen an den Tisch und bestehe darauf, für alles ein genaues Beschlagnahmeprotokoll zu kriegen.

Als mir verkündet wird, dass sie mich zur erkennungsdienstlichen Behandlung (ED) auf die Wache mitnehmen, suche ich mir unbemerkt etwas, um meine Fingerkuppen unkenntlich zu machen. Immer, wenn sie meine Hände nicht sehen können, schneide ich an den Fingerkuppen rum. Es tut weh. Einzelne Schnitte geraten zu tief. Am Ende sind meine Hände blutüberströmt. Aber ich bin zu nervös und zittrig, um auf die richtige Schnitttiefe zu achten. Wenn man es richtig macht, dann gehen die Schnitte nur durch die oberste Hautschicht und bluten nicht.

Auf der Polizeiwache: Nach einer kurzen Wartezeit kommt ein Anwalt meines Vertrauens und ich darf in einem Büro mit ihm reden, bevor die Polizei mit weiteren Maßnahmen beginnt. Irgendwann ist die Gesprächszeit ausgereizt, zwei Polizist:innen kommen und fordern mich auf, in den Raum für die ED-Behandlung mitzukommen. Ich bleibe auf dem Drehstuhl sitzen und erkläre, dass ich nicht verpflichtet bin, an der Maßnahme aktiv mitzuwirken. Sie scheinen perplex. Entscheiden sich dann, mich auf dem Drehstuhl durch die Gegend zu schieben. Ich sitze auf dem Drehstuhl im Schneidersitz und singe laut »La-Lüüü-Laaa-Laaa«, als mein Polizei-Drehstuhl-Taxi durch die Flure geschoben wird. Der Anwalt darf in den ED-Raum mitkommen.

Ich sitze im Raum, immer noch auf dem Drehstuhl, Knie angezogen, Kopf dazwischen. Will ihnen keine Sekunde lang mein Gesicht zeigen. Sie scheinen überfordert mit meinem klaren »NEIN«. Ein älterer, grauhaariger Polizist redet ununterbrochen auf mich ein: »Es lief doch bisher so entspannt. Warum stellen sie sich jetzt so kindisch an. Sie wollen doch bestimmt auch schnell hier raus. Ich will ja keinen Zwang anwenden, aber...«.

Ich erkläre nur immer wieder, dass ich gehen will. Er könnte mich einfach gehen lassen. Er erklärt, dass er das nicht kann. Ich erkläre, dass er es kann und sich gerade bewusst dafür entscheidet, es nicht zu tun. Als Das-auf-mich-Einreden nicht wirkt, nimmt er sich den Anwalt vor: Was für ein schlechter Anwalt er doch sei, wenn er seiner Mandantin zu so was rate. Mein Anwalt bleibt ruhig. Er sei ja schließlich nicht für mein Verhalten verantwortlich, und was wir in der Beratung besprochen haben, sei vertraulich.

Auf einen Tisch neben der Tür werden Hand- und Fußfesseln gelegt. Dann soll der Anwalt den Raum verlassen. Er möchte bleiben. Wird vom

---

hochgiftigem Zyanid bei der Goldgewinnung, die eine große Gefahr für Menschen und Tiere darstellt.

Polizisten aus dem Raum gedrängt. Die Tür wird geschlossen. Ich werde ein letztes Mal gefragt, ob ich mitwirken möchte. Ich verneine. Dann geht alles ganz schnell. Knapp acht Polizisten in weißen Anzügen, mit Mundschutz und Handschuhen stürmen den Raum. Mir werden enge Fußfesseln und Handschellen angelegt. Alle zerren gleichzeitig an meinen Gliedmaßen, stehen über mir, versuchen mir die Jacke auszuziehen und meinen Körper und Kopf in Richtung Kamera zu drehen. Immer wieder blitzt die Kamera. Ein Polizist hebelt meinen Arm über die Stuhllehne und drückt dabei Schmerzpunkte. Ich schreie laut. Habe Angst, dass mein Arm bricht, so scheiße doll tut es weh. Ein anderer hat beide Hände von hinten an meinem Kopf, drückt permanent auf Schmerzpunkte hinter meinen Ohren. Drückt stärker, wenn ich das Gesicht verziehe und die Zunge rausstrecke, damit ich stillhalte. Innerlich verschwinde ich aus der Situation. Spüre nur noch Schmerz. Versuche mein Gesicht zu verkrampfen. Mein Gesicht ist vom Blut an meinen Händen völlig blutverschmiert. Meine Haare sind zerzaust. Zwischendurch rutscht mein T-Shirt bis fast über den Busen hoch. Es werden weiter Bilder gemacht. Ich rutsche fast vom Stuhl. Kann mich nicht bewegen, weil jede Gliedmaße festgehalten wird. Von überall wird an mir gezerrt. Irgendwann scheinen sie genug Fotos zu haben. Dann kommen die Fingerabdrücke dran. Ich immer noch zusammengesunken auf dem Stuhl. Kopf fällt vornüber. Meine Arme und Hände werden nach vorne gezerrt. Die Handflächen werden geöffnet und sie sprühen Desinfektionsmittel auf die offenen Wunden. Es brennt. BRENNT. BRENNT. UND BRENNT. Ich schreie vor Schmerzen. Krümme mich zusammen. Kann nicht mehr klar denken vor Schmerz. Sie rubbeln mit Papiertüchern das Desinfektionsspray und das verkrustete Blut ab. Rubbeln weiter. Sprühen erneut. ES BRENNT! Ich schreie. Ein einziger, lauter, durchdringender, nicht aufhörenwollender Schrei. Irgendwann ist es dann doch vorbei. Sie zerren mich auf die Beine. Ich lasse es mit mir geschehen. Habe keine Kraft mehr. Ich werde zu einem Tisch gebracht. Elektronische Fingerabdrücke probieren sie erst gar nicht. Meine Fingerkuppen sind zu zerschnitten. Nacheinander werden meine Fingerkuppen auf eine Tintenfläche und danach auf Papier gedrückt. Immer wieder verwischen die Abdrücke, aus meinem kleinen Finger tropft Blut und verschmiert alles. Sie probieren es einfach immer wieder, bis der Beamte am Computer ruft, dass es diesmal geklappt zu haben scheint.

Ich darf gehen. Bin erschöpft. Draußen warten solidarische Menschen. Ich glaube, es ist kalt, aber das spüre ich gerade nicht.

Am **16. April 2017** zündete eine feministisch-anarchistische Gruppe einen Sprengsatz am Büro von Exxon in einem Gewerbegebiet am Rande von Mexiko-Stadt. In einem Schreiben solidarisierte sich die Gruppe mit den zeitgleich in Aachen wegen Bankraubs angeklagten Anarchist*innen aus Katalonien.

Zweiter Teil: Und was dann?

Schon hier zeigen sich typische Anzeichen einer traumatischen Situation: die bruchstückhafte Erinnerung, einzelne Details stark hervorgehoben, andere Fragmente nur noch vage und verschwommen da. Emotionales Taub-werden, innerlich aus der Situation verschwinden und punktuell kaum noch Schmerzen oder Kälte wahrnehmen. Im Folgenden möchte ich erzählen, welche Folgen diese Erlebnisse bei mir ausgelöst haben und wie ich versuche, einen Umgang damit zu finden. Es ist inzwischen schon fast zwei Jahre her und ich würde so gerne schon in der Vergangenheitsform darüber reden, aber ich merke immer noch, dass meine Psyche dieses Erlebnis nicht vollständig verarbeitet hat.

Bei einem Trauma handelt es sich um eine Situation, die emotional starken Stress auslöst und überfordernd ist. In solch starken Stresssituationen handeln wir instinktiv – wir versuchen zu fliehen oder zu kämpfen. Ist beides nicht möglich, erstarren wir innerlich. Manche Traumata werden durch einmalige Ereignisse ausgelöst, andere kommen durch Stress, der sich über einen längeren Zeitraum anhäuft, wenn man z.b. bei Demos wiederholt in Konfrontationen mit der Polizei gerät. Zudem wird zwischen primärem und sekundärem Trauma unterschieden – also ob man etwas selber erlebt, oder nur bei anderen beobachtet hat oder von anderen erzählt bekommt.

Nach einer traumatischen Situation kann es passieren, dass man das Trauma innerlich wiedererlebt: Albträume, Schlafstörungen, Angstzustände, Alarmiertheit. Auch Trigger können auftreten – dies sind Auslöser, die einen emotional in die traumatische Situation zurückversetzen, weil das Gehirn diese in der Situation zusammenhanglos gespeichert und mit diesen starken Emotionen verknüpft hat. Trigger können alles Mögliche sein: Geräusche, Gerüche, bestimmte Sätze. Das solche Symptome auftreten, ist eine völlig normale Reaktion auf eine unnormale Belastung. Vieles kann die eigene Psyche innerhalb von ein paar Wochen verarbeiten und sortieren. Wenn man aber nach ungefähr sechs Wochen immer noch Symptome hat, dann ist dieser Verarbeitungsprozess nicht gelungen und es wird empfohlen, dass man sich dafür Unterstützung sucht.

Gerade die ersten paar Tage sind zur Verarbeitung besonders wichtig. Hierfür sollte man sich an einen sicheren Ort begeben. Lebt man z.B. in einem besetzten Wald, ist dies oft nicht möglich, und mitten in einer mehrtägigen Räumung entscheiden Menschen sich vielfach dafür, sich direkt wieder in die nächste Konfrontation mit der Polizei zu begeben.

Im **Mai 2017** radelten Aktivist*innen aus der ganzen Türkei durch die Industriemetropole Samsun am Schwarzen Meer, um gegen den geplanten Bau von mehreren Kohlekraftwerken auf einigen der fruchtbarsten Böden des Landes zu protestieren.

Ich war die Tage nach der Hausdurchsuchung in einem völlig kopflosen Panikzustand, hatte zum Glück aber nichts Dringendes zu erledigen. Ich bin also für ein paar Tage in ein Wohnprojekt gefahren, zu Menschen, die mich unterstützen konnten. Es war für mich sehr wichtig, nicht alleine zu sein und Menschen zu haben, mit denen ich direkt über das Erlebte reden konnte. Zudem habe ich versucht, die Erinnerungsfragmente für mich zu sortieren, um sie aufzuschreiben. Ich hatte Glück, dass ich über eigene Kontakte einen sicheren Ort für mich organisieren konnte. Da viele Menschen solche Kontakte nicht haben, hat sich im Mai 2019 die Gruppe »Zähne putzen« gegründet. Diese bringt Menschen, die in Wohnprojekten leben, mit Aktivist*innen in Kontakt, die Raum für Ruhe und Erholung benötigen.

Auch in meiner lokalen Politgruppe wurde versucht, einen Umgang mit den Hausdurchsuchungen zu finden. Das hat mehr oder weniger gut geklappt. Ich erhielt durch die Gruppe organisatorische Unterstützung. Menschen halfen mir, schnell Ersatz für die beschlagnahmten elektronischen Geräte zu bekommen. Aber neben den organisatorischen Punkten weiß ich nicht, wie gut es uns gelungen ist, die emotionalen Folgen aufzufangen. Denn die Durchsuchung hatte ja nicht nur emotionale Auswirkungen auf mich als unmittelbar betroffene Person, sondern auch auf die anderen in der Gruppe. Im Nachhinein bin ich mir nicht sicher, ob die Angst vor drohender Repression und weiterer Durchsuchungen nicht dazu beigetragen hat, dass einzelne Menschen sich aus der Gruppe zurückgezogen haben.

Insgesamt bekam das Thema zwar in Einzelgesprächen Raum, aber die Gesamtgruppe hat sich kaum damit auseinandergesetzt. Bei einem Gruppenplenum sollte die Hausdurchsuchung und deren Folgen thematisiert werden. Die emotionale Anspannung führte jedoch dazu, dass ein Konflikt, der schon länger in der Gruppe brodelte, hochkochte. Ich denke, das ist eine häufige Repressionsfolge – wird der Druck von außen größer, geraten Menschen unter Stress und damit auch leichter in Konflikte miteinander. Natürlich kann es auch passieren, dass eine Gruppe durch Repression enger zusammenrückt.

Im Laufe der nächsten Wochen musste ich leider feststellen, dass es mir trotz der unmittelbar erfolgten emotionalen Unterstützung nicht gelungen war, die Erlebnisse vollständig zu verarbeiten. Es fiel mir sehr schwer, alleine in der Wohnung zu sein – anfangs versuchte ich, für jede Nacht, die meine Mitbewohner_innen nicht da waren, Freund_innen aus meinem politischen Umfeld einzuladen. Ich wollte aber auch nie-

Im **April und Mai 2017** führten häufige Streiks und Aufstände von Einheimischen zu einer Reduzierung der Produktion von acht Kohletagebauen im indischen Talcher um 35 bis 40 %. In der Folge wurde ein Kraftwerks abgeschaltet und drei weitere, sowie ein Stahlwerk, mussten ihre Leistung drosseln. Mit den Unruhen wehrten sich

manden zu sehr belasten und blieb deswegen einige Nächte alleine und schlaflos in der Wohnung. Immer, wenn es an der Haustür klingelte, schreckte ich panisch hoch. Auch Schlafprobleme machten mir zu schaffen. Vor der Hausdurchsuchung konnte ich immer ruhig durchschlafen. Nach der Durchsuchung wachte ich regelmäßig um Punkt sechs Uhr morgens oder kurz davor auf. Herzrasen, weit aufgerissene Augen und atemloses Lauschen auf jedes kleinste Geräusch im Hausflur machten es schwer, wieder einzuschlafen. Über Monate hinweg musste ich mühsam wieder das Durchschlafen lernen. Ich entfernte alle Wecker aus dem Zimmer, um ja keine Uhrzeit zu sehen, weil ich kurz vor sechs Uhr in Panik geriet. Ich legte mir seichte Romane neben das Bett, um mich solange durch lesen abzulenken, bis ich wieder einschlief. Im Sommer war ich viel unterwegs, dabei war ich entspannter und es ging mir wieder besser. Im Winter ging es mir schlechter und die Schlafprobleme stellten sich wieder ein.

Ich merkte, dass ich weitere Unterstützung wegen der traumatischen Belastungsstörung benötigte. Über Psychologists for Future, einer Gruppe Psycholog*innen, die sich mit dem drohenden Klimawandel auseinandersetzt, fand ich Kontakt zu einem Traumatherapeuten, der solidarisch und ohne Wartezeiten Behandlungen für Klima-Aktivist*innen anbot. Er half mir meine Traumata bis zu ihren Ursprüngen zurückzuverfolgen. Es zeigte sich, dass es nicht nur um diese eine Hausdurchsuchung ging, sondern das auch die vorgehenden Konfrontationen mit der Polizei ihre Spuren hinterlassen hatten.

Weitere Hilfe fand ich in meiner Radikalen Therapiegruppe. Radikale Therapie ist ein Konzept, das in den 1980er-Jahren in der Anti-Psychiatrie-Bewegung entstanden ist. Innerhalb einer festen Grundstruktur wird ein Rahmen geschaffen, in dem Menschen psychische Themen bearbeiten können. Aber es gibt im Gegensatz zur klassischen Therapie keine Therapeut_innen, sondern alle lernen gemeinsam die Methoden und unterstützen sich gegenseitig. Herkömmliche Therapeuten rieten mir bisweilen, einfach nicht weiter an Aktionen teilzunehmen, weil mich das ja offensichtlich stark stresste. In der Gruppe, in der ich hauptsächlich mit befreundeten Aktivist*innen zusammensaß, konnte mir so etwas nicht passieren, und das machte es mir leichter, mich mit dem Erlebten auseinanderzusetzen. Die Gruppe bot für mich auch einen Rahmen, um verschiedene Entspannungsmethoden zu erlernen. Ich beschäftigte mich mit progressiver Muskelentspannung, Tension Release Exercises, Entspannungsmeditation, Hypnosetechniken

---

die Anwohner*innen gegen die ungelösten Probleme nach ihrer Vertreibung für den Kohleabbau.

und anderem. Alles Methoden, die man sich auch selber mit Hilfe von Büchern und Videos aneignen kann.

Insgesamt braucht es in sozialen Bewegungen mehr Methoden, Wissen und einen sicheren Rahmen, um einen besseren Umgang mit solchen psychisch stark belastenden Ereignissen zu finden. Das Aktivist*innen Polizeigewalt erleben, ist kein Einzelfall, sondern wiederkehrende Erfahrung. Es braucht Wissen darüber, was Traumata sind, an welchen Symptomen man diese erkennt und wie man damit umgehen kann. Niemand sollte damit alleine gelassen werden, sondern wir sollten uns damit als Gruppen und Bewegung auseinandersetzen. Seit 2008 versuchen die »Out of Action«-Gruppen einen Raum für eine solche Auseinandersetzung zu schaffen. Und sie bieten in verschiedenen Städten und manchmal auf Camps emotionale Erste Hilfe an und ebenso Workshops über Traumata. Zudem haben sie Info-Broschüren zu solchen Themen veröffentlicht.

Empfehlungen

Die Gruppen des Out-of-Action-Netzwerks bieten Beratung und Unterstützung für Aktivist*innen an, denen es nach Aktionen nicht gut geht. Auf ihrer Homepage finden sich Broschüren darüber, was mensch für sich selbst tun kann und wie man gut andere unterstützen kann.

Die Gruppe »Zähne putzen« vermittelt Erholungsräume an Aktivist*innen: aktivisti-reatreat.org

---

Am **14. August 2017** nahm die »Toppling Statues«-Bewegung in den USA ihren Anfang. Am Rande einer antifaschistischen Demonstration wurde die Bronzestatue eines Soldaten der Konföderierten in Durham, North Carolina, mit Seilen zu Boden

Kohloniale Importe
Von einer Kampagne gegen Steinkohle

2018 gründete sich das Bündnis deCOALonize Europe, das sich später in »Still burning« umbenannte, um die transnationalen Steinkohlelieferketten in den Blick zu nehmen und gemeinsam mit Menschen aus den Abbaugebieten den Kolonialismus der Rohstoffwirtschaft zu skandalisieren. Die meisten Aktionen, die wir in Europa unter dem Leitstern der Klimagerechtigkeit organisieren, leiden unter der gleichen Schwäche: Egal, welchen Ort wir wählen, ob Kohlehafen, Bahntrasse oder ein Kraftwerk wie Datteln IV: Oft zeigen wir nur einen Ausschnitt des Problems auf – in aller Regel den Ausschnitt, der uns unmittelbar betrifft.

Das Grubenranddorf in der russischen Kohleregion Kuzbass, die vertrockneten Flußläufe in der kolumbianischen Provinz Guajira oder der abgesprengte Berg in den Appalachen bleiben dabei verborgen. Die Stimmen der Menschen, die in diesen Gegenden leben und Widerstand leisten, bleiben in unseren Aktionen ungehört, wenn wir uns keine Mühe geben, dies zu ändern.

Das Märchen vom Steinkohleausstieg

»Still burning« formierte sich rund um Gruppen aus Großbritannien, den Niederladen und Deutschland mit dem Ziel, Verborgenes sichtbar zu machen und Ungehörtes hörbar. Als Aktionsfeld wählten die Beteiligten die Steinkohleimporte. Angeblich ist Deutschland Ende 2018 aus Kostengründen aus dem Steinkohlebergbau ausgestiegen. Aber was die Politik als Steinkohleausstieg verkauft hat, war ein Märchen. Die Kohle wird noch immer verbrannt, nur wird sie seitdem vorwiegend aus Russland, den USA, Australien und Kolumbien importiert, wobei die Zustände in

gerissen. Ihr folgten seitdem Hunderte Statuen von Rassisten, Kolonialherren und Faschisten weltweit.

den Abbaugebieten und entlang der Transportrouten nur als katastrophal zu bezeichnen sind. Am Beispiel der Steinkohle lassen sich einige der schlimmsten Aspekte transnationaler Rohstofflieferketten aufzeigen – die kolonialen Muster, die die Rohstoffwirtschaft noch immer prägen, sind überdeutlich. So wurden in Kolumbien sogar Menschen ermordet, die sich gegen die Minen zur Wehr setzten.

In Russland häufen sich in den Bergbauregionen Lungenkrankheiten, und auch dort werden (indigene und nicht-indigene) Menschen aus ihren Dörfern vertrieben. Über den Seeweg gelangt die Kohle dann zu deutschen Kraftwerken wie Datteln IV. Ziel des Bündnisses war es, diese blutigen Lieferketten und die zugrundeliegenden kolonialen Kontinuitäten sichtbarer zu machen. Eine vieldiskutierte Aktionsidee war die »Rollende Blockade«, bei der die Kohle erst im Importhafen (z.B. in Rotterdam), dann im Duisburger Binnenhafen, später auf dem Kanal bzw. den Schienen und zuletzt im Kraftwerk oder im Stahlwerk gestoppt werden sollte.

Aktionstage im Herbst 2019

Inspiriert von dieser Idee, kam es im Herbst 2019 zu einem dezentralen Aktionstag. An sechs Orten erfolgten Aktionen gegen die Kohleinfrastruktur. In Salzgitter wurde ein Stahlwerk und in Hamburg eine Brücke im Hafen blockiert. In der Bremer Innenstadt gab es eine Demo und am Berliner Kraftwerk Moabit einen Bannerdrop. In Flensburg blockierte eine Kleingruppe den Kohlehafen und am westfälischen Kraftwerk Lünen wurde mit einer kombinierten Aktion, der Kohlebunker und mit Kayaks der Hafen blockiert. Die einzelnen Aktionen wurden autonom organisiert und im Bündnis zu einer Choreographie mit gemeinsamer Öffentlichkeitsarbeit zusammengefügt. Bei allen Aktionen im Herbst 2019 wie auch bei einer nachfolgenden Blockade des Kraftwerksblocks Datteln IV im Februar 2020 stand im Vordergrund, die Stimmen aus den Abbaugebieten hörbar zu machen. Wo immer möglich, hat deCOALonize Europe Sprecher*innen zu den Aktionen eingeladen, um aus erster Hand von der Situation in Kolumbien oder Russland zu berichten. Wo das nicht möglich war, wurden u.a. Tonbänder mit Botschaften abgespielt. Ein zweiter Schwerpunkt des Bündnisses neben direkten Aktionen lag deshalb darauf, Beziehungen mit Menschen aus den Abbauregionen aufzubauen und zu vertiefen.

Den dritten Schwerpunkt des Bündnisses bildeten die Materialien von »Still Burning«: drei Filme und zwei Bücher zu Kohle, Kolonialismus

---

Am **2. Oktober 2017** demonstrierten Dorfbewohner*innen von Neendar bei Jaipur in Indien mit inszenierten Scheinbeerdigungen gegen den Landraub von mehr als 1.300 Hektar durch eine Entwicklungsbehörde. Dem Protest war ein 15-tägiges Sit-in vorausgegangen, das nach Angaben der Protestierenden keine Wirkung gezeigt hatte.

deCOALonize-Europe-Aktion in Lünen 2019, BN: Infozentrale

und Widerstand (stillburning.net). Diese Materialien enthalten ausführliche Analysen der Steinkohlelieferketten von der Grube bis ins Kraftwerk, inklusive Tabellen, Grafiken und Zahlenmaterial. Auch werden Aktivist*innen aus einigen Abbauregionen porträtiert. Die englischsprachige »Still burning«-Ausgabe setzt sich außerdem ausführlich mit Scheinlösungen wie der Wasserstoffnutzung auseinander, die letztlich den fossilen Kapitalismus nicht aufheben, sondern nur grün anstreichen werden. Die »Still burning«-Bücher und -Filme sind als Nachschlagewerke für den Kampf gegen Steinkohle gedacht – und als Inspirationsquelle für (transnationale) Vernetzung sowie für direkte Aktionen.

Reflexion des Bündnisnamens
Der Bündnisprozess war über lange Zeit hinweg auch ein Reflexionsprozess über den Namen: ein mehrheitlich *weißes* Bündnis, initiiert in Mit-

Im **Januar 2018** trafen in der Türkei Menschen aus Eskişehir und den umliegenden Dörfern in Gündüzlerzum zum ersten »Winterfest« gegen das Kohlekraftwerk Alpu zusammen. Bäuer*innen zogen mit einem Konvoi aus Hunderten Traktoren durch die umliegenden Dörfer und zeigten Transparente gegen den Kraftwerksbau.

teleuropa, nennt sich deCOALonize Europe? Das fühlte sich nach einer Auseinandersetzung mit dem Thema »dekolonisieren« falsch an. Grada Kilomba schreibt z.B.: »Politically, the term [decolonisation] describes the achievement of autonomy by those who have been colonised and therefore involves the realization of both independence and self-determination«. So wurde der Name in »Still burning – network against hard coal and neocolonialism« geändert.

Das Netzwerk ist seit der Corona-Zeit nicht mehr aktiv. Doch die Beziehungen zu Menschen im Widerstand in Kolumbien und Russland bestehen fort.

Leseempfehlungen

Kilomba, Grada: Plantation Memories. Episodes of Everyday Racism – Kurzgeschichten in englischer Sprache. Münster: Unrast Verlag 2018, S. 138. Deutsch: »Im politischen Sinne beschreibt der Begriff [Dekolonisierung] das Erkämpfen von Autonomie durch jene, die kolonisiert waren. Seine Grundlagen sind Unabhängigkeit und Selbstbestimmung.«

deCOALonize Europe (Hg.): Still Burning – Vom Kampf gegen die Steinkohleindustrie. Hamburg 2021. Online verfügbar unter: https://stillburning.net/book/

2018 wehrten sich die Bäuer*innen von Mencherep im Kuzbass, Russland erfolgreich gegen einen neuen Kohletagebau. Die Kohleminen zerstören die ökologische und kulturelle Umgebung der Schoren und Teleuten. Die indigenen Völker müssen

Datteln vom Netz pflücken
Der Kampf um Datteln IV

Content
Note:
Erwähnung
von gewaltsamer
Räumung und
Haftrichtervor-
führung

Frühmorgens, 2. Februar 2020. Es ist stockdunkel. Während wir durch den Wald schleichen, versuche ich die wenigen Personen, die den Weg kennen, nicht aus den Augen zu verlieren. Plötzlich ein Sprint über eine schlammige Wiese, wir überqueren ein Gleisbett und stehen schließlich vor dem Tor des nagelneuen Steinkohlekraftwerks Datteln IV. Das ist zu diesem Zeitpunkt noch gar nicht ans Netz gegangen und die heutige großangelegte Aktion von Ende Gelände und deCOALonize Europe zielt darauf ab, dass das auch so bleibt. Während zwei Menschen mit einem Spezialwerkzeug das Tor öffnen, macht sich der Rest von uns bereit für den Endspurt zu unseren jeweiligen Zielen. Und zusammen mit vielen weiteren Mitstreiter*innen schaffen wir es tatsächlich, über neun Stunden hinweg zwei Portalkratzer (Kohlebagger) zu besetzen. 130 Aktivist*innen sind auf den Baggern, die Gruppengröße bietet Schutz, und dazu kommen noch elf Journalist*innen, die die Aktion auf dem Kraftwerksgelände begleiten. Auch das lässt uns hoffen, dass die Cops nicht brutal durchgreifen werden. Am späten Nachmittag stimmen wir schließlich zu, das Gelände freiwillig zu verlassen, und im Gegenzug werden unsere Personalien nicht aufgenommen.

Dass wir mit einer großen Gruppe anrückten, die für die Cops nicht so ohne weiteres zu räumen war, hatte für einen Tag eine gewisse Gegenmacht geschaffen und große Aufmerksamkeit auf den Neubau eines Kohlekraftwerks zu einem Zeitpunkt gelenkt, als die Politik schon versprochen hatte, aus der Kohle auszusteigen. Trotzdem verunsichert mich das Gefühl, in der Aktion nur wenig Mitbestimmung gehabt zu haben, was als Nächstes passiert.

ihre traditionelle Lebensweise wegen der enormen Umweltschäden durch die Kohleindustrie aufgeben.

Einige Wochen vergehen und ich stehe wieder vor den Toren von Datteln IV. Diesmal sind wir nur 13 und nehmen den Hintereingang. Mithilfe unserer mitgebrachten Leitern, schaffen wir es alle, in nur wenigen Minuten über den Zaun zu klettern.

Während ich zur letzten Aktion einen Tag vorher anreisen und ohne größere Verantwortung für das Gelingen der Aktion mitmachen konnte, hängt es heute an jeder*m Einzelnen von uns – insbesondere auch daran, ob wir in den Tagen der Vorbereitung an alles gedacht haben – ob wir die Maschinen erfolgreich besetzen können. Bei einer solch kleinen Gruppe von Menschen können und müssen Absprachen schnell und gemeinsam getroffen werden. Wir haben Vertrauen untereinander aufgebaut und mögliche Krisensituationen gründlich durchgesprochen.

Dann ist der Augenblick da, wir sind auf dem Gelände angekommen, kennen alle unseren Rollen. Um auch mit wenigen Menschen nur schwer zu räumen zu sein, braucht es technische Hilfsmittel, die nun zügig auf den Portalkratzern angebracht werden. Mit Hilfe von drei Lock-Ons ketten sich Menschen auf den großen Maschinen fest, andere steigen mit Kletterausrüstung in die Schaufelketten. Einer der offensichtlichsten Unterschiede zur letzten Aktion ist, dass wir keine externen Journalist*innen mit aufs Gelände genommen haben. Die Sicherheit, die durch die Anwesenheit von Presse entsteht, fehlt uns an diesem Tag fast völlig. Stattdessen bespielen wir unsere eigenen Social-Media-Kanäle, interviewen uns gegenseitig und versuchen mit den Aktionshandys so gut es eben geht, das Geschehen zu dokumentieren.

Nach neun Stunden und einigen gewaltsamen Übergriffen gelingt es den Cops schließlich, die Letzten von uns aus ihren Vorrichtungen zu lösen. Wir werden zur Personalienfeststellung in Gewahrsam genommen, denn anders als beim letzten Mal, werden die Cops nicht durch unsere schiere Überzahl daran gehindert, uns alle mitzunehmen. Auf der Polizeiwache angekommen, werden wir in Käfige im Freien gesperrt, während wir darauf warten, der Haftrichterin vorgeführt zu werden. Sie soll entscheiden, ob wir womöglich sieben Tage lang festgehalten werden. Werden wir aber nicht.

Rückblickend betrachtet sehe ich die Stärken und Schwächen beider Aktionen. Wollen wir mit möglichst wenigen Menschen und einem hohen Level an Eigenverantwortung den größtmöglichen (technischen) Effekt erzielen?

Dann ist das Mittel der Wahl mit großer Wahrscheinlichkeit die Kleingruppenaktion. Geht es uns darum, niedrigschwellige Aktionen und

Am **2. Februar 2018** wurde die Umweltaktivistin Yolanda Maturana in Santa Cecilia, Kolumbien, ermordet. Als Präsidentin einer Umweltvereinigung hatte sie bereits zahlreiche Morddrohungen erhalten. Sie war aktiv gegen illegalen Goldabbau, durch

Selbstermächtigung für viele zu ermöglichen und zugleich eine weitreichende mediale Wirkkraft zu entfalten? Dann sind Massenblockaden, Demos oder politische Camps zumeist eine bessere Strategie.

Aus alt mach neu?

Um die Empörung über den Bau und die Inbetriebnahme des Steinkohlekraftwerks Datteln IV von Uniper am Dortmund-Ems-Kanal besser nachvollziehen zu können, sollten wir ein wenig zurückblicken.

Schon seit den 1960er-Jahren waren die Betriebskosten der Steinkohlebergwerke in West-Deutschland fast doppelt so hoch wie ihre erzielten Erlöse, und die BRD begann den Bergbau mit Subventionen zu unterstützen. Abgesehen von den katastrophalen Umweltauswirkungen des Abbaus und der Verbrennung von Steinkohle, war die Förderung in Deutschland selbst aus kapitalistischer Sicht schon früh nicht mehr rentabel.

So wurden nach dem Ende der Subventionierung die letzten beiden Zechen 2018 geschlossen. Seitdem wird jede Tonne Steinkohle, die in Deutschland verbrannt wird, importiert.

Datteln IV erzeugt 1.100 Megawatt Strom, davon waren bereits vor der Fertigstellung 413 Megawatt für die Deutsche Bahn vorgesehen, nach Angaben Unipers etwa ein Viertel ihres Bedarfs. Ein weiterer Großabnehmer sollte der Braunkohlekonzern RWE sein.

Warum der eine Stromkonzern dem anderen Strom abkauft, sei hier einmal dahingestellt, denn der größte Witz kommt erst noch: Als Datteln IV ans Netz ging, wollten beide Großkunden den Strom schon gar nicht mehr haben, waren aber vertraglich gezwungen, ihn abzukaufen.

Warum wurde dann überhaupt ein neues Steinkohlekraftwerk gebaut, also noch nach dem Ende des Bergbaus und gegen den Beschluss der Kohlekommission? Der Hauptgrund ist Greenwashing: Die Strategie der Konzerne und der Bundesregierung dabei ist folgende:

Es wird ein neues, effizienteres, »sauberes« Kohlekraftwerk gebaut, um im Gegenzug »schmutzigere« ältere, vor allem in Ostdeutschland stehende, Kraftwerke abzuschalten. Damit wird legitimiert, weiter Kohle zu verbrennen, weil sie ja durch die neue, bessere Technologie weniger schädlich sei.

Eine andere Art des Greenwashings betreibt Finnland. Der Konzern Uniper gehört mehrheitlich dem finnischen Staatskonzerns Fortum. Finnland selbst will bis Ende 2029 aus der Kohle aussteigen, das Kraftwerk Datteln IV soll aber noch bis 2038 am Netz bleiben.

---

den Zyanid und Quecksilber in die Ökosysteme gelangt. Schon 2015 war ihr Ehemann wegen seines Einsatzes gegen die Minen ermordet worden.

Ein verlorener Kampf?

Viele von uns hatten vor der Inbetriebnahme die Hoffnung, dass wir dieses Kraftwerk tatsächlich verhindern könnten. Die öffentliche Empörung, dass 2020 noch ein neues Kohlekraftwerk ans Netz gehen sollte, war groß, und so wurde viel Energie zur Erreichung dieses Ziels investiert – neben den beiden oben genannten Aktionen gab es auch Kampagnen von Fridays for Future und zahlreichen Bürger*innen-Initiativen. Leider ohne den erhofften Erfolg: Das Kraftwerk ging wie geplant im Frühling 2020 ans Netz.

Andererseits: Auch das Kohlekraftwerk Moorburg in Hamburg galt als supermodern, hocheffizient und eine sichere Gelddruckmaschine, und trotzdem wollte es Vattenfall fünf Jahre nach der Inbetriebnahme schon wieder loswerden und konnte es gar nicht schnell genug abschalten. Also lasst uns weiterhin dafür kämpfen, dass es in Datteln noch schneller endet!

Seit **2018** nutzen die Makuxi in der Serra da Moça in Brasilien für ihren Kampf gegen Bergbau-, Holz- und Agrarunternehmen, die ihnen ihr Land rauben wollen, Smartphones und eine App namens SOMAI. Diese ist von einer brasilianischen NGO entwickelt worden und zeigt die exakten Grenzlinien der indigenen Territorien.

//EXKURS//
Mit der Presse sprechen
Wie sagen wir, was wir meinen?

Das Thema **Klima(gerechtigkeit)** ist nur in komplexen Zusammenhängen zu denken und zu verstehen, denn es handelt sich zum einen um vielfältig miteinander verflochtene und sich gegenseitig bedingende ökologische Effekte und zum andern um unterschiedliche kapitalistische Machtzusammenhänge und Interessenlagen. Das wird von vielen Aktivist*innen auch so verstanden, ist jedoch in der Öffentlichkeitsarbeit nicht so leicht zu vermitteln, weshalb sich viele auf ein bestimmtes Thema wie z.b. Kohle konzentrieren, um zumindest die zentralsten und dringendsten Punkte öffentlich kommunizieren zu können.

Wenn wir uns des medialen Systems, auch wenn wir es für kritikwürdig halten, bedienen wollen, ist es manchmal von Vorteil, nach dessen Regeln zu spielen. Wir wollen eine klare Botschaft senden, wozu es einen eindeutigen Fokus braucht. Dieser kann schnell verlorengehen, wenn wir viele Zusammenhänge gleichzeitig darlegen und verschiedene Felder aufmachen, deren Verbindungen uns zwar klar, aber nicht unbedingt leicht zu kommunizieren sind.

Das ist nicht nur der Weg, den die Presse oft wählt, sondern auch der Weg, mit dem wir uns als Bewegung lange erhofft haben, »Außenstehende« besser zu erreichen. Die Leute mit Informationen und verstrickten Zusammenhängen zu überhäufen, kann lähmend und einschüchternd wirken. Doch wie oben bereits ausgeführt, sind die verschiedenen Themen um Klima und Klimagerechtigkeit nun einmal komplex miteinander verknüpft. In Zukunft wird sich das sogar noch weiter verstärken, denn (technische und politische) Scheinlösungen werden immer häufiger als »Lösung der Klimakrise« dargestellt. Diese zu enttarnen, ist

Im **April 2018** forderten ca. 1.000 Menschen, trotz Versammlungsverbots, in den Doi-Suthep-Bergen in Thailand den Abriss von Militär-Wohnhäusern. Für diese waren zuvor viele Bäume illegal gerodet worden. Im Mai 2018 stimmten die Behörden der Renaturierung der Flächen zu.

nicht immer leicht und auch nicht immer machbar, wenn die Zusammenhänge nicht von uns aufgezeigt werden.

Wie gehen wir das am besten an? Es gab in der Vergangenheit Aktionen, bei denen eine solche Themenverknüpfung versucht wurde, sowohl was das Aktionsbild anbelangt als auch medial. Ein Beispiel dafür ist die Aktion #unplugVW von »Runter vom Gas«, die im Rahmen der bundesweiten dezentralen Aktionstage für eine Mobilitätswende Anfang Juni 2021 stattfand. Rund 40 Klimaaktivist*innen blockierten kletternd oder mit Hilfe von Lock-Ons und anderen technischen Hilfsmitteln gleichzeitig das VW-eigene Kohlekraftwerk auf dem Betriebsgelände in Wolfsburg, die Baustelle des neuen Gaskraftwerks auf demselben Gelände, sowie eine Gaspipeline-Baustelle des Konzerns bei Braunschweig. VW ist ein weltweit agierender Autokonzern, der mitten in der Klimakrise weiter fette Gewinne mit motorisiertem Individualverkehr macht. Der Konzern versucht sich mittels Öffentlichkeitsarbeit ein »grünes« Image zu verschaffen und setzt dabei besonders auf Elektroautos. Diese verursachen jedoch schon in der Produktion enorme Schäden, z.B. bei der Gewinnung von Lithium für Batterien, denn dabei kommt es u.a. zu Landraub und der Ausbeutung von Menschen in Ländern des Globalen Südens. Gleichzeitig lösen Elektroautos natürlich nicht die Ungerechtigkeiten und Probleme unseres bisherigen Verkehrssystems – hier wird einfach nur ein Antrieb durch einen anderen ausgetauscht und das auch noch als »Lösung« verkauft, um damit weitere Jahrzehnte Profite zu machen.

Die Steinkohle, die VW in seinem werkseigenen Kraftwerk verfeuert, um die Produktionsstätten mit Strom zu versorgen, kommt u.a. aus Kolumbien und Russland. In den Abbaugebieten sind die Arbeiter*innen extremer Ausbeutung und katastrophalen Arbeitsbedingungen ausgesetzt. Menschen werden für die Kohle vertrieben und krank durch die vielfältigen Umweltschäden des Bergbaus. Alles, damit ein deutscher Konzern mit klimaschädlicher Kohle klimaschädliche Autos produzieren kann.

Im Zuge des angestrebten Imagewandels will VW sein Kraftwerk jetzt auf Erdgas umstellen. Erdgas ist eine der am häufigsten vorgebrachten Scheinlösungen, mit denen Profiteur*innen die Verbrennung fossiler Energieträger weiter festschreiben wollen. Im Gewinnungs-, Transport- und Verbrennungsprozess von Erdgas wird jedoch so viel Methan freigesetzt, dass die Gesamtbilanz des Brennstoffs fürs Klima genauso katastrophal ausfällt wie die der Kohle. Der »Umstieg« auf Erdgas muss

Am **27. April 2018** wurde Maria Del Carmen Moreno Páez in Kolumbien entführt und kurz darauf ermordet. Sie war Präsidentin der zivilgesellschaftlichen Basisbewegung Junta de Acción Comunal des Dorfes Caño Rico und eine bekannte Verteidigerin

also verhindert werden, denn er würde die Nutzung dreckiger, fossiler Energien noch für Jahrzehnte festschreiben.

Die Kernforderungen von »Runter vom Gas« waren trotz der komplexen Situation sehr klar formuliert: Sowohl eine konsequente Energiewende als auch eine konsequente Mobilitätswende müssen eingeleitet werden. Und wenn Politik und Konzerne nicht handeln, nehmen Aktivist*innen das selbst in die Hand. Die verschiedenen, miteinander verknüpften Felder einzubeziehen (und das nicht nur bezüglich der Forderungen, sondern auch durch die verschiedenen Aktionsorte), hat sich gelohnt. Denn die Verknüpfung wurde von der Presse aufgegriffen und transportiert. Die Aktivist*innen konnten vermitteln, dass es nicht allein um Kohle, Gas oder Autos geht, sondern um alles zusammen, und dass Scheinlösungen kapitalistische, fossile und umweltzerstörende Zustände für die Zukunft zementieren.

Was hat hier zum Erfolg geführt? Wie war es möglich, diese Felder zu verbinden und in die mediale Erzählung zu unserer Aktion einfließen zu lassen?

Zum einen war die Vorbereitung durch eine intensive Ausarbeitung und Auseinandersetzung mit den verschiedenen Feldern geprägt. Denn nur wenn wir selbst verstehen, was wir meinen und sagen wollen, können wir das auch richtig nach außen transportieren. Zum andern wurden die verschiedenen Themen im Aktionsbild deutlich erkennbar. Es wurden verschiedene Bereiche blockiert, wobei alle exemplarisch für ein Teilproblem innerhalb des großen Zusammenhangs standen. Außerdem wurde durch die Inhalte der Transparente weiterführend vermittelt, wie viele Themen noch in diesen großen Komplex hineinspielen, wie beispielsweise das Thema Landraub. Es gab Fotos, Pressemitteilungen, Video-Statements auf Social-Media, Hintergrundinfos und Telefoninterviews aus den Aktionen heraus. Alles hat dazu beigetragen, dass wir möglichst genau das vermitteln konnten, was wir meinen.

Warum ist das wichtig? Politik und Konzerne haben vielleicht erkannt, dass die Klimakrise bereits begonnen hat, sie handeln aber nicht entsprechend. Stattdessen versuchen sie, sich eine »grüne Weste« anzuziehen und mit so wenig Aufwand wie möglich die Mechanismen am Laufen zu halten, von denen sie so sehr profitieren.

Der Umstieg auf E-Mobilität und der Weg zur Erdgasnutzung sind nur zwei der Beispiele, wie Scheinlösungen von Politik und Konzernen Hand in Hand aufgetischt werden. Und es werden in Zukunft noch viele mehr werden.

---

von Land- und Umweltrechten. Sehr wahrscheinlich wurde sie wegen ihres Einsatzes gegen die Ölausbeutung getötet.

Blockade eines Güterzuges mit Neuwagen von VW 2019,
BN: Pay Numrich

Wenn wir dagegen ankämpfen wollen, müssen wir erklären können, warum das Problem nicht eindimensional und mit einfachen »Lösungen« aus der Welt zu schaffen ist. Komplexe Probleme erfordern auch von uns komplexere Antworten und Aktionen. Das wird nicht immer in idealer Weise umsetzbar sein, das ist auch okay so. Doch trotzdem sollten wir uns öfter trauen, »größer« zu denken und versuchen begreiflich zu machen, wie vielschichtig und verwoben die Themen Klima und Klimagerechtigkeit wirklich sind.

»Runter vom Gas« war übrigens schon die zweite großangelegte Blockadeaktion der VW-Werke durch die Klimabewegung: Im August 2019 stoppten Aktivist*innen als »Aktion Autofrei« einen Zug mit 200 Neuwagen und blockierten ihn über viele Stunden, während gleichzeitig die Eingangshalle des Auslieferungszentrums mit einer 24-stündigen Kletteraktion besetzt wurde.

Leseempfehlung

Bewegungserfahrene Aktivist*innen teilen praktische Tipps dazu wie politische Kämpfe in die Öffentlichkeit gebracht werden können: Lindholm, Hedwig A. (Hg.): Handbuch Pressearbeit – Soziale Bewegungen schreiben Geschichte_n. Münster: Unrast Verlag 2020.

Am **30. April 2018** traten in Äthiopien die Einwohner*innen der Regionen Shakiso und Adola in Generalstreik gegen die Erweiterung der Goldmine Lega Dembi, deren Quecksilber sie krank macht und ihr Land und ihr Vieh vergiftet. Die Menschen legten

Nächste Ausfahrt Verkehrswende

Abseilen über der Autobahn

Content Note:
Erwähnung
von Autounfall,
Räumung,
Gewahrsam und
Untersuchungs-haft

Im Oktober 2020 wurden der Dannenröder Forst und die umliegenden Waldabschnitte, die der geplanten Autobahn A49 im Weg standen, geräumt und gerodet. Während dieser Zeit haben sich über mehreren Autobahnen, hauptsächlich in Hessen, Menschen von Brücken abgeseilt und den Verkehr zum Erliegen gebracht. Wir waren im Gespräch mit einer beteiligten Aktivistin.

Die Idee
Der Beginn der Räumung des Dannenröder Forsts (Danni) ließ lange auf sich warten. So überlegten einige Menschen im Wald und drumherum, Aktionen aus früheren Zeiten aufzugreifen und sich mit Bannern von einer Autobahnbrücke abzuseilen. Wir wollten damit unseren Protest aus dem Wald heraustragen. Die Waldbesetzung sowie der generelle Protest gegen unser derzeitiges Mobilitätssystem sollten durch diese Aktionsform unterstützt werden.
Im Zuge der Räumung des Danni und des Ausbaus der A49 wurden Autobahnen zum Symbol für eine verfehlte Verkehrspolitik schlechthin. Da erschien der Protest direkt an einer Autobahn angebracht.

Der Hintergrund
Im deutschsprachigen Raum gab es historisch in ganz verschiedenen Kontexten Autobahnaktionen, zum Beispiel wurden im Jahr 2000 bei der Eröffnung der Expo in Hannover Transparente über Autobahnen aufgehängt. 2015 konnten Aktivisti von Ende Gelände eine wegen einer Abseilaktion von der Polizei gesperrte Autobahn in Richtung Tagebau

den Betrieb der Mine tagelang mit Straßenblockaden und durch Sabotage der Stromversorgung lahm. Polizeikräfte erschossen und verletzten Protestierende.

überqueren. Zwar wird dann immer von »Autobahnblockaden« geredet, aber das, was Menschen dort machen, ist Transpis von Brücken zu hängen und sich selbst abzuseilen, um die Transpis auch von unten festzuhalten. Dabei bleiben sie in so großem Abstand zur Straße, dass keine Gefahr besteht, dass Aktivisti mit Autos in Kontakt geraten könnten. Bei solchen Aktionen kann es passieren, dass die Polizei die »blockierte« Autobahn sperrt. Falls die Autobahn gesperrt wird, kann das natürlich gut genutzt werden. Und je nach Kontext der Aktion wäre dadurch auch der Transport von Menschen oder Dingen effektiv blockiert.

Die Aktion

Am Tag der Aktion wurden mehrere weitere Aktionen an Autobahnen rund um den Frankfurter Flughafen durchgeführt. Unser Protest richtete sich sowohl gegen die Räumung und Rodung des Dannenröder Forsts, als auch gegen das gesamtes Verkehrssystem, speziell gegen den Flugverkehr.

Wir planten unsere Aktion zu dem erwarteten Beginn der Räumung des Dannis. Um uns räumen zu können, müsste die Polizei dann bestenfalls Höheninterventionsteams* abrufen, die eigentlich gerade bei der Waldräumung eingesetzt werden sollten. Sie könnten in dieser Zeit also keine anderen Aktivisti von den Bäumen holen.

Wir waren ziemlich aufgeregt, da es im Stau der letzten uns bekannten Autobahnaktion einen tragischen Auffahrunfall gegeben hatte.

Der Auffahrunfall

Ein Teil der Diskussion über den Auffahrunfall vom 13. Oktober 2020 ging um die Frage, wie von der Bewegung pressetechnisch damit umgegangen worden war. Die Pressestrategie innerhalb der Bewegung war recht defensiv und hatte bedauerlicherweise die Argumentation der Polizei aufgegriffen. Im Kern behauptete die Polizei, dass es einen skandalösen Unfall gegeben hätte, der von Klimaaktivist*innen verursacht worden war.

Das ließ vollkommen außer Acht, worum es sich bei dem Protest der Aktivist*innen eigentlich gehandelt hatte. Dass an dem Tag Menschen innerhalb eines Staus einen Auffahrunfall hatten, ist absolut furchtbar, keine Frage. Diese Unfälle passieren aber tagtäglich, ohne dass sie thematisiert würden. Im Falle eines Auffahrunfalls bei einer Baustelle sind ja auch nicht diejenigen für den Unfall verantwortlich, die die Baustelle eingerichtet haben.

Am **7. Juni 2018** wurde Suresh Oraon in Jharkhand, Indien, im Alter von 27 Jahren ermordet. Seine Gruppe aus dem Dorf Kusum Tola hatte verschiedenste Proteste gegen die Kohlemine Purnadih organisiert, die die Lebensgrundlage von ca. 1.000 indigenen Subsistenzbäuer*innen bedroht.

Die Bedenken

Trotz dieser politischen Sichtweise haben wir uns natürlich gründlich mit den Sicherheitsrisiken dieser Aktionsform auseinandergesetzt: Ablenkung durch Sichtkontakt, Vollbremsung und Unfall. Das wäre quasi das Worst-case-Szenario. Uns waren aber keine bestätigten Fälle bekannt, bei denen die Ablenkung durch eine Protestaktion eine Gefahrensituation herbeigeführt hätte. Und das blieb auch nach der Aktion so – gleichwohl die Polizei im Nachhinein dazu aufgerufen hatte, sich im Falle von »Beinahe-Unfällen durch starkes Bremsen« bei ihnen zu melden. Dennoch, Autobahnen sind gefährlich und alle erdenklichen Sicherheitsmaßnahmen müssen bei der Vorbereitung berücksichtigt werden.

Wir durchliefen in der Bezugsgruppe also eine lange sowohl technische als auch emotionale Vorbereitungsphase in Bezug auf verschiedene Szenarien, inklusive Gesprächen mit Menschen, die bereits Erfahrungen mit dieser Aktionsform gesammelt hatten.

Eine gute technische Vorbereitung soll die Wahrscheinlichkeit eines Unglücks minimieren. Die Möglichkeit eines Unfalls, wird sie auch noch so gering gehalten, muss aber auf jeden Fall mit bedacht werden, und eine eventuelle emotionale Aufarbeitung sollte Teil der Vorbereitungen sein.

Die Räumung

An dem Ort, an dem ich geräumt wurde, hingen fünf Leute von der Brücke. Die Polizei stoppte den Verkehr unter uns, und schließlich kamen noch ein SEK*-Team, ein Höheninterventionsteam und die Feuerwehr dazu. Dieser Aufmarsch schien leicht überdimensioniert. Wir wurden schließlich alle von der Brücke abgelassen, nachdem im Vorfeld bereits alle Beteiligten auf der Brücke abgedrängt und zum Teil in Gewahrsam genommen worden waren.

Die juristische Repression

Nach der Festnahme gaben wir unsere Personalien nicht an und wurden in Gewahrsam genommen. Dort wurde uns als Grund unserer Gewahrsamnahme »Verdacht auf Nötigung und gefährlichen Eingriff in den Straßenverkehr« vorgehalten.

Die Lektüre der Presse in den nächsten Tagen und Wochen zeigte uns, dass das Innenministerium auf schwere Vorwürfe und auch Verurteilungen drängte. Es könne schließlich nicht sein, dass solche Aktionen

2018 protestierten die Einwohner*innen von Ahvaz, Iran, gegen Staubstürme, Stromausfälle, sowie die Misswirtschaft der Regierung. Sie machten ihre immer größer werdenden Versammlungen in den sozialen Medien bekannt. Die Weltgesundheitsorga-

Zufahrt zur IAA in Frankfurt wird blockiert 2019, BN: Tim Wagner

straffrei blieben. Ich fand den Kommentar von Hessens Innenminister dazu ganz passend, der meinte, das sei »ein gezielter Angriff auf die Infrastruktur« gewesen.

Unsere Aktion war meines Wissens nach die erste Aktion dieser Art, bei der »Nötigung« als Vorwurf ausgetestet wurde. Das wurde dann bei der Haftprüfung vom Amtsgericht Frankfurt auch so bestätigt und wird nun auch bei vergleichbaren Aktionen als Vorwurf herangezogen. Für all jene, die ihre Personalien nicht angegeben hatten, wurde eine Untersuchungshaft verfügt, da sie, Zitat aus dem U-Haftprotokoll, »In der Anonymität eines illegalen Zeltlagers des Dannenröder Forsts untertauchen« könnten und somit Fluchtgefahr bestünde. Die U-Haft wurde erst nach Angabe der Personalien aufgehoben.

Der Vorwurf des gefährlichen Eingriffs in den Straßenverkehr wurde, wie schon bei vorherigen (und nachfolgenden) vergleichbaren Aktionen,

nisation hatte Ahvaz 2015 zur am stärksten verschmutzten Millionenstadt der Welt erklärt.

bereits bei der ersten Haftprüfung am Amtsgericht Frankfurt fallengelassen – die Autobahn erstreckt sich definitionsgemäß eben nur bis zu
4,70 Meter über den Boden – wir hingen weiter oben.

Weitere Autobahnaktionen

Wie willkürlich die Verhängung von U-Haft war, zeigte sich in den
darauffolgenden Monaten. Die Aktionsform des Abseilens wurde von
zahlreichen Gruppen aufgegriffen. Meistens kamen Menschen noch
am selben Tag frei, selbst wenn sie die Angabe von Personalien verweigerten. Gerade in Corona-Zeiten zeigte sich eine weitere Stärke dieser
Aktionsform: Viele kleine Gruppen konnten dezentral und bei sich vor
Ort aktiv werden. Autobahnen führen in Deutschland schließlich an
jedem kleinen Kaff vorbei.

Es ist leicht, diese Aktionen in die Medien zu bringen, da mindestens
im Verkehrsfunk die Staus erklärt werden. So bespielten Aktivist*innen
im November 2020 bundesweit sieben verschiedene Autobahnen. Bei
einer koordinierten Autobahnaktion im April 2021, die anlässlich der
Verkehrsminister*innenkonferenz rund um Bremen stattfand, wurde
auch inhaltlich auf ein autonomes Vorgehen Wert gelegt. Jede Gruppe
veröffentlichte eine eigene Pressemitteilung – der Presse fiel es schwer,
diese Komplexität zu verstehen und so wurde in einigen Zeitungen kurzerhand das Label einer einzigen Gruppe dem kompletten Aktionstag
übergestülpt. Wir waren scheinbar alle von XR.

Anlässlich der Auto-Messe IAA im September 2021 in München, wurden die Straßen rund um die Stadt lahmgelegt. Dieses Mal auch, um die
Anreise zur Messe zu erschweren.

Seit Anfang 2022 wurden mehrere »Abseilaktionen« erfolgreich als
angemeldete Versammlung durchgeführt. Auch hierfür veranlasste die
Polizei die Sperrung der jeweiligen Autobahnen. Eine Anklage mit dem
Vorwurf der Nötigung folgte natürlich in keinem der Fälle. Die beteiligten Ordnungsbehörden bestätigten damit, dass die Aktionsform als
vollkommen legale Versammlung gewertet werden kann.

Aller guten Dinge sind zwei, drei oder viele?

Ich glaube, dass sehr viele Menschen sich fragen, wie zielführend das
ist, was sie tun. Mir hilft die Vorstellung, dass die Auswirkungen von
Aktionen jeglicher Art im Zusammenspiel mit allen anderen Einfluss-
faktoren und Akteur*innen drumherum einfach nicht vorhersehbar
sind. Und darum lohnt es sich, von verschiedensten Ecken und Enden an

---

2018 begann eine kleine Gruppe von Dorfbewohner*innen aus Jenjarom, Malaysia,
illegale Aktivitäten von Recyclingfabriken zu filmen; sie schickten das Beweismaterial
an die Medien und gründeten die »Kuala Langat Environmental Association« gegen

ein Thema heranzugehen, alles Mögliche auszuprobieren und zu sehen, was daraus wird.

Ob ich mich wieder von einer Autobahn abseilen und ein Banner halten werde, hängt davon ab, ob diese Aktionsform zum politischen Ziel passt. Wenn der Kontext stimmt und die Aktion gut vorbereitet ist, dann lohnt sich das. Aber zum reinen Selbstzweck sollten »Autobahnabseilaktionen« nicht werden.

Leseempfehlung

Strategien und Aktionsideen von Aktivist*innen für Aktivist*innen:

Thompson, Clara / Rosswog, Tobi / Sundermann, Jutta / Bergstedt, Jörg: Aktionsbuch Verkehrswende – Acker, Wiese & Wald statt Asphalt. München: Oekom Verlag 2021.

den Import von Müll aus reicheren Ländern. Ihre Anklagen führten zur Schließung vieler Recyclingfabriken.

Pappschild statt Ticket
Kostenlos Bahn fahren

Fahrkarten schließen systematisch arme Menschen von der Nutzung öffentlicher Verkehrsmitteln aus. Wer sich die Preise nicht leisten kann, kommt kaum vom Fleck. Deswegen ist vor allem kostenloser Nahverkehr eine der umweltpolitischen Forderungen, die am ehesten anschlussfähig für Leute in prekären Lebenssituationen sind.

Darüber hinaus kann es eine wirkliche Verkehrswende weg vom Auto nur mit einem attraktiven, also auch enger getakteten Nahverkehrsangebot geben. Solange Autofahren billiger oder ähnlich teuer ist wie der ÖPNV, muss mensch sich nicht wundern, wenn überall mit Privatautos herumgefahren wird. Der beste und einfachste Weg, Leute zu motivieren, mehr Busse und Bahnen zu benutzen, ist an der Preisschraube zu drehen. Sind die Tickets gleich völlig kostenlos, fallen die Gesamtkosten geringer aus, denn auch der bürokratische Aufwand wird weniger: Automaten, Kontrolletis und Fahrkartensysteme werden obsolet. Die übrigen Kosten ließen sich problemlos aus Steuergeldern finanzieren, wenn man nur aufhörte, Dieselautos und Luftverkehr zu subventionieren.

Was passiert eigentlich, wenn man einfach ohne Ticket Zug fährt und erwischt wird?
Sobald eine kontrollierende Person eine*n ohne Ticket erwischt, wird sie die persönlichen Daten notieren und einer*m üblicherweise ein Dokument mitgeben, auf dem steht, dass man ein erhöhtes Beförderungsgeld zahlen soll.

Dies ist rechtlich gesehen keine Strafe, sondern nur ein sehr teures Ticket. Wenn man jedoch mehrfach ohne Ticket erwischt wird oder das

Im **Dezember 2018** begann die Firma Radiant Lagoon mit den Rodungen für eine Ölpalmenplantage in Malaysia. Um die Rodungen zu stoppen, errichteten Angehörige der betroffenen Penan, Berawan und Tering Straßenblockaden. Sie berichteten, dass sie

Verkehrsunternehmen (oder hinzugezogene Polizist:innen) es sinnvoll erachten, erhält man zusätzlich eine Anzeige. Denn das ticketlose Fahren wird von staatlicher Seite als »Erschleichen von Leistungen« (§ 265a StGB) gewertet.

Ob man angezeigt wird oder nicht, hat aber erst einmal nichts damit zu tun, ob man das Ticket nachträglich bezahlt hat oder nicht. Wird man wegen »Erschleichung von Leistungen« verurteilt, kann die Strafe aber nicht bezahlen, landet man ersatzweise im Knast. Das macht die Strafverfolgung beim Umsonstfahren noch absurder: 8,6 % der gesamten Verurteilungen im Jahr 2019 erfolgten wegen Leistungserschleichung und in manchen großstädtischen Gefängnissen ist jede*r Dritte wegen Umsonstfahrens inhaftiert (z.b. in Berlin-Plötzensee). Für denselben Preis, den der Staat an drei Tagen für eine*n Inhaftierte*n im Knast ausgibt, lassen sich in einigen Städten Jahreskarten für den öffentlichen Nahverkehr erstehen.

Was kann man tun? Der Trick mit dem Schild
Gegen die Bestrafung wegen Leistungserschleichung kann man sich kreativ wehren. Einige Aktivistis fahren z.B. immer mit einem Schild, auf dem »ich fahre ohne Ticket« oder »ich fahre umsonst« steht, und verteilen dabei Flyer für eine Verkehrswende und den Nulltarif.

Das hat den Hintergrund, dass nur das Erschleichen von Leistung strafbar ist. Die Argumentation vor Gericht ist dann: »Erschleichen« sei es ja nur, wenn man es heimlich macht. Aber wer beim Umsonstfahren ein sichtbares Schild trägt und sogar noch erklärende Flyer verteilt, macht ja das genaue Gegenteil. Repressionsmaßnahmen beinhalten aber immer auch Willkür: Etliche Beschuldigte wurden aufgrund dieser Argumentation freigesprochen, andere mithilfe juristischer Verrenkungen verurteilt.

Sich gegenseitig vor Kontrollen warnen
Eine kollektive Möglichkeit Ticketkontrollen zu umgehen, sind sogenannte Ticketfrei-Bots oder -Gruppen. Mit dem Ticketfrei-Bot kann man gemeinsam Kontrolletis überwachen und sich gegenseitig vor Kontrollen warnen – bisher leider nur über Twitter, Telegram, Mastodon oder E-Mail.

Wer eine solche Kontrolle in U-Bahn, Bus oder Straßenbahn beobachtet, kann über einen der Kanäle eine Nachricht an den Bot schreiben. Der Bot warnt dann auch alle anderen Nutzer*innen.

---

vorab über die Rodungen auf ihrem Gebiet nicht einmal informiert worden waren. Die Proteste setzen sich bis heute fort.

Ein derartiger Bot funktioniert logischerweise erheblich besser, wenn viele mitmachen – und wenn ein Bot dann gut läuft, kann man auch andere Verkehrswende-Aktionen darüber bewerben. Wer für seine Stadt ebenfalls einen Ticketfrei-Bot betreiben will, kann sich einen zusammenklicken, siehe https://ticketfrei.0x90.space. Natürlich ergänzen sich diese beiden Formen auch ganz gut. Man kann z.b. mit Schild in ein Verkehrsmittel einsteigen, und wenn man die Nachricht bekommt, dass es gleich eine Kontrolle geben wird, sich überlegen, ob man eventuell noch aussteigen kann und will.

Außerdem sind die Gespräche über den Nulltarif eine gute Gelegenheit, um mehr Leute für den Bot zu begeistern, was wiederum die Zuverlässigkeit des Bots erhöht. So wird das, was für Einzelne nützlich ist, direkt mit dem verbunden, was gut für alle ist. Das Schöne daran ist, dass der Einstig sehr niedrigschwellig ist und es somit unpolitischeren Menschen leicht macht, etwas zur freien Mobilität für alle beizutragen.

Im **Januar 2019** organisierten Vanessa Nakate und andere Jugendliche in Kampala, Uganda, einen der ersten Schulstreiks fürs Klima in einem MAPA-Land. Ein Jahr später skandalisierte sie, dass sie als einzige Schwarze Aktivistin aus einem Pressefoto herausgeschnitten worden war. Sie machte vielen *weißen* Fridays for Future-Aktivist*innen

Widerstand gegen die weißen Riesen
Kreuzfahrtschiffe (k)entern!

Content Note: Am Ende des Textes werden Räumung, Gewahrsam und eine gefährliche Situation bei der Räumung geschildert.

Wir sind alle gut drauf, machen Witze und lachen, während wir in die Kanus steigen. Wir paddeln los, finden unseren Takt und sehen schon bald das Kreuzfahrtschiff Zuiderdam. Groß, stählern und kalt. Dreckiger Rauch kommt aus dem Schornstein. Wir scheinen die ersten zu sein und warten in sicherer Entfernung. Plötzlich tauchen die anderen an der Kieler Promenade auf. Ein paar Dutzend Menschen in Neoprenanzügen mit angemalten Gesichtern und Schlauchbooten im Schlepptau. Ich muss schmunzeln. Gemeinsam versammeln wir uns mit diesem chaotischen Haufen vorm Schiff. Ein Mensch paddelt auf einer Luftmatratze in Form einer Ananas vorbei. An den Schiffstauen hängen Menschen in knallroten Hängematten. In den Booten im Wasser tummeln sich über 50 Menschen und am Ufer ziert ein Banner den Kran, der das neue Kreuzfahrtterminal bauen soll. Die Polizei wird bis spät abends brauchen, um alle Blockaden zu räumen.

Die Aktion im Sommer 2019 war die erste Blockade eines Kreuzfahrtschiffs in Deutschland und sie schaffte es bundesweit in die Medien. Selbst in anderen europäischen Ländern und den USA wurde darüber berichtet. Sie setzte das Thema Kreuzfahrt im Schleswig-Holsteinischen Landtag auf die Tagesordnung und der Oberbürgermeister Kiels musste sich in einer Talkshow dafür rechtfertigen, wie der Ausbau des Kreuzfahrtterminals mit dem kürzlich ausgerufenen Kieler Klimanotstand zusammenpasst. Wenn es seither in Kiel ums Klima geht, dann wird oft im selben Atemzug auch die Kreuzfahrt als ein Problem benannt.

Diese Aktion war zwar die erste aus Deutschland, die internationale Aufmerksamkeit erregte, aber der Beginn der Proteste gegen Kreuz-

erstmals bewusst, dass die Klimakatastrophe für MAPA-Länder keine zukünftige, sondern eine gegenwärtige Krise ist.

fahrten war sie nicht. So wird in Venedig seit mindestens 2002 gegen Kreuzfahrtschiffe in der Lagune protestiert. In den letzten Jahren als Zusammenschluss unter dem Namen »no grandi navi« (keine großen Schiffe). Denn dort lässt der Wellenschlag der Schiffe die Fundamente der Stadt wegbröckeln, und durch die einfallenden Tourist:innen werden Venezianer:innen aus dem Stadtzentrum vertrieben. Des Öfteren bewerfen protestierende Einwohner:innen die Schiffe mit faulen Tomaten. 2017 wurde ein Kreuzfahrtschiff mit einer Protestparty aus Dutzenden Booten und einem Floß blockiert. Die Verfahren dazu zogen sich in die Länge und beteiligte Aktivist*innen wurden 2021 zur Zahlung von 20.000 Euro Strafe wegen Störungen des Schiffsverkehrs aufgefordert.

Die jahrelangen Proteste und die Drohung der UNESCO, Venedig auf die Negativliste für gefährdetes Weltkulturerbe zu setzen, zeigen inzwischen Wirkung: Die Kreuzfahrtschiffe dürfen nicht mehr bis ins historische Stadtzentrum fahren, und es wird, auch durch Corona befeuert, darüber diskutiert, ob die Stadt überhaupt noch auf Kreuzfahrttourismus setzen sollte.

In Kiel begannen die Proteste weniger konfrontativ: Im Frühjahr 2018 stehen wir mit einer Handvoll Leuten an der Hafenpromenade und verteilen Flyer. »40% Rabatt auf ihre nächste Kreuzfahrt« *prangt in bunten Lettern auf der Vorderseite. Daneben ein strahlend weißes Schiff. Nur wenn man genauer hinguckt, erkennt man, dass das* »AIDA«*-Logo auf den Flyern nicht ganz dem Originallogo gleicht – für die kleine Änderung haben wir uns entschieden, damit AIDA uns nicht wegen Verwendung ihres Firmenlogos anzeigen kann. Genauer hingucken tun aber die wenigsten, und die Flyer werden uns förmlich aus der Hand gerissen. Auf der Rückseite findet sich dann die Erklärung dazu, wodurch es der Kreuzfahrtbranche gelingt, immer billigere Fahrten anzubieten.*

Die Schiffe fahren auf offener See mit Schweröl, einem Abfallstoff aus der Petrochemie. Dieser Treibstoff hat eine miese CO_2-Bilanz und verpestet die Luft mit Feinstaub und anderen krebserregenden Stoffen. Und die Kreuzfahrerei führt die koloniale Ausbeutung fort: Die Passagier:innen kommen zumeist aus reicheren Ländern des Globalen Nordens, während die Arbeiter:innen zumeist aus ärmeren Ländern wie bspw. den Philippinen stammen. Die Arbeitsbedingungen sind miserabel. Die Arbeiter:innen haben kaum Rechte und müssen für zwei Euro pro Stunde bis zu 70 Stunden in der Woche arbeiten. Möglich wird das dadurch, dass die Schiffe nach den Gesetzen der Staaten operieren dürfen, unter deren Flagge sie gemeldet sind. Das bewirkt auch, dass die Reedereien

---

Am **16. Januar 2019** besetzten 50 Menschen der afro-kolumbianischen Gemeinde Roche einen Teil des Kohletagebaus Cerrejon in La Guajira, Kolumbien. Sie verlangten Respekt vor ihren Rechten und wollten Druck aufbauen für Verhandlungen mit den

verschwindend geringe Steuern zahlen und die Sicherheitsmaßnahmen dürftig sind. Man sollte meinen, dass seit dem Untergang der Titanic jedem Menschen an Bord ein Platz auf einem Rettungsboot zugedacht wird. Das ist allerdings nicht der Fall. Stattdessen soll ein Großteil der Menschen an Bord im Notfall auf aufblasbare Rettungsinseln verfrachtet werden, die nicht sonderlich stabil und kaum manövrierfähig sind. Die Passagier:innen lassen sich von diesen Fakten offensichtlich nicht aufhalten. Durch die Corona-Pandemie gab es zwar einen deutlichen Einbruch, aber abgesehen davon, steigen die Kund:innen-Zahlen seit Jahren. Dies spiegelt sich auch darin wieder, dass die Schiffe immer größer werden. Das weltweit größte Schiff, die »Symphony of the Seas«, kann bis zu 6.870 Passagier:innen aufnehmen.

Der deutsche Umweltverband NABU wendet sich mit seinen Kampagnen direkt an die Passagier:innen. 2011 verlieh er den Umwelt-Negativpreis »Dinosaurier« stellvertretend für die ganze Hochseeschifffahrt zwei Kreuzfahrtunternehmen und führte die »Mir stinkt's«-Kampagne durch, um auf das Problem der Schiffsabgase aufmerksam zu machen. Ebenso veröffentlicht der NABU jedes Jahr ein Kreuzfahrtranking und bewertet Kreuzfahrtschiffe nach ihrer Klima- und Umweltschädlichkeit. In den ersten Jahren schnitten alle Schiffe durchweg schlecht ab, inzwischen haben einzelne Schiffe eine bessere Umweltbilanz als die Konkurrenz.

Dass solche Kampagnen die Passagier:innen erreichen, zeigt sich an den Gesprächen, die wir bei Kundgebungen in Kiel führten. Einige wissen durchaus um die Klimaschäden, wollen aber trotzdem ihren »hart verdienten« Urlaub genießen. Letztendlich sollte es auch nicht darum gehen, einzelne Menschen für ihren Lebensstil zu beschämen, sondern darum, das ganze System aus Kapitalismus und neokolonialem Konsum infrage zu stellen. Deswegen zielten andere Aktionen auch direkt auf die Unternehmen ab.

2016, Hannover, TUI Aktionär:innenversammlung. Nervös knibbel ich an meinen Notizzetteln herum. Mit meinen zerschlissenen Klamotten und meinem jungen Alter passe ich nicht so recht in diese Umgebung. Um mich herum lauter Anzugträger:innen, im Vorraum ist ein Buffet aufgebaut und im Hauptraum eine riesige Bühne. Wer hier redet, dessen Bild wird im ganzen Gebäude übertragen und sogar auf dem Klo sind die Stimmen der Redner:innen zu hören. Ich werde eine dieser Redner:innen sein. Die kritischen Aktionär:innen haben mir heute ihre Stimme gegeben.

---

multinationalen Konzernen Anglo American, BHP und Glencore, denen Cerrejon, eine der größten Minen der Welt, gehört.

Der Verband der kritischen Aktionär:innen hat es sich zur Aufgabe gemacht, Stimmzettel von Aktionär:innen an Aktivist:innen zu verteilen. Wenn man einen solchen Stimmzettel hat, darf man zu allen Aktionär:innen sprechen, und der Konzern ist verpflichtet, alle Fragen, die man stellt, wahrheitsgemäß zu beantworten. Theoretisch. Bei anderen Aktionär:innenversammlungen wurde Redner:innen schon das Mikro aus der Hand gerissen, der Ton abgestellt und es kam zu Tumulten, weil Menschen die Bühne besetzten. Bei TUI verlief es ruhiger. Seit 2016 waren wir schon einige Male dabei. Der Konzern hat uns jedes Mal in Ruhe ausreden lassen. Oft kamen die Hälfte aller Reden von uns. Diese freundliche Aussitz-Strategie fügt sich elegant in die anderen Greenwashing-Maßnahmen der Kreuzfahrt-Konzerne ein.

Diese werben groß mit kleinen Veränderungen wie Glasflaschen an Bord, anstatt sich tatsächlich mit den Schäden zu beschäftigen, die sie verursachen. Vermeintliche Verbesserungen wie die Landstromanlage in Kiel – an der die Schiffe sich wie an eine übergroße Steckdose anschließen können – helfen nicht viel. Denn die Schiffe sind nur einen Bruchteil ihrer Zeit im Hafen. Auf hoher See wird weiter Schweröl verbrannt. Zudem muss auch der Landstrom irgendwo herkommen – Ökostrom ist teuer und die Frage, ob wir in Zeiten des Klimawandels eine touristische Attraktion versorgen sollten, die so viel Energie verbraucht wie eine Kleinstadt, wird gar nicht erst gestellt. Einige Schiffe werden auf LNG (liquified natural gas) umgestellt. Dabei handelt es sich um flüssiges Erdgas. Das ist zwar bei der Verbrennung CO_2-ärmer, hat aber eine ebenso schlechte Klimabilanz, wenn man die gesamte Produktionskette betrachtet.

Letztendlich bleibt das Credo der Branche: Was die Profite schmälert, wird nicht gemacht, außer es besteht gesetzlicher Druck. Wenn dann ausnahmsweise gesetzliche Vorgaben umgesetzt werden, feiert die Branche die eigene »Umweltfreundlichkeit«. Noch schwieriger wird es dadurch, dass die Branche global agiert und einfach in andere Häfen umzieht, wenn es irgendwo zu unbequem wird. Dagegen braucht es ebenso global vernetzte Proteste. Angesichts der Profite verwundert es nicht, dass Proteste gegen Kreuzfahrt nicht gern gesehen werden. Auch bei der Blockade der Zuiderdam 2019 war schnell die Polizei vor Ort und versuchte mit der Räumung zu beginnen.

Die Bullen kommen wieder, diesmal mit Verstärkung. Fahren an ein Boot heran um das Boot abzuschleppen. Dann springen die Menschen aus dem Boot. Die Bullen nehmen das Boot mit, aber die Menschen bleiben im Was-

Von Anfang 2019 bis Mitte 2020 vernichteten Heuschreckenschwärme große Teile der Ernten vieler Länder zwischen Indien und dem Horn von Afrika. Millionen Menschen litten Hunger. Heuschreckenplagen treten durch den Klimawandel häufi-

Blockade eines Kreuzfahrtschiffes in Kiel 2019, BN: Fotograf*in unbekannt

ser. Wir sind gekommen, um zu bleiben, ob mit oder ohne Boot. Sie kommen wieder, fahren in eine Gruppe Boote und schwimmender Menschen mit ihrem Motorboot hinein. Fahren Menschen an, über Menschen drüber. Alle schreien. Die Stimmung wird gereizter. Die Bullen merken, dass das eine dumme Idee war, wenden und drehen unverrichteter Dinge wieder um. Ich will zu meinen Freund:innen, springe aus dem Kanu ins Wasser und schwimme zu ihnen. So schwimmen wir zusammen vor diesem riesigen Schiff, über uns der metallene Rumpf, mit ein paar sich über die Reling lehnenden Passagier:innen.

Die Bullen um uns herum beobachten uns und scheinen ihre bisherige Taktik aufgegeben zu haben. Sie versuchen nun, das Schiff von einem Schleppschiff rausziehen zu lassen. Erfolglos, wir positionieren uns vor dem Schlepper, versuchen, die Übergabe des Seils zu verhindern. Dabei werden wir fast zwischen dem Schlepper und einem Poller der Schiffsanlegebrücke eingeklemmt. Das Seil wird trotzdem übergeben.

Der Schlepper fährt los, ein paar von uns klammern sich an das Seil. Die erste Person wird mitsamt dem Seil aus dem Wasser gezogen, lässt sich aber aus einem Meter Höhe fallen. Das Seil spannt sich immer schneller, der nächste Mensch wird aus dem Wasser gezogen. Alles geht unglaublich schnell. Die Person hat einen Klettergurt um, macht sich damit am Tau fest und wird mehrere Meter mit dem sich spannenden Seil aus dem Wasser geschleudert. Daraufhin wird das Seil plötzlich gelockert und der Mensch fällt mit dem Seil klatschend ins Wasser zurück. Unendlich lange Sekunden später taucht er wieder auf. Die Person wurde von dem sinkenden Seil mehrere Meter unter Wasser gezogen, konnte sich dann unter Wasser lösen

---

ger auf, u.a. weil starke Regenfälle zu explosionsartigem Wachstum der Schwärme führen können.

und an die Oberfläche kommen. Der Versuch, das Kreuzfahrtschiff mit dem Schlepper zu verbinden, wird aufgegeben.

Die Zeit vergeht, immer mehr Polizei kommt, die Feuerwehr ist mit einem Großaufgebot da und auch unser Support ist da. Die ganze Uferlinie ist voll mit Menschen, die uns zurufen, uns zujubeln. Inzwischen ist es Abend. Da immer mehr Boote von der Polizei aus dem Wasser gezogen werden, haben wir es uns auf dem Wulstbug (einer tropfenförmige Auswölbug an der Spitze großer Schiffe) gemütlich gemacht. Jetzt beginnt auch ein Sondereinsatzkommando (SEK)* damit, uns zu räumen. Sie sehen professionell aus, wirken total unaufgeregt. Kurz bevor wir in Greifweite der Bullen auf ihrem Boot sind, springen wir ins Wasser und schwimmen weg.

Ein Mensch vom SEK geht ins Wasser, schwimmt auf mich zu. Ich schwimme ein paar Züge, bleibe dann aber an Ort und Stelle. Ich schaue ihn an, suche den Blickkontakt. Er wirkt sehr ruhig und gelassen. Ich nicke ihm zu, er kommt an, umgreift meine Brust im Rettungsschwimmer*innen-Griff und schleppt mich zum Boot ab. Ich steige selbstständig ein und werde zum nächsten Steg gefahren.

Ein Teil der Aktivist:innen musste nach der Aktion eine Nacht in Gewahrsam. Die Polizei weigerte sich, anonymen Menschen Beschlagnahmungsprotokolle zu geben. Die Boote wurden beschlagnahmt, teils zerstört und teils verkauft. Anfänglich wurde auch versucht, die Aktivist:innen anzuzeigen. Knapp die Hälfte hatte jedoch erfolgreich ihre Personalien verweigert und die Verfahren gegen identifizierte Personen wurden nach zwei Jahren eingestellt.

Insgesamt war die Blockade eine sehr gelungene Aktionschoreographie, die auch auf den vorherigen Protesten aufbaute. Denn dadurch, dass es schon in den Jahren zuvor in Kiel Flyer und Kundgebungen gegen die Kreuzfahrten gegeben hatte, konnten wir argumentieren, dass dies offensichtlich noch nicht genug gebracht hatte und es daher konfrontativere Aktionsformen brauchte. Auch bei anderen Klimagruppen in Kiel ist das Thema seit der Blockade spürbar präsenter. Bei FFF-Demos wird das Thema auf vielen Plakaten sichtbar gemacht und im September 2021 konnte unter Zusammenarbeit mit anderen Klimagruppen in Kiel zum zweiten Mal ein Rave gegen Kreuzfahrt veranstaltet werden.

Aus der ehemaligen Baustelle im Kieler Hafen ist leider inzwischen ein voll ausgebautes Terminal mit Glasfront geworden. Daneben die Landstromanlage, auf der permanent Greenwashing-Werbung von der »klimafreundlichen Kreuzfahrt« aufblinkt. Trotz der frischen Brise haben sich heute mehrere hundert Menschen hier versammelt. Tagsüber fanden Workshops

---

Im **Februar 2019** blockierten Angehörige von 33 indigenen Gemeinden in Salinas Grandes, Argentinien, die Zufahrt zu einer geplanten Lithium-Mine. Im weiteren Verlauf der Auseinandersetzungen waren die Unternehmen gezwungen, das Projekt auf-

statt, in einer Ecke steht immer noch ein großes »Kreuzfahrtschiffe versen-
ken«-Spiel aus Pappe. Gerade hören alle gespannt einem Poetry Slam zu.
Einer der Dichter*innen greift geschickt das Motto der Party »Raven gegen
Kreuzfahrt« auf. Er fände ja für Kiel »Möwen gegen Kreuzfahrt« passen-
der, aber Raben sind ja auch schöne Tiere. Ein anderer fantasiert darüber,
den von seiner Scholle vertriebenen Eisbär einfach zu den Passagier:innen
aufs Schiff zu setzen. Später werden alle mit Maske und Corona-Abstand zu
Techno-Beats tanzen. Froh, trotz Corona eine Möglichkeit zum Zusammen-
kommen zu haben. Gemeinsam widerständig gegen Kreuzfahrt.

Leseempfehlung

Standardwerk der Kreuzfahrtkritik. Meyer-Hentrich entwickelte sich vom Kreuz-
fahrer zum scharfen Kritiker der Branche: Meyer-Hentrich, Wolfgang: Wahnsinn
Kreuzfahrt – Gefahr für Natur und Mensch. Berlin: Ch. Links Verlag 2019.

zugeben. Lithium ist der wichtigste Bestandteil von Akkus für z.B. E-Autos, Handys
und Computer.

Die coolsten Vögel bleiben am Boden

Der Flugindustrie die Flügel stutzen

Der Flughafen Berlin/Brandenburg (BER) war schon lange vor seiner Eröffnung weit über die Stadtgrenzen hinaus berühmt. Und zwar vor allem dafür, dass diese Eröffnung fast zehn Jahre lang einfach nicht stattfand. Doch wer hinter den immer wieder verschobenen Terminen und immer weiter nach oben korrigierten Kostenrechnungen Missmanagement, Korruption oder gar Täuschungen der Öffentlichkeit vermutet hatte, wurde im Juli 2019 eines Besseren belehrt: In einem Bekenner*innenvideo enthüllten ein paar Pinguine, dass sie jahrelang an entscheidenden Stellen die Bauarbeiten sabotiert hatten und beanspruchten damit den Verdienst für Berlins bisher effektivste Klimaschutzmaßnahme. Selbstbewusst verkündeten sie: »Die coolsten Vögel bleiben am Boden.«

Mit dem Video, dass mittels Untertiteln auch für menschliche Zuschauer*innen verständlich gemacht wurde, trat die Gruppe »Am Boden bleiben« erstmals in Erscheinung. Die »Pinguine« von »Am Boden bleiben« verstehen sich als aktivistische Gruppe, die sich für die sofortige und vor allem drastische Reduktion des Luftverkehrs einsetzt. Sie kämpfen »gegen das grenzenlose Wachstum, die Profitinteressen und das Greenwashing der Luftfahrtindustrie und die Tatenlosigkeit des politischen Systems, das diese gewähren lässt und unterstützt«.

Als der BER im Herbst 2020 dann doch noch den Betrieb aufnahm, blockierte »Am Boden bleiben« zusammen mit 300 weiteren »coolen Vögeln« die Eröffnung des Hauptflughafenterminals symbolisch unter dem Motto: »BER – Blockieren, Einstellen, Recyceln«, um zu verdeutlichen, dass in Zeiten der Klimakatastrophe keine fossilen Verkehrs-

---

Am **14. März 2019** traf der Zyklon Idai auf die Küste von Mosambik. Nur sechs Wochen später folgte der Zyklon Kenneth. In Mosambik, Malawi und Simbabwe starben über 1.300 Menschen, Millionen wurden obdachlos und mussten fliehen. Zum ersten

großprojekte mehr eröffnet werden dürften. Erste Erfahrungen mit symbolischen Blockaden in Flughafenterminals hatten einige Pinguine bereits im Jahr zuvor an dem anderen Berliner Flughafen in Tegel gemacht. Dort forderten etwa 80 Pinguine die sofortige Einstellung von Kurzstreckenflügen, während die Polizei draußen eine großräumige effektive Blockade um den Flughafen errichtete, indem sie den einzigen Zufahrtsweg zum Flughafen sperrte und Ticketkontrollen auf der Suche nach Aktivisti durchführte – vielen Dank dafür nochmal, Team Blau! ;). Wenn die Pinguine nicht gerade an Flughäfen herumwatscheln, erfreut sich »Am Boden bleiben« auch anderweitig der kreativen Auseinandersetzung mit dem Thema Fliegen. Seit Winter 2021 gibt es z.b. das Bullshitflüge-Quartett, ein Kartenspiel, mit dem die verschiedenen Dimensionen der Ungerechtigkeit des Fliegens sichtbar gemacht werden sollen. Denn Fliegen ist nicht nur klimaschädlich, sondern auch in extremer Weise sozial ungerecht und rassistisch: Etwa 80% der auf der Welt lebenden Menschen haben noch nie in einem Flugzeug gesessen. Von den Menschen, die fliegen, ist wiederum ein Prozent für die Hälfte aller kommerziellen Luftfahrtemissionen verantwortlich. Wenige Vielfliegende heizen also das Klima auf Kosten aller auf.

Es ist höchste Zeit, dass nicht nur coole Vögel am Boden bleiben! Es ist höchste Zeit für einen radikalen Wandel hin zu einem sozial- und klimagerechten Mobilitätssystem – und vielleicht für ein Museum des fossilen Kapitalismus am BER.

Mal seit Beginn der Aufzeichnungen haben zwei starke tropische Wirbelstürme die Region innerhalb der gleichen Saison getroffen.

Covid, Klima, Kapitalismus
Die Katastrophe im Zeitraffer?

Es ist November 2021. In Deutschland beginnt gerade die vierte Corona-Welle. Bald ist es zwei Jahre her, dass die Pandemie in Wuhan ihren Anfang nahm und die Welt erst mal so reagierte wie immer: Wuhan? Nie gehört. Ach so, in China, also uninteressant, um nicht zu sagen egal. Während Deutschland sich über einen Kinderchor im WDR aufregte, der es wagte, »Meine Oma ist 'ne alte Umweltsau« zu singen, nahmen in Wuhan das Sterben und die Abriegelung der Stadt ihren Lauf. Aber schon zwei Monate später sahen wir in den Nachrichten die LKWs mit den Corona-Toten in Bergamo, die Leichenhallen in New York City, die Karnevalsgesellschaft in Heinsberg und die Après-Ski-Parties in Ischgl.

Die Fridays und viele andere Jugendliche gehörten zu den ersten, die forderten: »Listen to the science!«. Und tatsächlich setzten Politiker*innen viele Forderungen der Wissenschaft um. Es brauchte zwar noch eine Weile, aber schließlich wurden viele Länder erst mal »heruntergefahren«. Thomas Gsella hat Anfang März 2020 ein treffendes Gedicht geschrieben:

Die Corona-Lehre[1]
Quarantänehäuser sprießen,
Ärzte, Betten überall
Forscher forschen, Gelder fließen-
Politik mit Überschall
Also hat sie klargestellt:
Wenn sie will, dann kann die Welt
Also will sie nicht beenden

Am **17. April 2019** brennen 40 Anwohner*innen nach jahrelangen Protesten gegen den Sandabbau eines australischen Konzerns im Naturschutzgebiet Ranobe auf Madagaskar die Gebäude des Konzerns nieder, in denen Sandproben mit Ilmenit und Zirkon

Das Krepieren in den Kriegen
Das Verrecken vor den Stränden
Und das Kinder schreiend liegen
In den Zelten, zitternd, nass
Also will sie. Alles das.

Sehr bitter, aber leider nichts Neues. Was die zweite Strophe des Gedichts ausdrückt, ist seit langem klar: 811 Millionen Menschen hungerten im Jahr 2021, und es bräuchte nur zwei Prozent des Geldes, das die Staaten der Welt jedes Jahr für ihre Militärapparate ausgeben, um den Hunger innerhalb weniger Jahre dauerhaft aus der Welt zu schaffen.

Neu ist eher das, was die erste Strophe beschreibt: Im Frühling 2020 sah es ein paar Wochen lang so aus, als müssten tatsächlich einmal Profitinteressen hinter Menschenleben zurückstehen. Natürlich nur, weil Corona auch für reiche, *weiße* Bewohner*innen der Länder im Globalen Norden eine Gefahr darstellt. Trotzdem hatte die Situation das Potenzial, viel mehr Menschen die tödlichen Dynamiken des Kapitalismus bewusst zu machen, und die Menschheit hätte einen großen Schritt in Richtung seiner Überwindung gehen können. Bekanntlich ist das Gegenteil passiert. Reale Vereinsamung im Lockdown und ständige Social-Media-Aktivität erwiesen sich als perfekter Nährboden für aberwitzige und selbstreferenzielle Verschwörungsmythen rechter Schwurbler*innen. Parallelen zur Klimadebatte wurden schnell offensichtlich: Die neoliberale Rechte (das heißt Menschen, die das Prinzip, »Ich bin halt gern ein rücksichtsloses Arschloch«, zur politischen Meinung verklären) wollte so schnell wie möglich zum profitablen Business as usual zurück. Dafür bediente sie sich einer wissenschaftsfeindlichen und rassistischen Bubble als Drohkulisse. Die reaktionäre Hetze gegen jegliche vorbeugende Maßnahme machte auch eine dringend notwendige emanzipatorische Kritik schwierig, die dadurch viel zu kurz kam. So blieben Spielplätze monatelang gesperrt und viele Städte verhängten Ordnungsstrafen gegen Menschen, die länger als erlaubt spazierengingen oder im Park saßen, während in »systemrelevanten« Großraumbüros dicht an dicht gearbeitet wurde, es in den Tierfabriken fast wöchentlich zu neuen Virusausbrüchen unter den Arbeiter*innen kam, Schulen geschlossen blieben, weil unter anderem das Geld für Luftreinigungsgeräte usw. nicht bereitgestellt wurde.

Das verdeutlicht auch, warum die Forderung mancher Klima-Aktivist*innen, »was bei Corona geht, muss auch fürs Klima möglich sein«,

---

aufbewahrt wurden. Sie hatten die Presse zu der Aktion eingeladen und sich zuvor versichert, dass keine Menschen zu Schaden kommen würden.

zu kurz greift. Mehr Staat ist keine Lösung. Wir brauchen einen echten gesellschaftlichen Wandel, denn unter kapitalistischen Vorzeichen lassen sich weder die Klima- noch die Gesundheitskrise dauerhaft lösen.

Und natürlich stellten die Grundrechtseinschränkungen die politische Arbeit sozialer Bewegung auf den Kopf: Das Versammlungsrecht wurde massiv eingeschränkt, was die Polizei vor allem gegen verantwortungsvoll mit Maske und Abstand durchgeführte Kundgebungen, z.b. solche der Initiative »LeaveNoOneBehind!«, durchsetzte. Auffällig war der Unterschied im Umgang mit den teilweise riesigen rechten Aufmärschen von »Coronarebellen«, »Querdenkern« usw., denen der Weg selbst dann freigeprügelt wurde, wenn ihre Demos von Gerichten verboten worden waren.

Auch die Klimagerechtigkeitsbewegung wurde von den Einschränkungen schwer getroffen. Das Klimacamp im Rheinland und andere Camps fielen 2020 aus, das Programm des Klimacamps im Leipziger Land konnte nur digital abgehalten werden, mit großem Aufwand, aber auch großer Beteiligung. Wir gewöhnten uns daran, Plena und Veranstaltungen digital zu besuchen, und manche nächtliche Aktion ließ sich im Lockdown sogar leichter durchführen als sonst. Den Fridays nahm die Pandemie deutlich den Wind aus den Segeln, Online-Aktivismus konnte die großen Demos nicht ersetzen. Die Massenaktion »Shell must Fall« in den Niederlanden fiel aus, Ende Gelände schaffte es nur mit gewaltigem Aufwand eine Pandemie-kompatible Aktion im Herbst auf die Beine zu stellen.

Als Zucker im Tank riefen wir im Sommer zu Kleingruppenaktionen unter dem Motto »Aufstand mit Abstand« auf, und waren überrascht von der großen Resonanz. Viele Leute hatten offenbar Lust, im Kleinen in Aktion zu gehen, wenn im Großen so wenig möglich war. Insgesamt passierte dann doch erstaunlich viel in diesem Jahr: Das Thema Verkehrswende wurde schlagartig in der Bewegung groß, Autobahnblockaden kamen in Mode und der Danni wurde im Herbst zum zentralen Bezugspunkt der Bewegung. Und das, obwohl viele im Sommer zum ersten Mal von dieser Waldbesetzung gehört hatten.

Im weiteren Verlauf der Pandemie wurden viele Parallelen zur Klimakrise (und anderen Krisen im Kapitalismus) immer deutlicher. In mancherlei Hinsicht wirkt der Verlauf der Gesundheitskrise sogar wie eine Zeitrafferversion der ökologischen Katastrophe. International wurde Covid19 erst als Bedrohung ernst genommen, als das Virus nicht mehr nur in China grassierte, sondern in Europa und Nordame-

---

Am **25. Juni 2019** kippte ein Gericht die Baugenehmigung für das Kohlekraftwerk Lamu in Kenia. Soziale Proteste hatten das geplante 1.000 MW-Kohlekraftwerk verhindert. 30 lokale Gruppen von Betroffenen hatten drei Jahre lang mit landesweiter

rika angekommen war. Der auch auf Corona bezogenen wissenschafts-feindlichen Politik von regierenden Klimawandelleugner*innen wie Bolsonaro oder Trump fielen in der Pandemie Hunderttausende zum Opfer. Überall sind die Leidtragenden vor allem die ohnehin verwund-barsten Gesellschaftsmitglieder: BIPoC, arme und prekär beschäftigte Menschen, Wohnungslose, Kinder, Geflüchtete und Betroffene von häus-licher Gewalt. Wissenschaftler*innen bekommen Morddrohungen, weil sie von reaktionären Medien und Prominenten, die Angst um ihre Pri-vilegien haben, verächtlich gemacht werden. Und es wird immer klarer, dass die ökologische Katastrophe für die Häufigkeit und Heftigkeit, mit der Pandemien in Zukunft auftreten werden, eine maßgebliche Rolle spielt: Immer weniger Artenvielfalt und immer weniger Lebensraum für die letzten Wildtiere machen es Viren immer leichter, auf den Menschen überzuspringen.

Die globalen CO_2-Emissionen fielen im Jahr 2020 um sieben Prozent. Das ist ein Tropfen auf den heißen Stein, zumal sie im Jahr darauf wieder das Niveau von 2019 erreichten. Aber für ein paar Monate geschah etwas von dem, was dauerhaft passieren müsste: Kaum Flugverkehr, weniger Autos unterwegs, weite Teile der Industrie im Stillstand. Und wer in der Maisonne an der Erft spazieren ging, konnte mehrere Braunkohlekraft-werke gleichzeitig außer Betrieb sehen.

Doch während der Kapitalismus an manchen Orten eine kleine Pause einlegte, schlug er an anderer Stelle umso brutaler zu: Während Tausende Menschen auf der Flucht in den griechischen Lagern dahinvegetierten, Hartz-IV-Empfänger*innen mit lächerlichen Einmalzahlungen abge-speist wurden, reihenweise kleine Betriebe pleite gingen und ausgerech-net die am meisten benachteiligten Kinder im Distanzunterricht doppelt abgehängt wurden, wuchs die Zahl der Reichen und Superreichen sowie deren Vermögen. Der (äußerst klimaschädliche) Onlinehandel boomte überall auf der Welt in nicht gekanntem Ausmaß. In Deutschland »ret-tete« der Staat die großen Konzerne – und das ausdrücklich ohne die Subventionen und Kredite für die größten Klimazerstörer an irgend-welche Bedingungen zu knüpfen. Die Lufthansa stellte von Anfang an klar, sie verbitte sich jede Einmischung für ihre neun Milliarden Euro »Corona-Hilfen«, und die Autohersteller BMW und Daimler schütteten große Teile der erhaltenen Steuergelder einfach gleich als Dividende an ihre Aktionär*innen aus.

Krisen bieten fantastische Gelegenheiten für die neoliberale Umver-teilung gesellschaftlichen Reichtums von unten nach oben. Und wer

---

und internationaler Unterstützung in der Kampagne Save Lamu gegen das Kraftwerk gearbeitet.

dachte, dreister als die Autoindustrie könne sich kein Konzern bedienen, hatte die Rechnung ohne die Pharmariesen gemacht: Den Wettlauf um die Impfstoffe bezahlten nicht die großen Konzerne, sondern vor allem die öffentliche Hand über direkte Subventionen in Milliardenhöhe, aber auch über die Grundlagenforschung an den Universitäten. Die Gewinne gehen dagegen in der Regel zu 100% an die Unternehmen bzw. deren Aktionär*innen.

Aber viel schlimmer ist, dass die kapitalistische Logik in kaum einem anderen Bereich so unmittelbar tödlich wirkt wie bei der Vermarktung von Arzneimitteln. Zunächst einmal hätten wahrscheinlich viel früher Impfstoffe zur Verfügung gestanden, wenn die Forschungsprojekte nicht in Konkurrenz zueinander, sondern gemeinsam an deren Entwicklung gearbeitet hätten. Die Universität Helsinki hatte schon im Mai 2020 einen vielversprechenden »Open-Source-Impfstoff« entwickelt. Dieser wurde jedoch nie getestet, weil dafür ein paar Millionen Euro fehlten. Und seit die ersten Vakzine verfügbar sind, sorgen Patente dafür, dass die wenigen Konzerne, die sie liefern können, ihre Geheimrezepte nicht freigeben müssten. Damit sichern sich BionTech, Pfizer, Astra, Johnson und Johnson usw. weiterhin astronomische Profite, während gleichzeitig jeden Tag Tausende Menschen an Covid19 sterben.

Um es ganz deutlich zu sagen: Die Profitgier und die absurde Idee vom geistigen Eigentum töten in der Pandemie täglich Tausende Menschen. Indien, die »Apotheke der Welt«, könnte innerhalb weniger Monate die Kapazitäten aufbauen, um Hunderte von Millionen Dosen Generika-Impfstoffe herzustellen. Deswegen haben Indien und Südafrika bei der WTO beantragt, den Patentschutz für Covid19-Vakzine auszusetzen. Das wäre rechtlich ausdrücklich möglich. Das TRIPS-Abkommen, das das internationale Patentrecht regelt, ist zwar ein durch und durch kapitalistisches Vertragswerk zur Sicherung von Monopolmacht, aber es enthält eine Klausel, die es ermöglicht, in internationalen Krisensituationen Patente auszusetzen und die Versorgung der Weltbevölkerung mit lebensnotwendigen Gütern zu ermöglichen. Seit Mitte des Jahres 2021 sind sogar die USA dafür, diese sogenannten TRIPS-Waiver anzuwenden, was in der WTO aber weiterhin von der EU blockiert wird – maßgeblich auf Betreiben Deutschlands. Während sich hierzulande Ende 2021 bereits Menschen zum dritten Mal impfen lassen können, liegt die Impfquote in vielen afrikanischen Ländern noch bei unter fünf Prozent. Die reichen Länder verhindern nicht nur, dass billige Impfstoffe anderswo hergestellt werden können, sie kaufen auch die verfügbaren Vakzine

Am **24. September 2019** legte ein Hacker*innen-Angriff weite Teile der Waffenproduktion des deutschen Konzerns Rheinmetall an Standorten in Brasilien, den USA und Mexiko für mehrere Tage lahm.

auf (um dann gnädig ein paar Millionen davon an ärmere Länder zu spenden) und können so schneller wieder zum kapitalistischen Normalbetrieb zurückkehren. Währenddessen brechen im Globalen Süden ganze Volkswirtschaften zusammen, die dadurch die dringend benötigten Impfstoffe weniger denn je bezahlen können.

Dieser Zustand ist einer der größten und gleichzeitig offensichtlichsten Skandale in der gegenwärtigen Phase des Kapitalismus. Gerade in Deutschland, das eine Schlüsselposition bei der Aufrechterhaltung dieser Situation einnimmt, müsste der Kampf gegen die Patente (so reformistisch es klingen mag) ein zentrales Thema der sozialen Bewegungen sein. Ist es aber nicht. Es wurden zwar ein paar Demos und Petitionen gestartet, aber eine große Kampagne kam nicht zustande. Auch wir als Klimagerechtigkeitsbewegung haben nicht versucht, Menschen für diesen Kampf zu gewinnen, und das kommt einer Katastrophe gleich. Manch eine*r mag es unsexy oder wenig radikal finden, die Bundesregierung zu zwingen, ihre tödliche Blockadehaltung in der WTO aufzugeben. Aber das ist zynisch, denn es würde ganz konkret sehr viele Menschenleben retten. Und ein Etappensieg auf dem Weg zu Abschaffung der WTO könnte es allemal sein. Eigentlich ist es genau wie beim Kohleausstieg, ein konkretes und erreichbares Ziel, lange nicht ausreichend, aber ein notwendiger Schritt im Kampf gegen die ganz große Katastrophe: Die Pandemie, die Kapitalismus heißt.

Quellenangabe

1 Thomas Gsella: Die Corona-Lehre: CC BY-SA 3.0, https://www.dielinke-kreis-recklinghausen.de/start/aktuelles/detail-aktuelles/ein-gedicht-zum-nachdenken/

Allein im Jahr **2019** wurden 590.000 Hektar des Kongo-Regenwaldes und damit fast zwei Prozent seiner Gesamtfläche gerodet. Der zweitgrößte Regenwald der Welt erstreckt sich über sechs zentralafrikanische Länder und beherbergt eine beispiel-

Aufstand mit Abstand
Ein Bewegungsmoment in Zeiten des Stillstands

Der Anfang des Jahres 2020 wirkte auf uns noch wie irgendein x-beliebiger zuvor. Unsere Gruppe, eine kleine Klimagerechtigkeitsgruppe, traf sich wie immer wöchentlich zum Plenum. Viel war nicht los. Wir hatten ein paar kleinere Aktionsideen, und wie fast immer im Winter, waren Diskussionen über verschiedene gruppenspezifische Prozesse im Gange. Hauptsächlich warteten wir auf den Frühling und Sommer, um endlich wieder Aktionen machen zu können, ohne Gefahr zu laufen, uns eine Erkältung zu holen. Doch alles kam anders als erwartet. Corona brachte so vieles zum Stillstand, und auch bei uns schlief fast alles ein. Die Wochen und Monate zogen vorbei, ohne dass irgendetwas Nennenswertes passierte. Zum Sommer hin schien sich die Lage zu entspannen. Wir konnten uns wieder treffen, wenn auch nur draußen. Doch die Bedenken bezüglich der Infektionsgefahr bei Aktionen blieben bestehen. Und irgendwie schien es so, als hätten wir während des Lockdowns unsere Kampfeslust irgendwo verloren und noch nicht so recht wiedergefunden.

Dann kam die Idee vom »Aufstand mit Abstand«. Aktionstage, an denen überall kleine und große Aktionen stattfinden sollten – um herauszukommen aus der Lethargie, und trotz räumlichen Abstands zu fühlen, dass wir immer noch viele sind.

Also haben wir uns getroffen und uns Gedanken gemacht. Wir wollten wieder aktiv werden, aber wie konnten die Aktionstage sowohl coronakonform als auch anschlussfähig sein? Bei diesen Überlegungen sind wir auf das Konzept der Aktionsrallye gestoßen. Die Entscheidung war schnell getroffen und die Planung ging los.

lose Artenvielfalt. Die uralten Bäume speichern 30 % mehr CO_2 pro Hektar als die im Amazonas-Regenwald.

Baumbesetzung gegen Ausbau der B 404 während der Aktionstage 2020,
BN: Pay Numrich

Die Idee der Aktionsrallye ist, dass wir uns viele kleine Aktionsideen und Orte überlegen, um dann lokale Menschen dazu zu mobilisieren, in Kleingruppen durch die Stadt zu ziehen und hier und da ihren Protest möglichst kreativ und medienwirksam auf die Straße zu bringen.

Zuerst sollten ein paar Kernfragen geklärt werden: Welche Aktionsideen könnten Teil der Rallye sein? Welche Themen wollen wir ansprechen und welche Orte bespielen? Wie soll der Aufgabenzettel aussehen, wo wollen wir konkrete Vorschläge machen und wo Raum für Kreativität lassen? Wie sieht das eigentlich rechtlich aus? Und nicht zuletzt müssen organisatorische Punkte wie Treffpunkt, Aktionsmaterialien und Kommunikationskanäle besprochen werden.

Am Ende dieses Planungsprozesses waren wir uns einig: Selbst wenn die Rallye ein Reinfall werden sollte, hatte sich das Spinnen von Aktionsideen für uns bereits gelohnt. Auf den Aufgabenzettel kam dann alles,

Im **Mai 2020** bekräftigte der Rat der Wangan und Jagalingou im Galilee-Becken in Australien seinen Widerstand gegen die geplanten Projekte des Konzerns Waratah Coal. Das Galilee-Becken beherbergt riesige Kohlevorkommen und zahlreiche Minen, u.a. die Carmichael-Mine des indischen Konzerns Adani.

was niedrigschwellig und ohne große Vorbereitung durchführbar war. Neben der Liste mit Aktionsideen hatten wir auch eine kleine Aktionskarte erstellt, auf der lokale Kraftwerke, Tankstellen, das AfD-Büro und andere stadtpolitisch interessante Orte markiert waren. Für den Tag der Rallye wurde ein Treffpunkt für die Aktionsgruppen bekanntgegeben. Sie konnten sich dort Aufgabenzettel und die Karte abholen und zudem ein paar kleine Aktionsmaterialien wie Kreide, Sticker, Stencil-Schablonen und Pappschilder.

In unseren Augen war der Aktionstag ein voller Erfolg. Ein Teil der Orga-Crew konnte auch selbst an der Rallye teilnehmen und hatte sehr viel Spaß dabei, gemeinsam durch die Stadt zu ziehen, spontane Ideen umzusetzen, Botschaften mit Kreide zu verbreiten und Werbetafeln neue Inhalte zu geben. Das Feedback von anderen Gruppen war ähnlich: Die Aktionsideen waren vielfältig, sodass für alle etwas dabei war. Und vor allem war es schön, an einem heißen Sommertag gemeinsam unterwegs zu sein. Mal wieder aus dem Alltagstrott herauszukommen und aktivistisch die Stadt zu durchstreifen – sich in der Bezugsgruppe über Themen auszutauschen und dabei auch immer wieder die eigenen Aktionsformen zu hinterfragen. Was genau möchte man den Stadtwerken denn mitteilen, wenn man etwas mit Kreide vor ihre Einfahrt schreibt? Bringt das überhaupt irgendetwas? Was könnte man darüber hinaus tun, welche Aktionsformen hätten vielleicht einen größeren Effekt?

Ob sich auf der Rallye Bezugsgruppen gefunden haben, die längerfristig zusammen bleiben, wissen wir nicht. Aber allein schon die Motivation, die die Beteiligten mitgenommen haben, war die ganze Planung wert. Auch für unsere Gruppe selbst war die Aktionsrallye ein kleines Erwachen. Plötzlich schien wieder ganz viel möglich. Aus den Überlegungen zu den Aktionen in unserer Stadt, haben wir neue Energie geschöpft. Auch Ideen, die wir schon länger hatten, kamen wieder auf den Tisch. Gefühlt hatten wir mehr als genug Aktionsideen, um nie wieder in einen Lockdown-Trott zu verfallen.

Im Rahmen der Aktion »Aufstand mit Abstand« ist aber noch viel mehr passiert, was wir gespannt auf Twitter verfolgt haben. Unsere Rallye war längst nicht die einzige, in vielen Städten gab es kleinere oder größere Aktionen.

So richteten sich größer angelegte Blockadeaktionen gegen Kohlekraftwerke in Mannheim und Berlin sowie die Shell-Raffinerien in Wesseling. Und in Heidelberg wurde ein in Deutschland bisher fast völlig vernachlässigter Verursacher der Klimakatastrophe blockiert:

Am **23. August 2020** wurde in der Provinz Cotabato auf den Philippinen die indigene Aktivistin Bae Merlin Ansabu Celis von vier Angreifer*innen mit Macheten und Schusswaffen ermordet. Sie hatte kurz zuvor die Führung einer indigenen Organi-

die Zementindustrie. Sie ist verantwortlich für acht bis zehn Prozent der CO_2-Emissionen, Tendenz steigend. Aktivist*innen stiegen dem zweitgrößten Produzenten der Welt, dem deutschen Konzern HeidelbergCement, aufs Dach und betonierten sich im Eingangsbereich der Konzernzentrale die Füße ein. Die Aktion fand in Absprache und Solidarität mit den Betroffenen des Raubbaus im Kendeng-Gebirge in Indonesien statt. Dort kämpfen indigene Gemeinschaften seit vielen Jahren gegen Konzerne wie HeidelbergCement, die den Regenwald roden und die Kalksteingebirge abtragen.

Es war schön, zu sehen, wie viel an diesem Wochenende passiert ist, wie viele Menschen für Klimagerechtigkeit aktiv geworden sind. Obwohl alle an unterschiedlichen Orten waren und wir Klimacamps und Massenaktionen in diesem Sommer sehr vermisst haben, verbreitete sich unter uns ein Gefühl von Gemeinschaft und Zusammengehörigkeit mit den Aktivist*innen der anderen Aktionen. Wir haben es geschafft, zusammen sichtbar zu sein – räumlichem Abstand und Corona zum Trotz.

---

sation übernommen, die Widerstand leistet gegen den illegalen Holzeinschlag von Unternehmen, die Bananenplantagen errichten.

Ausblicke —
Lichtblicke

False Solutions
Welche Klimascheinlösungen verhindern den echten Wandel?

Winning slowly is the same as losing.
Bill McKibben

Warum stimmt, was Bill McKibben sagt? Weil die Klimakrise eine fortschreitend eskalierende Krise ist. Je weniger heute getan wird, desto größer wird sie. Was zählt, ist die absolute Menge an ausgestoßenen Treibhausgasen sowie die Geschwindigkeit, mit welcher der Ausstoß an Treibhausgasen gesenkt wird. Doch die Lücke zwischen dringend nötiger und tatsächlicher Reduktion dieser Emissionen ist riesig, und statt sofortigen, drastischen Maßnahmen stehen ferne »Netto-Null«-Ziele auf der Tagesordnung. Die Ergebnisse der COP26 in Glasgow im November 2021 spiegeln das wider: So wurde abermals das so dringend benötige Ende der Förderung und Verbrennung von Kohle, Öl und Gas nicht verbindlich beschlossen.

Obacht, Scheinlösungen!
Bei einigen, wenn nicht den meisten Vorschlägen, die stattdessen von Regierungen und Konzernen favorisiert werden, handelt es sich um Klimascheinlösungen. Erdgas beispielsweise ist keine »Brückentechnologie«, sondern fossile Energie, und wegen der Methanemissionen bei der Förderung, Lagerung, Transport sowie dem Verbrauch genauso umweltschädlich wie Kohle. Flüssigerdgas (LNG) wird oft durch klimaschädliches Fracking gewonnen, das durch den Einsatz von Chemikalien Böden und Grundwasser gefährdet.

Zudem geschieht das häufig auf Territorien indigener Gemeinschaften, die dadurch von ihrem Land vertrieben werden. Statt darauf hinzuarbeiten, den Energiebedarf zu senken und erneuerbare Energien auszubauen, wird vermehrt auf Technologien gesetzt, die CO_2 wieder

Am **19. Oktober 2020** protestierten die Einwohner*innen der Ifite-Gemeinde in Anambra, Nigeria gegen ihre Vertreibung für einen neuen Flughafen. Sie blockierten die Zufahrtsstraße und warfen der Regierung vor, sie mit dem Raub ihres Landes gezielt verarmen zu wollen.

aus der Atmosphäre holen sollen, sogenanntes Carbon Dioxide Removal (CDR). Auch der Weltklimarat geht in seinen Szenarien von diesen Technologien aus. Eine Technologieform des CDRs sieht vor, CO_2 aus Industrieabgasen »einzufangen« und in unterirdischen Lagerstätten zu speichern. Noch existieren die Technologien dafür jedoch nicht in größerem Maßstab, und es ist unklar, ob sie jemals im erhofften Umfang funktionieren werden.

Zudem sind sie selbst energieintensiv, kostspielig und mit unübersehbaren Folgen und Risiken für Menschen und Ökosysteme verbunden. So kann CO_2 beispielsweise durch Lecks wieder in die Atmosphäre entweichen oder das Grundwasser verschmutzt werden. Die Strategie, »jetzt emittieren, später mit CDR aufräumen«, ist daher mehr als waghalsig.

Elektro-Kraftstoffe (E-Fuels, Syn-Fuels, Power-to-Liquid-Fuels) für Verbrennungsmotoren von Autos und Flugzeugen werden synthetisch aus Wasserstoff und CO_2 mittels Strom hergestellt. Der Haken dabei ist jedoch die enorme Energieverschwendung: Die Herstellung von Elektro-Kraftstoffen benötigt nicht nur sehr viel Energie, sondern weist zudem hohe Umwandlungsverluste im Motor auf, weshalb die Energieeffizienz sehr gering ist. Ein Auto mit Elektrokraftstoffen braucht fünfmal mehr Energie pro km als ein Elektro-Auto. Entsprechendes gilt für die Flugindustrie.

Um das in Deutschland getankte Kerosin mit (grünen) Elektro-Kraftstoffen zu ersetzen, müsste die gesamte deutsche erneuerbare Stromproduktion eingesetzt werden! Auch der Flugverkehr, als eine der emissionsreichsten Branchen, hofft, mittels Wasserstoff und Elektro-Kraftstoffen klimafreundlicher zu werden, wofür jedoch gigantische Mengen an Strom benötigt würden. Statt kostbare erneuerbare Energie für Elektro-Kraftstoffe zu verschwenden, müssen wir den Flugverkehr und Energiebedarf insgesamt massiv verringern und nur, wo es unvermeidbar ist, elektrische Antriebe nutzen.

Ähnlich sieht es für die Nutzung von Wasserstoff in Verbrennungsmotoren aus. Kurzfristig fehlt die erneuerbare Energie, um fossile Energieträger durch mit Ökostrom produzierten Wasserstoff zu ersetzen. Langfristig soll H_2 in der Stahlproduktion, der chemischen Industrie und als Elektro-Kraftstoff eingesetzt werden.

Aufgrund dessen wird zunehmend in Betracht gezogen, fossile Brennstoffe (wie Erdgas) und Atomkraft angeblich übergangsweise als »Brückentechnologie« zur Herstellung von Wasserstoff einzusetzen. Dies könnte im Endeffekt sogar dazu führen, dass mehr Treibhausgase, ins-

Am **22. Oktober 2020** wurde die 63-jährige Gemeindeführerin Fikile Ntsts im Distrikt uMkhanyakude, Südafrika, erschossen. Sie hatte sich geweigert, eine Klage gegen eine Kohlemine zurückzuziehen. Das Haus einer anderen Familie wurde beschossen und weitere Gemeindeführer*innen erlitten Todesdrohungen und Mordversuche.

besondere durch Methanverluste, ausgestoßen werden. Es darf daher keinesfalls als Klimaschutzmaßnahme deklariert und vorangetrieben werden!

Das »kreative« Geschäft mit der Klimakrise

Schnell wird deutlich: Diese technologischen Scheinlösungen halten am Status quo und damit an fossilen Emissionen fest und verschieben dringend notwendige Maßnahmen zu deren Minderung in die Zukunft, statt die Probleme an der Wurzel zu packen.

Doch das »kreative« Geschäft mit der Klimakrise geht noch weiter, indem mit dem schlechten Gewissen von Menschen Profit gemacht wird. Immer mehr Konzerne nutzen beispielsweise das rechtlich nicht geschützte Label »klimaneutral«, ohne jedoch ihre Produktionsbedingungen zu verändern.

Statt die eigenen CO_2-Emissionen zu senken, wird versucht, die Emissionen durch Klimaschutzprojekte oder Aufforstungen anderswo »auszugleichen«. Diese Praxis der CO_2-Kompensationen wird auch »Offsetting« genannt. Neben der zahlreichen Kritik an Berechnung, Durchführung und tatsächlichem Nutzen dieser Projekte kann es dadurch auch zu Verletzungen indigener Rechte und zu Verlust von Biodiversität kommen. Emissionen in andere Länder, in denen Projekte günstig durchzuführen sind, auszulagern, verstärkt also auch neo-kolonialistische Ausbeutungsmuster:

Es steht Menschen im Globalen Norden nicht zu, Land in anderen Ländern zum »Ausgleich« eines Lebens im Überfluss zu beanspruchen! Dies geschieht bereits tagtäglich schon mehr als genug, u.a. für Ressourcen oder Lebensmittelanbau. Auch bei der Errichtung von sogenannten exklusiven Naturschutzgebieten findet sich dieses Muster wieder: Traditionelle Landrechte im Globalen Süden werden von den Institutionen oder Organisationen, die diese Gebiete ausweisen, häufig nicht anerkannt.

Dadurch können allein auf Naturschutz ausgerichtete Gebiete zu Menschenrechtsverletzungen wie etwa Vertreibungen führen. Gerne wird auch mit dem Buzzword Bioökonomie für scheinbar umweltverträgliches Wirtschaften geworben. Bioökonomie ist ein Sammelbegriff für Ansätze, welche den Wandel der Wirtschaft von fossilen hin zu biobasierten Ressourcen – aus nachwachsenden Rohstoffen wie Holz, Pflanzenfasern usw. – anstreben. Häufig wird damit jedoch nur Gleiches mit Gleichem ersetzt, jedoch kein Materialverbrauch reduziert. Es wird nicht

Im **Februar 2021** wanderten indigene Aktivist*innen der San in Namibia über Hunderte Kilometer nach Kapstadt, um gegen die Erschließung sämtlicher Öl- und Gasvorkommen im Kavango-Becken zu protestieren. Zuvor hatten die San den Schutz

beachtet, dass biobasierte Ressourcen nicht unbegrenzt verfügbar sind, also kein ungebremstes Wachstum ermöglichen. Auch Biotreibstoffe und Biomasse sind nicht klimaneutral, sondern verbrauchen Land und Energie. Solche und weitere Klimascheinlösungen kommen nicht von irgendwo her: Hinter dem aktuellen Interesse an naturbasierten Lösungen stehen u.a. fossile Konzerne in einer Allianz mit verschiedenen NGOs wie beispielsweise dem WWF, womit Greenwashing und ein wachsender Bedarf an Offsetting-Flächen verbunden ist.

Probleme dort sehen, wo sie sind

Es wird in den nächsten Jahren besonders relevant werden, Klimaschutzmaßnahmen, die soziale Verwerfungen nachsichziehen, als Scheinlösungen zu entlarven. Dazu gehört auch das Auslagern von Emissionen oder anderer Maßnahmen, was möglichst verhindert werden muss. Und Teillösungen müssen kritisch hinterfragt werden, wenn sie als vollumfängliche Heilsbringer kommuniziert werden. Was wir wirklich tun müssen, ist insbesondere den Globalen Norden unter die Lupe nehmen und ihn zu entsprechendem Handeln zwingen. Die reichsten zehn Prozent der Weltbevölkerung verursachen mehr als ein Drittel der weltweiten Emissionen, wie der im August 2021 geleakte IPCC-Report zeigt. Der öffentliche Diskurs dreht sich kaum um Reichtum, dabei zerstört dieser durch Überkonsum unseren Planeten: Das reichste Prozent der Erdbevölkerung wird seine Emissionen bis 2030 um 25% gegenüber 1990 steigern.

Allein diese Emissionen werden um das 30-fache höher sein, als es mit der 1,5-Grad-Grenze zu vereinbaren ist. Der Verbrauch der ärmeren Hälfte aller Menschen wird hingegen auch 2030 noch innerhalb des 1,5-Grad-Pfades liegen. Das heißt nicht, dass einzelne Menschen für die Zerstörung des Planeten verantwortlich sind, sondern etablierte Herrschaftsmuster und ein ausbeuterisches System, das Konzerninteressen vor alles andere stellt. Klimascheinlösungen haben keinen Gerechtigkeitsanspruch, sie folgen einem neoliberalen Bild von Natur und Menschen, und dienen in erster Linie dazu, dass Konzerne weiter hohe Profite machen und ihren Einfluss ausbauen können.

Und eines ist klar: Ungebremstes Wachstum führt zur Klimakatastrophe. Das wird jetzt auch aus den IPCC-Interna deutlich: Die Weltwirtschaft muss bis 2050 schrumpfen, um auch nur einen 2-Grad-Pfad nicht zu überschreiten. Statt steigende Profite für wenige und Wachstums-

---

der ihnen heiligen Tsodillo Hills erreicht. Dort finden sich u.a. 20.000 Jahre alte Felszeichnungen.

Blockade der Baustelle eines Gas-Kraftwerkes, das das VW-Werk in Wolfsburg versorgen soll. 2019, BN: Luca von Ludwig

zwang, brauchen wir eine Wirtschaft, die die Grundbedürfnisse aller Menschen befriedigt.

Für eine Gesellschaft, in der Einkommen und Vermögen gerecht verteilt und Menschen von unnötiger Arbeit befreit sind. In der Investitionen in öffentlichen Güter fließen, welche die Menschen für ihr Wohlergehen brauchen.

Was bedeutet das für die Klimabewegung?
Die hier skizzierte Debatte um Scheinlösungen wird sich weiter zuspitzen. Grund dafür ist, dass Profiteur*innen des Status quo mit aller Macht versuchen werden, ihre ausbeuterischen Praktiken fortzuführen.

Doch Wandel ist möglich! Soziale Kipppunkte, ähnlich wie die vielleicht bekannteren ökologischen Kipppunkte, sind Momente, in denen das brüchige System zum Einstürzen gebracht werden kann. Einzelne

Am **28. Februar 2021** wurden im Oman drei Umweltschützer*innen festgenommen. Die Aktivist*innnen hatten eine Kampagne für den Schutz der traditionellen Lebensweise und der Natur auf der Dhofar-Ebene ins Leben gerufen. Sie forderten die

Maßnahmen können die großen Zusammenhänge infrage stellen – ein erster Schritt hierzu kann das sofortige Ende von Investitionen in fossile Energie und Infrastruktur sein. Statt sozialen Aufstieg zu predigen, müssen wir Reichtum, insbesondere im Globalen Norden, endlich zur Verantwortung ziehen – und dabei solidarisch hinter den entscheidenden Kämpfen im Globalen Süden stehen.

Ein Beitrag der »Initiative Klimascheinlösungen«

Leseempfehlungen

Viele unserer Informationen entstammen der Website www.klimascheinloesungen.de von September 2021 sowie der dort verlinkten Quellen.

Marseille Manifesto von Indigenen und Nicht-indigenen Aktivisti (September 2021, auf Englisch): https://de.ourlandournature.org/manifesto

Der geleakte IPCC-Bericht dank der »Scientist Rebellion« (September 2021, auf Englisch): https://scientistrebellion.com/we-leaked-the-upcoming-ipcc-report/

Zum Szenario, wenn die Klimakrise wirklich als eine solche behandelt würde (November 2021, auf Englisch): https://www.currentaffairs.org/2021/11/what-would-it-look-like-if-we-treated-climate-change-as-an-actual-emergency/

Rücknahme eines Dekrets, das u.a. Weideland lokaler Kamelhalter*innen in Bauland umwidmet.

Reise für das Leben, Kampf für Autonomie

Gedanken zum Besuch der Zapatistas in Berlin

Die Tour mit dem Namen »Reise für das Leben« wurde im Oktober 2020 in einem Kommuniqué angekündigt, das aus den Bergen von Chiapas im Süden Mexikos in die ganze Welt geschickt wurde. Was als fast unmöglich erschien und was sich nur wenige von uns hätten vorstellen können, musste um möglich zu werden, eine kollektive Form annehmen.

Die Ankunft der Zapatistas in Europa über den Seeweg bedeutete eine Überquerung des Atlantischen Ozeans in entgegengesetzter Richtung, wie sie die Kolonialherren vor mehr als 500 Jahren eingeschlagen haben. Die Botschaft der Zapatistas war klar: Wir wurden nicht erobert! Gleichzeitig formierte sich in Europa ein überregionales selbstorganisiertes Kollektiv (das Netz der Rebellion) auf verschiedenen Ebenen – kontinental, regional und lokal.

Schon bald trafen viele derjenigen, die sich diesem Aufruf anschlossen, auf ihnen bis dahin unbekannte Personen und Kollektive. Politische und gewerkschaftliche Organisationen, feministische und antirassistische Kollektive, migrantische und nicht-migrantische Kollektive sowie Einzelpersonen kamen zusammen, um nicht nur den zapatistischen Kampf zu thematisieren, den Prozess zu gestalten und Themenschwerpunkte zu setzen, sondern auch, um über eine Realität, die dieser Besuch sichtbar machte, zu sprechen: die Kolonialisierung.

In Bezug auf das Deutschland von unten und links, und auf die in Berlin lebenden Kollektive und einsamen Aufständischen der Welt, fand ich die Bereitschaft, einen sicheren und warmen Raum zu bieten, der den Gewohnheiten und der Kultur jedes Einzelnen entspricht. Im Falle Berlins handelte es sich um eine horizontale Koordinierung. »Die Kollek-

Im **Mai 2021** stellten Wissenschaftler*innen neue Studien vor, nach denen ein unwiderrufliches Abschmelzen des grönländischen Eisschildes bereits unvermeidbar geworden sein könnte. Die riesigen Gletscher auf der Insel rutschen beim Schmel-

tive behalten im Allgemeinen notwendige Prinzipien des Widerstands wie die Praxis der Autonomie bei« (Eine Person aus der Orga Gruppe in Berlin).

In Europa selbst von Kolonialisierung zu sprechen, bedeutete erstens, Gruppen von BIPoC sowie rassifizierten und marginalisierten Menschen Platz zu geben. Zweitens bedeutete es auch, die Kämpfe zu beleuchten, die sich schon während der Kolonialzeit entfaltet haben, bis heute weitergeführt werden und in den Ländern des Globalen Nordens kein oder nur wenig Echo gefunden haben. Doch wie verstehen wir Autonomie, Territorium, Kapital und Patriarchat? All diese Begriffe markieren Übereinstimmungen und Unterschiede in den Diskussionen zwischen all denjenigen von uns, die ihre Energie darauf verwendeten, die Logistik für die Ankunft der Compañeros und Compañeras (Genoss*innen), sowie ein Programm von Aktivitäten und eine Struktur der Betreuung zu ermöglichen.

Ein Jahr nach dem Beginn des Organistationsprozesses, nach vielen Ungewissheiten, verweigerten Visa und neuen Mitteilungen, die uns mit Hoffnung erfüllten, sahen wir die Ankunft der verschiedenen Gruppen zapatistischer Genoss*innen in den Städten Deutschlands. In Berlin, von wo aus wir schreiben, konnten wir fast eine Woche mit ihnen verbringen. Es sollte eine Woche werden, in der wir uns gegenseitig ein wenig besser kennenlernen würden, mit unseren Kämpfen, Ängsten und Hoffnungen.

Die Notwendigkeit politischen Raum in Deutschland zu besetzen
Während des Besuchs der zapatistischen Delegation und der Genoss*innen des Nationalen Indigenen Kongress (Congreso Nacional Indígena, CNI) haben wir vor allem folgendes gelernt: Zuzuhören. Sich Zeit zu nehmen. Emotionen, Lernerfahrungen, Kampfgeschichten usw. zum Ausdruck bringen zu können, erfordert Respekt und Zuneigung.

Manchmal nehmen wir uns diese Zeit zwischen Organisation und Strukturarbeit jedoch nicht. Doch in dieser Woche hörten wir nicht nur von den Kämpfen um Land, Lebensmöglichkeiten und Rechte auf der anderen Seite des Atlantiks, sondern wir hatten auch Zeit, von unseren Kämpfen in Berlin als Migrant*innen zu erzählen. Die Erfahrung, als Migrantin in Berlin an der Koordination der Tour teilzunehmen, hat meine Vision des Kampfes, an dem ich als Frau und Mutter aus Mexiko von unten und links teilnehme, verstärkt. Es liegt an uns, Widerstand zu leisten, aus unseren Wohnorten oder »geografías« heraus lebendig

---

zen in immer tiefere (und damit wärmere) Luftschichten und verlieren dadurch noch schneller an Masse.

zu bleiben und uns mit den Kämpfen für die Würde des Lebens und die Verteidigung der Mutter Erde, die unsere Kämpfe sind, zu solidarisieren. Die Kämpfe von Migrant*innen-Kollektiven überschreiten Grenzen, weil wir als Migrant*innen jene Territorien vereinen, die getrennt sind. Indem wir den einen Kontinent in unseren Köpfen und Herzen tragen, auch wenn sich unsere Körper auf dem anderen Kontinent befinden.

Während wir mit anderen Migrant*innen-Kollektiven mit Bezug zu Lateinamerika gesprochen und sie besser kennengelernt haben, haben wir erkannt, dass wir alle über etwas besorgt sind, das in unseren Gebieten geschieht: die Zerstörung des Landes, der Hügel, des Dschungels, der Flüsse und des Lebens. Vor allem des Lebens der indigenen Bevölkerung, der aus Afrika Stammenden und der Verteidiger*innen unserer Territorien. Diese Zerstörung begann vor 500 Jahren mit der Kolonialisierung. Aber viele Indigene erinnern uns auch daran, dass sie sich seit 500 Jahren widersetzen und Gemeinschaften und Territorien pflegen. Im europäischen Kontext wird über die Klimakrise gesprochen und Demonstrationen für Klimagerechtigkeit füllen die Straßen.

Als Migrant*innen-Kollektive haben wir jedoch das Bedürfnis, darauf hinzuweisen, dass die Klimakrise auch eine soziale Krise ist, die die Länder des Globalen Südens seit Jahrzehnten betrifft. Die Dürren, Überschwemmungen und anderen Katastrophen, deren Zunahme in Europa vorhergesagt wird, treten bereits seit einiger Zeit in Ecuador, Mexiko, Guatemala, Chile, Brasilien, Haiti und vielen anderen Ländern auf. Die Dringlichkeit, das gegenwärtige kapitalistische System zu verändern, wächst.

Deshalb versuchen wir, auf die politischen Räume in Deutschland Einfluss zu nehmen, weil wir wissen, dass wir eine Brückenfunktion zwischen den Realitäten des Globalen Südens und des Globalen Nordens einnehmen und vor allem aufzeigen können, welche Zusammenhänge zwischen den Territorien dort und hier bestehen.

Deswegen bildete sich in der Vorbereitung der Reise eine Arbeitsgruppe namens »Recherche AG«, die untersuchen sollte, welche deutschen Unternehmen für die Zerstörung von Ökosystemen und Gemeinden in Lateinamerika durch Infrastruktur- oder Rohstoffabbauprojekte verantwortlich sind. Diese Informationen sollten die Grundlage bilden, um Straßenaktionen und andere Aktionen in Deutschland zu organisieren. Diese sollten Druck auf diejenigen ausüben, die Bergbauprojekte, den Verkauf von Pestiziden oder Waffen finanzieren oder fördern. So stießen wir auf ein Vorhaben, das zynischerweise »Tren Maya« (Zug

Am **25. Mai 2021** begingen Aktivist*innen aus vielen afrikanischen Ländern den Africa Day mit Demonstrationen gegen die East African Crudeoil Pipeline von Total. Die Proteste an Tankstellen in Benin, Togo, der DR Kongo, Uganda, Kenia, Ägypten,

Maya) genannt wird. Ein Projekt der mexikanischen Regierung, das den Bau einer 1.500 km langen Eisenbahnstrecke im Süden von Mexiko vorsieht. Die Gleise sollen durch den Regenwald Selva Maya und durch viele indigene Territorien und autonome zapatistische Gebiete verlaufen. Die Überraschung: Ein Tochterunternehmen der Deutschen Bahn, DB Consulting & Engineering, ist seit Ende 2020 an diesem Projekt beteiligt und erhält ca. acht Millionen Euro für die Beratung beim Bau der Gleise.

Wie will die DB ein Projekt rechtfertigen, das der lokalen Bevölkerung die wichtigste Lebensgrundlage und ein Stück ihrer kulturellen Identität nimmt: das Land? Ein Projekt, das die Wasserversorgung ganzer Bevölkerungsgruppen im Süden Mexikos gefährdet. Wie kann sie sich an einem Projekt beteiligen, das als militarisierte Barriere für zentralamerikanische MigrantInnen, die u.a. aufgrund der Klimakrise flüchten, fungieren wird? Das sind Fragen, die wir dem »grünen« Unternehmen aus Deutschland stellen wollten, und deshalb gingen wir auf die Straße.

Am 30. Oktober 2021 organisierten wir eine Demonstration, an der zwei Delegierte des CNI teilnahmen, die am eigenen Leib von diesem »Projekt des Todes« betroffen sind. Mit ihnen forderten wir die DB auf, sich aus dem Projekt »Tren Maya« zurückzuziehen, da dieses die Menschenrechte der indigenen und lokalen Bevölkerung im Süden Mexikos verletzt. In diesem ganzen Prozess, von der Organisation des Besuchs bis zur Organisation dieser Demonstration, haben wir erkannt, dass wir mehr solcher Stimmen in den Bewegungen für Klimagerechtigkeit in Deutschland brauchen.

Die Stimmen derjenigen, die an vorderster Front stehen und mit Leib und Seele die Gebiete verteidigen, die im Namen einiger weniger ausgebeutet werden. Ohne soziale Gerechtigkeit gibt es keine Klimagerechtigkeit.

Wir gehen weiter und lernen

Doch die Zeit verging schnell und die Besuche der zapatistischen Delegationen sind schon lange zu Ende. Was uns bleibt, ist die politische Gegenwart an dem Ort, den wir bewohnen: Berlin. Der Besuch der zapatistischen Genoss*innen und des CNI hat uns mehrere Dinge gezeigt: Einerseits ist es möglich, sich aus der Vielfalt heraus zu organisieren, mit Geduld, Zuneigung und Zeit; andererseits müssen wir unsere Kämpfe humanisieren und territorialisieren.

Unseren Aktivismus zu humanisieren, heißt, ihn nicht (selbst-)ausbeuterisch zu betreiben, sondern sich Zeit für einander, für die Kon-

Ghana und Nigeria prangerten die Menschenrechtsverletzungen und das Greenwashing des Konzerns an.

Delegation der Zapatistas zu Besuch in Berlin 2021, BN: anonym

flikte, aber auch für die schönen Momente (essen, tanzen, usw.) zu nehmen. Eine rebellische, widerstandsfähige Gemeinschaft zu bilden, sich kennenzulernen, Vertrauen aufzubauen. Sich die Zeit zu nehmen, Gemeinschaft zu weben, ist Teil der Territorialisierungskämpfe.

Wir wollen dies auch hier in Europa praktizieren, mit freiwilliger Gemeinschaftsarbeit in der uralten lateinamerikanischen Tradition der »Minkas«.

So versuchen wir, einen regelmäßigen Treffpunkt für migrantische Kollektive und Einzelpersonen aus Lateinamerika und Europa zu schaffen, wie »Ecuador Minka, Voces de Guatemala en Berlín«, »Kolumbien Kampagne«, »Perrxs del Futuro«, Fridays for Future, Ende Gelände, Parents for Future, Extinction Rebellion u.v.m.

Wir träumen von einem Raum, in dem wir uns kennenlernen können, in dem wir über die Kämpfe sprechen können, die wir durchmachen, über die Gründe, die uns dazu bewegen, etwas zu tun. In diesem politischen Raum wollen wir nach Verbindungen suchen, um uns gegenseitig dabei zu unterstützen, die Zerstörung des Territoriums, des Wassers und des Lebens zu bekämpfen und den rebellische Aufstand und die Lebensfreude von Berlin bis in die Länder von Chiapas blühen zu lassen.

Mehr als 30 Personen waren an der Organisation der Berlin-Tour beteiligt. Dieser Text stammt von drei Personen, die an diesem Prozess beteiligt waren und von den Gebieten geprägt sind, die wir heute als Mexiko, Ecuador und Guatemala kennen. Menschen aus dem Norden, der Mitte und dem Süden des amerikanischen Kontinents in Berlin.

Im **Sommer 2021** führten Rekordtemperaturen in Sibirien zu den größten Bränden seit Menschengedenken in der Taiga. Über 17 Millionen Hektar Wald wurden in die-

Leseempfehlung

Einen winzigen Einblick in das Universum des zapatistischen Politikverständnises bietet folgendes Buch: Kastner, Jens: Alles für Alle! Zapatismus zwischen Sozialtheorie, Pop und Pentagon. Münster: edition assemblage 2011.

Recherche zur Beteiligung deutscher Unternehmen am Tren Maya

Commons, Bewegungen, Brüche
Elemente einer revolutionären Transformation

Tausende Menschen in weißen Anzügen rennen über Felder, strömen an Polizeiketten vorbei, den Bahndamm hinunter auf die Schienen. Herzen pochen vor Aufregung, die sich langsam legt, in Erleichterung übergeht und in Freude.

Es wird gesungen, man macht es sich gemütlich, die Lunchpakete der KüfA werden ausgepackt. Megafon-Durchsagen berichten von anderen Fingern, die sich im Tagebau befinden, vielleicht auch von Kleingruppen, die mit Lock-Ons an anderen Orten die Schienen der Kohlebahn blockieren, und kündigen das erste Deliplenum an. Nach einer Weile sehen wir vielleicht, wie 2016 in der Lausitz, dass der Rauch, der aus den Kraftwerken kommt, immer weniger wird.

So oder so ähnlich spielten sich zahlreiche Aktionen der Klimagerechtigkeitsbewegung in den vergangenen Jahren in Deutschland und anderen Ländern ab. Dabei fühlen und erleben wir immer wieder aufs Neue: Auf uns kommt es an. Wir appellieren nicht an den Staat, sondern setzen uns, unsere Körper ein. Wir können diese zerstörerische Infrastruktur blockieren, wenn wir uns zusammentun, sei es in Massenaktionen oder in kleinen Bezugsgruppen.

Doch nach einiger Zeit kommen auch jedes Mal die Hundertschaften der Polizei, bewaffnet und hochgerüstet, eine erdrückende Übermacht. Sie räumen uns weg, tun uns weh, stecken uns in Gefangenensammelstellen. Was manchmal noch viel mehr schmerzt als die Schmerzgriffe der Polizist*innen, ist die Ohnmacht, die wir in solchen Situationen erfahren. Wenn wir sehen, dass die Züge nach der Aktion wieder rollen, die Kraftwerke wieder hochfahren, die Zerstörung weitergeht.

Am **15. Juli 2021** wurde in Kenia die 67-jährige Gemeindevorsitzende Joannah Strutchbury erschossen. Jahrzehntelang hatte sie Proteste für den Erhalt des Kiambu-Waldes und gegen die Vertreibung seiner Bewohner*innen organisiert. Sie hatte

Vermittelt über die Bilder und die Diskursverschiebung, die wir dabei produzieren, erreichen wir immerhin ein bisschen was. So wurde der Kohleausstieg 2038 beschlossen und dann auf 2030 »idealerweise« vorgezogen. Doch das ist immer noch viel zu wenig. Nicht nur kommen die Maßnahmen zu spät (wenn sie denn überhaupt kommen), sondern eine Form der Zerstörung wird nur durch eine andere ersetzt. Zum Beispiel gilt Gas nun als Brückentechnologie, feuert aber ebenso die Klimakrise an. Und wenn der Kapitalismus auf »grün« und »erneuerbar« umschwenkt, dann bedeutet dies nur die Ausbeutung weiterer Rohstoffe wie etwa Lithium, die durch neokolonialen Raubbau im Globalen Süden mit verheerenden ökologischen und sozialen Folgen gewonnen werden. Denn der Kapitalismus muss wachsen, die endlose Vermehrung von Kapital, zu der die Unternehmen durch die Konkurrenz angetrieben werden, kennt kein Maß und bedeutet stets Vernutzung von Ressourcen und Ausbeutung von Mensch und Natur. Selbst wenn wir Kämpfe gewinnen sollten, wie etwa den gegen die Braunkohle in Deutschland, dann verschieben sich die Probleme nur. Wenn wir es wirklich ernst meinen mit dem Ruf nach Klimagerechtigkeit, müssen wir unseren Blick weiten, indem wir nicht nur die konkreten Orte der Zerstörung in den Blick nehmen, sondern das Ganze, die Gesellschaftsform: den Kapitalismus.

Aber wie geht das, den Kapitalismus überwinden? Eines ist sicher, mittels des Staats geht es nicht. Nicht nur, weil er selbst ein Herrschaftsverhältnis darstellt, sondern auch, weil er ein integraler Bestandteil des Kapitalismus selbst ist. Um handlungsfähig zu sein, braucht der Staat Geld, das bekommt er aus Steuern und die fließen wiederum nur dann, wenn die Wirtschaft läuft, das Kapital sich also vermehren kann. Außerdem ist die Überwindung des Kapitalismus nicht nur eine Frage der politischen Macht, sondern vor allem auch die Frage, wie wir Produktion und Reproduktion organisieren, wie also die Dinge hergestellt werden, die wir zum Leben brauchen.

Wir müssen also Formen finden, unsere Re-/Produktion zu organisieren, in denen unsere Bedürfnisse nicht den Marktgesetzen und der Kapitalverwertung unterworfen sind. Im Kleinen gibt es diese Formen bereits, wofür manchmal der Begriff der Commons verwendet wird. Historisch waren das gemeinschaftlich genutzte Wald- und Weideflächen, heute werden damit auch Hausprojekte, Solidarische Landwirtschaft und z.B. auch freie Software bezeichnet. Hier werden Dinge kollektiv genutzt und verwaltet, die Bedeutung von Geld und Tausch wird zurückgedrängt. Auch in unseren Bewegungen sehen wir viele Commons: Bei einem Klimacamp teilen wir uns zahlreiche Ressourcen, entscheiden alle gemeinsam im Plenum und schnippeln in der Küche und putzen Kompostklos − nicht, weil wir dafür entlohnt werden, sondern weil es uns wichtig ist. Das bedeutet nicht, dass wir gar kein Geld mehr benutzen müssten, schließlich befinden sich diese Commons noch in einem kapitalistischen Umfeld, in dem die Dinge nur über Geld zu haben sind. Damit bleiben die Commons beschränkt, sie sind nur Keimformen, die ihre neue Qualität noch nicht voll entfalten können, aber sie leuchten als Ausblick auf eine mögliche Zukunft auf, die zumindest teilweise erlebbar wird.

Beschränkt bleibt diese neue Qualität auch dadurch, dass Patriarchat, Rassismus und andere Herrschaftsformen in uns fortwirken und von uns reproduziert werden. Eine Auseinandersetzungen mit diesen Verhältnissen ist somit unabdingbar. Sie bleibt jedoch innerhalb des Kapitalismus beschränkt, denn schließlich sind Rassismus und Patriarchat nicht nur individuelle Denk- und Handlungsweisen, sondern auch Strukturelemente der kapitalistischen Reproduktionsweise, die rassistisches und patriarchales Handeln nahelegt. In einer revolutionären Transformation müssen deshalb Selbstveränderung und Veränderung der Bedingungen Hand in Hand gehen.

Es geht bei unserem Vorschlag für eine revolutionäre Transformation also darum, die Bedingungen zu ändern, indem kollektive und individuelle Reflexionsprozesse angestoßen werden, Commons ausgeweitet und sie von ihren Beschränkungen befreit werden.

Bei dieser Ausweitung aber stehen uns die Eigentumsverhältnisse im Weg: Um die Dinge zu Commons machen zu können, müssen wir sie uns aneignen, sie den Händen von Privateigentümer*innen, die davon profitieren, entreißen. Dabei steht uns der Staat gegenüber, der mit seinem Gewaltmonopol, also seiner Polizei, Justiz usw., das Eigentumsrecht verteidigt. Doch selbst wenn es gelingt, uns etwas anzueignen, stehen wir vor dem Problem, die Vermittlung nach außen zu gestalten. Wenn ein Commons, wie etwa eine von Arbeiter*innen besetzte Fabrik, viele marktförmige Außenbeziehungen hat, können diese die Qualität der Commons stark beeinträchtigen. Denn wer Rohstoffe und Maschinen auf dem Markt einkaufen und die eigene Arbeit bezahlen muss, muss auch die Ergebnisse dieser Arbeit wieder als Waren verkaufen, muss also sich selbst verwerten.

Commons können sich im Kapitalismus deshalb nicht nach und nach auf einvernehmlichem Wege ausweiten. Vielmehr wird es einen revolu-

Am **8. August 2021** besetzten Anwohner*innen in Puebla, Mexiko, eine Fabrik der Danone-Tochter Bonafont, die ihnen 29 Jahre lang das Wasser für die Landwirtschaft geraubt hatte. Nach dem Stopp der Produktion erholte sich der Grundwasserspiegel

tionären Bruch geben müssen im Sinne einer massenhaften Aneignung innerhalb relativ kurzer Zeit, mit der auch die Vermittlung geändert werden und das Prinzip der Commons sich gesellschaftlich verallgemeinern kann.

Der Bruch ist nicht jederzeit machbar, sondern nur wenn eine große Anzahl an Menschen bereit dafür ist und ihn aktiv vollzieht; wenn das Alte – etwa in einer Krise – als nicht mehr akzeptabel erlebt wird und gleichzeitig Alternativen greifbar sind. Wir brauchen daher starke soziale Bewegungen, die den öffentlichen Diskurs und das Krisenbewusstsein beeinflussen können, die Menschen Angebote machen, sich zu organisieren, Commons zu bilden und sich für eine andere Gesellschaft einzusetzen. Globale Vernetzung und Solidarität sind dabei ebenfalls wichtig, denn der Bruch wird nur global erfolgreich sein können. All das schlummert bereits in der Klimagerechtigkeits- und anderen sozialen Bewegungen. Doch dieses Potenzial geht verloren, wenn vor allem Reformforderungen oder lediglich die Klimathematik ohne weitergehende Perspektive nach außen transportiert werden. Wenn wir uns stattdessen bewusst machen, dass das, was wir in diesen Bewegungen leben, das Potenzial hat, den Kapitalismus zu überwinden, dann können wir auch unsere Praxis viel mehr an diesem Ziel orientieren und auf eine revolutionäre Transformation hinwirken. Oft erscheint eine solche Perspektive schwer erreichbar oder gar unrealistisch. Aber wer hätte noch vor einigen Jahren gedacht, dass es uns gelingen könnte, den Hambacher Forst zu retten? Wer hätte vor 1994 gedacht, dass es in Chiapas eine selbstverwaltete Zone geben würde, mit einer unglaublichen Strahlkraft in den Rest der antikapitalistischen Welt?

Versuchen sollten wir es also allemal. Denn alle Versuche, den Kapitalismus zu reformieren, sind noch viel unrealistischer.

Leseempfehlungen

Einige grundlegende Gedanken zu Kapitalismuskritik, Transformation und einer commons-basierten Utopie, auf denen auch die Autorinnen dieses Textes aufbauen, in: Sutterlütti, Simon / Meretz, Stefan: Kapitalismus aufheben. Eine Einladung über Utopie und Transformation neu nachzudenken. Hamburg: VSA Verlag 2018.

Die System-Change-Seminargruppe veranstaltet online und offline Seminare zu diesen Themen. Mehr Infos dazu unter system-change.net

---

und aus der Fabrik wurde das Gemeindezentrum Altepelmecalli. Ein halbes Jahr später wurde das Projekt von der Bundespolizei brutal geräumt.

Glitzer am Horizont, Kohlestaub unter den Füßen

The end is near – so mag es manchen erscheinen. Neue Kriege werden forciert, Waffenexporte angekurbelt, über Laufzeitverlängerungen für AKWs und Kohlekraftwerke wird diskutiert. Die Corona-Pandemie hat sich zu einer andauernden Realität entwickelt und das katastrophale globale Gesundheitssystem einmal mehr offenbart. Das alles und vieles mehr ist zutiefst frustrierend. Mit »the end« meinen wir aber nur das Ende des Buches, nicht das Ende der Klimagerechtigkeits- und vieler anderer Bewegungen.

Denn es geht weiter! Kämpfe wurden geführt, ihre Geschichten geschrieben. Und jetzt kommt die Zukunft, in der neue Kämpfe ausgetragen, neue Geschichten erzählt und hoffentlich neue Erfolge gefeiert werden. Aus unseren Erfahrungen werden wir lernen. Der emanzipatorische Kampf für eine Welt ohne Diskrimierung, Ausgrenzung und Unterwerfung blüht.

Dieses Buch kommt jetzt zum Ende. Doch mit der Klimagerechtigkeitsbewegung ist es noch lange nicht vorbei.

... denn zum Kämpfen ist es nie zu spät

Sicherlich, die Klimakrise drängt mehr denn je zum sofortigen Handeln. Einige Kipppunkte wurden möglicherweise schon erreicht. Gerade sieht es so aus, als würde unsere Gesellschaft, vom Kapitalismus angetrieben, geradewegs in den Abgrund stürzen, und es ist alles andere als klar, ob es uns gelingt, das Ruder rechtzeitig wieder herumzureißen. Und was heißt schon »rechtzeitig«, angesichts der klimatischen Katastrophen, die bereits jetzt auf der Erde wüten? Dennoch glauben wir, dass es nie-

Am **11. August 2021** blockierten Mapuche vier Ölfelder in der Region Vaca Muerta in Argentinien. Die Gemeinden machen die Öl- und Gasindustrie für Dürren und Erdbeben verantwortlich und fordern ein Ende des Frackings, das »eine Umweltka-

mandem nützt, in ein resignierendes »Jetzt-ist-doch-eh-alles-zu-spät« zu verfallen.

Im Gegenteil: Je katastrophaler die Lebensbedingungen, desto wichtiger werden auch der Widerstand und die Utopien für ein gutes Leben. Denn es gibt auch ein (aktivistisches) Leben in der Krise. Und wie sollte die Welt von morgen besser werden, wenn nicht wir alle daran mitwirken?

... soziale Bewegungen und ihre Kämpfe sind wie ein Marathon, nicht wie ein Sprint

Politische Bewegungen brauchen einen langen Atem. Unmittelbare Erfolge sind oft nicht erkennbar und viele der Bewegungserfolge geraten wieder in Vergessenheit. Auf welcher der Wiesen, auf denen Atom- oder Kohlekraftwerke verhindert wurden, steht schon eine Erinnerungstafel? Erst wenn wir die Geschichte aus größerer Distanz betrachten – mehrere Jahre oder gar Jahrzehnte später – erkennen wir, was politische Bewegungen alles erreicht haben.

Wir hoffen, mit diesem Buch einen kleinen Beitrag dazu geleistet zu haben, dass die Geschichten der Klimagerechtigkeitsbewegung nicht in Vergessenheit geraten, sondern zu neuen und noch wirkungsvolleren Kämpfen anspornen.

... wir müssen das ganze System verändern

Denn was nützt es uns, wenn wir es zwar schaffen würden den Klimawandel zu begrenzen, aber der ganze restliche kapitalistische, ausbeuterische und rassistische Mist einfach weitergeht? Dann würde die Menschheit nur von der einen Krise in die nächste schlittern. Und selbst ohne absolut akute Krisen finden wir eine Welt voller diskriminierender Scheiße nicht besonders erstrebenswert.

Deswegen sollten und müssen wir unsere Aktionen nicht nur auf die Klimapolitik beschränken, sondern mit anderen Themen zusammendenken. Mit diesem Buch wollen wir auch verdeutlichen, wie wichtig es ist, Kämpfe zusammenzuführen und »Anti-Diskriminierung« nicht nur auf unsere Fahnen zu schreiben, sondern aktiv umzusetzen. Der Fokus des Buches liegt zwar auf der Klimabewegung in Deutschland, aber von Ländergrenzen wollen wir uns nicht aufhalten lassen. Unsere Solidarität gilt allen, die emanzipatorische Kämpfe führen – weltweit, ganz egal, innerhalb welcher staatlich konstruierten Grenzen ihr Kampf stattfindet.

---

tastrophe darstellt, die das Leben, die Gebiete, das Wasser, die saubere Luft und die Zukunft beeinträchtigt«.

Am Rand des Hambacher Walds, 2018, BN: Sophie Reuter

... es braucht Orte des Widerstands

Wenn sich eins über die Jahre gezeigt hat, dann, dass Bewegungen nicht ohne Begegnungsorte und Kristallisationspunkte des Widerstands auskommen. Lakoma, Pödelwitz, die zahlreichen Klimacamps, ob Kelsterbach, Hambi, Danni und hoffentlich noch lange Lützerath, das zum Zeitpunkt der Buchfertigstellung akut bedroht ist. Es braucht Orte des Zusammenkommens, um zu kämpfen, lachen, tanzen und leben. Ohne diese und andere teils schon vor Jahrzehnten erkämpften Freiräume, wäre die Bewegung nie so stark geworden, wie sie heute ist. In diesem Sinne freuen wir uns, der Waldbesetzung im Hambi zum 10-jährigen Jubiläum 2022 alles Gute wünschen zu können.

... es gibt noch viele Geschichten zu erzählen

Unser Fokus auf Graswurzelgruppen und Direkte Aktionen dürfte deutlich geworden sein. Natürlich gibt es etliche Akteur_innen, Aktionsfor-

Im **Oktober 2021** besetzten Indigene in den USA zum ersten Mal seit den 1970er Jahren das Bureau of Indian Affairs in Washington D.C. Sie forderten einen Stopp der Pipeline 3 und anderer fossiler Projekte auf ihren Territorien. Aktivist*innen

men, thematische Bereiche und somit Geschichten aus der Bewegung, die nicht im Buch abgebildet werden. Auch deswegen hoffen wir, dass ihr dieses Buch nicht nur lest, sondern als Inspiration für eure eigenen Aktionen versteht und dafür, eure Geschichten zu erzählen. Wir wollen mit dieser Reise durch die jüngere Geschichte der Klimagerechtigkeitsbewegung in Deutschland Mut machen, selbst aktiv zu werden oder zu bleiben und die Hoffnung auf eine bessere Welt nicht zu verlieren. Auch wenn es gerade in diesen Zeiten mal wieder schwerfallen dürfte, positiv gestimmt in die Zukunft zu blicken, sehen wir dennoch keine Alternative dazu, weiterhin für Klimagerechtigkeit und das gute Leben für alle Menschen zu kämpfen.

In diesem Sinne, bis zum nächsten Mal auf der Straße, bei der Besetzung, der Blockade, im Workshop oder woanders.

Zucker im Tank

Für Feedback zu diesem, unserem bislang ausführlichsten »Workshop« erreicht ihr uns unter: zuckerimtank@riseup.net oder über den Verlag.

Schreibt uns auch gerne, falls ihr Unterstützung bei eurer Aktionsplanung braucht, eine Buchlesung organisieren möchtet oder wir Workshops bei euch anbieten sollen. Workshops findet ihr auf https://zuckerimtank.net

kletterten auf den Fahnenmast der Behörde und hissten eine Flagge: »Konsultation ist keine Zustimmung«.

Glossar

Aktionskonsens Wird oft (in einem möglichst offenen Prozess) für Aktionen definiert, zu denen öffentlich mobilisiert wird. Idee ist, dass sich Menschen mit der Teilnahme an der Aktion auf bestimmte Verhaltensweisen einigen. Nicht unumstritten.

Allyship Praxis des Verlernens und Neubewertens, bei der eine Person in einer privilegierten und machtvollen Position versucht, in Solidarität mit marginalisierten Menschen zu handeln. Ausführlichere Informationen unter: https://theantioppressionnetwork.com/allyship/

Awareness(team) Englisch für »Bewusstsein«. Menschen, die ansprechbar sind, wenn andere in übergriffige oder unangenehme Situationen geraten. Das Team ist mit Betroffenen solidarisch und weist auf (strukturelle) Diskriminierungen hin.

Barrio Spanisch für »Stadtviertel«: Bezeichnet hier eine zusammenstehende Gruppe an Unterkünften. Auf Waldbesetzungen Baumhäuser, auf Klimacamps Zelte im selben Bereich. Oft mit eigenem inhaltlichen Schwerpunkt.

BIPoC Steht für Black, Indigenous, People of Color, im Deutschen für Schwarz, Indigen und Menschen of Color. Der Begriff ist eine politische Selbstbezeichnung von Menschen mit Rassismuserfahrungen.

Cis-Gender (Cis-Frau/Cis-Mann) Nach der Geburt werden die Kinder anhand der Genitalien als männlich, weiblich oder intersexuell eingeordnet. Hat ein Mensch die Geschlechtsidentität, die ihm bei der Geburt zugeordnet wurde, dann ist er cis-geschlechtlich.

COP Abkürzung für den nichtssagenden Begriff »Conference of the Parties«: Klimagipfel der Vereinten Nationen. Die COPs werden fortlaufend nummeriert.

Deli-Plenum Treffen von Delegierten, z.B. bei einer größeren Aktion oder Konferenz, in dem Entscheidungen, die alle betreffen, getroffen werden. Entscheidungsfragen werden an die Bezugsgruppen der Delis

---

Bis **2021** war der Wasserstand des Tschad-Sees gegenüber den 1960er Jahren um 90 % zurückgegangen. Damals hatte der See rund 30 Millionen Menschen mit Wasser versorgt. Der Tschad-See stellt ein herausragendes Symbol für Klimaungerechtigkeit

zurückgetragen, dort besprochen und in einem weiteren Deli-Plenum entschieden.

Degrowth Vereinfacht »Wachstumskritik«: Gegenmodell zum kapitalistischen Zwang des Wirtschaftswachstums. Meint jedoch auch Ausbau von notwendiger Infrastruktur wie z.B. den öffentlichen Verkehrsmitteln.

Dirks Abwertende Bezeichnung für Polizist:innen. Etablierte sich auf der Hambacher Forst Waldbesetzung, weil der zuständige Polizeipräsident aus Aachen Dirk Weinspach hieß.

Diskurs Gesellschaftliche Debatte zu einem bestimmten Thema z.B. in Medien, Bildungs- und Kultureinrichtungen usw.

Empowerment Der Prozess, selbstbewusster zu werden, die eigenen Rechte einzufordern oder für andere einzustehen.

Erkennungsdienstliche Behandlung (ED) Die Polizei führt eine ED durch, um bei unbekannten Personen die Identität herauszufinden oder um einfach mehr Infos über jemanden speichern zu können. Dabei werden u.a. Fotos gemacht und Fingerabdrücke genommen.

Ermittlungsausschuss (EA) Aktivistische Gruppe, die sich um rechtliche Arbeit kümmert. Bietet juristische Beratungen an und ist bei Aktionen telefonisch erreichbar. Behält den Überblick, wer wo in Gewahrsam ist.

Finger Zusammenschluss mehrerer Bezugsgruppen, die in großen Aktionen verschiedene Wege zum gleichen Ziel nehmen, um Absperrungen durch Polizeiketten zu umgehen oder durchbrechen zu können.

FLINTA* Sammelbezeichnung für alle Menschen, die nicht cis-männlich sind. Die Abkürzung steht für Frauen, Lesben, Intersexuelle, Nicht-Binäre, Trans Personen, Agender. Das Sternchen steht für alle, die sich nicht in diesen Kategorien wiederfinden.
   Diese Buchstabenkombination wurde immer wieder diskutiert, kritisiert und weiterentwickelt. Von Frauen zu Frauen&Lesben zu FLIT über FLINT zu FLINTA*. Seit neuestem auch komplett ohne cis-geschlechtliche Menschen nur TINA. Ein ausführliches Glossar zu Geschlecht und sexu-

---

dar: Die Menschen, die nun unter seiner Austrocknung leiden, haben die Klimakatastrophe am wenigsten mitverursacht.

eller Vielfalt gibt es unter: https://www.queerulantin.de/materialien/glossar/

Fracking Bezeichnet eine extrem klima- und umweltschädliche sowie energieaufwändige Methode zur Förderung von Erdöl und Erdgas.

Globaler Norden/Globaler Süden Definiert Regionen der Welt danach, ob sie geschichtlich und gegenwärtig von Kolonialismus und Ausbeutung profitier(t)en oder betroffen waren und sind.

G7/G8/G20 Gruppe der 7, 8 oder 20 Staaten, die sich bei regelmäßig stattfindenden Treffen ihrer Staats- und Regierungschefs sowie vieler Unterhändler*innen beraten und Absprachen treffen. Es handelt sich vornehmlich um Industrienationen. Ihre Treffen werden zumeist von Protesten begleitet.

Graswurzel/Graswurzel-Aktivismus Metapher für Basisbewegungen, also nicht durch Organisationen gelenkte, sondern selbstbestimmte Initiativen von unten.

Höheninterventionsteams Polizeieinheiten, die Klettertrainings besucht haben und für Räumungen in großen Höhen wie bspw. von Baumhäusern eingesetzt werden.

Indigen In der Satzung des World Council of Indigenous Peoples (WCIP) heißt es:»Indigene Völker bestehen aus Menschen [...], die von der frühesten Bevölkerung abstammen, die in diesem Gebiet überlebten und die als Gruppe nicht die nationale Regierung der Länder kontrollieren, in denen sie leben.« https://amnesty-indigene.de/begriff/

Indymedia Freies Nachrichtenportal im Internet in zahlreichen Sprachen, auf denen jede*r Nachrichten posten kann. Wird vor allem von Aktivist*innen genutzt.

Informelle Hierarchien Beschreibt Hierarchien, die auch in formal gleichberechtigten Gruppen, also solchen ohne»Chefs« usw., existieren.

Intersektionalität Grundidee des Schwarzen Feminismus, wurde 1989 von Kimberle Crenshaw im juristischen Kontext geprägt, bedeutet

Am **9. November 2021** blockierten fast 200 Anwohner*innen von Ntandwene in Swasiland Lastwagen des Unternehmens Inyatsi. Die Firma betreibt dort einen Steinbruch, der gemeinsam mit einem Flughafen und Straßenbauprojekten das Leben der

Kreuzung oder Schnittpunkt. Nimmt die Überschneidungen und das Zusammenwirken verschiedener Diskriminierungsformen in den Blick. Diese lassen sich dabei nicht einfach addieren, sondern stellen spezifische Formen der Unterdrückung dar.

(Polizei-)Kessel Polizeitaktik des »Einkesselns«, also des Umstellens von Menschengruppen als temporäre »Gefangennahme«, um sie daran zu hindern, sich fortzubewegen.

Kletterblockaden (Traversen, Walkways, Skypods, Tripods) Straßen, Waldwege usw. werden kletternd blockiert, u.a. mit begehbaren Seilen zwischen Bäumen (Traversen/Walkways), in denen auch Plattformen (Skypods) hängen können. Tripods und Monopods sind stehende Konstruktionen aus langen Stangen (z.B. Baumstämmen), an denen oben ein Mensch Platz findet.

Kolonialismus Historische, aber auch gegenwärtige wirtschaftliche, politische und kulturelle Ausbeutung verschiedenster Regionen der Welt, vor allem durch *weiße* Europäer*innen.

Küche für alle (Küfa) Küchenkollektive, die vegan und spendenfinanziert für teilweise sehr große Menschengruppen kochen können. Fester Bestandteil u.a. von Aktionscamps.

Laienverteidigung Verteidigung vor Gericht von nicht-ausgebildeten Jurist*innen (Laien). Oft Aktivist*innen, die sich sehr gut auf den Prozess vorbereitet haben und auf Augenhöhe mit den Angeklagten agieren.

Lock-Ons (auch V-Locks) Technische Vorrichtungen, in denen Menschen sich anketten, um Betriebsabläufe z.B in Industrieanlagen zu stoppen. Oft aus Rohren gebaut.

MAPA »Most affected people and areas«, am meisten vom Klimawandel betroffene Menschen und Regionen. Dieser Begriff ist u.a. aus einer Kritik am Begriff »Globaler Süden« entstanden.

Marginalisiert Aus dem Lateinischen für »an den Rand« gedrängt. Bezeichnet Ausgrenzung und/oder Diskriminierung von Menschen oder Bevölkerungsgruppen.

bereits 2003 umgesiedelten Menschen beeinträchtigt. Die Sprengungen hatten ihre Häuser beschädigt und ihre Wasserversorgung zerstört.

Militanz/militant Gegengewalt, kämpferische Haltung, die physische Gewalt gegen Sachen und/oder Menschen unter bestimmten Bedingungen einschließt, und somit im Aktionsfundus linker Bewegungen enthalten ist.

Mikroaggressionen Äußerungen und Handlungen, die abwertende Botschaften senden, welche sich auf Gruppenzugehörigkeiten beziehen.

Narrativ (Etablierte) Erzählung, die Einfluss auf das Weltbild einer Gruppe oder Kultur hat. Vermittelt Werte, Emotionen und sinnstiftende Aspekte, abhängig von der jeweiligen Kultur und Zeit.

Neurodivers Neurologische Vielfalt. Autismus, AD(H)S und andere neurologische Ausprägungen werden oftmals als »krankhaft« oder abweichend von der »Norm« beschrieben. Demgegenüber steht das Konzept der Neurodiversität, welche diese einfach als Variante des Seins gleichberechtigt neben anderen sieht.

Neokolonial/Koloniale Kontinuitäten Fortführung kolonialer Unterdrückung und Ausbeutung nach der formalen Unabhängigkeit ehemaliger »Kolonien«.

NGO Abkürzung für Non-Government Organization, (Nicht-Regierungs-Organisation). Bekannte Beispiele sind Greenpeace oder Robin Wood.

Nicht-binär Heißt im Zusammenhang mit Geschlechtsidentitäten, dass es nicht nur zwei (Frau oder Mann, »binär«, also zweiteilig), sondern viele unterschiedliche Identitäten gibt.

Patriarchat / patriarchal Eine Gesellschaft, die von Männern dominiert wird und in der Männer mehr Macht besitzen. Dies zeigt sich daran, dass Männlichkeit als Norm betrachtet wird.

Zum Beispiel werden Menschen, die keine Männer sind, sprachlich in der männlichen Standardform nur mitgemeint, statt auch oder explizit benannt.

Projektwerkstatt Projektwerkstätten entstanden um 1990 aus linken Teilen der Jugendumweltbewegung, die sich von den Umweltverbänden

Im **Dezember 2021** entdeckten Forscher*innen, dass der Twaites-Gletscher in der Westantarktis, der andere Eismassen daran hindert ins Meer zu rutschen, große Risse aufweist und in wenigen Jahren auseinanderbrechen könnte. Der klimatische Kipppunkt in der Westantarktis ist somit in unmittelbare Nähe gerückt.

trennten und zahlreiche eigene Häuser gründeten. Heute besteht noch die Projektwerkstatt in Saasen.

Pyramide Betonpyramiden sind schwere Blockademittel aus Beton, in denen Lock-Ons eingebaut sind, an die sich wiederum Aktivist*innen anketten.

Queerfeministisch Feministische Strömung, die Zusammenhänge von biologischem Geschlecht (Sex), sozialem Geschlecht (Gender) und sexuellem Begehren (desire) untersucht und diesbezügliche gesellschaftliche Konstruktionen (z.b. die Aufteilung in nur Mann und Frau, heterosexuelles Begehren als einzige Norm usw.) aufbricht.

Race Während »race« im englischsprachigen Raum ein sozialwissenschaftlicher Analysebegriff ist, bezieht sich »Rasse« im deutschen Kontext auf ein angestaubtes biologistisches Verständnis, aus dem die Ableitung der angeblichen Existenz unterschiedlicher menschlicher Rassen folgt. Wird im Deutschen daher nicht mehr verwendet.

Rassifizierung / rassifiziert Beschreibt sowohl einen Prozess, in dem rassistisches Wissen erzeugt wird, als auch die Struktur dieses rassistischen Wissens, die immer eine Hierarchisierung von Menschen einschließt. Rassifiziert werden Einzelpersonen und Gruppen, die als ethnisch »abweichend« gelesen werden.

Repression Im engeren Sinne das gesamte Arsenal der Maßnahmen von Staat, Polizei und Gerichten, mit der politischer Aktivismus unterdrücken werden soll, z.B. in Form von Polizeigewalt oder Gerichtsprozessen. Im weiteren Sinne können damit auch der verpflichtende Schulbesuch gemeint sein.
Aber auf nichtstaatlicher Ebene z.B. auch Eltern, die angesichts des politischen Engagements ihrer Kinder mit den Augen rollen oder ihnen verbieten, zu Aktionen zu gehen.

Safe / Safer Space Räume in denen sich Menschen, die ähnliche Diskriminierungs- und Gewalterfahrungen machen, austauschen, empowern und vernetzen.
Die letztere Schreibweise drückt aus, dass es völlig »sichere«, also diskriminierungsfreie Räume nicht gibt.

Am **7. März 2022** warnten Forscher*innen, dass der Amazonas-Regenwald in wenigen Jahrzehnten ganz verschwunden sein könnte. Der Verlust von 20 bis 25 % der ursprünglichen Größe könnte den gesamten Wald absterben lassen. Bisher wurden etwa 17 % vernichtet, vor allem durch die Fleisch- und die Holzindustrie. Während

Schwarz Selbstbezeichnung für Menschen afrikanischer und afro-diasporischer Herkunft. Schwarz wird stets groß geschrieben und bezieht sich nicht auf die Hautfarbe, sondern markiert die sozio-politische Positionierung innerhalb der Gesellschaftsordnung. Diaspora bezeichnet in der Fremde, fernab der Heimat.

Skypod Siehe Kletterblockaden

Sondereinsatzkommando (SEK) Spezielle Polizeieinheit, die besonders für konfrontative Auseinandersetzungen, z.b. bei Demonstrationen oder Räumungen, geschult wurden. Arschlöcher mit Spezialbefugnissen und einem Hang zu brutaler Gewalt.

Trans Gender (Trans Mann, Trans Frau) Nach der Geburt werden Kinder anhand ihrer Genitalien als männlich, weiblich oder intersexuell eingeordnet. Hat ein Mensch nicht die Geschlechtsidentität, die ihm bei der Geburt zugeordnet wurde, dann ist er trans-geschlechtlich.

Traverse Siehe Kletterblockaden

Tripod Siehe Kletterblockaden

Walkway Siehe Kletterblockaden

weiß Der Begriff markiert die dominante und privilegierte Position von Menschen innerhalb der Gesellschaftsordnung, die als Maßstab und Norm gilt. Um zu verdeutlichen, dass *weiß*-sein weder eine Selbstbezeichnung noch eine Hautfarbe meint, wird der Begriff klein und kursiv geschrieben.

der Präsidentschaft des Faschisten Bolsonaro hat sich die Zerstörung dramatisch beschleunigt.

Das in diesem Buch aufgezeichnete Gespräch gibt nicht nur entscheidende Einblicke in den Gruppenzusammenhang der RZ, sondern ist als
Teil einer kritischen Aufarbeitung ihrer eigenen Geschichte zu lesen. Es
stellt unter anderem die Frage, welche Schlüsse aus den Erfahrungen der
Gruppe für heutige Militante zu ziehen wären und welche Bedeutung
sie für heutige und zukünftige Kämpfe haben könnten.

Unsichtbare (Hg.)
Herzschläge
Gespräch mit Ex-Militanten der Revolutionären Zellen
ISBN 9-78-3-86241-490-1 | 304 Seiten | Paperback | lieferbar

Das Buch »Rebellisches Berlin« nimmt die Geschichte des widerständigen Berlins in den Blick und beschreibt in einem weiten historischen Bogen unterschiedliche Protest- und Widerstandsaktionen.
Die Autor*innen fördern eine erstaunliche Vielfalt an individuellen und kollektiven Kämpfen zutage und lassen sie anhand konkreter Orte im Stadtbild sichtbar werden.

Gruppe Panther & Co. (Hg.)
Rebellisches Berlin – Expeditionen in die untergründige Stadt
ISBN 978-3-86241-443-7 | 840 Seiten | Paperback | lieferbar
Zahlreiche Fotos, Karten und Abb., Klappenbroschur

A.G. Grauwacke
Aus den ersten 23 Jahren
Autonome in Bewegung
Aktualisierte Neuauflage
Assoziation A

Autonome Politik vom Beginn in den 1980er-Jahren bis in die Gegenwart ist der Gegenstand dieses mit zahlreichen Fotos bebilderten Buches, das selbst eine bewegte Geschichte hat. Das Autorenkollektiv schildert in anschaulicher Weise die Zyklen der Hausbesetzungen, den Kampf gegen die Startbahn-West, die Aktionen gegen den IWF-Gipfel in Berlin 1988, die Anti-AKW-Bewegung, die Anti-Olympia-Kampagne, autonome Politik in Ostberlin nach dem Mauerfall und antirassistische Initiativen. Das Buch erzählt von Demos, Besetzungen und nächtlichen Aktionen, von sozialen Beziehungen und Arbeitskollektiven.

A.G. Grauwacke
Autonome in Bewegung
Aus den ersten 23 Jahren
5., erweiterte Auflage
ISBN 978-3-86241-468-0 | 496 Seiten | Paperback | lieferbar
Mit zahlreichen Abbildungen